中国人民大学研究报告系列

中国会计指数研究报告

2021

RESEARCH REPORT ON CHINA
ACCOUNTING INDEX

主 编 王化成

副主编 卿小权 刘桂香 许少山 王芃芃 薛 菲

中国人民大学出版社
· 北京 ·

总　序

当前中国的各类研究报告层出不穷，种类繁多，写法各异，成百舸争流、各领风骚之势。中国人民大学经过精心组织、整合设计，隆重推出由人大学者协同编撰的"研究报告系列"。这一系列主要是应用对策型研究报告，集中推出的本意在于，直面重大社会现实问题，开展动态分析和评估预测，建言献策于咨政与学术。

"学术领先，内容原创，关注时事，咨政助企"是中国人民大学"研究报告系列"的基本定位与功能。研究报告是一种科研成果载体，它承载了人大学者立足创新，致力于建设学术高地和咨询智库的学术责任和社会关怀；研究报告是一种研究模式，它以相关领域指标和统计数据为基础，评估现状，预测未来，推动人文社会科学研究成果的转化应用；研究报告还是一种学术品牌，它持续聚焦经济社会发展中的热点、焦点和重大战略问题，以扎实有力的研究成果服务于党和政府以及企业的计划、决策，服务于专门领域的研究，并以其专题性、周期性和翔实性赢得读者的识别与关注。

中国人民大学推出"研究报告系列"，有自己的学术积淀和学术思考。我校素以人文社会科学见长，注重学术研究咨政育人、服务社会的作用，曾陆续推出若干有影响力的研究报告。譬如自 2002 年始，我们组织跨学科课题组研究编写的《中国经济发展研究报告》《中国社会发展研究报告》《中国人文社会科学发展研究报告》，紧密联系和真实反映我国经济、社会和人文社会科学发展领域的重大现实问题，十年不辍，近年又推出《中国法律发展报告》等，与前三种合称为"四大报告"。此外还有一些散在的不同学科的专题研究报告，也连续多年在学界和社会上形成了一定的影响。这些研究报告都是观察分析、评估预测政治经济、社会文化等领域重大问题的专题研究，其中既有客观数据和事例，又有深度分析和战略预测，兼具实证性、前瞻性和学术性。我们把这些研究报告整合起来，与人民大学出版资源相结合，再做新的策划、征集、遴选，形成了这个"研究报告系列"，以期放大规模效应，扩展社会服务功能。这个系列是开放的，未来会依情势有所增减，使其动态成长。

中国人民大学推出"研究报告系列"，还具有关注学科建设、强化育人功能、推进协同创新等多重意义。作为连续性出版物，研究报告可以成为本学科学者展示、交流学术成果的平台。编写一部好的研究报告，通常需要集结力量，精诚携手，合作者随报告之连续而成为稳定团队，亦可增益学科实力。研究报告立足于丰厚素材，常常动员学生参与，可使他们在系统研究中得到学术训练，增长才干。此外，面向社会实践的研究报告必然要与政府、企业保持密切联系，关注社会的状况与需要，从而带动高校与行业企业、政府、学界以及国外科研机构之间的深度合作，收"协同创新"之效。

为适应信息化、数字化、网络化的发展趋势，中国人民大学的"研究报告系列"在出版纸质版本的同时将开发相应的文献数据库，形成丰富的数字资源，借助知识管理工具实现信息关联和知识挖掘，方便网络查询和跨专题检索，为广大读者提供方便适用的增值服务。

中国人民大学的"研究报告系列"是我们在整合科研力量，促进成果转化方面的新探索，我们将紧扣时代脉搏，敏锐捕捉经济社会发展的重点、热点、焦点问题，力争使每一种研究报告和整个系列都成为精品，都适应读者需要，从而铸造高质量的学术品牌，形成核心学术价值，更好地担当学术服务社会的职责。

前　言

近年来，国际政治经济形势复杂多变，中美战略博弈更趋激烈，极端自然灾害和公共卫生事件时有发生，国内供给侧结构性改革深入推进，以及资本市场建设不断完善，对我国宏观经济发展、中观行业运行以及微观企业经营都产生了十分深远的影响。在日趋复杂多变的情况下，中央决策部门制定经济政策时对及时准确的宏观经济指标的需求更加迫切。目前，我国衡量宏观经济运行主要采用国内生产总值（GDP）和工业增加值两个指标，但近年来这两个衡量指标多次出现误差及偏移。与此同时，GDP和工业增加值等传统宏观经济指标都来源于统计局的数据统计，数据源较单一，且没有与微观企业结合，导致宏观指导微观和微观反映宏观的路径不够畅通。因此，从微观信息出发，构建能够合理反映宏观经济运行的新指标体系，有助于对GDP和工业增加值等传统宏观经济指标起到检验和补充作用，更好地服务于宏观经济决策以及指导微观企业运营。

作为记录、反映企业财务状况、经营成果与资金变动情况的载体，微观企业会计信息与宏观和中观层面经济活动之间的内在联系引起了国内外学术界的高度关注，其在宏观经济决策中所发挥的重要应用价值也得到了广泛认可。与统计数据相比，会计信息具有以下优势：一是会计信息经过专业机构的审计或审核，企业负责人、相关会计人员和外部审计人员需对会计信息的可靠性负责，准确性较高。二是随着会计准则的完善和会计实务的发展进步，会计信息不仅起到了记录过去的作用，更有预测价值，从而能够服务于宏观经济决策。三是会计信息反映各微观企业信息，用会计信息反映宏观经济运行，再根据宏观经济运行情况制定相应的经济政策并作用于微观企业，宏观与微观的路径更加合理、畅通。因此，利用会计信息构造反映和预测宏观经济运行的综合指标体系具有良好的应用前景。

在这一背景下，会计指数课题组以拓宽和深化会计信息有用性为工作重点，近年来连续出版了《中国会计指数研究报告（2012）》《中国会计指数研究报告（2013—2014）》《中国会计指数研究报告（2015）》《中国会计指数研究报告（2016）》《中国会计指数研究报告（2017）》《中国会计指数研究报告（2018）》《中国会计指数研究报告（2019）》《中国会计指数研究报告（2020）》，分别对会计宏观价值指数、会计综合评价指数和会计投资价值指数的理论基础、研究方法和应用价值等进行了系统的分析和论证，构建出一套用于分析宏观经济发展趋势、评估中观行业运行状况和反映微观企业投资价值的综合指数体系。该系列研究成果在国内学术界和实务界引发了巨大反响，对实现会计信息在宏观经济决策、行业运行评价、投资决策制定等领域的应用发挥了重要的推动作用。

2020 年，面对新冠疫情突然暴发、世界经济深度衰退等多重因素的严重冲击，以习近平同志为核心的党中央全面部署"六稳六保"工作，在全国人民的共同努力下，我国疫情防控取得重大战略成果，经济结构优化升级持续推进，工业结构优化调整取得实效，各类经济风险有效防范化解。我国在全球主要经济体中唯一实现经济正增长，决胜全面建成小康社会取得决定性成就。2021 年，我国经济持续稳定恢复、稳中向好，高质量发展取得新成效。但也必须清醒地认识到，当前我国面临全球疫情仍在持续演变，外部环境更趋复杂严峻，国内经济恢复仍然不稳固、不均衡等问题。对会计宏观价值指数进行分析，有助于政府有关部门、企业和投资者更好地把握宏观经济恢复中出现的新情况、新趋势和新特点，提高决策的科学性和有效性。在近一年的不断探索中，会计指数的研究工作取得了新的突破，本报告即课题组最新的研究成果。

本报告在《中国会计指数研究报告（2020）》的基础上，进一步编制了 2020 年第 2 季度至 2021 年第 1 季度的会计宏观价值指数，深入剖析了近一年来我国宏观经济的运行情况。① 与前八份研究报告相比，本报告的特色和创新之处体现在以下方面：

第一，在沿用全样本编制方法的基础上，会计宏观价值指数从全行业、大制造业、大服务业、农林牧渔业和金融业等多个行业视角，以及分配主体、产权性质、地区等多个经济视角出发，结合近年国内外重要政治、经济、公共卫生事件，如中美战略博弈、供给侧结构性改革、新冠疫情冲击等，对新常态下我国宏观经济形势展开全面和深入的剖析。

第二，会计宏观价值指数从微观企业价值创造排名角度分析，分析体系日趋完善，反映微观企业价值创造发展规律的能力得以加强。此前，课题组主要是从总量层面测算了各行业上市公司的价值创造额指数和价值创造效率指数，并未针对微观企业的价值创造效率情况展开深入分析。在本报告中，课题组新增了对全样本每家上市公司年度价值创造效率排名情况的分析，并按照该指标对其进行排

---

① 2020 年受到新冠疫情的冲击，微观企业生产运营受阻甚至短暂性停滞，导致 2020 年微观企业会计信息无法呈现往年会计综合评价指数发展趋势和会计投资价值指数趋势，本报告未编制 2020 年度的会计综合评价指数和 2020 年度的会计投资价值指数。

序，分析价值创造效率排名整体情况和重点公司价值创造效率变动原因，以期从具体层面揭示全样本公司的价值创造效率现状与发展规律。

本课题得到财政部、国家社会科学基金委员会、中国会计学会和中国人民大学的鼎力支持。财政部将会计指数列为重大科研课题；国家社会科学基金委员会将会计指数列为社科重大课题；中国人民大学高度重视会计指数的研究工作，将会计指数研究报告列入中国人民大学科学研究基金项目中的"中国人民大学研究报告系列"，在人员和经费上给予大力支持，组成了以王化成教授为主持人的核心研究团队，中国人民大学商学院、财政金融学院、经济学院和统计学院的诸多著名专家和教授参与了课题研究和讨论。中国人民大学国家发展与战略研究院专门成立会计、财务与经济运行研究中心，支持会计指数课题的持续研究。中国人民大学科研处也高度重视会计指数的研究工作。本书是会计指数系列研究报告的第九本。在本报告付梓之际，我们特向以上相关机构表示由衷感谢。希望在我们的不懈努力和各方的大力支持下，该系列研究能够为我国会计理论研究指明新的方向，开启新的篇章。

本报告是课题"基于马克思劳动价值论的会计宏观价值指数编制与分析"（项目编号18ZDA073）和中国人民大学重大规划项目"价值网平台企业的数据优势与资本运营"（项目编号2021030218）的阶段性成果。本报告也得到了财政部"会计名家培养工程"的经费资助。

本报告是一项集体研究成果，由王化成担任主编，卿小权、刘桂香、许少山、王芃芃、薛菲任副主编。先后参加本报告撰写的课题组成员有：王化成、张伟华、卿小权、许少山、刘桂香、高升好、刘欢、张修平、钟凯、张多蕾、刘金钊、李昕宇、侯粲然、孙昌玲、王欣、王灿、陈占燎、王芃芃、薛菲、李海彤、张孜西、毕紫岚、林子昂、李雪晨、赵向阳。课题组成员完成初稿后，主编、副主编经多次讨论定稿。

会计信息宏观有用性的研究在国内外都处于起步阶段，其理论基础、研究方法和研究结论都尚无定论，但无论是从宏观角度提高宏观经济预测决策的科学性，还是从微观角度拓宽会计信息的使用范围，该项研究都具有重大的理论意义和现实意义。我们期待学术界同仁共同投入会计信息宏观有用性的研究中，为会计理论研究做出更大的贡献。

王化成

目　录

第1章 引　言

《中国会计指数研究报告（2012）》《中国会计指数研究报告（2013—2014）》《中国会计指数研究报告（2015）》《中国会计指数研究报告（2016）》《中国会计指数研究报告（2017）》《中国会计指数研究报告（2018）》《中国会计指数报告（2019）》《中国会计指数报告（2020）》分别在 2013 年、2014 年、2016 年、2017 年、2019 年、2020 年、2021 年和 2022 年出版。[①] 书中对会计指数的定义及理论框架、会计宏观价值指数编制的理论基础与方法、会计综合评价指数编制的理论基础与方法、会计投资价值指数编制的理论基础与方法等做出了系统的阐述，引起了国内学术界和实务界的广泛关注，对推动会计信息在宏观经济决策领域和资本市场投资领域的应用起到了探索性作用。

2020 年，面对新冠疫情暴发、世界经济深度衰退等多重因素的严重冲击，以习近平同志为核心的党中央全面部署"六稳六保"工作，在全国人民的共同努力下，我国疫情防控取得重大战略成果，经济结构优化升级持续推进，工业结构优化调整取得实效，各类经济风险有效防范化解。我国在全球主要经济体中唯一实现经济正增长，决胜全面建成小康社会取得决定性成就。2021 年，我国经济持续稳定恢复、稳中向好，高质量发展取得新成效。但也必须清醒地认识到，当前我国面临全球疫情仍在持续演变，外部环境更趋复杂严峻，国内经济恢复仍然不稳固、不均衡等问题。对会计宏观价值指数进行分析，有助于政府有关部门、企业

[①] 感兴趣的读者可以参考王化成．中国会计指数研究报告：2012．北京：中国人民大学出版社，2013；中国会计指数研究报告：2013—2014．北京：中国人民大学出版社，2014；中国会计指数研究报告：2015．北京：中国人民大学出版社，2016；中国会计指数研究报告：2016．北京：中国人民大学出版社，2017；中国会计指数研究报告：2017；北京：中国人民大学出版社，2019；中国会计指数研究报告：2018；北京：中国人民大学出版社，2020；中国会计指数研究报告：2019；北京：中国人民大学出版社，2021；中国会计指数研究报告：2020；北京：中国人民大学出版社，2022．

和投资者更好地把握宏观经济恢复中出现的新情况、新趋势和新特点，提高决策的科学性和有效性。在近一年的不断探索中，会计指数的研究工作取得了新的突破，本报告即课题组最新的研究成果。

1.1 会计指数定义及其理论框架

会计指数是以要素分配理论为基础，以数理统计方法为工具，利用企业会计信息编制的，用以反映一家企业、一个行业乃至宏观经济总体运行状况及发展趋势的一套指数体系。包括会计宏观价值指数、会计综合评价指数和会计投资价值指数，如图 1-1 所示。

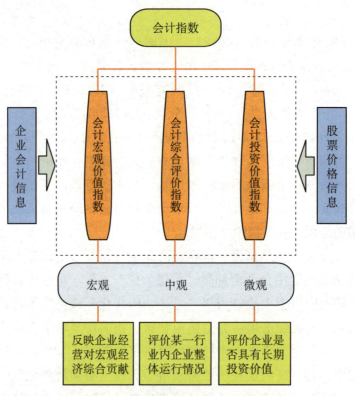

图 1-1　中国上市公司会计指数体系框架

会计宏观价值指数（accounting macro value，AMV）是以各利益相关主体分配的企业新创价值为计算基础，以数理统计方法为工具编制，用以反映企业经营对宏观经济综合贡献的指数。包括价值创造额指数和价值创造效率指数。

价值创造额指数是以企业新创价值为计算基础，以数理统计方法为工具编制，用以反映企业总体在一定期间内价值创造总量及其变动趋势的指数。将价值创造额在四类分配主体之间的分配情况进一步指数化，可以反映企业为四类分配主体创造的价值总量及其变动趋势。包括股东获利指数、债权人利息指数、员工薪酬指数和政府税收指数。

股东获利指数是以股东分享的企业新创价值为计算基础，以数理统计方法为工具编制，用以反映一定期间内企业为股东所创造的价值总量及其变动趋势的指数。债权人利息指数是以债权人分享的企业新创价值为计算基础，以数理统计方法为工具编制，用以反映一定期间内企业为债权人所创造的价值总量及其变动趋势的指数。员工薪酬指数是以员工分享的企业新创价值为计算基础，以数理统计方法为工具编制，用以反映一定期间内企业为员工所创造的价值总量及其变动趋势的指数。政府税收指数是以政府分享的企业新创价值为计算基础，以数理统计方法为工具编制，用以反映一定期间内企业为政府所创造的价值总量及其变动趋势的指数。

价值创造效率指数是以企业单位资产新创价值为计算基础，以数理统计方法为工具编制，用以反映一定期间内宏观经济运行质量及其变动趋势的指数。

会计综合评价指数（accounting comprehensive value，ACV）是利用企业会计信息编制，用于综合评价某一行业中企业在特定会计期间内的经营情况和财务状况的指数。

会计投资价值指数（accounting investment value，AIV）是利用企业会计信息及其市场表现构建，综合考虑企业盈利能力、盈利质量和成长能力，反映企业长期投资价值的指数。该指数反映了企业的真实投资价值，有助于引导投资者进行价值投资，充分发挥会计信息在资金配置中的基础性作用。

1.2　会计宏观价值指数编制原理

会计宏观价值指数的理论基础可以追溯到早期的要素分配理论。经济学家萨伊指出，产品的价值源自劳动、资本和自然力量（土地）的共同作用，只有将三个要素结合起来才能创造价值和财富；相应地，这三类要素应当参与新创价值的分配。其中，劳动对应工资，土地对应地租，资本对应利润，此即萨伊的"三位一体"公式，构成了早期的要素分配理论。马克思的劳动价值论认为，企业在一定时期内生产的商品价值由 c，v，m 三部分构成。其中，c 是生产资料的转移价值，v 是劳动者在必要时间内为自己创造的价值，m 是劳动者创造的剩余价值。$v+m$ 就是企业在生产过程中新创造的价值，v 表现为工资，m 表现为利息、利润等。可以说，二者对企业新创价值所包含内容的看法是一致的。

按照要素分配理论，劳动者出让劳动力获得工资，土地所有者出让土地使用权获得地租，借贷资本与股权资本分别获得利息与利润。政府提供国防、环境治理等公共产品，为企业的正常经营提供安定的宏观环境；有关职能部门通过制定并执行与企业相关的经济法律法规，确保市场有序竞争、企业内部安全生产，因此，政府以税收的形式参与企业新创价值的分配。会计宏观价值指数将增值额作为企业收益的核算中心，按照增值额的直接计算方法，企业在一定期间内的增值额等于参与价值创造的各要素所获得的收益之和，参与分配的主体包括股东、政府、员工、债权人。这一计算方法主要用于微观企业的价值增加额的核算。该思路构成了会计宏观价值指数编制的逻辑起点。

具体来讲，会计宏观价值指数包括价值创造额和价值创造效率两方面，其中，价值创造效率指数的编制以价值创造额为基础。价值创造额是指企业在特定会计期间内为股东、政府、员工、债权人等分配主体创造的价值之和，其计算公式设计如下：

$$\begin{aligned}\genfrac{}{}{0pt}{}{\text{价值}}{\text{创造额}} = {}&\text{净利润} + \genfrac{}{}{0pt}{}{\text{财务}}{\text{费用}} + \genfrac{}{}{0pt}{}{\text{支付的}}{\text{各项税费}} + \genfrac{}{}{0pt}{}{\text{“应交税费”}}{\text{期末余额}} - \genfrac{}{}{0pt}{}{\text{“应交税费”}}{\text{期初余额}} \\[6pt] &+ \genfrac{}{}{0pt}{}{\text{支付给职工以及为}}{\text{职工支付的现金}} + \genfrac{}{}{0pt}{}{\text{“应付职工薪酬”}}{\text{期末余额}} - \genfrac{}{}{0pt}{}{\text{“应付职工薪酬”}}{\text{期初余额}}\end{aligned}$$

"净利润"对应股东的价值分配，"财务费用"对应债权人的价值分配[①]，"支付的各项税费＋'应交税费'期末余额－'应交税费'期初余额"对应政府的价值分配，"支付给职工以及为职工支付的现金＋'应付职工薪酬'期末余额－'应付职工薪酬'期初余额"对应员工的价值分配。该指标立足会计增加值理论，体现了要素分配理论的思想，从四类分配主体参与企业经营成果分配的角度反映了上市公司对经济增长、充分就业等做出的贡献。

价值创造额属于绝对量指标，仅能反映企业在特定期间内新创价值的总量，而多个企业价值创造额的加总能在一定程度上反映宏观经济的增长情况。然而，由于单个企业以及企业总体在不同期间内投入使用的资源数量不同，因而不能通过简单地比较价值创造总量来判断宏观经济运行质量。在资源受限的情况下，除了维持经济总量的增长，还需兼顾投入产出效率。因此，我们在价值创造额的基础上引入了价值创造效率指标，继而编制价值创造效率指数，以反映宏观经济总体、不同产业（行业）及单个企业的运行效率。

价值创造效率是指单个企业或企业总体在特定会计期间内利用单位资产新创造的价值，反映了经济资源的投入产出效率，其计算公式设计如下：

$$\text{价值创造效率} = \frac{\text{价值创造额}}{\text{总资产}}$$

---

① 严格来说，债权人的价值分配对应"利息支出"，包括当期资本化的利息支出与财务费用，但在目前的会计准则下，资本化的利息支出无法从报表项目中分离出来，故本研究暂不将其纳入计算公式。

就单个企业而言，价值创造效率从利益相关者角度揭示了企业全部资产的投资回报率；从企业总体乃至整个经济体角度看，价值创造效率反映了全社会经济资源的使用效率。

在定义价值创造额与价值创造效率后，接下来我们将采用定基指数形式编制价值创造额指数和价值创造效率指数，并对指数进行除数修正，具体编制流程及有关计算过程详述如下。

（一）样本选取与基期确定

在国民经济活动中，企业是最主要的参与者和价值创造者。因此，一个国家所有企业的价值创造额之和的变动情况，能够反映该国宏观经济的实际运行状况。由于只有上市公司具有公开披露财务信息的义务，而在我国资本市场迅速发展的情况下，上市公司在国民经济中的比重越来越高，使用上市公司数据能够在较大程度上反映国民经济的真实运行情况，因此，本报告的样本初选范围为境内上市公司。同时，考虑到新旧会计准则下部分报表项目存在一定差异，且 2006 年以前上市公司数量相对较少，因此，本课题组以 2007 年第 1 季度在 A 股上市交易的公司作为样本量的确认基础。为保证样本能够较为全面地反映宏观经济运行情况，更客观、有效地反映产业结构变化对宏观经济的影响，课题组采用自 2007 年第 1 季度以来，在沪深两地上市时间超过一年的全部 A 股上市公司作为样本进行分析研究。

（二）指数公式的选择

目前最常见的指数类型主要有三种：定基指数、环比指数和链式指数，其中定基指数是基础，三者在指数的构造方法上可以相互转换，本报告选择定基指数的形式。

（三）指数的计算方法

本报告选择定基指数的形式，并采用除数修正法进行修正。具体原理如下：以 2007 年第 1 季度为基期，令 2007 年第 1 季度样本公司 AMV 之和为 a_1，该季度样本公司在 2007 年第 2 季度的 AMV 之和为 a_2；2007 年第 2 季度样本公司 AMV 之和为 b_2，该季度样本公司在 2007 年第 3 季度的 AMV 之和为 b_3；2007 年第 3 季度样本公司 AMV 之和为 c_3，该季度样本公司在 2007 年第 4 季度的 AMV 之和为 c_4，以此类推。根据可比性原则得出如下关系式：2007 年第 1 季度为基期，设为 100，即 a_1 对应 100；2007 年第 2 季度的指数为 $(b_2 / b_1) \times 100$，b_1 未知，而第 1—2 季度的增长率为 a_2 / a_1，存在如下等比例关系式：

$$\frac{b_2}{b_1} = \frac{a_2}{a_1}$$

故 2007 年第 2 季度的价值创造额指数为：

$$\frac{a_2}{a_1} \times 100$$

2007 年第 3 季度的价值创造额指数为 $(c_3 / c_1) \times 100$，c_1 未知，第 1—3 季度包含两期增长率，即 a_2 / a_1 和 b_3 / b_2，存在如下等比例关系式：

$$\frac{c_3}{c_1} = \frac{b_3}{b_2} \times \frac{a_2}{a_1}$$

故 2007 年第 3 季度的价值创造额指数为：

$$\frac{b_3}{b_2} \times \frac{a_2}{a_1} \times 100$$

后续指数编制以此类推。

由于按上述方法编制的价值创造额指数主要反映经济总量的增长，无法揭示宏观经济的运行效率，因此，我们以 AMV 为基础，先进行除数修正，再用 AMV/ASSET 编制价值创造效率指数，即单位资产的新创价值，以反映企业总体在特定期间的投入产出效率。

2020 年以来，会计宏观价值指数呈现出一些新的趋势和特点，本书以《国民经济行业分类》（GB/T 4754—2017）为基准，按照先总后分的思路，对全行业以及大制造业、大服务业、农林牧渔业和金融业四大类行业的新趋势、新特点进行分析和解读，为政府、企业和个人投资者提供宏观经济运行形势及未来走向等相关信息，以提高各类经济主体决策的科学性和有效性。[①]

1.3 本报告研究框架概述

本报告共包含 9 章，如图 1－2 所示。第 1 章为引言，第 2 章为全样本会计宏观价值指数编制结果及分析，第 3 章为大制造业会计宏观价值指数编制结果及分析（上），第 4 章为大制造业会计宏观价值指数编制结果及分析（下），第 5 章为大服务业会计宏观价值指数编制结果及分析（上），第 6 章为大服务业会计宏观价值指数编制结果及分析（下），第 7 章为农林牧渔业会计宏观价值指数编制结果及分析，第 8 章为金融业会计宏观价值指数编制结果及分析，第 9 章为总结与展望。本着为读者提供增量信息的原则，本书重点描述最近 4 个季度（2020 年第 2 季度到 2021

---

① 大制造业包括 B（采矿业），C（制造业），D（电力、热力、燃气及水生产和供应业），E（建筑业）；大服务业包括 F（批发和零售业），G（交通运输、仓储和邮政业），H（住宿和餐饮业），I（信息传输、软件和信息技术服务业），K（房地产业），L（租赁和商务服务业），M（科学研究和技术服务业），N（水利、环境和公共设施管理业），P（教育），Q（卫生和社会工作），R（文化、体育和娱乐业）；农林牧渔业包括 A（农、林、牧、渔业）；金融业包括 J（金融业）。

年第1季度）会计宏观价值指数的趋势。

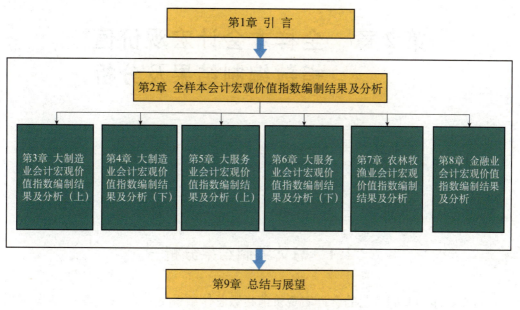

图1-2 本报告研究框架

第 2 章　全样本会计宏观价值
指数编制结果及分析

2.1　总体编制结果分析

以全样本为基础编制的会计宏观价值指数总体结果见表 2-1。表 2-1 分别列示了各季度全样本的价值创造额以及据此编制的价值创造额指数和价值创造效率指数。为了检验价值创造额指数和价值创造效率指数对宏观经济运行情况的反映效果，我们以单季度 GDP 为基础，运用定基指数计算法构建了 GDP 指数，通过比较不同指数在时序上的波动趋势，反映宏观经济运行质量。三类指数的变化趋势见图 2-1。

表 2-1　全样本价值创造额、价值创造额指数、价值创造效率指数的总体编制结果

季度	价值创造额（亿元）	价值创造额指数	价值创造效率指数	GDP 指数
200701	3 860	100	100	100
200702	4 960	117	109	113
200703	5 350	114	101	122
200704	8 210	127	109	138
200801	6 940	107	87	121
200802	8 220	126	99	138
200803	6 970	106	82	144
200804	5 730	87	64	155
200901	6 410	97	65	130
200902	8 290	124	78	147
200903	8 330	124	76	157
200904	9 570	138	81	177
201001	9 720	139	77	153
201002	12 000	156	84	174

续表

季度	价值创造额（亿元）	价值创造额指数	价值创造效率指数	GDP 指数
201003	11 400	147	76	186
201004	13 600	173	86	209
201101	13 400	170	80	183
201102	14 800	187	84	208
201103	14 300	179	78	222
201104	15 100	189	80	242
201201	14 700	184	73	206
201202	15 800	194	74	230
201203	15 300	188	71	242
201204	17 100	210	77	267
201301	16 400	202	70	227
201302	18 300	224	76	252
201303	17 300	213	71	267
201304	19 300	234	76	295
201401	17 900	217	67	246
201402	20 100	243	73	274
201403	19 200	233	69	290
201404	21 200	256	74	317
201501	19 600	235	65	264
201502	23 100	275	72	295
201503	19 900	237	61	309
201504	21 500	253	64	337
201601	20 500	241	59	283
201602	22 600	266	63	316
201603	21 900	256	59	333
201604	26 000	301	67	370
201701	24 140	278	60	315
201702	26 480	304	65	351
201703	26 560	303	64	370
201704	29 060	330	68	410
201801	27 830	315	63	348
201802	30 200	342	67	380
201803	28 900	326	63	398
201804	29 300	327	62	440
201901	31 416	350	64	370
201902	32 260	358	65	421
201903	31 623	349	62	438
201904	30 766	334	58	483
202001	28 385	307	51	359

续表

季度	价值创造额（亿元）	价值创造额指数	价值创造效率指数	GDP 指数
202002	32 295	348	57	433
202003	35 673	382	61	461
202004	36 190	385	60	515
202101	37 439	397	60	433

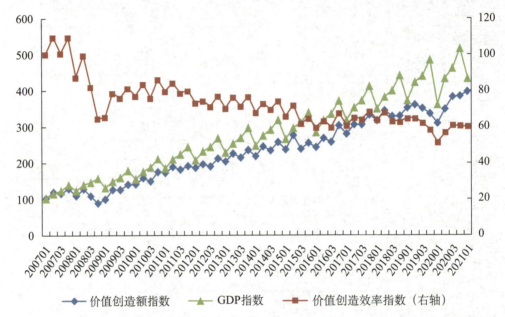

图 2-1　全样本价值创造额指数、价值创造效率指数、GDP 指数的总体变化趋势

　　表 2-1 和图 2-1 显示，价值创造额指数在 2008 年第 3 季度迅速下滑，并在当年第 4 季度降至最低点，但从 2009 年第 1 季度开始整体呈持续上升趋势，且第 2、第 4 季度"翘尾"特征明显；进入 2016 年以后，增长速度略有提升；2017 年增长速度较快，从第 1 季度的 278 点增长至第 4 季度的 330 点，增长速度高达 18.7%；2018—2019 年增长趋势变缓，第 4 季度"翘尾"特征减弱，其中，2019 年第 1—2 季度呈上升趋势，第 3—4 季度呈下降趋势，且一直持续到 2020 年第 1 季度，降至 307 点；从 2020 年第 2 季度开始反弹，连续 4 个季度保持上升趋势，截至 2021 年第 1 季度，价值创造额指数上升至 397 点，同比上升 29.32%。

　　价值创造效率指数在 2008 年大幅下降，从 2009 年第 1 季度起至 2010 年第 4 季度反弹回升至 80 点左右，进入 2011 年以后整体呈缓慢下降趋势；2016—2018 年表现为小幅波动，波动范围基本在 60～70 点；自 2019 年以来有所下滑，从 2019 年第 1 季度的 64 点下降到 2020 年第 1 季度的 51 点，同比下降 20.31%；自 2020 年第 2 季度以来，价值创造效率指数逐渐回升至 60 点左右，2020 年第 4 季度和 2021 年第 1 季度稳定保持在 60 点。

　　GDP 指数整体走势与价值创造额指数的走势相似，自 2007 年第 1 季度以来，整体呈稳定上升的趋势，除 2020 年第 1 季度比上年同期水平下降了 2.97％外，其余每个季度均高于上年同期水平，且表现出年内逐季增长、次年第 1 季度适度回落的特征；2020 年由第 1 季度的 359 点上升至第 4 季度的 515 点，虽然由于季度性特征，在 2021 年第 1 季度回落至 433 点，但仍比上年同期增长 20.61％。

　　以上结果客观反映了我国宏观经济自 2007 年第 1 季度以来基本保持正向增长，但各时间段增速不同。具体来讲，2008 年国内外金融危机全面爆发，国内经济增长速度放缓；2009 年以来经济复苏并良好发展；2015 年我国宏观经济下行压力增大；2016 年逐渐复苏并在年末呈现强劲增长态势；进入 2017 年，在国家"三去一降一补"政策的持续推进下，增长速度再次放缓；2018 年和 2019 年价值创造额指数呈低速增长的特点，这与 2018 年后中美贸易摩擦持续反复，外部环境不确定性加大密切相关。2020 年第 1 季度新冠疫情暴发，这一重大公共卫生事件给中国经济发展带来多重严峻挑战，企业生产经营受阻，由此导致价值创造额指数出现一定程度的下滑；第 2 季度，随着我国对疫情的全面有效管控，阶段性复工复产，企业生产经营逐渐恢复，价值创造额指数稳步回升。

　　此外，比较价值创造额指数与价值创造效率指数的走势不难发现，自 2008 年金融危机全面爆发以来，政府采取积极的财政政策和宽松的货币政策以刺激经济增长，随着 4 万亿元投资计划的逐步实施，以及利率、存款准备金率的数次下调，价值创造额指数从 2009 年第 1 季度起保持逐年递增的趋势，但经济刺激计划也引发了投资增长过快、资产利用率下降等问题，导致价值创造效率指数停滞不前并呈现缓慢下降的趋势，直到 2016—2018 年稳定在 60～70 点小幅波动，没有明显的下降趋势，进入 2019 年后再次呈现下降的态势，在 2020 年年初，疫情的冲击加剧了这一下降趋势，并于第 1 季度创下历史新低，随后在全国经济恢复的带动下，价值创造效率指数触底反弹，呈现出近三年来较为明显的增长趋势。

　　从反映经济增长速度的价值创造额指数与 GDP 指数来看，除金融危机爆发期（2008 年第 3 季度至 2009 年第 1 季度）和提出供给侧结构性改革的 2015 年第 4 季度外，两类指数基本呈同步增长趋势；而在 2012—2018 年，GDP 指数的增长速度明显快于价值创造额指数的增长速度，两类指数的差距逐渐扩大；2019 年，价值创造额指数先于 GDP 指数出现下降趋势，第 4 季度 GDP 指数达到 483 点的历史高点，而同期价值创造额指数只有 334 点，相差 149 点；2020 年以后，价值创造额指数重新与 GDP 指数表现为同步变化趋势。考虑到两类指数在统计口径、核算方法等方面的差异，以及对宏观经济运行实际情况的反映效果，我们认为，价值创造额指数对宏观经济运行情况的反映更加客观。[①]

2.2 分配主体层面分析

对价值创造额的分配主体进行分析，可以反映股东、政府、员工及债权人等利益相关者的分配所得在企业新创价值中所占的比重及变化趋势，为政府相关部门制定收入分配和税收等政策提供参考。考虑到金融业样本中债权人占比的特殊性，本报告在分析全行业价值创造额的构成情况时剔除了金融业样本。

2.2.1 四类分配主体价值创造额指数分析

为了更清晰地显示四类分配主体所获得的价值创造额，我们对其进行了指数化处理，得到了四类价值创造额指数：股东获利指数、政府税收指数、员工薪酬指数和债权人利息指数。表2-2和图2-2描述了四类分配主体价值创造额指数的变化趋势。

表2-2 全样本（剔除金融业）四类分配主体价值创造额指数的编制结果

季度	价值创造额（亿元）				价值创造额指数			
	股东	政府	员工	债权人	股东	政府	员工	债权人
200701	884	961	522	179	100	100	100	100
200702	1 090	1 190	808	183	121	113	142	101
200703	1 090	1 150	715	217	120	108	124	119
200704	1 680	2 370	1810	232	140	118	195	120
200801	1 460	1 740	1 070	247	121	86	115	128
200802	1 660	2 490	1 240	272	136	122	132	141
200803	1 420	1 900	1 110	368	117	93	116	190
200804	68.9	1 940	1 780	423	5	94	185	218
200901	921	1 750	1 250	314	70	85	130	162
200902	1 600	2 310	1 440	281	120	110	146	143
200903	1 750	2 220	1 380	294	129	105	136	146
200904	1 660	2 540	2 280	316	118	117	216	155
201001	1 960	2 680	1 690	337	139	123	159	165
201002	2 360	3 110	1 930	388	165	142	180	189
201003	2 330	2 990	1 890	304	162	136	174	148
201004	2 740	3 530	2 840	385	186	158	255	185

---

① GDP 的统计范围涵盖一定时期内整个经济体生产的所有产品，而在会计核算中，企业只有将所生产的产品销售出去才能确认收入。例如，某企业在一定时期内生产了 5 亿元的产品，其中只有 1 亿元的产品被销售出去，其他部分作为存货列示在资产负债表中。在计算 GDP 时，当期生产的 5 亿元产品均被涵盖其中；而在计算价值创造额时，仅考虑所有产品的人工成本和当期售出产品形成的利润，二者对产品价值的确认时点存在差异。事实上，只考察企业本期所销售的部分，才能更准确地反映本期宏观经济的真实运行情况。

续表

季度	价值创造额（亿元）				价值创造额指数			
	股东	政府	员工	债权人	股东	政府	员工	债权人
201101	2 490	3 550	2 180	398	168	159	196	192
201102	2 890	4 050	2 470	440	193	180	218	209
201103	2 690	3 770	2 460	516	178	167	213	242
201104	2 320	4 070	3 470	572	153	180	301	268
201201	2 210	3 640	2 640	606	146	161	229	284
201202	2 310	4 060	3 040	685	149	177	253	318
201203	2 320	3 880	2 910	686	149	169	242	318
201204	2 590	4 640	3 970	687	166	202	331	318
201301	2 390	3 810	3 160	712	153	166	264	330
201302	2 820	4 850	3 340	698	180	210	277	322
201303	2 900	4 110	3 250	707	185	178	271	328
201304	3 050	5 030	4 560	734	192	213	368	333
201401	2 520	3 840	3 500	893	158	163	282	405
201402	3 160	5 030	3 730	875	199	213	300	397
201403	3 080	4 340	3 730	905	193	183	299	410
201404	2 610	5 440	5 210	912	162	229	417	412
201501	2 240	4 150	4 000	931	139	175	319	421
201502	3 540	5 050	4 330	919	218	212	343	411
201503	2 280	4 500	4 190	1 200	140	189	332	536
201504	2 270	5 580	5 750	1 030	134	232	452	456
201601	2 510	4 460	4 520	923	149	186	355	410
201602	3 750	4 970	4 750	986	222	207	372	438
201603	3 490	4 890	4 700	993	205	203	366	440
201604	4 000	6 740	7 170	1 020	233	278	555	457
201701	3 942	5 142	5 390	1 027	228	211	413	457
201702	4 820	6 129	5 774	1 165	276	251	439	517
201703	5 068	5 799	5 828	1 211	291	238	440	538
201704	4 930	6 838	8 172	1 357	280	279	614	598
201801	5 062	5 912	6 298	1 278	286	241	470	561
201802	6 190	6 920	6 870	1 280	352	281	508	561
201803	5 670	6 320	6 930	1 370	321	256	511	601
201804	2 100	7 550	9 810	1 580	118	306	721	693
201901	5 261	6 167	7 296	1 469	295	250	535	645
201902	6 147	6 749	7 617	1 456	343	273	556	639
201903	5 852	6 202	7 625	1 484	322	250	553	644
201904	2 041	7 047	11 043	1 579	111	283	798	685
202001	2 662	4 945	7 458	1 523	142	198	538	668
202002	6 440	6 631	7 935	1 427	341	265	569	624
202003	7 984	6 539	8 300	1 511	417	260	590	660
202004	4 294	7 819	11 726	1 545	222	310	828	675
202101	7 267	6 615	9 490	1 394	373	261	667	608

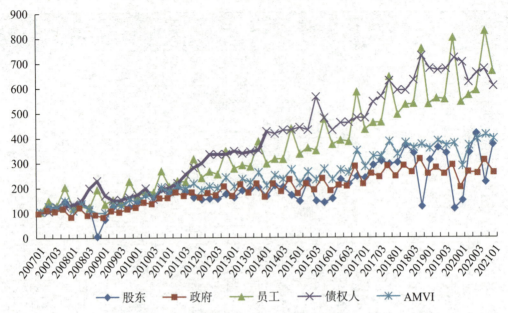

图 2-2　全样本（剔除金融业）四类分配主体价值创造额指数变化趋势

注：AMVI 是指在全样本中剔除金融业样本后计算得到的价值创造额指数。

从总体趋势来看，2009—2017 年，股东获利指数、政府税收指数、员工薪酬指数和债权人利息指数均呈上升趋势；自 2018 年以来，员工薪酬指数基本保持上升趋势，债权人利息指数呈下降趋势，股东获利指数波动较大，政府税收指数波动较小。

股东获利指数在 2008 年第 4 季度降至最低点，此后恢复性上升；2014 年第 2 季度又出现下滑势头，并于 2015 年第 4 季度降至 134 点；进入 2016 年，由于货币政策放宽，开始大幅攀升；2017 年和 2018 年第 1—2 季度继续保持良好的持续增长态势，并于 2018 年第 2 季度达到历史高点 352 点，此后出现较大幅度的震荡。股东获利指数在 2018 年第 4 季度骤降至 118 点，主要原因有三个方面：第一，党的十九大以来去杠杆政策持续推进导致中国经济下行压力有所增加，实体经济融资收紧，投资不振，增长下滑，企业盈利能力下降。第二，2018 年，中美贸易摩擦升级，中国企业出口压力大，盈利状况不理想。第三，2018 年 11 月 16 日，中国证监会发布《会计监管风险提示第 8 号——商誉减值》公告，提醒上市公司面临商誉减值风险，并将加大对商誉减值的监管。由于上市公司在 2015 年大量进行并购重组交易的业绩承诺在 2018 年到期，2018 年年末面临大量商誉减值的风险，加上 2018 年经济下行导致被并购的公司完成承诺的难度提高，部分上市公司业绩爆雷，公司计提商誉减值准备金额巨大，直接侵蚀了公司 2018 年第 4 季度的净利润。2019 年第 1—2 季度在企业季度性复工的推动下，股东获利指数反弹升至 343 点，表明企业的盈利能力在一定程度上得到恢复，然而第 3 季度再次回落，第 4 季度出现大幅滑坡，跌至 111 点，主要原因有三个方面：第一，受到持续反复的中美贸易摩擦的影响，企业出口受到限制，外部不确定性加大，企业投资和生产受到影响；第二，中国经济正处于转型时期，经济增速放缓；第三，上市公司的商誉规模仍然比较庞大，计提巨额商誉减值准备大大拉低了企业的盈利水平。受新冠疫情影响，多数公司在 2020 年第 1 季度的生产经营活动受阻，股东获利指数仅达到 142 点，同比下降 51.86%，表明企业盈利能力遭到较大冲击。自 2020 年第 2 季度以来，股东获利指数呈现良好的回升态势，尽管在第 4 季度有所回落，但在 2021 年第 1 季度又增长至 373 点，仅次于 2020 年第 3 季度的历史高点 417 点，增长势头良好的主要原因有三个方面：第一，中国新冠疫情防控得力，复工复产复市复业加快，经济持续恢复，在全球疫情和经济衰退的背景下，中国出口业务一枝独秀，出口总额超预期增长，外需持续回暖；第二，全球原油价格暴跌，降低了企业的生产成本；第三，中国政府在疫情期间实施减税降费政策，减轻了企业的税收负担。

政府税收指数的变化趋势与股东获利指数的变化趋势相似，但波动幅度较小。其自 2009 年以来逐渐上升，于 2018 年第 4 季度达到 306 点，2019 年在小幅波动中略有下降，2020 年第 1 季度下滑明显并收于 198 点，同比下降 20.8%，这主要是由于增值税、消费税和企业所得税等税负都明显下降，表明政府减税降费政策初具成效。例如，2019 年 10 月 9 日，国务院印发的《实施更大规模减税降费后调整中央与地方收入划分改革推进方案》指出，要建立更加均衡合理的分担机制，稳步推进健全地方税收体系改革，并提出三个方面的政策措施，包括保持增值税"五五分享"比例稳定、调整完善增值税留抵退税分担机制、后移消费税征收环节并稳步下划地方。此外，2020 年第 1 季度受新冠疫情的冲击，中国企业盈利水平有所下降，企业所得税相应减少，这也是导致 2020 年第 1 季度政府税收指数下滑的原因之一。自 2020 年第 1 季度以来，疫情防控取得重大战略成果，企业生产经营逐渐恢复，企业所得税增长，由此政府税收指数也有所回升。

员工薪酬指数从 2011 年开始大幅增长，与股东获利指数和政府税收指数的差距不断拉大，继 2019 年第 4 季度达到高点 798 点之后，2020 年继续维持增长趋势，并于第 4 季度再创新高，达到 828 点，这说明在新冠疫情的冲击下，员工的薪酬仍然可以得到很好的保障；同时，也反映了近年来我国人口红利逐渐消失，企业的人工成本不断上升。此外，员工薪酬指数受季度性因素影响较大，同一年份中第 1、3 季度较低，第 2、4 季度较高，这与员工薪酬的季度性特征密切相关，即半年绩效和年终绩效奖金的发放对该指数的走势影响显著。

债权人利息指数在 2019 年之前与员工薪酬指数的走势相近，整体呈上升趋势，虽然在 2015 第 3 季度在达到 536 点后出现骤降，但在 2016 年第 2 季度止跌回升，并于 2017—2018 年保持高速增长态势，于 2018 年第 4 季度达到历史新高 693 点；2019 年增速明显放缓，之后呈现一定的下降趋势；截至 2021 年第 1 季度，债权人利息指数为 608 点，同比下降 8.98%。这主要是因为从 2019 年开始，中央银行通过六次降准向市场投放了大量资金，释放长期流动性，以缓解银行资金面紧张的问题，有效增加银行支持实体经济的稳定资金来源；同时，降低银行资金成本，引导银行和金融机构降低实体经济融资成本，从而降低社会整体融资成本；2020 年 4 月 17 日，中共中央政治局召开会议，针对我国新冠疫情的防控向好态势，对经济工作做出一系列指示，强调"稳健的货币政策要更加灵活适度，运用降准、降息、再贷款等手段，保持流动性合理充裕，引导贷款市场利率下行，把资金用到支持实体经济特别是中小微企业上"；2020 年 6 月 17 日，国务院常务会议召开，部署引导金融机构进一步向企业合理让利，助力稳住经济基本盘，再次传达了宽松政策信号，明确提出"通过引导贷款利率和债券利率下行、发放优惠利率贷款、实施中小微企业贷款延期还本付息、支持发放小微企业无担保信用贷款、减少银行收费等一系列政策，推动金融系统全年向各类企业合理让利 1.5 万亿元"。降准政策大力推动了企业复工复产，利率下调适度缓解了企业融资难、融资贵的问题，稳健的货币政策对支持实体经济恢复发展发挥了重要的作用。

此外，个别指数在个别季度出现了一些异常值，这可能是一些权重较大的样本公司在当季度出现异常波动导致的。例如，债权人利息指数在 2008 年第 3—4 季度出现异常波动，是由于部分公司财务费用突增，如中国中铁（601390）2008 年第 3 季度的汇兑损失达 19 亿元，中国联通（600050）2008 年第 4 季度的利息支出突增 24 亿元；债权人利息指数在 2015 年第 3 季度出现异常波动，主要是由于人民币中间价汇改、美元对人民币升值造成部分公司（主要包括航空公司、中国石化、宝钢股份等）汇兑损失激增。

2.2.2 四类分配主体价值创造额占比趋势分析

对价值创造额按股东、政府、员工和债权人所得占比进行分析，可以揭示各类主体的分配格局及变化趋势，为政府相关部门制定收入分配和税收等政策提供参考。

从图 2-3 中我们可以看到，股东、政府和员工三类主体在 2007—2020 年的价值创造额占比都出现了大幅波动，而债权人利息所得占比总体比较平稳。

员工薪酬所得占比自 2007 年以来基本保持上升趋势，尤其在 2010 年之后，上升速度进一步加快，2015—2017 年稳定在 35% 上下，但随后又继续增长，2019 年之后增速有所放缓，2020 年升至 39.91%。此外，2016 年之后，员工薪酬所得占

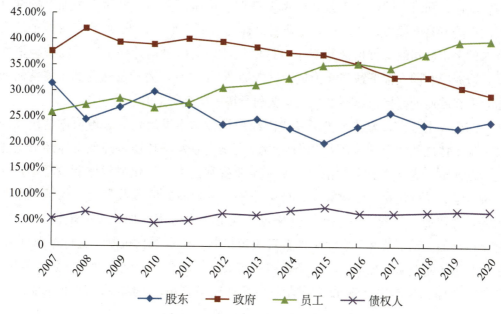

图 2-3　全样本（剔除金融业）价值创造额构成占比趋势

比超过政府税收所得占比，在四类分配主体所得占比中排名第一，这表明 2010 年以后用工荒问题严峻，人力成本居高不下，企业成本大幅攀升。

政府税收所得占比在 2008 年之后持续下降，尤其是 2016—2017 年下降速度明显加快，由 2015 年占比 37.11％降至 2017 年的 32.93％，降幅达 4 个百分点，2018 年基本与 2017 年持平，2018—2020 年再次呈下降趋势，2020 年下降至 29.23％，这与 2019 年全年减税降费金额超过 2 万亿元、2020 年全年新增减税降费超过 2.5 万亿元的财政政策密切相关，减税降费政策效果凸显。实施减税降费政策是供给侧结构性改革的重要措施，意在降低企业成本，焕发市场主体活力，促进稳增长、调结构。近年来，经济下行压力不断增大，政府减税降费力度不断加大，与此同时，政府不断加强政策评估，优化纳税服务，加强监督检查，加强财政收支预算管理，研究实施中央与地方收入划分改革推进方案，支持和配套的举措频频出台，减税降费政策落地生根，为企业达到一定的盈利水平做出了重大贡献。2020 年，面对新冠疫情的冲击，叠加全球经济衰退，一系列减税降费政策出台，助力企业轻装上阵、减负前行，帮助企业复工复产。

与员工薪酬所得占比的变化趋势相反，股东获利所得占比在 2010 年后出现较大幅度的下降，在 2015 年达到历史低值 19.88％，2016—2017 年出现恢复性上涨，表明这两年随着货币政策放宽，企业盈利水平有所提升，股东获得的回报提高。然而 2018—2019 年，股东获利所得占比再次走低，与股东获利指数连续两年波动下滑密切相关，这主要是由于国家出台一系列去杠杆政策，实体经济融资收紧，投资不振，同时我国经济正处在转型调整期，整体经济增长放缓，再加上持续反复的中美贸易摩擦带来的冲击，企业盈利能力有所降低。按照2018年中国证监会发布的上市公司商誉减值风险提示，这两年部分上市公司计提了巨额商誉减值准备，造成净利润大幅下跌甚至为负。进入2020年之后，公司虽然受到了疫情的冲击，但在政府的帮持与让利下，股东获利所得占比有所上升。

综合以上分析，为进一步保障我国经济社会健康发展，促进价值创造额在四类分配主体之间的合理分配，我们认为应优化企业发展环境，降低实体经济企业的经营成本，优化企业运营模式，增强企业盈利能力；深化财税体制改革，建立税种科学、结构优化、法律健全、规范公平、征管高效的税收制度，保证财政收入的合理增加；调整国民收入分配格局，规范初次分配，加大再分配调节力度，健全科学的劳动报酬和工资水平的合理决定机制、正常增长机制、支付保障机制；加快金融体制改革，提高金融服务实体经济效率，健全商业性金融、开发性金融、政策性金融、合作性金融分工合理、相互补充的金融机构体系，降低企业融资成本。

2.3　行业层面分类分析

按行业对上市公司的价值创造额和价值创造效率进行分析，可以反映不同行业的上市公司在企业发展和资源利用效率等方面的状况，为国家统筹各行业健康发展提供建议。由表2-3可以看出，大制造业在样本数量与价值创造额上均领先于其他行业，这与第二产业在我国国民经济中的重要地位相一致；大服务业的样本量仅次于大制造业，但单个公司的资产规模较小，价值创造额位居第三；金融业上市公司数量较少，但公司规模与其他行业相比具有压倒性优势，价值创造额在四大行业中位居第二；农林牧渔业的季均样本量最少，单个公司季均总资产规模最小，季均价值创造额最低。

表2-3　全样本分产权性质描述性统计

行业大类	季均样本量	季均总资产（亿元）	单个公司季均总资产（亿元）	季均价值创造额（亿元）	单个公司季均价值创造额（亿元）
大制造业	1 840	247 277	134	9 865	5.36
大服务业	666	102 810	154	2 836	4.25
农林牧渔业	37	1 556	42	57	1.54
金融业	63	1 157 737	18 449*	6 423	102.35
合计	2 606	—	—	—	—

＊表中数据均为使用以"元"为单位的报表数据计算所得，存在些许误差，下同。

图 2-4、图 2-5 和图 2-6 依次展示了四个行业公司样本量、单个公司平均总资产以及单个公司平均价值创造额的季度变化趋势。

图 2-4 描述了全样本分行业样本量的季度变化趋势。整体来看，自 2007 年第 1 季度以来，四个行业的上市公司数量均呈增长趋势。2007 年第 1 季度，大制造业、大服务业、农林牧渔业和金融业上市公司数量分别为 926 家、411 家、23 家和 33 家，合计 1 393 家；截至 2021 年第 1 季度，A 股上市公司样本量已达到 4 209 家，其中，大制造业、大服务业、农林牧渔业和金融业上市公司数量分别为 3 013 家、1 031 家、42 家和 123 家，除农林牧渔业之外，其他三个行业上市公司数量都增长了一倍以上，足见我国资本市场发展迅速，优质企业融资需求旺盛。具体地，大制造业上市公司数量始终保持稳步增长的态势，且公司数量占全样本比重始终超过 50%，这说明第二产业仍是我国经济发展的重要支撑。大服务业上市公司数量保持平稳增长，仅次于大制造业，其增长速度也低于大制造业，并且公司数量占比略有下降，2007 年第 1 季度占比为 29.50%，2021 年第 1 季度占比下降至 24.50%。农林牧渔业上市公司数量最少，从趋势上看，2007—2016 年，农林牧渔业上市公司数量增长缓慢，2016 年第 2 季度至 2017 年第 2 季度公司数量一直保持为 45 家，之后小幅缩减至 42 家。金融业上市公司数量在 2016 年以前保持缓慢增长，自 2016 年以来迅猛攀升，增长速度明显赶超其他三个行业，并于 2021 年第 1 季度扩张到 123 家，这说明我国金融改革有序推进，金融体系不断完善，金融业得到快速发展。

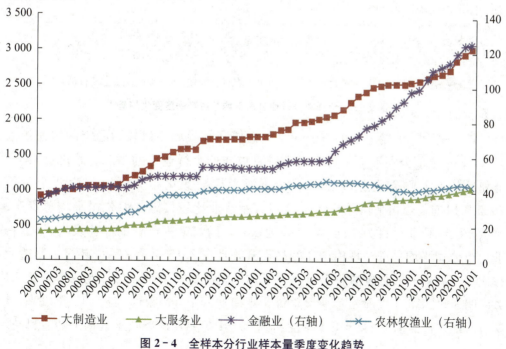

图 2-4 全样本分行业样本量季度变化趋势

图 2-5 描述了全样本分行业公司平均总资产的季度变化趋势。从整体趋势上看，自 2007 年第 1 季度以来，四个行业上市公司平均总资产都有较大幅度的增长，其中，大制造业、大服务业和农林牧渔业上市公司平均总资产规模一直处于上升态势，而金融业上市公司平均总资产规模则呈先上升后下降的变化趋势。大制造业、大服务业、农林牧渔业和金融业上市公司平均总资产规模分别由 2007 年第 1 季度的 46.11 亿元、41.12 亿元、15.17 亿元、5 666.67 亿元，增长到 2021 年第 1 季度的 172.54 亿元、255.89 亿元、99.81 亿元、20 113.98 亿元，分别增长了 274.16％、522.30％、557.77％和 254.95％，印证了我国上市公司资产规模不断扩大。

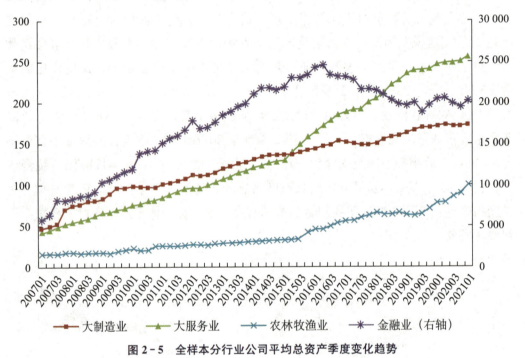

图 2-5 全样本分行业公司平均总资产季度变化趋势

具体来看，大制造业上市公司平均总资产规模始终以较为稳定的增速扩大，且 2015 年之前公司平均总资产规模一直位居四个行业中的第二名，之后被大服务业反超。大服务业上市公司平均总资产规模变化趋势可以分为两个阶段：2015 年以前，公司平均总资产增速与大制造业比较接近，但公司平均总资产水平低于大制造业；自 2015 年第 1 季度以来，随着第三产业的高速发展，大服务业上市公司平均总资产规模增速明显提升，且在 2015 年第 2 季度超过大制造业，仅次于金融。农林牧渔业上市公司平均总资产规模最小，与其他三个行业相比差距明显，2015 年以前，其平均总资产规模均低于 35 亿元，自 2015 年以来，增速有所加快，并于 2021 年第 1 季度达到 99.81 亿元，这反映了近年来随着科技水平的不断提升，我国农林牧渔业也逐步加大企业升级改造力度，实现了较好的规模化发展。金融业上市公司平均总资产规模最大，2007—2016 年一直呈增长趋势，并于 2016 年第 2 季度达到历史最高水平 24 482.76 亿元，这是因为 2016 年以前，金融业上市公司以传统大型银行为主，公司规模较大，而新上市公司的规模较小，且数量增速较缓；自 2016 年以来，普惠金融的发展催生了许多小型金融公司，包括银行类和证券类公司等，金融业上市公司数量明显增加，新上市的小型金融公司拉低了金融业上市公司平均总资产规模水平，导致公司平均总资产规模有所下降。

图 2－6 揭示了全样本分行业公司平均价值创造额的季度变化趋势。整体上，相较于 2007 年，我国各个行业上市公司的平均价值创造额水平都有明显提升。具体地，大制造业上市公司平均价值创造额总体呈缓慢增长态势，2008 年受金融危机的影响，单个公司平均价值创造额有所下滑，之后反弹回升；2020 年第 1 季度，受新冠疫情的影响，公司平均价值创造额跌至 4.64 亿元，同比下降 21.36％，随着疫情得到有效控制和经济复苏进程的加快，公司平均价值创造额恢复到 6 亿元以上。大服务业上市公司平均价值创造额波动上升且呈现季度性特征，在同一年份中第 1、3 季度较低，第 2、4 季度较高，且第 4 季度上升尤为明显，该行业上市公司平均价值创造额水平于 2016 年第 4 季度首次赶超大制造业，2017—2019 年保持在 6 亿元上下波动；2020 年第 1 季度，大服务业受疫情冲击明显，公司平均价值创造额水平骤降至 4.31 亿元，低于同期大制造业公司平均价值创造额，比 2019 年第 1 季度下降 25.72％；2020 年第 2 季度，疫情防控常态化，我国整体经济形势逐步回暖，居民消费活力得到释放，拉动大服务业公司平均价值创造额恢复性上升。农林牧渔业上市公司价值创造额水平在 2015 年以前较低，基本都在 1 亿元以下，2016 年有较大幅度上升并保持在 1.8 亿元上下波动；2019 年猪肉价格上涨推高了农林牧渔业上市公司的平均价值创造额，从 2019 年第 1 季度的 1.58 亿元蹿升至当年第 4 季度的 5.41 亿元；进入 2020 年，其平均价值创造额水平又出现震荡，于 2020 年第 3 季度创历史新高 5.67 亿元，截至 2021 年第 1 季度收于 4.52 亿元。金融业上市公司平均价值创造额同样位居四个行业的榜首，且与其平均总资产规模走势比较相近，2015 年第 2 季度达到最高点 162.98 亿元，之后波动下滑，截至 2021 年第 1 季度收于 103.03 亿元，这是因为 2015 年以后新上市的中小金融企业价值创造额水平较传统大型金融企业低，且近两年国家致力于引导金融机构向实体企业合理让利，推动实体经济的发展。

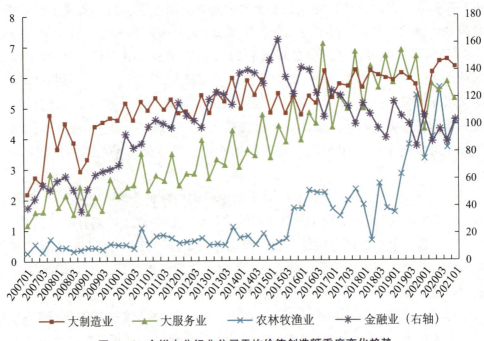

图 2-6　全样本分行业公司平均价值创造额季度变化趋势

2.3.1　分行业价值创造额指数分析

由表 2-4 和图 2-7 可知，自 2009 年第 1 季度以来，各行业价值创造额指数整体呈逐渐上升趋势，直到 2019 年第 4 季度出现波动。

表 2-4　全样本分行业价值创造额指数的编制结果

季度	全样本	大制造业	大服务业	农林牧渔业	金融业
200701	100	100	100	100	100
200702	117	118	132	188	110
200703	114	112	136	104	109
200704	127	120	236	247	104
200801	107	92	147	156	120
200802	126	115	178	165	126
200803	106	100	130	120	108
200804	87	75	204	134	75
200901	97	84	134	152	108
200902	124	110	175	154	130
200903	124	113	139	139	133
200904	138	122	240	191	135

续表

季度	全样本	大制造业	大服务业	农林牧渔业	金融业
201001	139	124	193	184	147
201002	156	144	224	181	154
201003	147	135	234	147	141
201004	173	161	340	316	148
201101	170	156	229	168	171
201102	187	174	276	244	179
201103	179	164	266	258	175
201104	189	175	352	224	169
201201	184	160	247	180	202
201202	194	169	299	195	204
201203	188	162	300	197	197
201204	210	192	415	232	187
201301	202	171	282	170	226
201302	224	194	347	177	236
201303	213	182	329	162	228
201304	234	209	449	319	214
201401	217	173	321	222	258
201402	243	205	387	239	261
201403	233	191	372	159	258
201404	256	214	522	252	250
201501	235	176	374	135	293
201502	275	207	504	185	324
201503	237	182	444	217	270
201504	253	207	597	289	241
201601	241	185	436	292	282
201602	266	210	540	399	285
201603	256	204	513	387	269
201604	301	257	831	383	242
201701	278	225	531	291	293
201702	304	252	666	253	292
201703	303	255	634	338	291
201704	330	286	881	399	261
201801	315	262	641	323	311
201802	342	290	825	115	300
201803	326	283	729	435	285
201804	327	277	874	295	266
201901	350	276	753	227	363

续表

季度	全样本	大制造业	大服务业	农林牧渔业	金融业
201902	358	287	902	406	333
201903	349	281	800	560	337
201904	334	275	906	798	278
202001	307	224	583	489	362
202002	348	300	795	606	302
202003	382	331	778	848	346
202004	385	342	828	556	327
202101	397	337	767	669	383

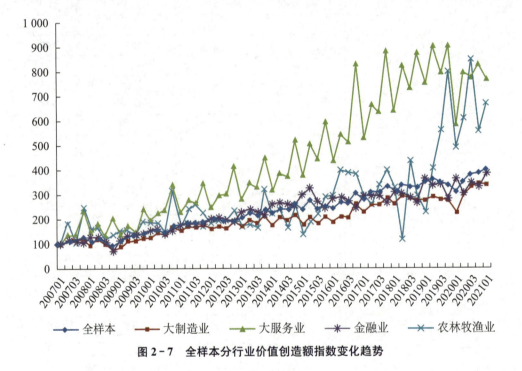

图 2-7　全样本分行业价值创造额指数变化趋势

大制造业与全样本价值创造额指数变动较为一致，均自 2008 年金融危机以来稳中有升，并于 2017 年第 4 季度达到一个小高峰，2018 年小幅下降，2019 年呈先上升后下降的趋势，2020 年以后整体呈上升趋势。

大服务业价值创造额指数自 2009 年第 4 季度以来一直居各行业大类最高，于 2019 年第 4 季度达到历史高点 906 点，反映出我国大服务业自 2009 年以来发展势头良好，这与近年来国家大力促进大服务业发展和努力实现经济转型升级的政策导向密切相关。2020 年受到新冠疫情冲击，大服务业价值创造额指数出现较大幅度的波动，整体水平有所下降，特别是在 2020 年第 1 季度，由于旅游业、住宿和餐饮业进入了艰难的寒冬期，消费需求量急剧减少，酒店出租率、景区游客接待量同比大幅下滑，大服务业价值创造额指数仅为 583 点，同比下降 22.58％；2020 年第 2 季度，指数反弹回升至 795 点，之后保持在 800 点上下小范围震荡，这一方面得益于疫情防控卓有成效，相关产业逐渐推进线下复工复产，比如 2020 年 7 月 14 日，文化和旅游部办公厅发布《关于推进旅游企业扩大复工复业有关事项的通知》，旅游业复苏带动酒店及景区公司业绩回升；另一方面，疫情带动线上零售、在线教育等迅猛发展，刺激了线上办公服务需求，创造了有利的线上服务发展商机，大服务业整体发展形势逐渐回暖。

农林牧渔业样本量较少，价值创造额指数容易受单个公司价值创造额变化的影响，整体走势波动幅度较大，自 2018 年以来波动尤为突出。其中，2018 年出现明显波动，第 2 季度大幅下跌至 115 点，同比下降 54.55％，主要是由于生猪供过于求导致畜牧养殖板块行业景气度达到周期性低位，生猪价格下滑，随后禽类价格大幅攀升带动禽企业绩反转，拉动农林牧渔业价值创造额指数于第 3 季度反弹回升至 435 点；2018 年下半年受到非洲猪瘟的影响，生猪行业达到周期性低点，价格仅为 12.79 元/千克，同比下滑 14.98％，动物保健也受到间接打击，价值创造额指数在第 4 季度再次下滑；2019 年猪肉价格持续高位运行，养殖板块业绩向好，带动农林牧渔业价值创造额指数迅猛增长，从第 1 季度的 227 点大幅增长至第 4 季度的 798 点；自 2020 年第 1 季度以来，农林牧渔业价值创造额指数再次出现较大的波动，这首先与新冠疫情在全球范围内蔓延带来的不确定性有关，其次与农林牧渔业各子行业有所分化、业绩表现不一致有关。具体来看，2020 年由于生猪产能恢复以及猪价保持高位，生猪养殖景气度创新高，于 2021 年第 1 季度从高位回落；而禽养殖在 2020 年从高位回落，2021 年第 1 季度维持低迷；饲料和动物保健行业则随着养殖"后周期"进入景气提升期。

金融业价值创造额指数近年来有所波动，总体呈上升趋势，进入 2020 年第 1 季度，尽管其他行业在疫情冲击下的表现不如上年同期水平，但金融业价值创造额指数仍与上年同期基本持平，并于 2021 年第 1 季度达到历史新高 383 点，同比增长 5.80％。

2.3.2 分行业价值创造效率指数分析

由图 2-8 可知，自 2011 年第 1 季度以来，大服务业价值创造效率指数呈震荡下行趋势，农林牧渔业价值创造效率指数除在 2019 年出现一定幅度的反弹回升，其变化趋势基本与大服务业相近，大制造业和金融业价值创造效率指数在样本期间较为平稳，但整体也呈下滑趋势，说明我国经济总体运行效率不高。该结果间接表明，积极的财政政策与适度宽松的货币政策虽然能刺激经济总量的增长，但随着投资规模的迅速扩大，带来了资金使用效率下降等问题，导致价值创造效率与价值创造额的增长速度脱节。大制造业价值创造效率指数整体走低，主要原因包括：第一，经济处于转型期，大制造业仍存在产能过剩、创新不足的问题，企业盈利能力难以实现突破；第二，产业升级未能实现，大量资产利用率不高拉低了价值创造效率；第三，目前我国经济下行压力未减，实体经济困难重重，价值创造效率进一步恶化。2019 年，大服务业价值创造效率指数波动幅度较前期有所减小，但 2020 年第 1 季度受疫情冲击的影响下滑明显，随后呈现小幅恢复性上升，并带有一定的季度性特征，于 2021 年第 1 季度收于 63 点。农林牧渔业价值创造效率指数在 2019 年第 4 季度为 168 点，同比增幅明显，2020 年其价值创造效率指数呈波动趋势，与价值创造额指数的变化趋势相近，其中，2020 年第 3 季度，上升到年内最高水平 145 点，同比增长 12.40%，第 4 季度又下滑至 90 点，同比下降46.43%。金融业价值创造效率指数近几年持续在 60 点上下小幅波动。

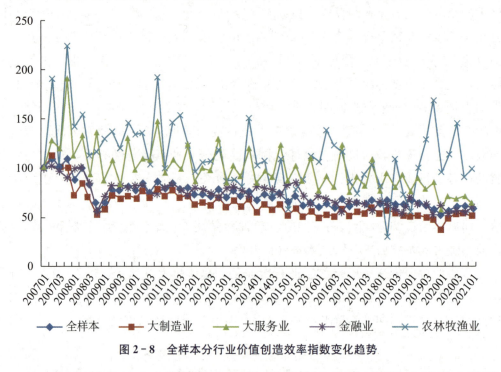

图 2-8 全样本分行业价值创造效率指数变化趋势

通过分析，我们认为应统筹产业发展，优化产业体系；加快建设制造强国，引导制造业朝着分工细化、协作紧密的方向发展；加快发展现代服务业，促进服务业优质高效发展，推动生产性服务业向专业化和价值链高端延伸、生活性服务业向精细和高品质转变；大力推进农业现代化，加快转变农业发展方式，着力构建现代农业产业体系、生产体系、经营体系，提高农业质量效益和竞争力；提高金融业管理水平和服务质量，引导金融业发展同经济社会发展相协调，优化金融资源空间配置和金融机构布局，大力发展中小金融机构，不断增强金融服务实体经济的可持续性；支持节能环保、生物技术、信息技术、智能制造、高端装备、新能源等新兴产业发展，支持传统产业优化升级，培育产业发展新动能。

2.3.3　金融业和房地产业价值创造额分析

虚拟经济是市场经济高度发达的产物，以服务实体经济为最终目的，其高流动性提高了社会资源配置和再配置的效率，已成为现代市场经济不可或缺的组成部分。随着虚拟经济的迅速发展，其规模已超过实体经济，成为与实体经济相对独立的经济范畴。金融业和房地产业是虚拟经济的两个重要组成部分，为了更深层次地理解我国经济运行中虚拟经济的发展状况，本报告对金融业和房地产业的价值创造额进一步展开分析。表 2-5 和图 2-9 揭示了我国金融业与房地产业上市公司价值创造额的基本概况。

表 2-5　金融业和房地产业样本量占比、税后净利润占比与价值创造额占比（%）

年份	样本量占比			税后净利润占比			价值创造额占比		
	金融业	房地产业	合计	金融业	房地产业	合计	金融业	房地产业	合计
2007	2.50	8.26	10.62	38.85	3.67	42.52	32.01	3.44	35.45
2008	2.60	7.87	10.58	55.90	6.39	62.29	31.18	2.70	33.89
2009	2.60	7.73	10.29	47.77	4.24	52.01	32.16	3.35	35.51
2010	2.40	6.94	9.36	42.44	3.71	46.15	29.78	3.27	33.04
2011	2.20	5.87	8.14	48.45	3.62	52.07	33.84	3.18	37.02
2012	2.10	5.53	7.66	53.87	3.91	57.78	35.46	3.46	38.92
2013	2.10	5.09	7.22	53.39	4.07	57.46	35.75	3.58	39.33
2014	2.10	4.99	7.08	55.44	4.06	59.50	36.71	3.63	40.34
2015	2.10	4.66	6.78	60.91	4.53	65.44	38.35	4.19	42.54
2016	2.10	4.46	6.49	52.73	5.72	58.45	34.52	5.56	40.08
2017	2.29	4.00	6.30	47.52	5.94	53.46	32.07	5.72	37.78
2018	2.35	3.60	5.97	49.87	9.02	58.89	30.20	7.15	37.35
2019	2.75	3.41	6.17	53.40	9.52	62.92	32.47	7.60	40.06
2020	3.01	3.25	6.26	51.92	6.40	58.32	33.57	6.64	40.21

总体上，金融业和房地产业上市公司数量合计占全样本上市公司数量的比例较低，自 2015 年以来保持在 6% 上下浮动，其中，金融业上市公司数量占全样本上市公司数量的比例为 2%～3%，房地产业上市公司数量占全样本上市公司数量的比例自 2007 年以来有所下降，从 8.26% 下降至 3.25%。金融业与房地产业上市公司税后净利润占比与价值创造额占比远超公司数量占比，两个行业加总的税后净利润占全样本上市公司税后净利润的比例约为 50%，加总的价值创造额占比约

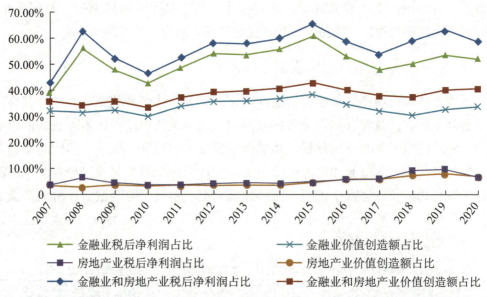

图 2-9　金融业和房地产业上市公司税后净利润占比与价值创造额占比变化趋势

为 40%，并且相较于房地产业，金融业上市公司的税后净利润占比和价值创造额占比更高。这说明我国虚拟经济创造了巨额的利润，且金融业的贡献显著高于房地产业。

从变化趋势上看，金融业与房地产业的税后净利润占比以及价值创造额占比的整体波动较小，且税后净利润占比的走势大体上与价值创造额占比的走势比较相似，但前者的波动幅度大于后者。具体地，2008 年金融危机期间，经济泡沫推高了金融业上市公司税后净利润占比，而同期价值创造额占比略有下降，之后二者均有所下降；2010—2015 年金融业上市公司税后净利润占比与价值创造额占比再次提高；2016 年及以后的呈波动下滑趋势，这与金融业的特征密切相关，金融业属于周期性滞后产业，2010—2015 年中国经济发展较为迅速，而近几年中国经济步入新常态，企业投资性贷款需求有所降低，加上互联网金融的快速发展对大型银行传统业务的冲击，金融业的利润以及价值创造额走低。2020 年，金融业上市公司税后净利润占比为 51.92%，比 2019 年下降 1.48 个百分点，这是因为在疫情期间，应国家政策要求，商业银行在加大信贷投放的同时，通过降低贷款利率、减免收费以及延期还本付息等举措，向实体经济让利。房地产业上市公司税后净利润占比与价值创造额占比在 2017 年以前整体变化比较平稳，呈缓慢上升趋势；2018 年其税后净利润占比提升了约 3 个百分点，而价值创造额占比没有明显上扬；2019 年税后净利润占比与价值创造额占比基本保持稳定；2020 年均出现明显下滑，税后净利润占比同比下降约 3 个百分点，价值创造额占比也同比下降了约 1 个百分点。一方面，这与近年来国家对房地产业实施有力的监管调控政策有关，

2019 年 7 月 30 日，中央政治局召开会议部署下半年经济工作，提出"坚持房子是用来住的、不是用来炒的定位"，落实房地产长效管理机制，不将房地产作为短期刺激经济的手段；2020 年 8 月，随着房地产资管新规"三道红线"[①] 的提出，房地产企业融资进一步收紧。另一方面，疫情对房地产消费市场造成了严重的冲击，强行压制了房地产业的发展。由于金融业上市公司税后净利润占比和价值创造额占比远高于房地产业，因此将金融业和房地产业上市公司的两项指标加总后可以发现，变化趋势与金融业相应指标的变化趋势非常接近。

综上，虚拟经济在我国经济发展中扮演着不可或缺的角色，在推动经济转型升级的进程中，需要继续深化金融供给侧改革，建立更加完善的金融服务体系，切实履行虚拟经济服务实体经济的宗旨，推进虚拟经济与实体经济更好地融合发展。

2.4　产权性质分类分析

按产权按性质对上市公司的价值创造额和价值创造效率进行分析，可以反映不同产权性质的上市公司在企业发展和资源利用效率等方面的状况。按照上市公司实际控制人的性质，本研究将样本公司分为国有控股公司和非国有控股公司，同时在分析过程中剔除了金融业的样本。

从表 2-6 中可以看出，国有控股公司的季均总资产、单个公司季均总资产、季均价值创造额和单个公司季均价值创造额都远远高于非国有控股公司，这与国有经济在国民经济中起主导作用的现实相符。

表 2-6　全样本分产权性质描述性统计

产权性质	季均样本量	季均总资产（亿元）	单个公司季均总资产（亿元）	季均价值创造额（亿元）	单个公司季均价值创造额（亿元）
国有控股公司	992	254 848	257	9 408	9.48
非国有控股公司	1 550	96 640	62	3 342	2.16

2.4.1　分产权性质价值创造额指数分析

图 2-10 揭示了国有控股公司与非国有控股公司在各季度的价值创造额指数变

---

① "三道红线"是指房地产企业剔除预收款后的资产负债率不超过 70%，净负债率不超过 100%，现金短债比不小于 1。

化趋势。可以看出，非国有控股公司价值创造额指数明显高于国有控股公司；从价值创造额指数在时间序列上的波动趋势来看，2008 年之后，国有控股公司的增长趋势比较平缓，而非国有控股公司基本呈现强劲的增长态势，且两类指数的差距逐年拉大。具体来看，进入 2017 年，非国有控股公司价值创造额指数的增长速度相比以前年份进一步提升，由第 1 季度的 591 点增长到第 4 季度的 835 点，而国有控股公司价值创造额指数在 2017 年第 4 季度才上升到 300 点以上。2018 年国有控股公司价值创造额指数仍然保持在 272～350 点波动，而相比之下，由于国家去杠杆政策力度大，公司融资难度增大，加上中美贸易摩擦的影响，以及非国有控股公司在 2018 年第 4 季度计提巨额商誉减值准备，非国有控股公司价值创造额指数在第 4 季度急剧下滑，跌至 595 点。2019 年国家对非国有控股公司实施利好政策，非国有控股公司价值创造额指数恢复性回升，但在 2019 年第 4 季度依旧受计提巨额商誉减值准备的影响再次急剧下滑。2020 年年初受到疫情冲击，非国有控股公司的生产经营受到较大影响，价值创造额指数未能有效回升，但在国家有效的疫情防控举措、及时的货币政策以及减税降费政策的推行下，价值创造额指数从 2020 年第 2 季度开始迅速上升，并于第 3 季度达到历史新高 963 点；同样因为受到疫情的冲击，国有控股公司在 2020 年第 1 季度表现不佳，价值创造额指数明显下滑，但之后逐渐稳步回升，2021 年第 1 季度稍有回落，收至 339 点，仍比上年同期增长了 46.12％。以上分析表明，后疫情时期我国经济恢复运行较好。

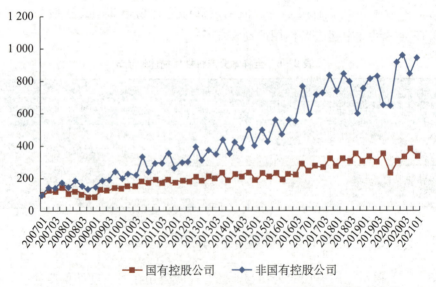

图 2-10　全样本（剔除金融业）不同产权性质价值创造额指数变化趋势

2.4.2　分产权性质价值创造效率指数分析

图 2 - 11 揭示了不同产权性质的上市公司各季度的价值创造效率指数变化趋势。整体来看，非国有控股公司价值创造效率指数高于国有控股公司；两类产权性质的公司价值创造效率指数自 2011 年第 1 季度以来均呈下降趋势，反映出我国的资源利用效率不高。2018 年之前，非国有控股公司价值创造效率指数下降速度小于国有控股公司；2018 年，非国有控股公司价值创造效率指数波动性增大，第 4 季度出现明显下跌，并首次低于国有控股公司；2019 年，非国有控股公司价值创造效率指数依旧呈波动趋势，而国有控股公司则表现相对稳定。2019 年以后，国有控股公司和非国有控股公司价值创造效率指数均呈波动趋势，国有控股公司价值创造效率指数在 2021 年第 1 季度大幅下滑至 38 点，为样本期间的最低点，同比下降 29.63%，表明国有经济在疫情暴发期间遭到重创，随后第 2—4 季度与价值创造额指数的变化趋势一致，逐渐稳步回升；非国有控股公司价值创造效率指数在 2020 年第 1 季度下降至 59 点，第 2—3 季度连续上涨，第 4 季度有所回落，2021 年第 1 季度再次上升，达到 74 点，同比增长 25.42%。自 2020 年第 1 季度以来，国有控股公司和非国有控股公司的价值创造效率指数回升，说明国家积极应对疫情带来的不利影响，及时保证经济恢复良好运行；也说明疫情客观推动了企业数字化转型升级，云办公、云服务等线上经营模式显露生机，数字经济的发展提高了企业的价值创造效率。

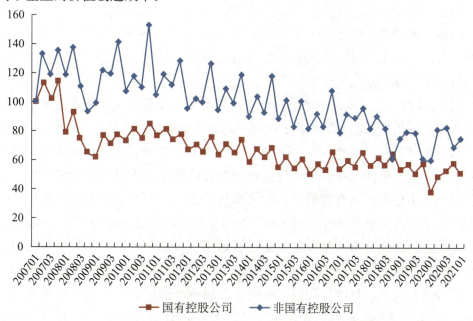

图 2 - 11　全样本（剔除金融业）不同产权性质价值创造效率指数变化趋势

通过按产权性质分析，我们认为应坚持公有制为主体、多种所有制经济共同发展，毫不动摇巩固和发展公有制经济，毫不动摇鼓励、支持、引导非公有制经济发展；深化国有企业改革，增强国有经济活力，提高国有资产利用率，提升国有经济的运行效率，推进国有资本布局战略性调整，坚定不移把国有企业做强、做优、做大，更好地服务于国家战略目标；继续发展混合所有制经济，分类、分层、推进国有企业混合所有制改革，鼓励和支持非公有资本、集体资本参与国有企业混合所有制改革，有序吸收外资参与国有企业混合所有制改革，建立健全混合所有制企业治理机制，营造国有企业混合所有制改革的良好环境；鼓励、支持、引导非公有制经济发展，进一步贯彻落实促进非公有制经济健康发展的政策措施，鼓励非公有制企业参与国有企业改革，更好地激发非公有制经济活力和创造力，推动国民经济持续健康发展。

2.5　地区层面分类分析

对上市公司价值创造额和价值创造效率进行分地区分析，可以反映全国不同地区的上市公司在企业发展和资源利用效率方面的情况，为国家制定区域发展战略和资源分配政策提供参考。本研究参考常见的区域划分标准，将全国31个省、自治区、直辖市分为华东、华南、华中、华北、西北、西南和东北七大地区，其中，华东地区包括山东、江苏、安徽、浙江、福建、上海，华南地区包括广东、广西、海南，华中地区包括湖北、湖南、河南、江西，华北地区包括北京、天津、河北、山西、内蒙古，西北地区包括宁夏、新疆、青海、陕西、甘肃，西南地区包括四川、云南、贵州、西藏、重庆，东北地区包括辽宁、吉林、黑龙江。在按地区分析的过程中，我们剔除了金融业的样本。

表2-7列示了各地区上市公司的季均样本量、季均总资产规模、单个公司季均总资产、季均价值创造额和单个公司季均价值创造额。由表2-7可知，华北地区季均总资产超过13万亿元，高居七大地区榜首；此外，华北地区单个公司季均总资产、季均价值创造额和单个公司季均价值创造额也遥遥领先于其他地区，这主要是由于多数大型国有控股公司的注册地（公司总部）集中在华北地区。紧随华北地区之后的是华东地区，华东地区季均总资产也突破10万亿元。而其他地区不论季均总资产还是季均价值创造额都远远小于这两个地区，尤其是东北和西北两个地区，季均总资产只有1万亿元左右，产业发展规模具有较大的上升空间，应该重点开发和支持。目前，我国区域经济发展不平衡问题仍未得到圆满解决，应调动各区域的发展积极性，充分发挥各区域的地理资源优势，促进各区域平衡发展。

表 2-7   全样本分地区描述性统计

地区	季均样本量	季均总资产（亿元）	单个公司季均总资产（亿元）	季均价值创造额（亿元）	单个公司季均价值创造额（亿元）
华东	1 041	100 368	96	3 507	3.37
华南	443	51 966	117	1 726	3.90
华中	252	20 491	81	726	2.88
华北	355	136 245	383	5 479	15.42
西北	128	12 058	95	326	2.56
西南	193	17 957	93	648	3.35
东北	131	12 478	95	346	2.64

2.5.1   分地区价值创造额指数分析

图 2-12 揭示了各地区上市公司价值创造额指数的变化趋势。自 2008 年金融危机以来，各地区价值创造额指数总体呈波动上升趋势。其中，华南地区的总体增长幅度最大，并且从 2016 年开始增长幅度进一步扩大，2019 年第 2 季度创下历史新高 973 点，2020 年第 1 季度受疫情的影响巨大，骤降至 631 点，同比下降 19.62%，紧接着在第 2 季度迅速反弹增长至 945 点，截至 2021 年第 1 季度价值创造额指数一直维持在正常范围内波动。西南地区在 2016 年以前保持缓慢增长的态势，2016 年第 3 季度后快速攀升，2017 年第 4 季度高达 615 点，约为 2016 年第 3 季度的两倍，2018 年以来增速稍有放缓。相比其他地区，西南地区在 2020 年第 1 季度受疫情的影响最小，价值创造额指数下降程度较小；从第 2 季度开始迅速攀升，增长速度明显快于 2020 年之前，说明地区经济发展形势良好，这一方面是由于医药制造业企业经营良好，另一方面得益于贵州和四川分别创下 2020 年中国货物贸易进出口规模增速第 1 名和第 2 名的优异成绩。华东和华中地区一直呈中速缓慢发展态势，且增长幅度极其相似，2016 年后都有一个较快的增长，然而 2018—2019 年，华东地区比较平稳，华中地区却呈现较大幅度的波动，2020 年第 1 季度两个地区均有不同程度的下降，其中华东地区受疫情影响更大，价值创造额指数同比下降 18.04%。东北和华北地区近年来增长速度则相对平缓，截至 2021 年第 1 季度仍然在 350 点以下，其中，2020 年第 1 季度华北地区出现明显下跌，跌至 2016 年第 2 季度以来最低水平 161 点，之后小幅恢复性上升，但 2021 年第 1 季度又出现下滑，不过东北地区自 2020 年第 2 季度以来有向好发展的趋势，因此在继续保持东北地区经济增长态势的同时，应重点关注华北地区新的增长点。随着西部大开发战略的不断推进，西北地区价值创造额指数呈大幅上升趋势，但在 2019

年第 4 季度部分企业如 ST 刚泰（600687）、ST 盐湖（000792）计提了大量的商誉减值准备，导致西北地区价值创造额指数出现断崖式下跌，降至历史新低 22 点；同样，在 2020 年第 1 季度受疫情的负面影响，西北地区价值创造额指数仅达到 336 点，明显低于上年同期水平，不过值得肯定的是，从第 2 季度开始该地区经济快速恢复，截至 2021 年第 1 季度价值创造额指数已上涨到 559 点，同比增长 66.37%。

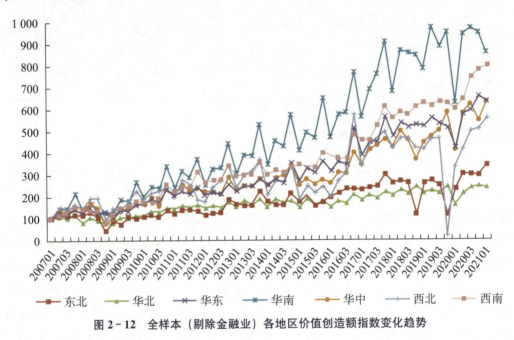

图 2-12 全样本（剔除金融业）各地区价值创造额指数变化趋势

2.5.2 分地区价值创造效率指数分析

图 2-13 揭示了各地区上市公司价值创造效率指数的变化趋势。由图可知，七大地区的价值创造效率指数自 2011 年第 1 季度起总体处于下降态势，且呈现出明显的分层和季度周期性波动的特点。与价值创造额指数处于低位相似，华北和东北地区的价值创造效率指数也处于最下层，总体水平偏低，其中，东北地区价值创造效率指数自 2020 年第 1 季度以来呈现一定的上升趋势，而华北地区价值创造效率指数在疫情的冲击下，于 2020 年第 1 季度降至历史新低 29 点，虽然在 2020 年下半年有轻微回升，但仍没有改变其整体下降的趋势，这表明华北地区的经济活力尚未得到充分释放，资源优势有待进一步发挥。西北地区价值创造效率指数也处于下层，自 2007 年起快速下降，直至 2015 年才开始趋于平缓，基本在 40～50 点，但在 2019 年第 4 季度出现与价值创造额指数类似的断崖式下降，2020 年第 1 季度以来虽然有所回升，但仍只有 50 点左右，这意味着西部大开发战略在支持

西部发展的过程中虽投入大量的资源，但资源利用效率较低，有待进一步提高。华中、西南和华东地区的价值创造效率指数处于中层，2015 年之前一直处于缓慢下滑态势，2015 年之后基本在 70 点上下浮动，除 2020 年第 1 季度外，没有明显恶化，值得注意的是，西南地区价值创造效率指数于 2020 年第 4 季度追平华南地区，并于 2021 年第 1 季度超过华南地区达到 83 点，位居七大地区首位，表现出强大的发展潜力。华南地区价值创造效率指数整体处于最上层，且呈现明显的季度性波动，每年几乎都是从第 1 季度逐渐上升至第 4 季度，2019 年即使面对经济下行压力和中美贸易摩擦的持续冲击，也能保证在第 2 季度达到 102 点，表现出强劲的经济活力；然而，2020 年以来，其绝对优势有所减弱，一方面在 2020 年第 1 季度该地区受疫情的影响最为强烈，骤降至 61 点，另一方面受疫情冲击后经济恢复速度不是十分理想，2020 年第 4 季度仅为 80 点以上，2021 年第 1 季度又降至 72 点，位居七大地区的第三位，低于西南和华中地区，这表明华南地区亟须寻找新的经济增长点。就各地区价值创造效率指数的波动情况来看，华北地区波动最小；东北、华东、华中、西南地区波动稍大；华南地区整体波动较大，且第 2、4 季度"翘尾"现象明显；西北地区在七大地区中波动幅度最大，这与其样本量较少有关。

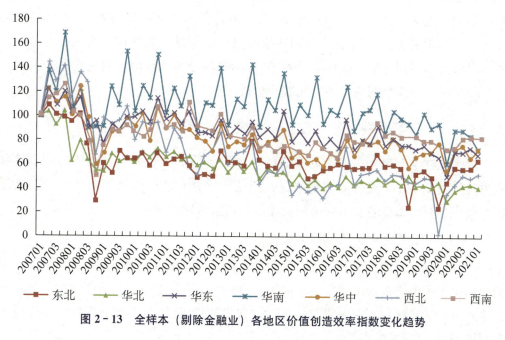

图 2-13　全样本（剔除金融业）各地区价值创造效率指数变化趋势

通过按地区的价值创造额指数和价值创造效率指数分析，可以看出，华南、西南、华东、华中地区发展态势良好，西北地区发展不够稳定，东北、华北地区近年来经济发展较为平缓。因此，我们认为应努力推动区域协调发展，支持东部地区率先发展，更好地辐射带动其他地区；加大国家支持力度，促进中部地区崛起；加快体制机制改革，推动东北地区等老工业基地振兴；深入实施西部大开发，支持西部地区改善基础设施，发展特色优势产业，强化生态环境保护。

2.6　公司层面排名分析

以上从整体层面对全样本上市公司的价值创造情况展开了系统分析。接下来，为了进一步考察全样本中个体上市公司价值创造的情况与差异，本报告首先对全样本每一家上市公司的年度价值创造额进行了计算与排名，其次对剔除 ST 公司的样本公司的年度价值创造效率进行了计算与排名，以期更为具体地揭示全样本公司的价值创造现状与发展规律。[①] 附录表 A1 列示了 2020 年全样本价值创造额排名前 100 位的上市公司，具体包括 2020 年价值创造额、2020 年价值创造额排名、2019 年价值创造额排名、2018 年价值创造额排名、2020 年相比 2019 年排名变化以及 2019 年相比 2018 年排名变化。附录表 A2 列示了 2020 年全样本价值创造效率排名前 100 位的上市公司，具体包括 2020 年价值创造效率、2020 年价值创造额、2020 年公司总资产、2020 年价值创造效率排名、2019 年价值创造效率排名、2018 年价值创造效率排名、2020 年相比 2019 年排名变化以及 2019 年相比 2018 年排名变化。根据附录表 A1，本报告分别从按价值创造额排名的整体公司情况与重点公司情况两方面展开分析。根据附录表 A2，本报告分别从按价值创造效率公司的整体公司情况与重点公司情况两方面展开分析。

2.6.1　按价值创造额排名的整体公司情况分析

对于全样本上市公司价值创造额的整体排名情况，本报告分别从价值创造额数值与排名变动、大类行业分布情况、产权性质分布情况以及所属地区分布情况四个角度，对前 100 名上市公司和全样本公司进行对比分析。

（一）价值创造额数值与排名变动

从价值创造额数值来看，由附录表 A1 可知，2020 年价值创造额前 19 名上市公司的年度价值创造额高达千亿元级别，第 20～100 名上市公司的年度价值创造额也达到了百亿元级别。这表明 2020 年前 100 名上市公司发展状况良好，均实现了非常可观的价值创造。

---

① 本节对 2020 年全样本上市公司价值创造额和价值创造效率的计算剔除了四个季度财务数据不完整的观测值，因此当年第 2—4 季度新上市的公司不在当年价值创造额和价值创造效率排名内，与前面报告的季度数据样本略有差别，不过样本剔除前后整体分布情况没有明显差异。

　　表 2-8 和图 2-14 列示了 2020 年全样本上市公司价值创造额的分布情况，可以发现，全样本上市公司价值创造额共计 131 429.85 亿元，其中前 100 名上市公司实现价值创造额 81 031.45 亿元，占全样本价值创造额总量的比例高达 61.65%，100 名以后的上市公司实现价值创造额 50 398.40 亿元，占全样本价值创造额的 38.35%，表明我国经济龙头企业贡献了金额庞大的价值创造额。

表 2-8　2020 年全样本上市公司价值创造额分布统计

价值创造额排名	价值创造额（亿元）	价值创造额占比（%）
前 100 名	81 031.45	61.65
100 名以后	50 398.40	38.35
合计	131 429.85	100.00

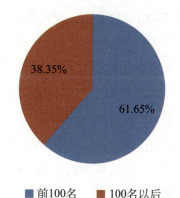

图 2-14　2020 年全样本上市公司价值创造额分布情况

　　进一步对比前 100 名上市公司价值创造额的分布情况，由表 2-9 和图 2-15 可以发现，前 100 名上市公司价值创造额总量为 81 031.45 亿元，其中前 10 名上市公司实现价值创造额 36 843.79 亿元，占前 100 名上市公司价值创造额总量的比例高达 45.47%，占比接近一半，而第 11～100 名的上市公司实现价值创造额 44 187.66 亿元，占前 100 名上市公司价值创造额的 54.53%，这再次表明我国经济龙头企业为社会整体创造了巨大的价值。

表 2-9　2020 年前 100 名上市公司价值创造额分布统计

价值创造额排名	价值创造额（亿元）	价值创造额占比（%）
第 1～10 名	36 843.79	45.47
第 11～100 名	44 187.66	54.53
合计	81 031.45	100.00

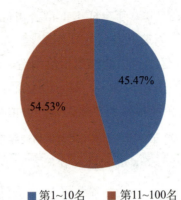

第1~10名　　第11~100名

图 2-15　2020 年前 100 名上市公司价值创造额分布情况

此外，从排名变动情况来看，由附录表 A1 可知，排名前 10 位的上市公司上下浮动基本在 1 个名次（含）以内，排名前 20 位的上市公司上下浮动基本在 5 个名次（含）以内，排名前 50 位的上市公司除 3 家公司外，上下浮动基本在 10 个名次以内。这表明我国经济龙头企业的价值创造情况整体比较稳定，但在排名位次上依然存在较为激烈的竞争。

（二）大类行业分布情况

基于大类行业的视角，分别以表格和饼图的形式列示了 2020 年价值创造额排名前 100 位的上市公司数量和价值创造额的行业分布情况，以及全样本上市公司数量和价值创造额的行业分布情况。

从公司数量的行业分布情况来看，由表 2-10 和图 2-16 可知，在价值创造额前 100 名的上市公司中，大制造业入围 49 家，数量最多，其中排名最高的是中国石油（601857），名列第三；金融业入围 32 家，数量仅次于大制造业，其中排名最高的是工商银行（601398），位居榜首，并且前 10 名中有 6 家上市公司都来自金融业；大服务业入围 18 家公司，其中排名最高的是万科 A（000002），位居第 10 名；农林牧渔业数量最少，仅有牧原股份（002714）一家，排在第 50 名。进一步结合 2020 年全样本上市公司数量的行业分布情况可以发现，2020 年，大制造业样本量最多（2 665 家），在全样本中占比为 70.82%，高于其在价值创造额前 100 名中的占比（49.00%）；表现最为突出的是金融业，样本量仅有 117 家，在全样本中占比为 3.11%，但在价值创造额前 100 名中占比高达 32.00%；大服务业样本量为 939 家，在全样本中占比为 24.95%，高于其在价值创造额前 100 名中的占比（18.00%）；农林牧渔业样本量最少（42 家），全样本占比与价值创造额前 100 名占比最为吻合，在全样本中占比为 1.12%，在价值创造额前 100 名中占比为 1.00%。

表 2－10　2020 年价值创造额前 100 名及全样本上市公司数量的行业分布统计

行业大类	前 100 名公司数量	前 100 名公司行业占比（%）	全样本公司数量	全样本公司行业占比（%）
农林牧渔业	1	1.00	42	1.12
大服务业	18	18.00	939	24.95
金融业	32	32.00	117	3.11
大制造业	49	49.00	2 665	70.82
合计	100	100.00	3 763	100.00

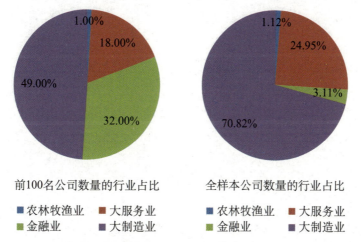

图 2－16　2020 年价值创造额前 100 名及全样本上市公司数量的行业分布情况

从价值创造额的行业分布情况来看，由表 2－11 和图 2－17 可知，在 2020 年价值创造额前 100 名的上市公司中，金融业实现的价值创造额最高，为 40 147.59 亿元，占前 100 名上市公司价值创造额总量的 49.55%；大制造业实现价值创造额 31 894.09 亿元，仅次于金融业，占比接近 40%；大服务业价值创造额占前 100 名上市公司价值创造额总量的 10.61%；农林牧渔业 2020 年价值创造额最低，为 391.57 亿元，尚未达到千亿元级别。进一步结合 2020 年全样本上市公司价值创造额的行业分布情况可以发现，从整体来看，2020 年大制造业创造的价值总量最高，占比高达 50.36%，明显高于前 100 名上市公司价值创造额的相应行业占比，与第二产业在我国经济的重要地位一致；金融业价值创造额总量排名第二，在全样本中占比为 33.27%；大服务业价值创造额总量为 20 820.20 亿元，占比为 15.84%；农林牧渔业价值创造额总量最低，为 701.32 亿元，占比为 0.53%。

表 2－11　2020 年价值创造额前 100 名及全样本上市公司价值创造额的行业分布统计

行业大类	前 100 名价值创造额（亿元）	前 100 名价值创造额行业占比（％）	全样本价值创造额（亿元）	全样本价值创造额行业占比（％）
农林牧渔业	391.57	0.48	701.32	0.53
大服务业	8 598.19	10.61	20 820.20	15.84
金融业	40 147.59	49.55	43 723.52	33.27
大制造业	31 894.09	39.36	66 184.81	50.36
合计	81 031.45	100.00	131 429.85	100.00

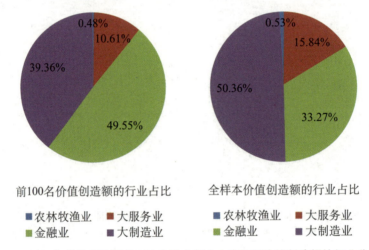

图 2－17　2020 年价值创造额前 100 名及全样本上市公司价值创造额的行业分布情况

综合大类行业的数量和价值创造额分布情况来看，大制造业价值创造额总量最高，但跻身前 100 名的上市公司数量和价值创造额有待提升，亟须加快产业转型升级，寻求突破，以进一步提升价值创造额水平；金融业价值创造额较高，位居前 100 名的公司数量较多，对我国经济的价值创造发挥了重要的作用；大服务业可以在保持当前发展优势的基础上，寻找新的价值创造路径，不断优化行业发展；农林牧渔业则要始终保持对环境变化和政策变更的密切关注，积极寻求新的业绩增长点，逐步提升行业价值创造额水平。

（三）产权性质分布情况

基于产权性质的视角，分别以表格和饼图的形式列示了 2020 年价值创造额排名前 100 位的上市公司数量和价值创造额的产权性质分布情况，以及全样本上市公司数量和价值创造额的产权性质分布情况。

从公司数量的产权性质分布情况来看，由表 2－12 和图 2－18 可知，2020 年价值创造额位居前 100 名的上市公司中，国有控股公司有 72 家，占比高达 72.00%，另外 28 家为非国有控股公司。与 2020 年全样本不同产权性质的上市公司样本数量分布比较可以发现，全样本上市公司数量的产权性质分布与位居前 100 名的上市公司数量的产权性质分布存在显著差异。对于全部样本，国有控股公司与非国有控股公司的样本量之比约为 1：2，而前 100 名上市公司中，二者的样本量之比约为 2.6：1，说明虽然国有控股公司总数不如非国有控股公司多，但是国有控股公司的规模比较大，价值创造额较高，在前 100 名上市公司中数量占比较高。

表 2 - 12　2020 年价值创造额前 100 名及全样本上市公司数量的产权性质分布统计

产权性质	前 100 名公司数量	前 100 名公司产权性质占比（％）	全样本公司数量	全样本公司产权性质占比（％）
非国有控股公司	28	28.00	2 540	67.50
国有控股公司	72	72.00	1 223	32.50
合计	100	100.00	3 763	100.00

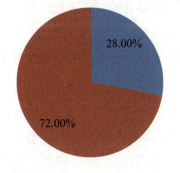 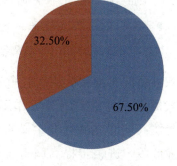

前100名公司数量的产权性质占比　　全样本公司数量的产权性质占比

■ 非国有控股　■ 国有控股　　　　■ 非国有控股　■ 国有控股

图 2 - 18　2020 年价值创造额前 100 名及全样本上市公司数量的产权性质分布情况

从价值创造额的产权性质分布情况来看，由表 2 - 13 和图 2 - 19 可知，国有控股公司的价值创造额均占明显优势。具体来看，2020 年前 100 名上市公司中国有控股公司实现价值创造额 65 838.77 亿元，占比高达 81.25％，全样本上市公司中国有控股公司实现价值创造额 92 427.57 亿元，占比高达 70.32％，这再次印证了国有控股公司规模庞大，价值创造额总量较高的特点。

表 2 - 13　2020 年价值创造额前 100 名及全样本上市公司价值创造额的产权性质分布统计

产权性质	前 100 名价值创造额（亿元）	前 100 名价值创造额产权性质占比（％）	全样本价值创造额（亿元）	全样本价值创造额产权性质占比（％）
非国有控股公司	15 192.68	18.75	39 002.28	29.68

续表

产权性质	前 100 名 价值创造额 （亿元）	前 100 名价值 创造额产权 性质占比（%）	全样本 价值创造额 （亿元）	全样本价值 创造额产权 性质占比（%）
国有控股公司	65 838.77	81.25	92 427.57	70.32
合计	81 031.45	100.00	131 429.85	100.00

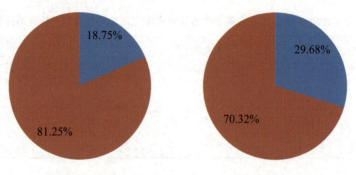

前100名价值创造额的产权性质占比　　全样本价值创造额的产权性质占比

■非国有控股　■国有控股　　■非国有控股　■国有控股

图 2-19　2020 年价值创造额前 100 名及全样本上市公司价值创造额的产权性质分布情况

综合产权性质的数量和价值创造额分布情况来看，国有控股公司新创价值高，对我国经济发展起至关重要的领导作用，再次印证了我国以公有制经济为主体、多种所有制经济共同发展的社会主义市场经济体制。对于国有控股公司，要继续推进国有企业改革，进一步提高国有企业的经济效益，提升国有经济竞争力；对于非国有控股公司，要鼓励和支持非国有企业发展，增强非国有经济活力。

（四）所属地区分布情况

基于所属地区的视角，分别以表格和饼图的形式列示了 2020 年价值创造额排名前 100 位的上市公司数量和价值创造额的地区分布情况，以及全样本上市公司数量和价值创造额的地区分布情况。

从公司数量的地区分布情况来看，由表 2-14 和图 2-20 可知，2020 年价值创造额位居前 100 名的上市公司数量的地区分布情况呈现不均衡的特点，且不均衡程度高于全样本上市公司数量的地区分布情况。具体来讲，华北地区有 39 家，数量最多，其中有 7 家公司位居前 10 名，且完全包揽了前 6 名；华东地区有 33 家，数量仅次于华北地区，其中排名最靠前的是位居第 11 名的交通银行（601328）；华南地区有 19 家，其中有 3 家公司位居前 10 名，分别是第 7 名中国平安（601318）、第 9 名招商银行（600036）和第 10 名万科 A（000002）；其他四个地区的上市公司数量普遍较少，西南地区有 3 家上市公司，其中价值创造额排名最靠前的是贵州茅台（600519），位居第 20 名；而华中、东北以及西北地区各有 2 家公司，且排名情况比较相似，华中地区的 2 家公司分别位居第 50 名和第 87 名，西北地区的 2 家公司分别位居第 49 名和第 95 名，东北地区的 2 家公司分别位居第 53 名和第 70 名。进一步结合 2020 年全样本上市公司地区分布情况，可以发现，华北地区前 100 名公司地区占比（39.00%）远高于全样本公司地区占比（13.71%），主要是由于多数金融业公司和大型国有控股公司的注册地（公司总部）集中在华北地区；华东地区的全样本公司地区占比高达 43.53%，远高于其他地区，且在前 100 名公司地区占比也达到 33.00%；华南地区的前 100 名公司地区占比与全样本公司地区占比最接近，均在 18.00% 左右；而东北、华中、西北和西南四个地区的前 100 名公司地区占比都略低于对应的全样本公司地区占比。

表 2 - 14　2020 年价值创造额前 100 名及全样本上市公司数量的地区分布统计

所属地区	前 100 名公司数量	前 100 名公司地区占比（%）	全样本公司数量	全样本公司地区占比（%）
东北	2	2.00	150	3.99
华北	39	39.00	516	13.71
华东	33	33.00	1 638	43.53
华南	19	19.00	689	18.31
华中	2	2.00	342	9.09
西北	2	2.00	164	4.36
西南	3	3.00	264	7.02
合计	100	100.00	3 763	100.00

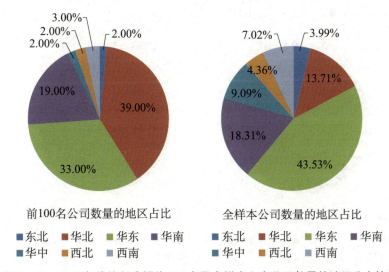

前100名公司数量的地区占比　　　　全样本公司数量的地区占比

■东北　■华北　■华东　■华南　　■东北　■华北　■华东　■华南
■华中　■西北　■西南　　　　　　　■华中　■西北　■西南

图 2 - 20　2020 年价值创造额前 100 名及全样本上市公司数量的地区分布情况

从价值创造额的地区分布情况来看，由表2-15和图2-21可知，2020年价值创造额前100名上市公司的价值创造额的地区分布与全样本上市公司的价值创造额的地区分布整体上比较接近，但还是存在一定差异。具体来看，华南地区的上市公司价值创造额分布情况最为一致，占比均约为16.00%；相比价值创造额前100名上市公司的地区分布情况，在全样本中，华东、华中、东北、西北、西南这五个地区的上市公司价值创造额占比略高一些，比如华东地区的上市公司价值创造额占全样本上市公司价值创造额总量的26.89%，高于在前100名上市公司中的占比（17.78%）；华北地区的情况则与上述六个地区不同，2020年价值创造额前100名上市公司中位于华北地区的公司共实现价值创造额49 456.68亿元，占比高达61.03%，明显高于华北地区上市公司的全样本价值创造额地区占比44.03%。

表2-15 2020年价值创造额前100名及全样本上市公司价值创造额的地区分布统计

地区	前100名价值创造额（亿元）	前100名价值创造额地区占比（%）	全样本价值创造额（亿元）	全样本价值创造额地区占比（%）
东北	666.63	0.82	2 464.31	1.88
华北	49 456.68	61.03	57 869.08	44.03
华东	14 410.02	17.78	35 335.07	26.89
华南	13 566.87	16.74	21 201.80	16.13
华中	620.95	0.77	5 814.06	4.42
西北	606.34	0.75	2 873.62	2.19
西南	1 703.96	2.10	5 871.91	4.47
合计	81 031.45	100.00	131 429.85	100.00

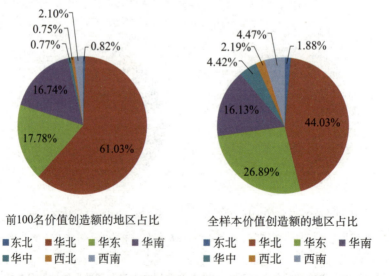

前100名价值创造额的地区占比   全样本价值创造额的地区占比

■ 东北　■ 华北　■ 华东　■ 华南   ■ 东北　■ 华北　■ 华东　■ 华南
■ 华中　■ 西北　■ 西南   ■ 华中　■ 西北　■ 西南

图2-21 2020年价值创造额前100名及全样本上市公司价值创造额的地区分布情况

注：图中数据存在四舍五入尾差，下同。

综合所属地区的公司数量和价值创造额分布情况来看，2020 年价值创造额前 100 名上市公司数量和价值创造额的地区分布情况更加突出地反映了我国地区发展不平衡的现状。价值创造额高的公司能够为当地带来稳定就业、政府税收和经济发展，国家应当加大力度促进不同地区的公司发展，以进一步推动地区经济更加均衡和充分地发展。

2.6.2　按价值创造额排名的重点公司情况分析

对于重点公司排名情况，我们选取价值创造额排名最高的工商银行（601398），排名上升最具代表性的牧原股份（002714）和贵州茅台（600519），排名下滑较为明显的格力电器（000651）和华夏幸福（600340），以及新上市的优秀公司代表邮储银行（601658）共 6 家公司为对象，在介绍公司基本信息的基础上，先后从价值创造额的来源与分配两个视角对公司价值创造情况展开深入分析。

（一）工商银行

2020 年，工商银行（601398）的价值创造额排在第 1 名，2018 年和 2019 年分别排在第 2 名和第 1 名，连续两年高居榜首。工商银行属于货币金融服务业（J66），是一家中央控股的大型国有银行。据工商银行 2020 年年报信息，其向全球超过 860 万公司客户和 6.80 亿个人客户提供全面的金融产品和服务，主要产品和服务包括银行卡业务、电子银行、电话银行、公司金融、个人金融和金融衍生等。工商银行作为国内龙头大行，在综合化平台和科技方面较同业竞争优势明显，目前在金融领域的布局已形成涵盖信托、证券、保险、基金、资管、租赁等多个金融子领域的金融控股集团，协同效应逐渐凸显。

从价值创造额来源来看，工商银行 2020 年实现价值创造额 5 862.08 亿元，与其千亿元级别的营业收入（8 826.65 亿元）息息相关。其中，利息净收入 6 467.65 亿元，比上年增长 2.3%；非利息收入 2 359.00 亿元，比上年增长 5.7%。

从价值创造额的分配来看，工商银行 2020 年分别向股东、政府以及员工三类主体分配价值 3 176.85 亿元、1 419.52 亿元和 1 265.71 亿元，占价值创造额的比例依次为 54.19%、24.22% 和 21.59%，说明公司将价值创造额的一半以上分配给了股东，同时也使员工获得了福利，对政府履行了相应的纳税义务。

（二）牧原股份

2020 年，牧原股份（002714）的价值创造额排名进入前 100，位列第 50 名，2018 年和 2019 年分别排在第 504 名和第 167 名，名次分别上升了 337 名和 117 名，进步显著。牧原股份属于畜牧业（A03），主营业务为生猪的养殖销售，该公司目前采用全自养、全链条、智能化的经营模式，经过 20 多年的发展，现已形成集饲料加工、种猪选育、种猪扩繁、商品猪饲养、屠宰肉食于一体的产业链。

从价值创造额来源来看，牧原股份 2020 年实现价值创造额 391.57 亿元，同比增长 288.13%，这主要与其业绩高速增长密不可分，该公司年报显示，牧原股份 2020 年实现营业收入 562.77 亿元，同比增长 178.31%；实现净利润 303.75 亿元，同比增长 379.37%。牧原股份排名上升的主要原因有三个：第一，量价齐升带动业绩高增。一方面，受非洲猪瘟疫情的持续影响，生猪市场供应偏紧，2020 年上半年生猪销售价格虽然有所回落但仍维持高位波动。另一方面，该公司前期建设的产能逐步释放，出栏量比上年同期显著增长，在价格维持高位、产能大增的情况下，牧原股份的盈利能力大幅提升。第二，公司以智能化、标准化管理提升成本管控水平。由于自繁自养一体化生产模式及其在成本控制方面所形成的优势，牧原股份生猪养殖毛利率水平始终高于同行业其他上市公司。同时，牧原股份不断加大生物安全防控投入，强化物品、人员管理，2020 年投入研发费用 4.12 亿元，同比增长 269.34%，实行智能化养猪管理，为公司提高生产水平提供了有力保障。第三，积极扩展屠宰端产能，打造产业链一体化优势。随着公司生猪养殖产能的持续扩大，牧原股份自 2019 年以来开始注重向下游屠宰延伸布局，进一步提高了产能利用率。

从价值创造额分配来看，牧原股份 2020 年向股东分配 303.75 亿元，占比为 77.57%；向政府分配 0.70 亿元，占比为 0.18%；向员工分配 80.25 亿元，占比为 20.49%；向债权人分配 6.88 亿元，占比为 1.76%。可以发现，牧原股份向股东分配的价值创造额最多，占比超过 70%。

（三）贵州茅台

2020 年，贵州茅台（600519）的价值创造额排在第 20 名，2018 年和 2019 年分别排在第 21 名和第 24 名。贵州茅台属于酒、饮料和精制茶制造业（C15），主营业务为贵州茅台酒系列产品的产品研制、酿造生产、包装和销售。

从价值创造额来源来看，贵州茅台 2020 年实现价值创造额 997.73 亿元，比 2019 年（898.84 亿元）增长 11.00%，与公司当年营业收入和净利润同比涨幅相近。该公司年报披露，贵州茅台 2020 年实现营业总收入 979.93 亿元，同比增长 10.29%，其中酒类收入 948.22 亿元，同比增长 11.10%；实现归属于母公司所有者的净利润 466.97 亿元，同比增长 13.33%。公司业绩实现增长主要有三个原因：第一，贵州茅台毛利率保持增长，酒类销售毛利率为 91.48%，同比上升 0.11 个百分点，而且产品的数量和质量稳中有升，公司业绩保持稳定增长。第二，面对疫情的冲击，贵州茅台兼顾疫情防控和生产经营两个重要方面，在确保员工生命安全的基础上，在行业内率先复工复产复市。第三，贵州茅台拥有著名的品牌、卓越的品质、悠久的文化、厚重的历史积淀、独特的环境、特殊的工艺等优势所构成的核心竞争力，这是该公司高质量发展的坚实基础，而且品牌影响力强化了公司的抗风险能力。

从价值创造额分配来看，贵州茅台 2020 年分别向股东、政府、员工、债权人分配了 495.25 亿元、417.87 亿元、8.70 亿元、－2.35 亿元，可以发现，公司主要的价值分配主体为股东和政府。关于政府税收所得，贵州茅台经营销售白酒类产品需要根据《白酒消费税计税价格核定管理办法》缴纳白酒消费税，按照 20% 的从价税率和 0.5 元/500 毫升的从量税率缴纳消费税，同时贵州茅台提高了自营渠道的直销收入占比，导致消费税总额上升。2020 年年报显示，贵州茅台 2020 年缴纳的消费税总额为 109.58 亿元。值得说明的是，2020 年贵州茅台的财务费用为－2.35 亿元，主要是由于 2020 年商业银行存款利息收入增加。

（四）格力电器

2020 年，格力电器（000651）的价值创造额排在第 56 名，2018 年和 2019 年分别排在第 33 名和第 36 名，排名连续两年下滑，且 2020 年相比 2019 年下降了 20 名。格力电器属于电气机械和器材制造业（C38），是一家多元化、科技型的全球工业集团，旗下拥有格力、TOSOT、晶弘三大品牌，产品覆盖家用消费品和工业装备两大领域。

从价值创造额来源来看，格力电器 2019 年实现价值创造额 461.73 亿元，2020 年实现价值创造额 359.59 亿元，同比减少 22.12%，这与公司 2020 年营业收入和净利润的下滑直接相关。2020 年报显示，公司 2020 年实现营业总收入 1 704.97 亿元，同比下降 14.97%；实现归属于上市公司股东的净利润 221.75 亿元，同比下降 10.21%。2020 年格力电器经营业绩不佳主要是受疫情的影响，我国家电市场零售额规模有所减小，空调、冰箱、洗衣机、厨房电器的零售额出现了不同程度的下降。

从价值创造额分配来看，格力电器 2020 年分别向股东、政府、员工和债权人分配的价值创造额为 222.79 亿元、67.82 亿元、88.36 亿元和－19.38 亿元。可以发现，股东获得的价值创造额最多，其次是员工，再次是政府，最后是债权人。关于员工薪酬所得，格力电器一直把员工放在重要的位置，通过人才补贴、人才住房、创办格力学校等多渠道为员工谋福利，不断提升员工的满意度和幸福感，虽然受疫情等负面因素的影响，发展面临诸多挑战，但公司仍坚持不裁员、不降薪。2020 年格力电器利息收入（主要为存放金融企业款项利息收入、贷款利息收入）为 37.08 亿元，远高于利息费用 10.88 亿元，这是债权人利息所得为负的原因。

（五）华夏幸福

2020 年，华夏幸福（600340）的价值创造额排在第 64 名，2018 年和 2019 年分别排在第 43 名和第 37 名，相比 2019 年，2020 年下跌了 27 名。华夏幸福属于房地产业（K70），主营业务为产业新城及相关业务和商业地产及相关业务。

从价值创造额来源来看，华夏幸福 2020 年实现价值创造额 314.58 亿元，同比下降 31.53%，其 2020 年排名下降的主要原因有三点：第一，区别于恒大、万科等房地产企业，华夏幸福"地产开发＋产业服务"的盈利模式对资金需求量极大且短期内变现能力差，抵挡客观环境变化带来的不利因素的能力较弱，潜在的财务风险较高。受疫情的持续影响，房地产业增速放缓，华夏幸福生产经营计划的执行工作受到重大阻碍，业绩出现严重下滑，债务到期压力大，流动性紧张。华夏幸福 2020 年年报显示，公司实现营业收入 940.66 亿元，同比下降 34.30%；实现归属于上市公司股东的净利润 36.65 亿元，同比下降 74.91%。第二，房地产融资政策方面出台"三道红线"新规，行业融资监管持续收紧，公司面临较大的资金压力。2020 年公司资产负债率高达 81.29%，对应的净负债率为 183.71%，剔除预收款后的资产负债率为 76.61%，现金短债比约为 0.33（小于 1），"三道红线"尽踩。第三，受叠加因素的影响，华夏幸福自 2020 年第 4 季度出现流动性阶段性紧张，部分债务未能如期偿还，这对公司的融资和经营都产生了不利影响。

从价值创造额分配来看，华夏幸福 2020 年向股东分配 48.06 亿元，占比为15.28%；向政府分配 130.42 亿元，占比为 41.46%；向员工分配 60.08 亿元，占比为 19.10%；向债权人分配 76.03 亿元，占比为 24.17%。可以发现，华夏幸福向政府分配的价值创造额最多，其次是债权人，再次是股东，最后是员工，其中，债权人利息所得较高的原因是华夏幸福 2020 年发生的财务费用较上年同期增加173.34%，主要系利息支出增加所致。

（六）邮储银行

2020 年，邮储银行（601658）的价值创造额排在第 13 名，其在新上市公司中表现突出。邮储银行于 2016 年 9 月 28 日在港交所挂牌上市，后于 2019 年 12 月 10日在上海证券交易所（简称上交所）挂牌上市，所属行业为货币金融服务（J66）。公司定位于服务"三农"、城乡居民和中小企业，是全国领先的大型零售商业银行。2020 年，公司分别被惠誉国际、穆迪评为 A＋、A1 级。

从价值创造额来源来看，邮储银行 2020 年实现价值创造额 1 392.68 亿元。公司年报显示，邮储银行 2020 年实现营业收入 2 862.02 亿元，同比增长 3.39%；实现净利润 643.18 亿元，同比增长 5.38%，在疫情冲击带来的复杂经营环境中，取得了良好的经营业绩，盈利能力稳步提升。

从价值创造额分配来看，邮储银行分别向股东、政府和员工三类主体分配价值 643.18 亿元、235.28 亿元和 514.22 亿元，占全部价值创造额的比例依次为 46.18％、16.89％和 36.92％。可以发现，邮储银行向股东分配的价值创造额最多，其次是员工，最后是政府。

2.6.3　按价值创造效率排名的整体公司情况分析

对于全样本上市公司价值创造效率的整体排名情况，本报告分别从价值创造效率数值与排名变动、大类行业分布情况、产权性质分布情况以及所属地区分布情况四个角度，对前 100 名上市公司和全样本上市公司进行对比分析。

（一）价值创造效率数值与排名变动

从价值创造效率数值来看，由附录表 A2 可知，首先，2020 年全样本价值创造效率排名第 1 的上市公司的年度价值创造效率大于 1，前 23 名上市公司的年度价值创造效率均在 0.5 以上，且价值创造额基本都在十亿元级别，第 24～100 名的上市公司年度价值创造效率都高于 0.35，且价值创造额都达到亿元级别。这表明 2020 年全样本前 100 名上市公司单位资产创造的价值较大，价值创造效率水平较高。其次，前 10 名上市公司价值创造效率存在一定的差距，从第 1 名科锐国际（300662）的 1.548 9 下降到第 10 名英科医疗（300677）的 0.645 7，而第 11～100 名上市公司价值创造效率数值分布相对比较紧密，排名位次相邻的公司价值创造效率水平相差较小，变动范围为从第 11 名信雅达（600571）的 0.638 7 到第 100 名盐津铺子（002847）的 0.369 9。

从排名变动情况来看，由附录表 A2 可知，2020 年价值创造效率前 100 名上市公司的名次波动差距明显，既有名次保持相对稳定的上市公司，也有名次变化达千名以上的上市公司，比如前 20 名上市公司中有 3 家公司排名变动在千名级别。这表明中国上市公司价值创造效率的排名竞争比较激烈，具有不确定性。此外，2020 年价值创造效率前 100 名上市公司中有 20 家为 2018 年及之后上市的公司，即价值创造效率前 100 名上市公司中有 1/5 的样本为新上市公司，其中有 13 家为 2019 年及以后才上市，这表明相比传统的大型上市公司，部分新上市的公司资产规模相对较小，利润水平相对较高，具有一定的价值创造效率优势。

（二）大类行业分布情况

基于大类行业的视角，分别以表格和饼图的形式列示了 2020 年价值创造效率排名前 100 位的上市公司数量的行业分布情况，以及全样本上市公司数量的行业分布情况。

从公司数量的行业分布情况来看，由表 2－16 和图 2－22 可知，在剔除 ST

公司的价值创造效率前 100 名上市公司中，大制造业入围 51 家，数量最多，其中排名最高的是宁波东力（002164），名列第三，并且前 10 名中有 4 家上市公司来自大制造业。大服务业入围 48 家，公司数量仅次于大制造业，其中排名最高的是科锐国际（300662），位居榜首，并且前 10 名中有 6 家上市公司来自大服务业。金融业仅入围同花顺①（300033）一家，其 2020 年价值创造效率排名为第 77。农林牧渔业中没有一家上市公司价值创造效率位列前 100 名。进一步结合 2020 年全样本上市公司数量的行业分布情况可以发现，2020 年大制造业样本量最多（2 665家），在全样本中占比为 70.82％，高于其在价值创造效率前 100 名中的占比（51.00％）；表现最突出的是大服务业，其在全样本中占比不到 25.00％，但在价值创造效率前 100 名中占比高达 48.00％；金融业和农林牧渔业的价值创造效率前100 名占比与全样本占比较为接近，且均略低于其全样本占比，其中，金融业 2020年样本量为 117 家，在全样本中占比为 3.11％，在价值创造效率前 100 名中占比为 1.00％；农林牧渔业 2020 年样本量最少（42 家），在全样本中占比为 1.12％，没有一家公司跻身价值创造效率前 100 名排行榜。

表 2-16　2020 年价值创造效率前 100 名及全样本上市公司数量的行业分布统计

行业大类	前 100 名公司数量	前 100 名公司行业占比（％）	全样本公司数量	全样本公司行业占比（％）
农林牧渔业	0	0	42	1.12
大服务业	48	48.00	939	24.95
金融业	1	1.00	117	3.11
大制造业	51	51.00	2 665	70.82
合计	100	100.00	3 763	100.00

说明：本节在对 2020 年价值创造效率前 100 上市公司数量进行统计时剔除了 ST 公司，但全样本上市公司数量的分布统计结果仍与 2.6.1 节保持一致，因为 ST 公司样本剔除前后对全样本的整体分布情况没有明显影响。

　　进一步结合 2020 年价值创造额前 100 名上市公司数量的行业分布情况（见表2-10 和图 2-16），可以发现价值创造效率前 100 名上市公司数量的行业分布更不均衡，差距最大的是大服务业和金融业。大服务业上市公司在价值创造额前 100 名上市公司中的占比仅为 18.00％，而在价值创造效率前 100 名中的占比高达48.00％，说明大服务业的价值创造效率优于价值创造额水平；而金融业受限于庞大的资产规模，仅有 1 家公司跻身价值创造效率前 100 名，远低于其占价值创造额前 100 名的比重（32.00％）；大制造业和农林牧渔业的价值创造额和价值创造效率

---

　　① Wind 数据库上市公司季度数据列示，自 2020 年第 3 季度以来，同花顺（300033）的行业代码由软件和信息技术服务业（I65）变更为其他金融业（J69），在计算 2020 年上市公司价值创造效率排名时，以 2020 年第 4季度的行业代码作为当年的行业代码，因此同花顺属于金融业。

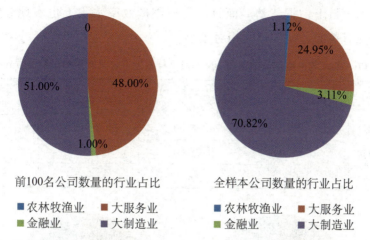

前100名公司数量的行业占比　　　　全样本公司数量的行业占比

■ 农林牧渔业　■ 大服务业　　　　■ 农林牧渔业　■ 大服务业
■ 金融业　　　■ 大制造业　　　　■ 金融业　　　■ 大制造业

图 2-22　2020 年价值创造效率前 100 名及全样本上市公司数量的行业分布情况

前 100 名上市公司的数量分布比较接近。

　　综合大类行业的数量分布情况来看，大制造业和大服务业上市公司几乎包揽价值创造效率前 100 名，不过大制造业前 100 名的上市公司数量仍有待增加，应当加快产业转型升级，优化企业经营模式，寻求新的利润增长点，以进一步提升价值创造效率。大服务业中位列前 100 名的上市公司数量仅次于大制造业，且占比远超行业总体样本占全样本上市公司的比例，因此可以继续充分利用行业优势，探索更为高效的价值增长方式。金融业整体价值创造效率有待提升，亟须针对我国资本市场环境的变化趋势，积极应对当代经济发展新特色给金融业带来的冲击和挑战，突破原有的价值创造路径。农林牧渔业则要提高风险应对意识，加强风险应对能力，敏锐洞察客观环境变化如自然灾害和公共卫生事件等带来的冲击，逐步提升行业的价值创造效率。

（三）产权性质分布情况

　　基于产权性质的视角，分别以表格和饼图的形式列示了 2020 年价值创造效率排名前 100 位的上市公司数量的产权性质分布情况，以及全样本上市公司数量的产权性质分布情况。

　　从公司数量的产权性质分布情况来看，由表 2-17 和图 2-23 可知，在剔除 ST 公司的价值创造效率前 100 名上市公司中，非国有控股公司有 86 家，占比高达 86.00％，另外 14 家为国有控股公司。与 2020 年全样本不同产权性质的上市公司样本数量分布比较可以发现，全样本上市公司数量的产权性质分布与位居前 100 名的上市公司数量产权性质分布有一定的相似性，但后者更加不均衡。具体来看，价值创造效率前 100 名上市公司中，非国有控股公司与国有控股公司的样本量之比约为 6∶1，而在全样本中，二者的样本量之比约为 2∶1，表明非国有控股公司不仅在整体样本数量上占据优势，而且在价值创造效率水平上也表现突出，这主要是得益于非国有控股公司的规模相对较小。

表 2-17 2020 年价值创造效率前 100 名及全样本上市公司数量的产权性质分布统计

产权性质	前 100 名公司数量	前 100 名公司产权性质占比（％）	全样本公司数量	全样本公司产权性质占比（％）
非国有控股公司	86	86.00	2 540	67.50
国有控股公司	14	14.00	1 223	32.50
合计	100	100.00	3 763	100.00

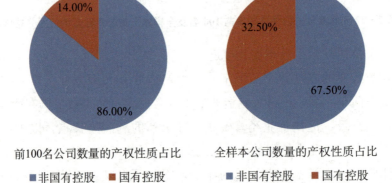

前100名公司数量的产权性质占比　　全样本公司数量的产权性质占比

■ 非国有控股　■ 国有控股　　　　■ 非国有控股　■ 国有控股

图 2-23 2020 年价值创造效率前 100 名及全样本上市公司数量的产权性质分布情况

进一步结合 2020 年价值创造额前 100 名上市公司数量的产权性质分布情况（见表 2-12 和图 2-18），可以发现价值创造效率前 100 名上市公司数量的产权性质分布情况与价值创造额前 100 名上市公司数量的产权性质分布情况截然不同。非国有控股公司数量在价值创造额前 100 名中的占比仅为 28.00％，而在价值创造效率前 100 名中的占比高达 86.00％，说明虽然非国有控股公司规模不及国有控股公司，价值创造额总量不具有明显优势，但是在价值创造效率上表现强势。

综合产权性质的数量分布情况来看，非国有控股公司的价值创造效率较高，它是推进我国经济发展的重要力量源泉。对于非国有控股公司，国家要继续从政策上鼓励和支持非国有企业发展，刺激非国有经济谋求更好的发展路径；对于国有控股公司，由于其价值创造效率有待提升，要继续推进国有企业改革，挖掘成熟大型国有企业的发展潜力，优化资产结构，使国有资产在企业运营乃至整个宏观经济体中发挥更大的作用。

（四）所属地区分布情况

基于所属地区的视角，分别以表格和饼图的形式列示了 2020 年价值创造效率排名前 100 位上市公司数量的所属地区分布情况，以及全样本上市公司数量的所属地区分布情况。

从公司数量的所属地区分布情况来看，由表 2-18 和图 2-24 可知，与全样本上市公司数量的地区分布情况类似，2020 年剔除 ST 公司的价值创造效率前 100 名上市公司数量的地区分布情况同样呈现不均衡的特点。具体来看，华东地区入围的公司数量最多，有 46 家，其中有 7 家公司位居前 10 名；华南地区有 25 家，数量仅次于华东地区，其中排名最靠前的是位居第 16 名的达安基因（002030）；华北地区有 13 家跻身前 100 名，其中有 2 家公司位居前 10 名，包括位居榜首的科锐国际（300662）；华中和西南地区分别有 7 家公司位居前 100 名，而西南地区上市公司的排名大体上优于华中地区的上市公司，集中于 30 名左右，其中排名最靠前的是第 4 名新大正（002968），华中地区入围的上市公司大多位于 50 名之后；东北和西北地区的上市公司数量最少，各自仅有 1 家公司，依次分别位列第 41 名和第 83 名。进一步结合 2020 年全样本上市公司数量的地区分布情况可以发现，华北地区在价值创造效率前 100 名的公司中的占比（13.00%）与其对应的全样本公司地区占比（13.71%）最接近；华东和华南地区在价值创造效率前 100 名的公司中的占比（46.55% 和 25.00%）分别略高于两个地区的全样本公司地区占比（43.53% 和 18.31%）；其余四个地区，即东北、华中、西北和西南地区在价值创造效率前 100 名公司中的占比均略低于对应的全样本公司地区占比。

表 2-18　2020 年价值创造效率前 100 名及全样本上市公司数量的地区分布统计

所属地区	前 100 名公司数量	前 100 名公司地区占比（%）	全样本公司数量	全样本公司地区占比（%）
东北	1	1.00	150	3.99
华北	13	13.00	516	13.71
华东	46	46.00	1 638	43.53
华南	25	25.00	689	18.31
华中	7	7.00	342	9.09
西北	1	1.00	164	4.36
西南	7	7.00	264	7.02
合计	100	100.00	3 763	100.00

进一步结合 2020 年价值创造额前 100 名上市公司数量的地区分布情况（见表 2-14 和图 2-20），可以发现华东、华南、华中和西南地区入围价值创造效率前 100 名的上市公司数量（分别为 46 家、25 家、7 家、7 家），多于各地区入围价值创造额前 100 名的上市公司数量（分别为 33 家、19 家、2 家、3 家），其中，华东地区的差距最大；而其他三个地区，华北、东北和西北地区价值创造效率前 100 名上市公司数量占比均低于其价值创造额前 100 名上市公司数量占比，华北地区的差距最明显，该地区仅有 13 家上市公司位列价值创造效率前 100 名，而有 39 家位列

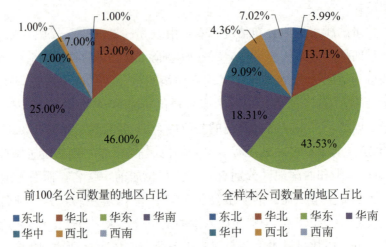

图 2-24   2020 年价值创造效率前 100 名及全样本上市公司数量的地区分布情况

价值创造额前 100 名，以上表明各地区上市公司价值创造额和价值创造效率具有一定的差异。

综合所属地区的数量分布情况来看，2020 年价值创造效率前 100 名上市公司数量的地区分布同样反映了我国地区发展不平衡的现状，华东和华南地区价值创造效率最高，明显优于其他地区，华北、华中和西南地区处于中等水平，而东北和西北地区价值创造效率较低。因此，国家应当在鼓励各地区增大价值创造额的基础上，推动各地区提升价值创造效率，尤其是加快经济欠发达地区的发展步伐。

2.6.4　按价值创造效率排名的重点公司情况分析

对于重点公司排名情况，我们选取价值创造效率最高的科锐国际（300662）、排名上升较大的宁波东力（002164）和润和软件（300339）、排名下滑较为明显的诚迈科技（300598）和中公教育（002607），以及新上市的公司优秀代表新大正（002968）共 6 家公司为对象，在介绍公司基本信息的基础上，先后从价值创造额和总资产两个视角对公司价值创造效率情况展开深入分析。

（一）科锐国际

2020 年，科锐国际（300662）的价值创造效率排在第 1 名，2018 年和 2019 年分别排在第 2 名和第 1 名，连续两年位居榜首。科锐国际属于商务服务业（L72），2017 年 6 月 8 日在创业板上市，是国内领先的人力资源整体解决方案提供商，也是 A 股唯一一家上市的人力资源公司。科锐国际自成立以来始终致力于探索新技术、新模式、新平台、新生态，以满足中国市场不断发展的人力资源服务需求。在一体两翼、一带一路、一群人、一同起舞等"四个一"的发展战略指引下，科锐国际已形成以平台为流量入口、以软件即服务（SaaS）大数据为依托、围绕人力资源全产业链服务、线上与线下产品相融合的人力资源服务生态总体布局。

科锐国际 2020 年价值创造效率为 1.548 9，比 2019 年的 1.475 8 提高了 4.95%。从价值创造额来看，科锐国际 2020 年实现价值创造额 30.75 亿元，比 2019 年（24.86 亿元）增长了 23.69%；从公司总资产来看，科锐国际 2020 年总资产为 19.85 亿元，比上年总资产 16.84 亿元增长了 17.87%，表明科锐国际 2020 年保持资产规模扩张的同时，实现了更大幅度的价值创造额增长，导致价值创造额效率保持在较高水平，且有小幅上升。科锐国际 2020 年年报显示，公司实现营业收入 39.32 亿元，同比增长 9.65%；扣除员工持股成本及非经常性损益后归属于上市公司股东的净利润为 1.68 亿元，同比增长 26.11%，良好的业绩表现是由于疫情给整个行业发展带来了重要契机，催生出一种全新的、去中心化的新人力生态，科锐国际在一体两翼的核心战略指引下不断进行产品升级与创新，充分运用简历的大数据筛选、线上面试、人岗匹配建模等，不仅降低了疫情对公司自身业务的影响，还进一步为客户人力资源管理部门赋能，实现了良好的价值创造。

（二）宁波东力

2020 年，宁波东力（002164）的价值创造效率排在第 3 名，2018 年和 2019 年分别排在第 3 322 名和第 1 162 名，名次分别上升了 2 160 名和 1 159 名，进步显著。宁波东力属于专用设备制造业（C35），主营业务包括传动设备和门控系统生产。传动设备的产品包括专用齿轮箱、非标齿轮箱、传动装置，产品应用于冶金、矿山、环保等行业；门控系统的产品包括手术室自动门、通道自动门、防辐射自动门、病房自动门、紧急疏散门、自动重叠门等自动化控制装置，产品应用于医院、药企、写字楼等。

宁波东力 2020 年价值创造效率为 0.954 3，显著高于 2019 年（0.173 2）。从价值创造额来看，宁波东力 2020 年实现价值创造额 17.75 亿元，比 2019 年（2.99 亿元）增长了 493.65%；从公司总资产来看，宁波东力 2020 年总资产规模为 18.60 亿元，较 2019 年（17.23 亿元）增长幅度不大，因此宁波东力 2020 年价值创造效率显著提升的主要原因是价值创造额的大幅增加。公司 2020 年年报显示，宁波东力实现营业收入 12.38 亿元，同比增加 21.31%；实现归属于上市公司股东的净利润 14.61 亿元，同比增加 6 581.02%。宁波东力 2020 年净利润增长迅猛的主要原因是司法机关成功追缴并注销公司股票约 1.67 亿股，公司就追缴所得 14.36 亿元冲回长期股权投资账面原值和减值准备，以及原确认的其他权益工具投资，并确认投资收益 13.34 亿元。此外，宁波东力还得益于及时抓住疫情后国内经济强劲复苏的机遇，加快工厂的数字化建设进程，进一步增强创新能力，充分发挥高效的生产和质量控制能力、卓越的市场开拓能力、雄厚的技术创新能力，各项经营指标均表现优异。宁波东力的两家子公司——东力传动和欧妮克在研发创新上表现尤为突出，在智能制造和数字化工厂建设上持续改善，推进重大信息化建设，为提升公司整体经营管理水平和降本增效提供了有力支撑。

（三）润和软件

2020 年，润和软件（300339）的价值创造效率排名冲进前 100，位列第 25 名，2018 年和 2019 年分别排在第 504 名和第 3 210 名，即 2020 年上升了 3 185 名，变化尤为突出。润和软件属于软件和信息技术服务业（I65），主营业务是向国内外客户提供以数字化、信息化、智能化为核心的产品、解决方案和综合科技服务，核心聚焦金融科技、智能物联、智慧能源三大业务领域。

润和软件 2020 年价值创造效率为 0.494 3，价值创造效率排名陡然上升的直接原因是公司 2019 年计提巨额商誉减值准备，导致公司 2019 年净利润和价值创造额为负，相应地，价值创造效率也为负，2020 年公司成功扭亏为盈，实现了较好的价值创造。润和软件 2020 年年报显示，公司实现营业收入 24.80 亿元，同比增长 16.93%；实现净利润 1.67 亿元。公司 2020 年经营业绩良好的深层次原因有以下四个：其一，行业优势明显。润和软件所属行业近年来增长较快，据工业与信息化部发布的数据，2020 年，全国软件和信息技术服务业规模以上企业超 4 万家，累计实现软件业务收入 81 616 亿元，同比增长 13.3%。其二，疫情助推产业发展。对于金融科技业务，2020 年以来，疫情加速了银行的数字化转型升级，无接触银行等新兴金融业务兴起，公司金融科技业务发挥了较大的价值；对于智能物联业务，疫情加大了市场对物联网类产品和技术的直接需求，智能物联场景更加多样化，润和软件智能物联业务以"4 横 4 纵"的 HopeAIOT 智能物联解决方案及系列产品为核心，为客户提供包括全部国产化方案在内的物联网软硬件产品、定制开发、技术支持以及生态推广服务，并获得优异的成果。其三，研发投入保持创新活力。润和软件新设立战略技术中心和战略业务部门，对战略方向上的战略产品和项目进行统一规划、集中研发，促进前沿技术的跟进转化能力；同时，搭建核心技术的公司级共享平台，支撑自主产品的抽象、设计、开发、迭代，提升交付能力。其四，战略合作增强品牌影响力。润和软件是 OpenHarmony 发起单位之一、华为 HarmonyOS 首批生态共建者、海思芯片及物联网（IoT）战略合作伙伴、国际开源组织 Linaro 96Boards 核心会员，与通信、电力、互联网等行业头部重量级合作伙伴形成紧密的战略合作伙伴关系，这有利于公司扩展业务渠道，提升资源整合能力，提高品牌知名度，扩大市场影响力。

（四）诚迈科技

2020 年，诚迈科技（300598）的价值创造效率排在第 12 名，2018 年和 2019

年分别为第 7 名和第 4 名，即 2020 年下降了 8 名，并且是近三年来首次退出前 10 名。诚迈科技属于软件和信息技术服务业（I65），聚焦智能互联及智能操作系统软件的研发服务，是移动智能终端及智能网联汽车产业链的软件综合解决方案提供商。诚迈科技公司业务涵盖移动智能终端及智能网联汽车软件的整个产业链，在全球范围内提供软件开发和技术服务。

诚迈科技 2020 年价值创造效率为 0.624 7，比 2019 年的 0.792 9 下降了 21.21%。从价值创造额来看，2020 年诚迈科技实现价值创造额 6.90 亿元，与 2019 年的价值创造额比较接近；从公司总资产来看，诚迈科技 2020 年年末总资产为 11.05 亿元，比 2019 年的 8.50 亿元增长约 30%，这表明诚迈科技 2020 年虽然资产规模的增长幅度较大，但价值创造水平不太理想，导致价值创造效率排名下滑。诚迈科技 2020 年年报数据显示，公司实现营业收入 9.39 亿元，同比增长 42.08%，但归属于母公司普通股股东的净利润为 0.59 亿元，同比下降 65.26%，利润下滑明显的主要原因是营业成本较高，2020 年公司营业成本为 7.18 亿元，同比增长 47.43%，其中，人工成本占比最大，为 66.43%，技术服务费占比为 19.01%，材料成本占比为 12.29%，且材料成本同比增加较多，主要是由于软硬件产品的开发和销售额增加，对应的采购成本也相应增加。诚迈科技在重视新技术和新产品的研发投入同时，也需要科学管控公司在经营过程中产生的人力、物力成本。

（五）中公教育

2020 年，中公教育（002607）的价值创造效率排在第 14 名，2018 年和 2019 年分别排在第 5 名和第 6 名，即 2020 年下降了 8 名，同样也是近三年来首次跌出前 10 名。中公教育所属行业为教育（P83），是一家全国领先的全品类职业教育机构，也是招录考试培训领域的开创者和领导者。该公司主营业务横跨招录考试培训、学历提升和职业能力培训等三大板块，提供超过 100 个品类的综合职业就业培训服务。中公教育于 2018 年 12 月 27 日借壳亚夏汽车上市，2019 年 2 月 2 日亚夏汽车正式更名为中公教育。

中公教育 2020 年价值创造效率为 0.611 7，比 2019 年的 0.696 3 下降了 12.15%。从价值创造额来看，2020 年中公教育实现价值创造额 88.19 亿元，较 2019 年的 69.35 亿元增长了 27.17%；从公司总资产来看，2020 年中公教育总资产为 144.19 亿元，较 2019 年的 99.61 亿元增长了 44.76%，因此中公教育 2020 年价值创造效率下降的主要原因是价值创造额的增长幅度低于公司资产规模的扩张程度。2020 年年初，疫情对招录节奏产生了不利影响，一方面，上半年的招录近乎冻结，教学工作无法正常展开；另一方面，公务员联考延期至第 3 季度，严重挤占了其他序列的招录和招生备考时间窗口，导致教师和医疗等序列大幅缩招，事业单位等序列招生和备考也受到较多干扰，中公教育的盈利受到了一定的冲击。

（六）新大正

2020 年，新大正（002968）的价值创造效率排在第 4 名，在新上市公司中表现突出。新大正于 2019 年 12 月 3 日在我国中小板上市，属于房地产业（K70），其作为独立第三方物业服务企业，专注于智慧城市公共建筑与设施的运营和管理，主要为各类城市公共建筑提供综合物业管理服务、专业管理服务和增值服务。

新大正 2020 年价值创造效率为 0.912 5。从价值创造额来看，2020 年新大正实现价值创造额 11.25 亿元；从公司总资产来看，新大正 2020 年总资产为 12.33 亿元，比 2019 年增长了 23.83%。2020 年年报显示，公司实现营业收入 13.18 亿元，同比增长 25.01%；实现归属于上市公司股东的净利润 1.31 亿元，同比增长 25.61%。新大正主要通过公开招投标获得业务增长，自上市以来，公司营业收入加速增长，主要系收购民兴物业以及新进上海、山东、广东、甘肃、安徽等区域，公司以新组织形态、新运作模式、新业务团队不断加速全国化布局，实现了业绩的持续稳定增长。综上，2020 年新大正在价值创造额的实现和资产规模扩张两个方面都表现较好，最终体现为优秀的价值创造效率。

2.7   本章小结

本章对以全样本为基础编制的价值创造额指数和价值创造效率指数进行多维分析，重点考察会计宏观价值指数与宏观经济运行之间的联系。主要研究结论如下：

（1）基于全样本编制的价值创造额指数与价值创造效率指数的波动情况与宏观经济总体的变化趋势基本一致，且二者相比 GDP 指数能够更加客观地反映经济的增长速度与运行效率。

（2）在剔除金融业后，总体的价值创造额指数走势与大制造业基本一致，无论是从公司数量、资产规模还是从价值创造额角度来看，大制造业都是主体，对国民经济发展起到重要的作用。

（3）对价值创造额的构成进行分析，可以反映股东、政府、员工和债权人等利益相关者的分配所得在企业新创价值中所占的比重及变化趋势。2020 年季均员工薪酬所得占比最高，政府税收所得次之，接下来是股东获利所得，最后是债权人利息所得。

（4）按产权性质分析发现，国有控股公司在价值创造额中占有绝对优势，体现出国有经济在国民经济发展中起主导作用，但非国有控股公司的价值创造效率指数更大，其资源利用效率相对较高。

（5）按地区分析发现，华南、西南、华东、华中地区发展态势良好，除疫情严峻时期之外，基本保持稳中有升的态势；西北地区由于样本量较少，且发展不够稳定，整体走势波动幅度较大；东北、华北地区经济发展较为平缓。

（6）按公司价值创造额排名分析发现，前 100 名上市公司价值创造额合计占比高，为全样本上市公司贡献了高额的价值创造额。其中，金融业和大制造业在前100 名上市公司中，不论是公司数量还是价值创造额占比都较高；国有控股公司规模大，在前 100 名上市公司中数量占比较高，且贡献了较高的价值创造额；由于金融业和大型国有企业多数在北京和上海，因此前 100 名上市公司在华北和华东地区不论是数量占比还是价值创造额占比都较高。

（7）按公司价值创造效率排名分析发现，前 100 名上市公司中有不少 2018 年及以后上市的公司；从行业分布情况来看，大制造业和大服务业的上市公司数量在前 100 名上市公司中占据绝对优势；从产权性质分布情况来看，相较于大型国有控股公司，非国有控股公司资产规模相对较小，价值创造效率相对较高；价值创造效率前 100 名上市公司数量的地区分布情况和全样本上市公司数量的地区分布情况比较接近，前三名依次是华东、华南和华北地区。

第 3 章 大制造业会计宏观价值指数 编制结果及分析（上）

中国作为全球制造业中心，大制造业企业的价值创造能力及经营效率的高低直接影响宏观经济的运行质量。由于中国大制造业过去大多依靠廉价劳动力发展劳动密集型产业，随着劳动成本不断上升，传统模式已经难以为继，行业迫切面临转型。近年来，大制造业整体受后经济危机时代国内外宏观环境的影响，处于低位徘徊调整阶段。加之中美贸易摩擦与新冠疫情的冲击，大制造业面临的国际竞争形势愈加严峻，转型升级压力尤其大。基于这一现实背景，本章将着重分析大制造业的运行情况及发展规律。

3.1 总体编制结果分析

以大制造业为基础编制的会计宏观价值指数总体结果见表 3-1。表 3-1 分别列示了各季度大制造业的价值创造额指数和价值创造效率指数。为了检验价值创造额指数和价值创造效率指数对宏观经济运行情况的反映效果，我们以单季度的第二产业 GDP 为基础，运用定基指数计算法构建第二产业 GDP 指数，通过比较不同指数在时序上的波动趋势，反映宏观经济运行质量。三类指数的变化趋势见图 3-1。

表 3-1 大制造业价值创造额指数、价值创造效率指数的编制结果

季度	价值创造额指数	价值创造效率指数	第二产业 GDP 指数
200701	100	100	100
200702	118	112	120
200703	112	100	126
200704	120	100	142
200801	92	72	122
200802	115	86	147
200803	100	71	150

续表

季度	价值创造额指数	价值创造效率指数	第二产业 GDP 指数
200804	75	53	159
200901	84	58	125
200902	110	73	152
200903	113	70	159
200904	122	72	181
201001	124	69	151
201002	144	77	183
201003	135	70	188
201004	161	79	215
201101	156	72	182
201102	174	77	219
201103	164	70	226
201104	175	72	248
201201	160	63	201
201202	169	65	236
201203	162	61	240
201204	192	70	264
201301	171	60	215
201302	194	67	251
201303	182	61	257
201304	209	68	286
201401	173	55	228
201402	205	63	268
201403	191	58	273
201404	214	63	299
201501	176	51	234
201502	207	58	274
201503	182	50	276
201504	207	55	302
201601	185	48	236
201602	210	53	283
201603	204	50	291
201604	257	59	330
201701	225	51	270
201702	253	55	320
201703	257	54	328
201704	289	59	370

续表

季度	价值创造额指数	价值创造效率指数	第二产业 GDP 指数
201801	264	53	298
201802	292	57	353
201803	283	54	360
201804	278	52	402
201901	278	50	318
201902	290	52	376
201903	283	49	378
201904	277	47	422
202001	225	38	284
202002	302	49	377
202003	334	53	386
202004	345	54	439
202101	340	51	357

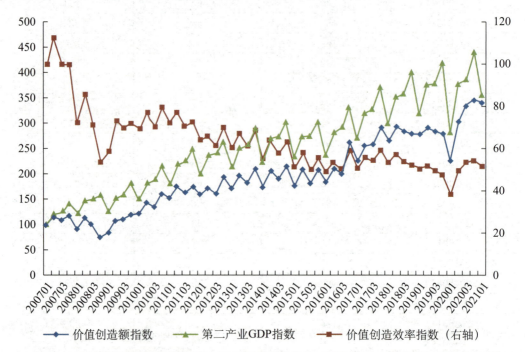

图 3-1　大制造业价值创造额指数、价值创造效率指数、第二产业 GDP 指数总体变化趋势

　　结合表 3-1 和图 3-1 可以看到，第二产业 GDP 指数与价值创造额指数基本呈不断上升的趋势，而价值创造效率指数则呈现较为明显的下降趋势。具体来看，价值创造额指数在 2015 年以前上升速度较快，价值创造效率指数则逐年走低，这与我国经济下行压力较大、大制造业产能过剩以及产业转型滞后等问题有关。2016 年在中央深化供给侧结构性改革、深入推进"三去一降一补"政策和实行振

兴实体经济等举措后，企业开始化解过剩产能，因此价值创造额指数上升趋势放缓，同期价值创造效率指数明显提升。2017 年，随着供给侧结构性改革的持续推进，过剩产能得到有效化解，我国经济结构更加合理，价值创造额指数明显上升，价值创造效率指数维持基本稳定的状态。2018 年第 4 季度至 2019 年第 4 季度，受全球经济下行、国际贸易摩擦不断、国内有效需求不足和企业经营成本上升等多个因素的影响，价值创造额指数增速明显放缓，价值创造效率指数则呈明显的下降趋势。2020 年第 1 季度，价值创造额指数、价值创造效率指数和第二产业 GDP 指数均呈现较大幅度的下降，主要原因是 2020 年年初疫情对大制造业的供给端和需求端都产生了较大的影响。在需求端，隔离措施导致中下游行业和终端消费者需求下降；在生产端，企业生产所需的原材料及劳动力难以就位，正常生产经营活动受到限制。2020 年第 2 季度，价值创造额指数、价值创造效率指数和第二产业 GDP 指数均呈现较大幅度的上涨，这是由于我国采取了及时有效的检测和隔离措施来应对疫情，随着疫情得到有效控制，第 2 季度复工复产取得重要进展，我国经济迅速复苏；第 3—4 季度，我国疫情防控阶段性成效进一步巩固，经济社会运行秩序加快恢复，三类指数稳步上升。2021 年第 1 季度，三类指数受季度性特征的影响均呈下降趋势，但下降幅度与往年相比较小，这主要得益于"就地过年"政策的实施，不仅减少了春季前后人员流动，而且实现提前复工复产，减弱了季度性因素的影响。从价值创造额指数与第二产业 GDP 指数对比的角度来看，两者的总体波动趋势一致；2008 年金融危机以后，剔除季度性因素的影响，两者之间的差距基本保持稳定。价值创造效率指数在整体上呈现持续走低态势。以上表明在构建国内国际双循环相互促进的新发展格局的过程中，上市公司应坚持改革创新，提高资金、资产的利用效率。

3.2　分配主体层面分析

对大制造业价值创造额的构成进行分析，可以反映大制造业股东、政府、员工及债权人等利益相关者的分配所得在企业新创价值中所占的比重及变化趋势，为政府相关部门有针对性地制定收入分配和税收等政策提供参考。

3.2.1　四类分配主体价值创造额指数分析

我们对大制造业中四类分配主体所获得的价值创造额进行了指数化处理，得到四类大制造业价值创造额指数：大制造业股东获利指数、大制造业政府税收指数、大制造业员工薪酬指数和大制造业债权人利息指数。表 3-2 和图 3-2 描述了大制造业四类分配主体价值创造额指数的变化趋势。

表 3-2　大制造业四类分配主体价值创造额指数的编制结果

季度	价值创造额（亿元）				价值创造额指数			
	股东	政府	员工	债权人	股东	政府	员工	债权人
200701	706	819	385	142	100	100	100	100
200702	851	991	582	157	118	109	140	109
200703	803	955	539	172	110	104	128	119
200704	1 140	2 020	1 470	197	100	102	189	127
200801	1 120	1 520	856	222	98	77	110	143
200802	1 260	2 200	989	247	108	111	126	159
200803	1 200	1 700	889	304	103	85	111	195
200804	−13.6	1 530	1 280	323	−2	76	158	206
200901	734	1 560	964	252	87	77	119	161
200902	1 280	2 030	1 140	223	149	98	138	141
200903	1 490	2 060	1 100	235	172	99	129	144
200904	1 260	2 110	1 840	258	140	98	205	156
201001	1 590	2 390	1 340	272	176	111	148	163
201002	1 900	2 770	1 550	328	207	128	169	196
201003	1 830	2 620	1 490	256	198	120	160	152
201004	2 040	2 930	2 220	321	216	132	234	189
201101	2 070	3 160	1 730	334	218	142	182	197
201102	2 340	3 530	1 960	375	244	159	202	218
201103	2 160	3 300	1 940	456	223	147	195	261
201104	1 780	3 370	2 740	477	184	150	276	273
201201	1 860	3 230	2 080	488	192	144	209	280
201202	1 810	3 510	2 450	545	182	154	236	308
201203	1 820	3 330	2 290	546	182	146	219	308
201204	1 830	3 820	3 180	571	184	167	305	323
201301	1 980	3 320	2 500	583	199	145	240	329
201302	2 180	4 170	2 670	609	216	181	255	342
201303	2 280	3 560	2 570	580	227	155	247	327
201304	2 300	4 150	3 600	597	225	175	332	329
201401	2 050	3 260	2 780	697	201	138	257	385
201402	2 520	4 270	2 970	703	247	180	273	388
201403	2 430	3 710	2 930	726	238	157	269	399
201404	1 640	4 440	4 170	745	159	187	381	408

续表

季度	价值创造额（亿元）				价值创造额指数			
	股东	政府	员工	债权人	股东	政府	员工	债权人
201501	1 660	3 520	3 170	733	160	148	288	401
201502	2 630	4 080	3 370	721	250	170	304	390
201503	1 680	3 720	3 240	836	160	155	292	452
201504	1 230	4 410	4 450	747	116	184	400	404
201601	1 790	3 640	3 470	703	170	152	313	382
201602	2 760	3 880	3 630	691	262	161	326	374
201603	2 510	3 930	3 570	732	237	163	319	396
201604	2 470	5 120	5 310	661	231	211	472	359
201701	3 000	4 230	4 110	770	276	173	358	414
201702	3 540	4 800	4 350	884	325	196	379	475
201703	3 810	4 620	4 370	919	354	189	380	495
201704	3 240	5 080	6 160	990	297	207	533	528
201801	3 730	4 760	4 640	994	349	194	401	529
201802	4 630	5 180	5 080	813	427	211	436	436
201803	4 300	4 910	5 160	879	395	200	441	471
201804	1 360	5 360	7 220	1 100	125	218	617	589
201901	3 786	4 771	5 335	1 066	348	194	456	573
201902	4 398	4 750	5 548	931	402	193	474	502
201903	4 248	4 736	5 580	930	380	191	472	491
201904	992	4 862	8 216	1 125	88	196	694	594
202001	2 170	3 723	5 463	1 007	190	150	460	540
202002	4 902	4 927	5 874	959	426	198	493	512
202003	6 325	4 974	6 150	1 132	542	199	510	603
202004	3 753	5 670	8 769	1 108	319	226	724	590
202101	6 105	5 039	7 079	880	516	200	581	468

　　从表 3-2 和图 3-2 中可以看到，2008 年金融危机以后，大制造业股东获利所得整体波动很大。2014 年以来，随着我国宏观经济形势愈发严峻、内需不足、国际大宗商品价格在低位徘徊，采掘、钢材、水泥、石油化工等行业业绩表现不佳，股东获利指数开始大幅下滑，于 2015 年第 4 季度落到 116 点。2016 年股东获利指数出现反弹，2017 年第 1 季度开始大幅上升，2018 年第 2 季度达到历史新高 427 点，表明从 2016 年至 2018 年第 3 季度，大制造业企业盈利能力明显提升。但在 2018 年第 4 季度和 2019 年第 4 季度股东获利指数出现断崖式下降，这与同期经济发展阶段性下行、中美贸易摩擦反复、国内有效需求不足、企业在年末计提大量存货跌价准备和资产减值准备导致大制造业企业盈利能力下降密切相关。2020 年年初，中美两国签署第一阶段经贸协议、企业受供给端去库存的影响下降以及消费内需

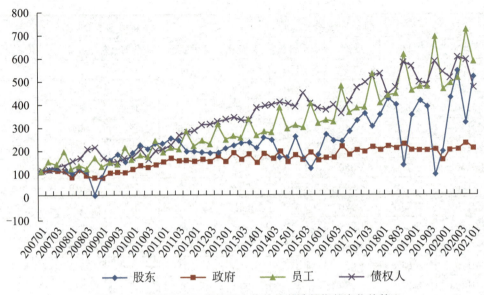

图3-2　大制造业四类分配主体价值创造额指数变化趋势

企稳，股东获利指数有所回升，但是受到疫情的冲击，回升幅度较小。2020年第2—3季度，随着疫情得到有效控制，企业复工复产进度加快，居民消费水平不断提升，经济活动得到恢复；同时，针对疫情防控和社会发展的要求，党中央、国务院陆续部署并出台了一系列减税降费等优惠政策加大对企业的扶持力度，股东获利指数持续回升。2020年第4季度，受企业业绩影响，采矿业和电气、热力、燃气及水生产和供应业中的部分公司，如中国石油（601857）、中国石化（600028）、中国神华（601088）和华能国际（600011），在年末计提了大量存货跌价准备、资产减值准备和信用减值损失，导致股东获利指数出现下降。2021年第1季度，股东获利指数出现较大幅度回升，主要是因为疫苗上市后，疫情得到了进一步的稳定防控，大制造业企业得以加速生产经营，居民活动和消费需求不断增加，明显促进了企业盈利能力的提升。

大制造业政府税收指数自2007年以来一直保持相对稳定的发展态势，仅在2020年第1季度受疫情影响出现较大幅度的下降，降至150点，之后逐步上升，于2021年第1季度收于200点。

大制造业员工薪酬指数持续上升，未来预计会稳步上升，面对人力成本上升这一必然趋势，未来我国大制造业将越来越难以继续依靠廉价的人力成本应对市场竞争，亟须进行产业升级，加大新产品研发，向技术创新型产业转型。

大制造业债权人利息指数自2009年第3季度起，持续多年呈快速上升趋势，在2015年第4季度首次出现大幅下降，反映出2015年的连续降息政策切实降低了企业的债务融资成本。自2017年起，债权人利息指数增长明显，2018年增幅进一步加大，2019 年上升趋势有所缓和，2020 年围绕 600 点上下波动，在 2021 年第 1 季度出现明显下降，收于 468 点，表明我国大制造业企业的融资成本有所降低。

3.2.2　四类分配主体价值创造额占比分析

从图 3-3 中我们可以看到，2007 年以来的季度均值股东获利所得占比为23.71％，2020 年占比为 25.63％，说明 2020 年大制造业企业股东获得的公司新创价值占比有所提高。2007 年以来的季度均值政府税收所得占比较大，为 36.12％，不过近年来，该占比有所下降，从 2019 年的 31.20％下降至 2020 年的 28.84％，说明国家定向调整税收政策，为大制造业企业降低税负的举措初显成效。2007 年以来的季度均值员工薪酬所得占比为 33.90％，2007 年占比为 24.95％，而 2019 年和 2020年占比均高于 2007 年，分别为 40.28％和 39.24％，充分反映了近年来我国制造业人力成本不断上升，这对我国制造业企业的转型升级提出了新的要求。2007 年以来的季度均值债权人利息所得占比（6.27％）值得关注，相比 2019 年（6.61％），2020 年（6.29％）略有下降，反映了我国大制造业企业融资难的窘境有所改善。

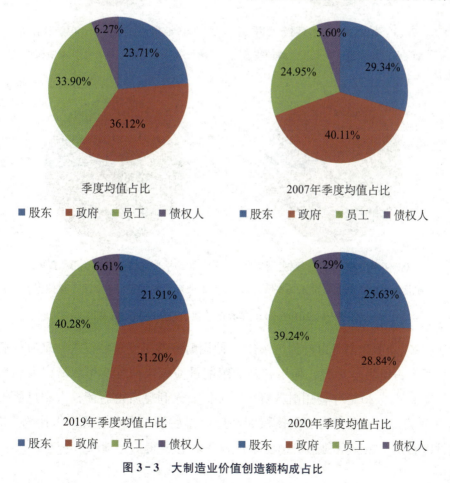

图 3-3　大制造业价值创造额构成占比

根据会计宏观价值指数编制原理，债权人的价值分配对应"利息支出"，但受限于过去的会计准则中关于科目披露的要求，我们难以准确获得企业的"利息支出"数据，故使用"财务费用"进行替代。2018年7月，财政部修订印发《2018年度一般企业财务报表格式》，要求"财务费用"项目下设"利息费用"项目，这为我们准确度量企业对债权人的价值分配提供了便利。因此在图3-4中，我们列示了2019年和2020年分别使用"财务费用"和"利息费用"度量债权人利息所得的大制造业价值创造额构成占比。

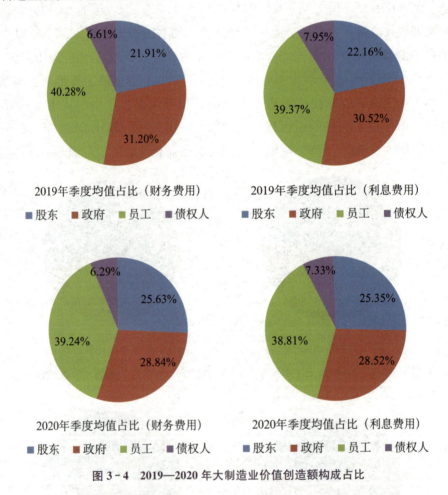

图3-4　2019—2020年大制造业价值创造额构成占比

从图3-4中我们可以看到，2019年使用财务费用度量债权人利息所得后债权人利息所得占比为6.61%，使用利息费用度量债权人利息所得后债权人利息所得占比为7.95%；2020年使用财务费用度量债权人利息所得后债权人利息所得占比为6.29%，使用利息费用度量债权人利息所得后债权人利息所得占比为7.33%。由此可以看出，在使用利息费用度量债权人利息所得后，债权人利息所得占比有所提升，其他三类主体所得占比呈现一定程度的下降。

　　总体来说，大制造业在经历了数年的艰苦转型后，逐步取得了一定的成果，但仍面临人力成本上升、融资成本较高等问题。而且在中美贸易摩擦和新冠疫情的双重冲击下，大制造业所肩负的经济转型与民族复兴任务愈加艰巨。因此，我们认为政府不仅要从鼓励企业加大研发投入、积极推进税制改革、降低企业融资成本等方面着手，推动智能制造等中高端制造业的发展，促进产业结构实现转型升级，还要为大制造业参与国际竞争提供必要的支持与保护，着力维护本土大制造业企业在国际市场中的合法权益。

3.3　产权性质分类分析

　　为揭示大制造业中不同产权性质的上市公司在经济增长和资源使用效率方面的发展动态，为国家调整资源配置结构、提高资源配置效率提供决策参考，我们对大制造业上市公司按产权性质进行分类，分析不同产权性质企业的价值创造额及资产使用效率。

　　根据上市公司实际控制人的性质，我们将大制造业中的样本公司划分为国有控股公司与非国有控股公司。表 3-3 是大制造业上市公司的产权性质、资产规模及价值创造额的描述性统计结果。由表 3-3 可知，国有控股公司季均总资产达到 188 951 亿元，单个公司季均总资产为 281 亿元，季均价值创造额为 7 582 亿元，单个公司季均价值创造额为 11.28 亿元；非国有控股公司季均总资产为 57 949 亿元，单个公司季均总资产为 50 亿元，季均价值创造额为 2 273 亿元，单个公司季均价值创造额为 1.95 亿元。不难发现，国有控股公司无论是资产规模还是价值创造额都远高于非国有控股公司。

表 3-3　大制造业分产权性质描述性统计

产权性质	季均样本量	季均总资产（亿元）	单个公司季均总资产（亿元）	季均价值创造额（亿元）	单个公司季均价值创造额（亿元）
国有控股公司	672	188 951	281	7 582	11.28
非国有控股公司	1 165	57 949	50	2 273	1.95

3.3.1　分产权性质价值创造额指数分析

　　图 3-5 揭示了大制造业国有控股公司与非国有控股公司价值创造额指数的变化趋势。可以看到，非国有控股公司的价值创造额指数明显高于国有控股公司，且除 2018 年第 4 季度和 2019 年第 4 季度外，二者的差距明显增大，由此反映出非国有经济十几年来的发展速度明显快于国有经济。同时，2016 年以来，大制造业非国有控股公司的价值创造额指数波动幅度逐渐增大，而国有控股公司价值创造额指数波动幅度相对较小，这可能与国有控股公司规模较大、经营模式相对固定且难以调整有关。值得注意的是，2018 年第 4 季度非国有控股公司的价值创造额指数出现大幅下降，而国有控股公司的价值创造额指数走势平稳，一方面说明 2018 年下半年的中美贸易摩擦、民营企业融资难、经济发展阶段性疲态主要影响的是非国有控股公司，另一方面是由于非国有控股公司在 2018 年第 4 季度计提了巨额商誉资产减值准备，价值创造额下滑明显。2018 年 11 月，政府实施了减轻民营企业税费负担、解决民营企业"融资难、融资贵"问题、营造公平竞争环境等举措，因此非国有控股公司的价值创造额指数在 2019 年第 1—3 季度呈现了稳中上升的良好态势。但在 2019 年第 4 季度，非国有控股公司仍受计提巨额商誉减值准备的影响，价值创造额指数再次大幅下降至 566 点；此外，本报告认为在我国经济下行的背景下，国内外需求不足使得企业营收增速下降，民营企业的劳动力成本和融资成本上升进一步拉低了企业盈利能力，这也导致了价值创造额指数的下降。2020 年第 1 季度，面对疫情的冲击，国家实施了一系列减税降费政策支持非国有控股公司的发展，非国有控股公司的价值创造额指数相比 2019 年第 4 季度有所回升。随着疫情得到有效控制，我国经济逐步恢复到正常运行轨道上，非国有控股公司的价值创造额指数迅速上升，在 2021 年第 1 季度达到 987 点，再创历史新高。国有控股公司的价值创造额指数在 2020 年第 1 季度受疫情的影响同样有所下降，不过下降幅度明显小于非国有控股公司；随着疫情得到有效控制，国有控股公司的价值创造额指数基本上稳步回升，不过相比非国有控股公司，其回升速度较慢，且 2021 年第 1 季度国有控股公司的价值创造额指数略有下降。

3.3.2　分产权性质价值创造效率指数分析

　　图 3-6 揭示了大制造业中不同产权性质的上市公司价值创造效率指数及其变化趋势。可以看到，2011 年以前，非国有控股公司的价值创造效率指数呈动态上升趋势，与此同时，国有控股公司的价值创造效率指数明显下滑，表明在这一时

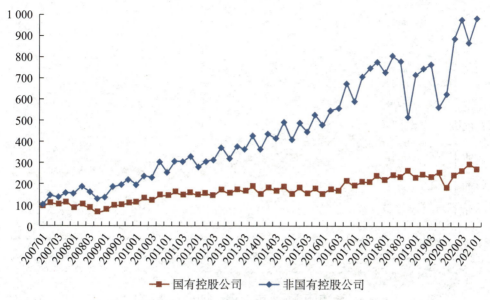

图 3-5　大制造业不同产权性质价值创造额指数变化趋势

期，非国有控股公司更注重提升单位资产的价值创造能力。进入 2012 年，两类公司的价值创造效率指数基本处于同步下滑状态，表明在此阶段国有控股公司和非国有控股公司都存在价值创造效率下降的问题。但自 2016 年第 4 季度以来，国有控股公司的价值创造效率指数较之前有所回升，侧面反映出国有企业深化改革初显成效，整体运行效率得以提高。2018 年下半年，受中美贸易摩擦、民营企业融资难、经济发展阶段性疲态以及企业计提巨额商誉减值准备等的影响，非国有控股公司的价值创造效率指数于 2018 年第 4 季度大幅下降。2019 年第 1—3 季度，非国有控股公司的价值创造效率指数逐步上升；2019 年第 4 季度，受全球经济趋弱、民营企业融资难等因素的影响，价值创造效率指数再次下降。2020 年第 1 季度，在疫情的冲击下，因政策扶持，非国有控股公司的价值创造效率指数有所回升，国有控股公司的价值创造效率指数则下降至 34 点。2020 年第 2—3 季度，国有控股公司和非国有控股公司的价值创造效率指数均呈现较大幅度的反弹回升。2021 年第 1 季度，与价值创造额指数类似，非国有控股公司的价值创造效率指数小幅回涨，而国有控股公司的价值创造效率指数则有所下降。总体而言，近年来，国有控股公司的价值创造效率指数变化相对平稳，而非国有控股公司的价值创造效率指数呈现大幅震荡，说明非国有控股公司受外部环境刺激的影响波动性较大；国有控股公司的价值创造效率水平较低，表明政府需要继续稳步推进国有企业改革，提高国有企业的运营效率与经济效益，从而实现做强做优做大国有企业的重大战略目标。

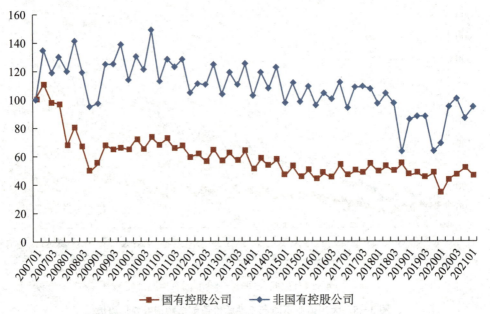

图 3-6 大制造业不同产权性质价值创造效率指数变化趋势

3.4 地区层面分类分析

对大制造业上市公司价值创造额及价值创造效率按地区进行分析，可以反映全国各地区的大制造业上市公司在经济增长及资源使用效率方面的发展动态，为国家制定相关行业的区域发展战略、资源分配政策提供参考。表 3-4 列示了大制造业各地区季均样本量、季均总资产等数据的描述性统计结果。

表 3-4 大制造业分地区描述性统计

地区	季均样本量	季均总资产（亿元）	单个公司季均总资产（亿元）	季均价值创造额（亿元）	单个公司季均价值创造额（亿元）
华东	763	60 724	80	2 388	3.13
华南	308	23 703	77	961	3.12
华中	197	16 208	82	593	3.02
华北	234	114 188	489	4 843	20.73
西北	99	9 821	100	288	2.92
西南	149	13 117	88	533	3.57
东北	89	9 289	104	254	2.86

3.4.1　分地区价值创造额指数分析

图 3-7 揭示了大制造业各地区价值创造额指数的变化趋势。从图中可以看到，受 2008 年金融危机的影响，全国七大地区的价值创造额指数均在 2008 年第 3 季度出现了明显的下滑，并在第 4 季度触底，之后随着国家一系列经济政策的实施，七大地区的价值创造额指数开始逐步回升。金融危机后，除华北地区的价值创造额指数保持在低位以外，华东、华南、华中、西北、西南、东北地区的价值创造额指数均呈上升趋势，且在 2013 年之后，各地区间的价值创造额指数差距开始逐渐扩大。华南地区的价值创造额指数上升幅度较大且逐渐居于领先地位，尤其是 2017 年第 1 季度以后增幅较大，说明华南地区经济发展运行态势良好，华东、华中、西北、西南地区的价值创造额指数紧随其后，同样实现了一定幅度的增长。但受 2018 年下半年中美贸易摩擦、民营企业融资难、经济发展阶段性疲态等的影响，东北、华东、华南、华中、西北地区的价值创造额指数均在 2018 年第 4 季度出现不同程度的下降。值得注意的是，与其他地区相对稳定的价值创造额指数相比，2016 年第 4 季度西北地区由于受到中油工程（600339）注入优质资产、剥离不良资产的重大资产重组事项的影响，价值创造额指数出现了大幅攀升。华北地区的价值创造额指数长期保持在低位，说明该地区的经济状况受宏观经济不景气及国有企业转型困难等问题的影响尤为严重。2019 年前三个季度，东北、华东、华南、华中、西北地区的价值创造额指数均实现回升。但是在第 4 季度，受经济下行压力不断加大、融资政策不断趋紧、原料成本过高、生产要素供应不足、企业计提巨额商誉减值准备等多重不利因素的影响，除华中地区外，这四个地区的价值创造额指数均再次下降，尤其是西北地区，其价值创造额指数下降至 3 点。对于西北地区的价值创造额指数下降的原因，我们认为是企业营业收入大幅下滑，加之企业大幅计提商誉减值准备，导致企业净利润等指标恶化；同时，西北地区大制造业样本数量较少，价值创造额指数容易受单个公司价值创造额变化的影响。具体而言，2019 年第 4 季度西部地区诸多企业业绩爆雷，半数企业的价值创造额由正转负，如 *ST 盐湖（000792）在该季度的价值创造额为 -453.04 亿元。2020 年第 1 季度，西北地区的亏损企业通过破产重组、完善内部治理改革等措施实现了利润回升，因此价值创造额指数上升，但受到疫情的影响，企业落实疫情防控政策，价值创造额指数并未恢复至 2019 年前三个季度的水平。2020 年第 1 季度，七大地区的价值创造额指数均呈断崖式下跌，自第 2 季度迅速回升，截至 2021 年第 1 季度，即使是此前下跌幅度最大的西北地区也已经超过疫情前水平，而常年排名第二的西南地区基本追赶上此前遥遥领先的华南地区，这主要受益于西南地区不断推进新经济建设，价值创造额实现了高速增长。

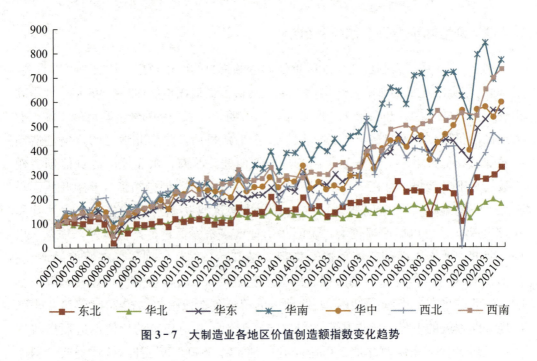

图 3-7 大制造业各地区价值创造额指数变化趋势

3.4.2 分地区价值创造效率指数分析

图 3-8 揭示了大制造业各地区价值创造效率指数的变化趋势。由图 3-8 可知，在样本期间内，华北地区的价值创造效率指数总体呈下滑趋势，且多数时间在七大地区中处于末位。尽管为缓解 2008 年金融危机的冲击，政府安排了 4 万亿元投资计划，华北地区作为多数大型国有企业的注册地，承担了较多的投资份额，但不断下滑的价值创造效率指数说明对华北地区的投资并未达到预期效果。2016 年以来，随着国有企业深化改革的不断推进，华北地区的价值创造效率指数出现了稳步回升的势态，但是受中美贸易摩擦持续反复的影响，这一向好趋势被打断，2018 年第 4 季度再次转入下滑区间。华南地区的价值创造效率指数在 2009 年之后普遍高于其他地区，且 2017 年第 2 季度实现了较大幅度的增长；2018—2019 年，在一系列国内外宏观因素的共同影响下，华南地区的价值创造效率指数波动幅度有所增大，但仍处于领先地位；2020 年第 4 季度下滑至 87 点，落后于西南地区，虽然在 2021 年第 1 季度有所回升，但仍位于七大地区的第二名。2016 年之前，东北地区的价值创造效率指数呈震荡调整的趋势，但在 2016 年第 1 季度至 2017 年第 3 季度之间逐渐企稳；从 2017 年第 4 季度开始，再次呈现大幅波动，并在 2018 年第 3 季度和 2019 年第 4 季度出现大幅下滑。华中和华东地区的价值创造效率指数自 2008 年以来呈围绕季度均值波动的趋势，在 2016 年第 4 季度以前整体呈下降趋势，于 2016 年第 4 季度开始回升。华中地区的价值创造效率指数在 2019 年呈快速

上升态势，这可能与国家提出建设长江中游城市群和中原城市群等政策相关。西南地区的价值创造效率指数自 2016 年第 3 季度以来呈大幅上升趋势，并于 2017 年第 4 季度开始在高位趋于平稳，截至 2021 年第 1 季度达到 107 点。西北地区的价值创造效率指数在 2009 年之前受益于大规模的国家政策红利，小幅高于国内其他地区，但在 2009 年之后逐步下跌，在 2016 年第 1—2 季度已接近华北地区水平，2016 年第 4 季度由于受到中油工程（600339）重大资产重组事项的影响，指数出现大幅攀升。

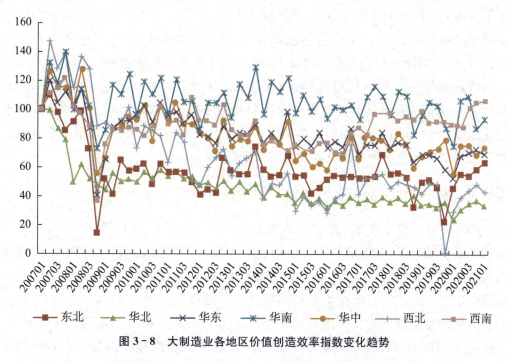

图 3－8　大制造业各地区价值创造效率指数变化趋势

从近三年的整体趋势来看，2018 年第 4 季度，东北、华东、华南、华中、西北地区的价值创造效率指数受 2018 年下半年中美贸易摩擦、民营企业融资难、经济发展阶段性疲态的影响，均有不同程度的下降，且都于 2019 年第 1 季度回升。需要重点注意的是，2019 年第 4 季度，受经济下行压力加大、融资成本和原材料成本上升的影响，加之西部地区样本量少，半数企业巨额亏损，西北地区的价值创造效率指数下降至 0。2020 年第 1 季度，部分企业扭亏为盈，西北地区的价值创造效率指数有所回升，但并未恢复至 2019 年前三个季度的水平。2021 年第 1 季度，与价值创造额指数表现类似，西南、华东、东北、西北四大地区的价值创造效率指数已经超过疫情前水平，华南、华中、华北三大地区也有较大回升，其中，西南地区表现优秀，价值创造效率指数在 2021 年第 1 季度超过华南地区夺得第一，西北地区也在惊险触底后恢复正常。

3.5 公司层面排名分析

以上从整体层面对大制造业上市公司的价值创造情况展开了系统分析。接下来，为了进一步考察大制造业中个体上市公司的价值创造情况与差异，本报告对每一家大制造业上市公司的年度价值创造额和价值创造效率进行了计算与排名，以期更为具体地揭示大制造业上市公司的价值创造现状与发展规律。附录表 A3 列示了全体大制造业上市公司 2020 年价值创造额、2020 年价值创造额排名、2019 年价值创造额排名、2018 年价值创造额排名、2020 年相比 2019 年排名变化以及 2019 年相比 2018 年排名变化。附录表 A4 列示了全体大制造业上市公司 2020 年价值创造效率、2020 年价值创造额、2020 年总资产、2020 年价值创造效率排名、2019 年价值创造效率排名、2018 年价值创造效率排名、2020 年相比 2019 年排名变化以及 2019 年相比 2018 年排名变化。根据附录表 A3 和表 A4，本报告分别从整体公司情况与重点公司情况两方面展开分析。

3.5.1 按价值创造额排名的整体公司情况分析

从整体排名情况来看，2020 年大制造业共有 2 647 家公司。其中，2 485 家公司价值创造额为正，162 家公司价值创造额为负。大制造业价值创造额前 10 名多为大型国有控股公司，价值创造额均在 680 亿元以上。其中，中国石油（601857）价值创造额高达 4 728.42 亿元，位居榜首。中国石化（600028）以 4 270.06 亿元的价值创造额紧随其后。个别公司由于经营业绩较差，价值创造额为负。其中，*ST 康美（600518）和 *ST 众泰（000980）的价值创造额分别为－244.19 亿元和－98.65 亿元，位居最后两名。

从排名变动情况来看，大制造业价值创造额前 10 名的公司位次较为稳定，而处于其他位次的公司排名变动则相对较大。例如，与 2019 年相比，英科医疗（300677）的价值创造额排名上升了 1 165 名，天邦股份（002124）的价值创造额排名上升了 715 名，正邦科技（002157）的价值创造额排名上升了 141 名，荣盛石化（002493）的价值创造额排名上升了 61 名，隆基股份（601012）的价值创造额排名上升了 28 名。个别公司受宏观环境、行业环境或并购重组等因素的影响，近年来价值创造额排名发生了大幅变化。例如，与 2019 年相比，2020 年中国铁物（000927）的价值创造额排名上升了 2 088 名，中利集团（002309）则下降了 2 159 名。

3.5.2　按价值创造额排名的重点公司情况分析

对于重点公司排名情况，本报告选取价值创造额排名稳居前列的中国石油（601857）、中国建筑（601668）和贵州茅台（600519），排名上升最具代表性的韦尔股份（603501）和天邦股份（002124），以及排名下滑较为明显的中利集团（002309）和东旭光电（000413）共 7 家公司为分析对象，从价值创造额的来源与分配两个视角对公司价值创造情况展开深入分析。

（一）中国石油

1. 公司基本情况介绍

中国石油天然气集团有限公司（简称中国石油）成立于 1999 年 11 月 5 日，2007 年 11 月 5 日在上交所上市，所属行业为石油和天然气开采业（B07）。中国石油的主营业务包括：原油及天然气的勘探、开发、生产和销售；原油及石油产品的炼制，基本及衍生化工产品、其他化工产品的生产和销售；炼油产品的销售以及贸易业务；天然气、原油和成品油的输送及天然气的销售。公司 2020 年的资产规模为 24 884.00 亿元，员工人数为 432 003 人。中国石油是中国油气行业中占主导地位的最大的油气生产和销售商，其资产规模和销售收入在世界石油公司中位居前列。2020 年，中国石油在世界 50 家大石油公司综合排名中位居第三，在《财富》世界 500 强中排名第四。

2. 价值创造额来源分析

中国石油在 2020 年的价值创造额为 4 728.42 亿元，在 2020 年大制造业上市公司价值创造额排名中位居第 1 名，2018—2020 年连续三年蝉联榜首。

在大制造业上市公司价值创造额排名中，中国石油连续多年位居前列与其营业收入较高、公司加强成本控制等因素密不可分。中国石油在 2020 年实现总收入[①]19 379.45 亿元，同比减少 23.15%；总成本为 19 450.33 亿元，同比减少 20.26%，总收入和总成本在石油和天然气开采业上市公司排名中均位居第 2 名。从收入的具体表现来看，2020 年，公司原油产量 9.22 亿桶，同比增长 1.4%；可销售天然气产量 4.22 万亿立方米，同比增长 8.0%；油气当量产量 16.26 桶，同比增长 4.1%。同时，公司根据市场变化及时调整营销策略，分地域、品种、时段、客户类型实施差异化、精准化营销，2020 年新投运加油站 254 座，销售天然气 2 487.45 亿立方米。从成本的具体表现来看，中国石油在 2020 年加强风险防控，持续推进开源节流、降本增效，有效降低了原油和天然气的开采成本，提高

---

① 总收入为营业总收入与营业外收入之和，总成本为营业总成本与营业外支出之和。

了利润水平。

3. 价值创造额分配去向分析

从 2020 年公司价值创造额的分配去向来看,股东获得 334.81 亿元,占比为 7.08%;政府获得 2 661.03 亿元,占比为 56.28%;员工获得 1 489.54 亿元,占比为 31.50%;债权人获得 243.04 亿元,占比为 5.14%。总体而言,中国石油向股东、政府、员工和债权人四类主体进行了价值创造额的分配,履行了对四类主体的社会责任。

为了充分揭示中国石油价值创造额分配去向的变化趋势以及与同行业上市公司相比所存在的差异,接下来我们从纵向和横向两个层面,对中国石油价值创造额分配去向进行分析。

(1) 纵向对比分析。

本部分展现了 2018—2020 年中国石油的四类分配主体所获得的价值创造额、价值创造额变动以及价值创造额占比等情况。表 3-5 描述了中国石油的四类分配主体所获得的价值创造额及其变动趋势,图 3-9 则描述了中国石油的四类分配主体所获得的价值创造额占比。

表 3-5　2018—2020 年中国石油价值创造额分配及变动情况

分配主体	2020 年(亿元)	2019 年(亿元)	2018 年(亿元)	2020 年相对 2019 年		2019 年相对 2018 年	
				变动额(亿元)	变动率(%)	变动额(亿元)	变动率(%)
股东	334.81	670.10	724.10	−335.29	−50.04	−54.00	−7.46
政府	2 661.03	3 250.87	3 484.69	−589.84	−18.14	−233.82	−6.71
员工	1 489.54	1 563.69	1 460.82	−74.15	−4.74	102.87	7.04
债权人	243.04	278.16	184.80	−35.12	−12.63	93.36	50.52
合计	4 728.42	5 762.82	5 854.41	−1 034.40	−17.95	−91.59	−1.56

从表 3-5 中我们可以看到,中国石油的股东获利所得在 2018 年为 724.10 亿元,2019 年为 670.10 亿元,同比下降 7.46%,下降的主要原因是 2019 年国际油价震荡频繁、国内油气市场竞争加剧、风险挑战明显上升,公司实现归属于母公司股东的净利润为 456.82 亿元,同比下降 13.9%。2020 年,受疫情的影响,世界经济深度衰退,全球油气市场供需宽松局面进一步加剧,全年平均国际油价同比大幅下降。在疫情叠加国际油价断崖式下跌等前所未有的严重冲击和挑战下,股东获利所得为 334.81 亿元,同比下降 50.04%。政府税收所得在 2018 年为 3 484.69 亿元,2019 年为 3 250.87 亿元,同比下降 6.71%;2020 年为 2 661.03 亿元,同比下降 18.14%。员工薪酬所得在 2018 年为 1 460.82 亿元,2019 年达到 1 563.69 亿元,同比上升 7.04%,这主要是由于公司按照薪酬效益挂钩联动机制

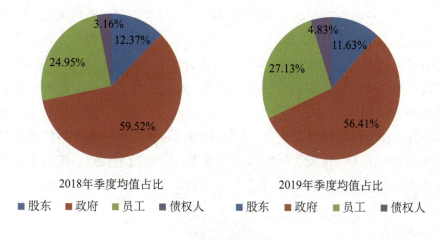

2018年季度均值占比
■ 股东　■ 政府　■ 员工　■ 债权人

2019年季度均值占比
■ 股东　■ 政府　■ 员工　■ 债权人

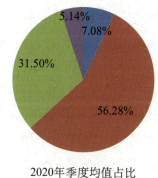

2020年季度均值占比
■ 股东　■ 政府　■ 员工　■ 债权人

图 3 - 9　2018—2020 年中国石油价值创造额构成占比

发放薪酬，随着效益增长和社会平均工资水平提高，中国石油近年来薪酬、社会保险等人工费用不断增长，因此公司需要通过技术创新与转型升级应对不断上升的人力成本；2020 年员工薪酬所得降至 1 489.54 亿元，同比下降 4.74%，这主要是因为疫情导致公司员工人数下降、社会平均工资水平降低。债权人利息所得在 2018 年为 184.80 亿元；2019 年，受新租赁准则确认租赁负债以及计提利息费用影响，有息负债大幅上升，公司新增租赁负债的利息支出 74.76 亿元，债权人利息所得达到了 278.16 亿元，同比上升 50.52%；2020 年，有息负债有较大幅度的下降，债权人利息所得回落至 243.04 亿元，同比下降 12.63%。总体而言，2019 年世界石油、天然气需求增速有所放缓，供应增长超过需求增长，所以中国石油的价值创造额略有下降，而 2020 年受疫情的影响，除我国外全球主要经济体的经济均出现不同程度的下降，全球油气市场供需宽松局面进一步加剧，中国石油力求保持生产经营平稳受控运行，相比 2019 年其价值创造额下降了 17.95%。

　　从图 3 - 9 中我们可以看到，中国石油的股东获利所得占比在 2018—2020 年分别为 12.37%、11.63% 和 7.08%，说明近三年来在国际环境复杂多变、疫情严重冲击的影响下，中国石油面临巨大的市场压力，股东获利所得持续减少。政府税收所得占比在 2018—2020 年分别为 59.52%、56.41% 和 56.28%，在四类分配主体所得中占比最高，说明中国石油每年将超过半数的价值创造额上缴中央财政，履行了其作为国有控股公司所肩负的国家责任与社会义务。员工薪酬所得占比在 2018—2020 年分别为 24.95%、27.13% 和 31.50%，说明中国石油面临的转型压力不容小觑。作为传统能源类企业，中国石油亟须通过技术创新与转型升级应对不断上升的人力成本，找到新一轮的前进发力点与业绩增长点。债权人利息所得占比在 2018—2020 年分别为 3.16%、4.83% 和 5.14%，2020 年占比较前两年有所上升。

（2）横向对比分析。

为了揭示公司价值创造额分配去向在横向上的变化趋势，本部分分别计算了 2020 年中国石油、采矿业[①]、大制造业价值创造额前 100 名上市公司[②]（简称大制造业前 100）和大制造业全体上市公司[③]（简称大制造业全样本）的四类分配主体所获得的价值创造额的占比。图 3-10 描述了中国石油、采矿业、大制造业前 100 和大制造业全样本的四类分配主体所获得的价值创造额季度均值占比情况。

从图 3-10 中我们可以看到，2020 年，中国石油的股东获利所得占比为 7.08%，远低于采矿业、大制造业前 100 和大制造业全样本的 18.43%、28.72% 和 26.91%。2020 年，中国石油的政府税收所得占比高达 56.28%，高于采矿业的 47.78%，远高于大制造业前 100 和大制造业全样本的 31.04% 和 26.88%，这主要是由于公司除了要缴纳企业所得税、资源税和消费税外，还需要按照 20%～40% 的税率缴纳石油特别收益金。可见与行业整体相比，作为国有控股公司的中国石油向国家贡献了其价值创造额的大部分，为补充国家财政收入发挥了重要作用。2020 年，中国石油的员工薪酬所得占比为 31.50%，略高于采矿业的 29.50%，但低于大制造业前 100 和大制造业全样本的 35.28% 和 39.81%，这说明与行业整体相比，中国石油仍然具备一定的人工成本优势。2020 年，中国石油的债权人利息所得占比为 5.14%，略高于采矿业和大制造业前 100 的 4.29% 和 4.97%，低于大

[①] 采矿业上市公司四类分配主体所获得的价值创造额的占比，是指选取采矿业样本并剔除中国石油后计算的四类分配主体所获得的价值创造额的平均占比。

[②] 大制造业价值创造额前 100 名上市公司四类分配主体所获得的价值创造额的占比，是指将大制造业样本按价值创造额由高到低排列，选取前 100 名上市公司并剔除中国石油后计算的四类分配主体所获得的价值创造额的平均占比。

[③] 大制造业全体上市公司四类分配主体所获得的价值创造额的占比，是指选取大制造业全样本并剔除中国石油后计算的四类分配主体所获得的价值创造额的平均占比。

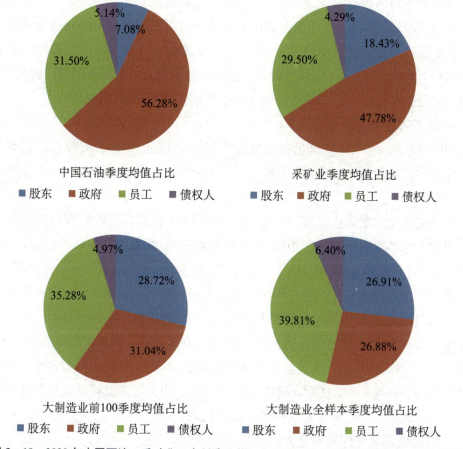

图 3-10　2020 年中国石油、采矿业、大制造业前 100 和大制造业全样本价值创造额构成占比

制造业全样本的 6.40%。从有息负债率①和有息负债的费用率②来看，中国石油的有息负债率为 15.05%，低于采矿业、大制造业前 100 和大制造业全样本的 17.14%、22.52% 和 18.04%，但有息负债费用率高于采矿业和大制造业前 100，这说明与大制造业行业整体相比，中国石油的融资成本相对较高，因此公司应甄别高质量的投资项目，提高资金使用效率，实现转型升级。

（二）中国建筑

1. 公司基本情况介绍

中国建筑股份有限公司（简称中国建筑）成立于 2007 年 12 月 10 日，2009 年 7 月 29 日在上交所上市，所属行业为土木工程建筑业（E48）。中国建筑的主营业务包括房屋建筑工程、基础设施建设与投资、房地产开发与投资、勘察设计等领

---

① 有息负债率是指有息负债额与总资产的比值。

② 有息负债费用率是指非金融企业年度利息支出与有息负债的比值。

域，各项业务均居行业领先地位。公司 2020 年的资产规模为 21 921.74 亿元，员工人数为 356 864 人。中国建筑是我国专业化经营历史最久、市场化经营最早、一体化程度最高的投资建设集团，是 2020 年全球建筑行业唯一新签合同额、营业收入达到双万亿元的企业，位列《财富》世界 500 强第 18 名、中国 500 强第 3 名、美国《工程新闻纪录》公布的全球最大 250 家承包商榜单第 1 名。

2. 价值创造额来源分析

中国建筑在 2020 年的价值创造额为 2 282.86 亿元，在 2020 年大制造业上市公司价值创造额排名中位居第 3 名，在 2019 年和 2018 年的排名中也均位居第 3 名。

中国建筑在大制造业上市公司价值创造额排名中多年位居前列与其营业收入高、新增业务多等密不可分。中国建筑 2020 年实现总收入 16 158.33 亿元，同比上升 13.70%；总成本为 15 285.23 亿元，同比上升 13.74%。2018—2020 年，中国建筑总收入和总成本在土木工程建筑业上市公司中均位居第 1 名，由此可知公司获得的利润额也远高于同行业其他上市公司，公司创造了较高的价值。从具体业务来看，2020 年，中国建筑新签合同总额为 32 008 亿元，首次突破 3 万亿元大关，同比增长 11.6%。其中，建筑业务新签合同额为 27 721 亿元，同比增长 11.5%；地产合约销售额为 4 287 亿元，同比增长 12.1%。中国建筑凭借其全年新签合同额和营业收入连续三年成为全球业内唯一双万亿元企业。

3. 价值创造额分配去向分析

从 2020 年公司价值创造额的分配去向来看，股东获得 709.50 亿元，占比为 31.08%；政府获得 704.97 亿元，占比为 30.88%；员工获得 790.40 亿元，占比为 34.62%；债权人获得 77.98 亿元，占比为 3.42%。总体而言，中国建筑向股东、政府、员工和债权人四类主体进行了价值创造额的分配，履行了对四类主体的社会责任。

为了充分揭示中国建筑价值创造额分配去向的变化趋势以及与同行业上市公司相比所存在的差异，接下来我们从纵向和横向两个层面，对中国建筑价值创造额分配去向进行分析。

（1）纵向对比分析。

本部分列示了 2018—2020 年中国建筑四类分配主体所获得的价值创造额、价值创造额变动以及价值创造额占比等情况。表 3 - 6 描述了中国建筑的四类分配主体所获得的价值创造额及其变动趋势，图 3 - 11 则描述了中国建筑的四类分配主体所获得的价值创造额占比。

表 3 - 6　2018—2020 年中国建筑价值创造额分配及变动情况

分配主体	2020 年（亿元）	2019 年（亿元）	2018 年（亿元）	2020 年相对 2019 年		2019 年相对 2018 年	
				变动额（亿元）	变动率（％）	变动额（亿元）	变动率（％）
股东	709.50	632.05	553.50	77.45	12.25	78.55	14.19
政府	704.97	717.13	589.59	−12.16	−1.70	127.54	21.63
员工	790.40	731.84	684.11	58.56	8.00	47.74	6.98
债权人	77.98	79.12	153.36	−1.14	−1.44	−74.25	−48.41
合计	2 282.85	2 160.14	1 980.56	122.71	5.68	179.58	9.07

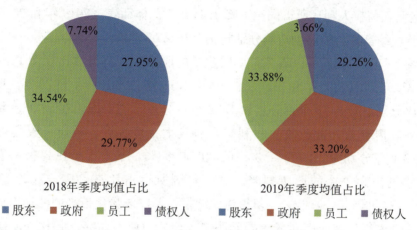

2018年季度均值占比　　　　2019年季度均值占比

■ 股东　■ 政府　■ 员工　■ 债权人　　　　■ 股东　■ 政府　■ 员工　■ 债权人

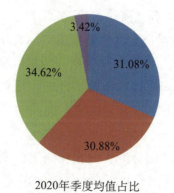

2020年季度均值占比

■ 股东　■ 政府　■ 员工　■ 债权人

图 3 - 11　2018—2020 年中国建筑价值创造额构成占比

　　从表 3 - 6 中我们可以看到，中国建筑的股东获利所得在 2018 年为 553.50 亿元，2019 年为 632.05 亿元，同比上升 14.19%；2020 年为 709.50 亿元，同比上升 12.25%，这主要受益于公司近两年来不断优化产业结构、扩大经营规模，公司科技高端人才数量、科技投入强度、科技研发成果均创历史新高，提升了公司的盈利能力。政府税收所得在 2018 年为 589.59 亿元；2019 年公司业绩发展良好，计提的各项税费相应增长，因此 2019 年政府税收所得达到了 717.13 亿元，同比上升 21.63%；2020 年政府税收所得为 704.97 亿元，同比下降 1.70%。员工薪酬所得在 2018 年为 684.11 亿元，2019 年达到 731.84 亿元，同比上升 6.98%；2020 年达到 790.40 亿元，同比上升 8.00%，这主要是由于公司在 2019—2020 年员工总人数稳定增长，增长率分别为 10.64% 和 6.51%。债权人利息所得在 2018 年为 153.36 亿元；2019 年中国建筑加强财务费用管控，且根据一般企业财务报表格式，将保理费用调整至投资收益列示，债权人利息所得下降至 79.12 亿元，同比下降 48.41%；2020 年，汇兑收益较上年增加 21.55 亿元，使得公司财务费用减少至 77.98 亿元，债权人利息所得同比下降 1.44%。总体而言，2019 年和 2020 年中国建筑经营业绩良好，价值创造额分别同比上升 9.07% 和 5.68%。

从图 3-11 中我们可以看到，中国建筑的股东获利所得占比在 2018—2020 年分别为 27.95%、29.26% 和 31.08%。相比 2018 年和 2019 年，2020 年的股东获利所得占比分别上升 3.13 个百分点和 1.82 个百分点，主要原因在于 2020 年中国建筑的业务发展良好，营业收入和利润均有较大幅度提升。政府税收所得占比在 2018—2020 年分别为 29.77%、33.20% 和 30.88%，基本维持在 30% 左右，体现了中国建筑作为央企的职责担当。员工薪酬所得占比在 2018—2020 年分别为 34.54%、33.88% 和 34.62%，值得注意的是，人口老龄化带来的劳动力成本大幅上升是劳动密集型企业面对的重要问题之一，公司应不断寻求替代人工的机械设备以降低人工成本。债权人利息所得占比在 2018—2020 年分别为 7.74%、3.66% 和 3.42%。2019 年中央政治局会议明确指出"不将房地产作为短期刺激经济的手段"，近年来中国建筑加强了财务费用管控，债权人利息所得占比明显下降。中国建筑应在合理扩大规模的同时，加速转型升级，优化市场布局，保持投资开发合理节奏，提升资金循环能力。

（2）横向对比分析。

为了揭示公司价值创造额分配去向在横向上的变化趋势，本部分分别计算了 2020 年中国建筑、建筑业[①]、大制造业价值创造额前 100 名上市公司[②]（简称大制造业前 100）和大制造业全体上市公司[③]（简称大制造业全样本）的四类分配主体

[①] 建筑业上市公司四类分配主体所获得的价值创造额的占比，是指选取建筑业样本并剔除中国建筑后计算的四类分配主体所获得的价值创造额的平均占比。

[②] 大制造业价值创造额前 100 名上市公司四类分配主体所获得的价值创造额的占比，是指将大制造业样本按价值创造额由高到低排列，选取前 100 名上市公司并剔除中国建筑后计算的四类分配主体所获得的价值创造额的平均占比。

[③] 大制造业全体上市公司四类分配主体所获得的价值创造额的占比，是指选取大制造业全样本并剔除中国建筑后计算的四类分配主体所获得的价值创造额的平均占比。

所获得的价值创造额的占比。图 3‐12 描述了中国建筑、建筑业、大制造业前 100
和大制造业全样本的四类分配主体所获得的价值创造额季度均值占比情况。

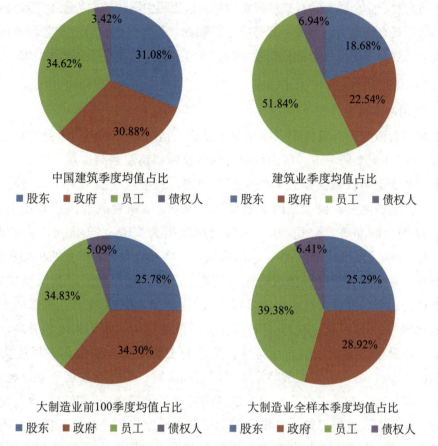

图 3‐12　2020 年中国建筑、建筑业、大制造业前 100 和大制造业全样本价值创造额构成占比

从图 3‐12 中我们可以看到，2020 年，中国建筑的股东获利所得占比为
31.08%，高于建筑业、大制造业前 100 和大制造业全样本的 18.68%、25.78% 和
25.29%，这说明与行业整体的运行状况相比，2020 年中国建筑的经营情况相对良
好，实现了较高水平的股东财富创造。2020 年，中国建筑的政府税收所得占比为
30.88%，低于大制造业前 100 的 34.30%，高于大制造业全样本的 28.92%，远高
于建筑业的 22.54%，这说明中国建筑对政府的财富贡献高于建筑业整体水平，履
行了其作为国有控股公司的国家义务与社会责任。2020 年，中国建筑的员工薪酬
所得占比为 34.62%，低于建筑业、大制造业前 100 和大制造业全样本的 51.84%、
34.83% 和 39.38%，这说明与行业同规模公司或者行业整体相比，中国建筑的用
工成本相对较低，具备一定的人力资本优势。2020 年，中国建筑的债权人利息所
得占比为 3.42%，远低于建筑业、大制造业前 100 和大制造业全样本的 6.94%、
5.09% 和 6.41%。从有息负债率来看，中国建筑的有息负债率为 22.77%，高于建

筑业、大制造业前100和大制造业全样本的20.23％、22.44％和18.04％；从有息负债费用率来看，中国建筑的有息负债费用率为2.49％，远低于建筑业、大制造业前100和大制造业全样本的有息负债费用率。这说明中国建筑作为土木工程建筑业的龙头公司，具有较大的融资成本优势。尽管如此，公司仍然应该注重合理使用资金，做好资金筹划，以提高资金的使用效率，发挥其在融资成本层面的竞争优势。

（三）贵州茅台

1. 公司基本情况介绍

贵州茅台酒股份有限公司（简称贵州茅台）成立于1999年11月20日，2001年8月27日在上交所上市，所属行业为酒、饮料和精制茶制造业（C15）。贵州茅台的主营业务是茅台酒及系列酒的生产与销售，其主导产品"贵州茅台酒"是世界三大蒸馏名酒之一，也是集国家地理标志产品、有机食品和国家非物质文化遗产于一身的白酒品牌。公司2020年的资产规模为2 133.96亿元，员工人数为29 031人。公司拥有著名的品牌、卓越的品质、悠久的文化、厚重的历史积淀、独特的环境、特殊的工艺等优势所构成的核心竞争力，它们是公司高质量发展的坚实基础；公司市场消费人群稳定，渠道资源丰富，市场布局完善，销售体系成熟，市场基础牢固；公司拥有规模化的产品生产和配套能力，实力雄厚的管理、技术、营销团队以及精通制酒、制曲、勾兑、品评的工匠队伍，系统化发展能力强劲。"十四五"期间，公司的发展战略是立足新发展阶段、贯彻新发展理念、融入新发展格局，坚持稳中求进工作总基调，以高质量发展统揽全局，以聚主业、调结构、强配套、构生态为发展思路，筑牢质量、安全、环保三条生命线，推进品质茅台、绿色茅台、活力茅台、文化茅台和阳光茅台建设，巩固茅台酒世界蒸馏酒第一品牌地位，推动茅台高质量发展、大踏步前进。

2. 价值创造额来源分析

贵州茅台在2020年的价值创造额为997.73亿元，在2020年大制造业上市公司价值创造额排名中位居第7名，在2019年和2018年的排名中均位居第9名。

贵州茅台连续多年位居大制造业上市公司价值创造额前10名行列，这与公司视质量为生命，坚持质量第一，坚持工匠精神，坚持"崇本守道，坚守工艺，贮足陈酿，不卖新酒"密不可分。贵州茅台2020年实现总收入949.26亿元，同比增长11.10％；总成本为318.26亿元，同比增长5.78％，总收入和总成本在酒、饮料和精制茶制造业上市公司中均位列第1名。由总收入与总成本计算得到的利润为631.00亿元，因此贵州茅台在2020年实现了较高的价值创造额。2020年，贵州茅台毛利率保持增长，酒类销售毛利率为91.48％，同比上升0.11个百分点。从贵州茅台的具体业务来看，茅台酒销售毛利率为93.99％，同比上升0.21个百分点；

产量上升，生产基酒 7.52 万吨，同比增长 0.15％，其中生产茅台酒基酒 5.02 万吨，同比增长 0.63％，产品出厂合格率为 100％。贵州茅台深化改革成效显著，研究形成机构改革方案，持续深化营销体制改革，多措并举推动控价稳市，增强了市场抗风险能力，保障了疫情形势下的市场稳定态势。贵州茅台项目建设持续推进，"十三五"茅台酒技改项目全面完成投产，新增茅台酒基酒设计产能 4 032 吨；3 万吨酱香系列酒技改项目有序推进，新增系列酒基酒设计产能 4 015 吨；完成固定资产投资 21.72 亿元。整体来看，贵州茅台发展态势良好。

3. 价值创造额分配去向分析

从 2020 年公司价值创造额的分配去向来看，股东获得 495.23 亿元，占比为 49.64％；政府获得 417.87 亿元，占比为 41.88％；员工获得 86.98 亿元，占比为 8.72％；债权人获得 −2.35 亿元，这主要是由于 2020 年贵州茅台的商业银行存款利息收入超过当年的利息支出，因此债权人利息所得为负值。总体而言，贵州茅台作为酿酒行业龙头公司之一，履行了对四类主体的社会责任。

为了充分揭示贵州茅台价值创造额分配去向的变化趋势以及与同行业上市公司相比所存在的差异，接下来我们从纵向和横向两个层面，对贵州茅台价值创造额分配去向进行分析。

（1）纵向对比分析。

本部分计算了 2018—2020 年贵州茅台四类分配主体所获得的价值创造额、价值创造额变动以及价值创造额占比等情况。表 3-7 描述了贵州茅台的四类分配主体所获得的价值创造额及其变动趋势，图 3-13 则描述了贵州茅台的四类分配主体所获得的价值创造额占比。

表 3-7　2018—2020 年贵州茅台价值创造额分配及变动情况

分配主体	2020 年（亿元）	2019 年（亿元）	2018 年（亿元）	2020 年相对 2019 年		2019 年相对 2018 年	
				变动额（亿元）	变动率（％）	变动额（亿元）	变动率（％）
股东	495.23	439.70	378.30	55.53	12.63	61.40	16.23
政府	417.87	378.26	350.77	39.60	10.47	27.49	7.84
员工	86.98	80.80	67.86	6.17	7.64	12.94	19.07
债权人	−2.35	0.07	−0.04	−2.42	−3 245.75	0.11	311.80
合计	997.73	898.84	796.89	98.89	11.00	101.95	12.79

从表 3-7 中我们可以看到，贵州茅台的股东获利所得在 2018 年为 378.30 亿元，2019 年上升至 439.70 亿元，同比上升 16.23％。2020 年，公司建立了新冠疫情联防联控机制，筑牢疫情坚固防线，实现全公司零疑似、零确诊，确保了员工

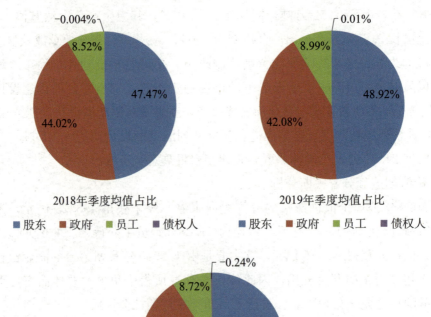

图 3 - 13　2018—2020 年贵州茅台价值创造额构成占比

生命安全和身体健康，同时在行业内率先复工复产复市，把损失和影响降到最低，稳定了高质量发展大局，股东获利所得达到 495.23 亿元，同比上升 12.63％。政府税收所得在 2018 年为 350.77 亿元，2019 年为 378.26 亿元，同比上升 7.84％；2020 年增至 417.87 亿元，同比上升 10.47％，主要是由于 2020 年公司业绩良好，税收也相应增长。员工薪酬所得在 2018 年为 67.86 亿元，2019 年为 80.80 亿元，同比上升 19.07％；2020 年达到 86.98 亿元，同比上升 7.64％，这主要是由于 2018—2020 年公司员工人数和员工薪酬水平不断上升，贵州茅台需要不断改进产品生产工艺流程中制曲、制酒、贮存、勾兑、包装等各个环节，积极应对人工成本不断上升的现状。债权人利息所得在 2018 年为 −0.04 亿元，2019 年为 0.07 亿元，这主要是由于公司商业银行手续费支出及汇兑损益增加；2020 年，贵州茅台商业银行存款利息收入增加，财务费用为负值，这使得 2020 年债权人利息所得下降至 −2.35 亿元。总体而言，近年来，公司主要收入利润指标稳定增长，特别是在疫情期间公司全力筑牢抗疫防线，深化改革成效显著，项目建设持续推进，盈利能力显著增强，价值创造额稳步上升。

从图 3-13 中我们可以看到，贵州茅台的股东获利所得占比在 2018—2020 年分别为 47.47％、48.92％和 49.64％，这表明 2020 年面对前所未有的新冠疫情和艰巨繁重的改革发展任务，公司有效围绕"计划不变、任务不减、指标不调、收入不降"的工作目标砥砺前行，在逆境中超额完成年度主要目标任务，履行了对股东的责任。政府税收所得占比在 2018—2020 年分别为 44.02％、42.08％和 41.88％，均在 40％以上，体现了贵州茅台作为国有控股公司的社会责任，并且近两年来政府税收所得占比下降，侧面说明了国家推行的减税降费措施成效显著。员工薪酬所得占比在 2018—2020 年为 8.52％、8.99％和 8.72％，在同行业、大制造业中均处于较低水平，具有行业竞争优势，这与贵州茅台的员工人数相对较少有关。债权人利息所得占比在 2018—2020 年分别为－0.004％、0.01％和－0.24％，均处于较低水平，其中 2020 年贵州茅台商业银行存款利息收入增加，财务费用为负值。

（2）横向对比分析。

为了揭示公司价值创造额分配去向在横向上的变化趋势，本部分分别计算了 2020 年贵州茅台、制造业[①]、大制造业价值创造额前 100 名上市公司[②]（简称大制造业前 100）和大制造业全体上市公司[③]（简称大制造业全样本）的四类分配主体所获得的价值创造额的占比。图 3-14 描述了贵州茅台、制造业、大制造业前 100 和大制造业全样本的四类分配主体所获得的价值创造额季度均值占比情况。

从图 3-14 中我们可以看到，2020 年，贵州茅台的股东获利所得占比为 49.64％，远高于制造业、大制造业前 100 和大制造业全样本的 28.88％、25.48％和 25.12％，这主要由于贵州茅台坚持"股东是茅台永远的家人"的原则，用持续稳定的业绩回报投资者，切实维护投资者权益，让股东分享到公司发展的红利。2020 年，贵州茅台的政府税收所得占比为 41.88％，远高于制造业、大制造业前 100 和大制造业全样本的 22.25％、33.89％和 28.79％，这主要是由于公司除了要缴纳增值税、企业所得税外，还需要缴纳 20％、0.5 元/500 毫升的消费税，计税依据是酒类产品销售收入计税价格、销售数量。2020 年，贵州茅台的员工薪酬所

---

①　制造业上市公司四类分配主体所获得的价值创造额的占比，是指选取制造业样本并剔除贵州茅台后计算的四类分配主体所获得的价值创造额的平均占比。

②　大制造业价值创造额前 100 名上市公司四类分配主体所获得的价值创造额的占比，是指将大制造业样本按价值创造额由高到低排列，选取前 100 名上市公司并剔除贵州茅台后计算的四类分配主体所获得的价值创造额的平均占比。

③　大制造业全体上市公司四类分配主体所获得的价值创造额的占比，是指选取大制造业全样本并剔除贵州茅台后计算的四类分配主体所获得的价值创造额的平均占比。

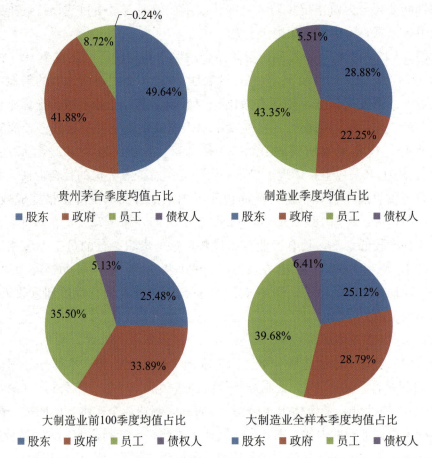

图 3-14　2020 年贵州茅台、制造业、大制造业前 100 和大制造业全样本价值创造额构成占比

得占比为 8.72％，远低于制造业、大制造业前 100 和大制造业全样本的 43.35％、35.50％和 39.68％，无论是从员工薪酬所得占比的走势还是从与行业整体相比的差异来看，贵州茅台的人工成本都相对较低，处于竞争优势地位。2020 年，贵州茅台的债权人利息所得占比为−0.24％，而制造业、大制造业前 100 和大制造业全样本的债权人利息指数分别达到了 5.51％、5.13％和 6.41％。贵州茅台 2020 年有息负债率为 0，低于制造业、大制造业前 100 和大制造业全样本的 17.13％、22.67％和 18.05％。可见，贵州茅台无论是融资规模还是融资成本均在行业中处于相对较低的水平。

（四）韦尔股份

1. 公司基本情况介绍

上海韦尔半导体股份有限公司（简称韦尔股份）成立于 2007 年 5 月 15 日，2017 年 5 月 4 日在上交所上市，所属行业为计算机、通信和其他电子设备制造业（C39）。韦尔股份的主营业务为半导体产品的设计和分销，目前公司半导体产品设计业务主要为图像传感器产品、触控与显示驱动集成芯片和其他半导体器件产品。公司作为国内主要半导体产品分销商之一，凭借成熟的技术支持团队和完善的供应链管理体系，同全球主要半导体供应商及国内各大模组厂商及终端客户持续保持密切合作。公司 2020 年的资产规模为 226.48 亿元，员工人数为 3 291 人。公司经过多年的自主研发和技术演进，在互补金属氧化物半导体（CMOS）图像传感器电路设计、封装、数字图像处理和配套软件领域积累了较为显著的技术优势，公司研发设计的二极管（TVS）和金氧半场效晶体管（MOSFET）多次获得上海市高新技术成果转化项目百佳荣誉称号。公司作为全球知名的提供先进数字成像解决方案的芯片设计公司，产品广泛应用于消费电子和工业应用领域，包括智能手机、平板电脑、笔记本电脑、网络摄像头、安全监控设备、数码相机、汽车和医疗成像等。

2. 价值创造额来源分析

韦尔股份在 2020 年的价值创造额为 52.36 亿元，在 2020 年大制造业上市公司价值创造额排名中位居第 195 名，相比 2019 年的第 380 名和 2018 年的第 1 164 名均实现较大幅度的上升。

作为非国有控股公司，韦尔股份近三年来在大制造业上市公司价值创造额排名中快速上升，主要得益于公司产品线的拓展及研发能力的进一步提升，而且在 2020 年第 1 季度之后，因疫情而产生的远程办公和学习、工业的自动化和数字化转型以及汽车和电子产品的智能化升级给半导体行业注入了强大的需求动力。韦尔股份 2020 年实现总收入 198.68 亿元，同比增长 45.69%，在计算机、通信和其他电子设备制造业上市公司中位居第 30 名。2020 年总成本为 173.74 亿元，同比增长 34.45%，在计算机、通信和其他电子设备制造业上市公司中位居第 33 名。由总收入与总成本计算得到的利润为 24.94 亿元，因此韦尔股份在 2020 年实现了较高的价值创造。从韦尔股份 2020 年的主要业务来看，公司半导体设计业务收入实现 172.67 亿元，占主营业务收入的比例提升至 87.42%，较 2019 年增长 52.02%。通过整合公司各业务体系及产品线，公司充分发挥了各业务体系的协同效应，2020 年实现归属于上市公司股东的净利润 27.06 亿元，同比增长 481.17%。整体来看，韦尔股份持续盈利能力显著提升，发展态势良好。

3. 价值创造额分配去向分析

从 2020 年公司价值创造额的分配去向来看，股东获得 26.83 亿元，占比为 51.24%；政府获得 7.75 亿元，占比为 14.80%；员工获得 15.03 亿元，占比为 28.70%；债权人获得 2.75 亿元，占比为 5.26%。总体而言，2020 年韦尔股份持续加大研发投入，不断创新研发机制，提升公司产品竞争力，优化供应链管理，充分发挥了各业务体系的协同效应，盈利能力显著提升，履行了对四类主体的社会责任。

为了充分揭示韦尔股份价值创造额分配去向的变化趋势以及与同行业上市公司相比所存在的差异，接下来我们从纵向和横向两个层面，对韦尔股份价值创造额分配去向进行分析。

（1）纵向对比分析。

本部分计算了2018—2020年韦尔股份四类分配主体所获得的价值创造额、价值创造额变动以及价值创造额占比等情况。表3-8描述了韦尔股份的四类分配主体所获得的价值创造额及其变动趋势，图3-15则描述了韦尔股份的四类分配主体所获得的价值创造额占比。

表3-8　2018—2020年韦尔股份价值创造额分配及变动情况

分配主体	2020年（亿元）	2019年（亿元）	2018年（亿元）	2020年相对2019年		2019年相对2018年	
				变动额（亿元）	变动率（%）	变动额（亿元）	变动率（%）
股东	26.83	4.54	1.16	22.29	491.16	3.38	292.35
政府	7.75	2.91	1.85	4.84	166.41	1.06	57.37
员工	15.03	14.22	1.96	0.81	5.68	12.26	625.63
债权人	2.75	2.35	0.53	0.40	17.23	1.82	344.40
合计	52.36	24.02	5.49	28.35	118.02	18.52	337.17

从表3-8中我们可以看到，韦尔股份的股东获利所得在2018年为1.16亿元，2019年上升至4.54亿元，同比增长292.35%。2020年，伴随着公司收购整合的顺利完成，公司产品线的研发能力进一步提升，股东获利所得达到26.83亿元，同比增长491.16%。政府税收所得在2018年为1.85亿元，2019年为2.91亿元，同比增长57.37%；2020年上升至7.75亿元，同比增长166.41%。员工薪酬所得在2018年为1.96亿元，2019年为14.22亿元，同比增长625.63%；2020年达到15.03亿元，同比增长5.68%，这主要是由于近两年来公司规模快速扩大，员工人数大幅增长，2019年公司员工人数同比增长212.09%，2020年公司员工人数同比增长14.87%。债权人利息所得在2018年为0.53亿元，2019年为2.35亿元，同比增长344.40%；2020年达到2.75亿元，同比增长17.23%。总体而言，近年来，韦尔股份顺利完成对北京豪威、思比科的收购，公司在主营业务上增加了CMOS图像传感器领域的布局，使得公司半导体设计整体技术水平快速提升，且为公司带来了优质的客户资源，公司盈利能力显著增强，价值创造额稳步上升。

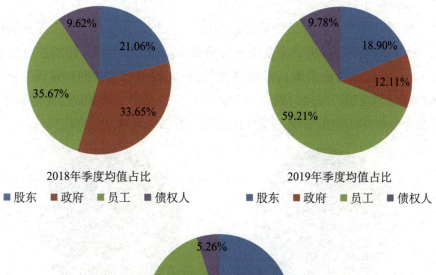

2018年季度均值占比
■股东　■政府　■员工　■债权人

2019年季度均值占比
■股东　■政府　■员工　■债权人

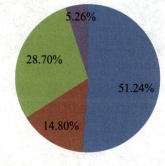

2020年季度均值占比
■股东　■政府　■员工　■债权人

图 3-15　2018—2020 年韦尔股份价值创造额构成占比

从图 3-15 中我们可以看到，韦尔股份的股东获利所得占比在 2018—2020 年分别为 21.06%、18.90% 和 51.24%，公司的半导体设计业务近年来持续稳定发展，主营业务增加了在 CMOS 图像传感器领域的布局，公司通过清晰的产品和市场定位，构建了稳定、高效的营销模式，形成差异化的竞争优势，并不断丰富代理的产品线类型，实现了业绩增长，履行了对股东的责任。政府税收所得占比在 2018—2020 年分别为 33.65%、12.11% 和 14.80%，表明韦尔股份履行了对纳税人的责任和义务，为国家的税收收入做出了贡献，近两年韦尔股份政府税收所得占比有所下降，主要是因为韦尔股份股东获利所得的增长速度超过了政府税收所得。员工薪酬所得占比在 2018—2020 年为 35.67%、59.21% 和 28.70%，说明韦尔股份在近年来员工人数大幅增长的背景下，需通过转型升级、智能制造等手段实现人工成本的合理控制。债权人利息所得占比在 2018—2020 年分别为 9.62%、9.78% 和 5.26%，2020 年债权人利息所得占比下降幅度较大，主要原因在于 2020 年韦尔股份价值创造额同比增长了 118.02%，而债权人利息所得额仅增长了 17.23%。

（2）横向对比分析。

为了揭示公司价值创造额分配去向在横向上的变化趋势，本部分分别计算了2020年韦尔股份、制造业[①]、大制造业价值创造额前100名上市公司[②]（简称大制造业前100）和大制造业全体上市公司[③]（简称大制造业全样本）的四类分配主体所获得的价值创造额的占比。图3－16描述了韦尔股份、制造业、大制造业前100和大制造业全样本的四类分配主体所获得的价值创造额季度均值占比情况。

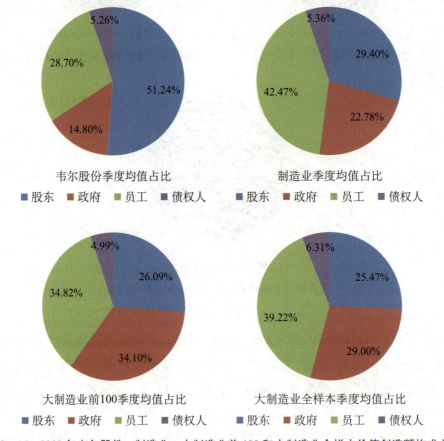

图3－16　2020年韦尔股份、制造业、大制造业前100和大制造业全样本价值创造额构成占比

从图3－16中我们可以看到，2020年，韦尔股份的股东获利所得占比为51.24%，远高于制造业、大制造业前100和大制造业全样本的29.40%、26.09%

和 25.47％，这与近年来韦尔股份持续加大研发投入、不断创新研发机制、完善销售网络、优化供应链管理、充分发挥协同效应、积极推进管理创新等密不可分。2020 年，韦尔股份的政府税收所得占比为 14.80％，低于制造业、大制造业前 100 和大制造业全样本的 22.78％、34.10％和 29.00％，这主要是因为韦尔股份享受了较大力度的税收优惠政策，作为国家鼓励的重点集成电路设计企业和软件企业，近三年均减按 10％的税率缴纳企业所得税。2020 年，韦尔股份的员工薪酬所得占比为 28.70％，低于制造业、大制造业前 100 和大制造业全样本的 42.47％、34.82％和 39.22％，无论是从员工薪酬所得占比的走势还是从与行业整体相比的差异来看，韦尔股份的人工成本相对较低，近年来在公司员工人数大幅增长的背景下，韦尔股份应进一步发展智能制造、高端制造以降低人工成本。2020 年，韦尔股份的债权人利息所得占比为 5.26％，与制造业的 5.36％基本持平，高于大制造业前 100 的 4.99％，低于大制造业全样本的 6.31％。

（五）天邦股份

1. 公司基本情况介绍

天邦食品股份有限公司（简称天邦股份）成立于 1996 年 9 月 25 日，2007 年 4 月 3 日在深圳证券交易所（简称深交所）上市，所属行业为农副食品加工业（C13）。天邦股份以美好食品缔造幸福生活为愿景，以做安全、健康、美味的动物源食品为使命，主营业务为食品产业开发（生猪育种养殖和猪肉制品加工）、生物制品研制与销售、饲料研制与销售。公司主要产品为食品及食品相关类别中的商品种猪、商品仔猪、商品肉猪、猪肉生鲜产品、猪肉加工产品、猪用疫苗、猪用饲料和水产饲料、生猪养殖技术服务等。公司 2020 年的资产规模为 155.02 亿元，员工人数为 9 437 人。2005 年国家发展和改革委员会、财政部认定天邦股份为农业产业化国家重点龙头企业，2007 年、2019 年两度获得国家科学技术进步二等奖。

2. 价值创造额来源分析

天邦股份在 2020 年的价值创造额为 42.99 亿元，在 2020 年大制造业上市公司价值创造额排名中位居第 253 名，相比 2019 年的第 968 名和 2018 年的第 2 281 名均实现大幅上升。

作为非国有控股公司，天邦股份近三年来在大制造业上市公司价值创造额排名中总共上升了 2 000 名之多，主要原因是 2020 年猪价高企和公司种猪、仔猪等高毛利品种出栏头数明显增长。天邦股份 2020 年实现总收入 107.95 亿元，同比增长 79.23％，在农副食品加工业上市公司中位居第 15 名。2020 年总成本为 75.33 亿元，同比增长 22.73％，在农副食品加工业上市公司中位居第 18 名。由总收入与总成本计算得到的利润为 32.62 亿元，因此天邦股份在 2020 年实现了较高的价值创造。从天邦股份的具体业务来看，在最重要的生猪养殖业务方面，2020 年公司在重点关注非洲猪瘟疫情防控的同时稳步推进产能建设，新建成现代化商品母猪场 11 个，2020 年年末公司母猪场产能累计达到 58.8 万头，实际存栏能繁母猪突破 50 万头。公司在 2020 年实现归属于上市公司股东的净利润 32.45 亿元，较上年同期增长 3 131.98%。整体来看，天邦股份发展态势良好。

3. 价值创造额分配去向分析

从 2020 年公司价值创造额的分配去向来看，股东获得 32.46 亿元，占比为75.50%；政府获得 0.47 亿元，占比为 1.08%；员工获得 8.59 亿元，占比为19.98%；债权人获得 1.48 亿元，占比为 3.44%。总体而言，2020 年天邦股份坚持追求技术创新和进步，努力提高育种能力和养殖效率，稳步推进养殖智能化，公司产业链进一步向下延伸，盈利能力进一步提升，履行了对四类主体的社会责任。

为了充分揭示天邦股份价值创造额分配去向的变化趋势以及与同行业上市公司相比所存在的差异，接下来我们从纵向和横向两个层面，对天邦股份价值创造额分配去向进行分析。

（1）纵向对比分析。

本部分计算了 2018—2020 年天邦股份四类分配主体所获得的价值创造额、价值创造额变动以及价值创造额占比等情况。表 3-9 描述了天邦股份四类分配主体所获得的价值创造额及其变动趋势，图 3-17 则描述了天邦股份四类分配主体所获得的价值创造额占比。

表 3-9　2018—2020 年天邦股份价值创造额分配及变动情况

分配主体	2020 年（亿元）	2019 年（亿元）	2018 年（亿元）	2020 年相对 2019 年		2019 年相对 2018 年	
				变动额（亿元）	变动率（%）	变动额（亿元）	变动率（%）
股东	32.46	1.00	−5.75	31.46	3 145.40	6.75	−117.39
政府	0.47	0.42	0.58	0.04	10.69	−0.16	−27.38
员工	8.59	4.77	4.91	3.82	80.23	−0.14	−2.85
债权人	1.48	1.40	0.65	0.08	5.75	0.75	114.69
合计	42.99	7.58	0.38	35.41	466.87	7.20	1 872.42

从表 3-9 和图 3-17 中我们可以看到，天邦股份的股东获利所得在 2018 年为−5.75 亿元，2019 年上升至 1.00 亿元，这是由于 2019 年非洲猪瘟疫情造成行业产能大幅去化，产品销售价格上升，公司业务规模扩大，生猪出栏增加，养殖

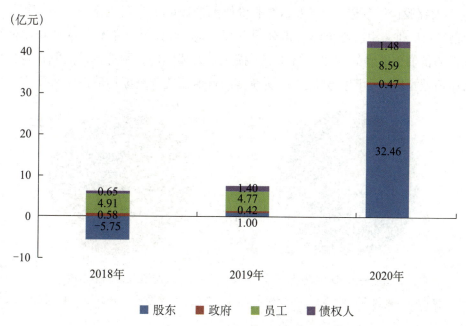

图 3-17　2018—2020 年天邦股份价值创造额分配情况

业务亏损大幅减少。2020 年全国非洲猪瘟疫情形势总体平稳，生猪生产呈现良好的恢复和产能上升势头，但仍然供小于求，生猪市场价格仍在高位运行，公司凭借养殖技术、防控技术、精益化管理等优势加速扩张，股东获利所得达到了 32.46 亿元，同比上升 3 145.40%。政府税收所得在 2018 年为 0.58 亿元，2019 年为 0.42 亿元，同比下降 27.38%；2020 年为 0.47 亿元，同比上升 10.69%。员工薪酬所得在 2018 年为 4.91 亿元，2019 年为 4.77 亿元，同比下降 2.85%；2020 年达到 8.59 亿元，同比上升 80.23%，这主要是由于 2020 年公司规模扩大、员工人数大幅增长。债权人利息所得在 2018 年为 0.65 亿元，2019 年为 1.40 亿元，同比上升 114.69%；2020 年债权人利息所得进一步增长至 1.48 亿元，同比上升 5.75%，主要原因是 2019 年和 2020 年，天邦股份的贷款金额有所增加，财务费用小幅增长。总体而言，近三年来，公司始终坚持技术创新，产业链进一步向下延伸，通过外部交易内部化，减少交易成本，提高效率，获得了价值链上每个环节增值的利润，有效平抑了猪周期的波动；同时大力发展"租养"模式，积极响应地方政府扶贫政策与"乡村振兴"规划，与当地扶贫项目、扶贫资金相结合，由社会资金根据公司要求建设扶贫农场、养殖小区等租赁给公司使用，在保留轻资产模式减少资金占用的同时也能更好地保障生物安全并提高生产效率，有利于未来进一步快速扩张，因此公司的盈利能力显著增强，价值创造额稳步上升。

（2）横向对比分析。

为了揭示公司价值创造额分配去向在横向上的变化趋势，本部分分别计算了

2020 年天邦股份、制造业①、大制造业价值创造额前 100 名上市公司②（简称大制造业前 100）和大制造业全体上市公司③（简称大制造业全样本）的四类分配主体所获得的价值创造额的占比。图 3–18 描述了天邦股份、制造业、大制造业前 100 和大制造业全样本的四类分配主体所获得的价值创造额季度均值占比情况。

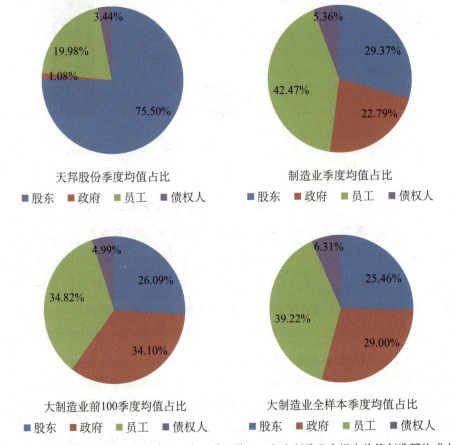

图 3–18　2020 年天邦股份、制造业、大制造业前 100 和大制造业全样本价值创造额构成占比

从图 3–18 中我们可以看到，2020 年，天邦股份的股东获利所得占比为 75.50%，远高于制造业、大制造业前 100 和大制造业全样本的 29.37%、26.09% 和 25.46%，主要原因在于近年来天邦股份不断创新，以技术立身，连接并拓展价值链，引领产业发展，同时，国家和地方陆续出台了一系列生猪稳产保供政策措

---

　　① 制造业上市公司四类分配主体所获得的价值创造额的占比，是指选取制造业样本并剔除天邦股份后计算的四类分配主体所获得的价值创造额的平均占比。

　　② 大制造业价值创造额前 100 名上市公司四类分配主体所获得的价值创造额的占比，是指将大制造业样本按价值创造额由高到低排列，选取前 100 名上市公司并剔除天邦股份后计算的四类分配主体所获得的价值创造额的平均占比。

　　③ 大制造业全体上市公司四类分配主体所获得的价值创造额的占比，是指选取大制造业全样本并剔除天邦股份后计算的四类分配主体所获得的价值创造额的平均占比。

施来促进生猪产能的恢复，这也给饲料、疫苗等上游行业带来了增长机会。2020年，天邦股份的政府税收所得占比为 1.08%，低于制造业、大制造业前 100 和大制造业全样本的 22.79%、34.10% 和 29.00%，这主要是因为公司及其子公司享受了较大力度的税收优惠政策。2020 年，天邦股份的员工薪酬所得占比为 19.98%，远低于制造业、大制造业前 100 和大制造业全样本的 42.47%、34.82% 和 39.22%，从员工薪酬所得占比与行业整体相比的差异来看，天邦股份的人工成本相对较低，智能化养殖和数字化转型降低了人工成本。2020 年，天邦股份的债权人利息所得占比为 3.44%，低于制造业、大制造业前 100 和大制造业全样本的 5.36%、4.99% 和 6.31%。天邦股份在 2020 年的有息负债率为 15.43%，低于制造业、大制造业前 100 和大制造业全样本的 17.13%、22.45% 和 18.04%；有息负债费用率为 6.44%，远低于制造业和大制造业全样本的 38.40% 和 34.69%，略高于大制造业前 100 的 4.09%。可见，天邦股份的融资成本在行业中相对较低。

（六）中利集团

1. 公司基本情况介绍

江苏中利集团股份有限公司（简称中利集团）成立于 1988 年 9 月 5 日，2009年 11 月 27 日在深交所上市，所属行业为电气机械和器材制造业（C38）。中利集团的主营业务包括特种线缆业务板块和新能源光伏组件业务板块，公司通过自主研发、生产、自建营销渠道的经营模式创立了"中利""腾晖"品牌。公司 2020 年的资产规模为 162.45 亿元，员工人数为 6 554 人。公司的光电缆业务积累了一批长期稳定的大客户，同时公司与国内知名通信运营商、通信设备生产商、汽车生产商、参与海外光伏项目建设的国有企业、国外光伏公司等建立了长期战略合作关系，提升"中利""腾晖"品牌影响力。

2. 价值创造额来源分析

中利集团在 2020 年的价值创造额为 -14.40 亿元，在 2020 年大制造业上市公司价值创造额排名中位居第 2 636 名，与 2019 年的第 477 名和 2018 年的第 451 名呈现连续下跌趋势。

作为非国有控股公司，中利集团 2020 年在大制造业上市公司价值创造额排名中下跌幅度较大，主要原因是在 2020 年疫情暴发期间，公司及上下游产业链遭遇较长时间的停工停产，原材料采购、员工返岗、销售业务等均严重受挫。中利集团 2020 年实现总收入 90.47 亿元，同比减少 23.56%，在电气机械和器材制造业上市公司中位居第 34 名；总成本为 115.93 亿元，同比减少 4.96%，在电气机械和器材制造业上市公司中位居第 24 名。由总收入与总成本计算得到的利润为 -25.47 亿元，因此中利集团在 2020 年的价值创造额为负值。从中利集团的具体业务来看，2020 年，中利集团受疫情的影响较大，尽管公司积极应对疫情影响，科学防控，保证稳步经营，最终在通信领域实现营业收入同比增长 6.86％，而在光伏领域的营业收入同比减少 18.78％，光棒、光纤的营业收入同比减少 35.81％，特种通信设备的营业收入同比减少 100％。光棒的销售量和生产量分别比上年同期减少 100％和 77.18％，库存量比上年同期增加 285.88％，主要原因在于 2020 年受疫情及光纤市场低迷的双重影响，光棒未形成销售，自产的光棒为公司拉丝自用，为保持公司的正常运行，确保正常的日均产量，年末库存较多。特种通信设备销售量和生产量均比上年同期减少 100％，主要原因在于公司 2019 年出售了主要生产、销售特种通信设备的中利电子的股权，不再将其纳入合并范围。

3. 价值创造额分配去向分析

从 2020 年公司价值创造额的分配去向来看，股东获得－29.24 亿元，政府获得 1.81 亿元，员工获得 7.12 亿元，债权人获得 5.91 亿元。总体而言，2020 年中利集团受新冠疫情和行业环境的影响，价值创造额大幅下滑，面临沉重的生存与发展压力。

为了充分揭示中利集团价值创造额分配去向的变化趋势[①]，接下来我们从纵向层面出发，对中利集团价值创造额分配去向进行分析。

本部分计算了 2018—2020 年中利集团四类分配主体所获得的价值创造额、价值创造额变动以及价值创造额占比等情况。表 3－10 描述了中利集团四类分配主体所获得的价值创造额及其变动趋势，图 3－19 则描述了中利集团四类分配主体所获得的价值创造额占比。

表 3－10　2018—2020 年中利集团价值创造额分配及变动情况

分配主体	2020 年（亿元）	2019 年（亿元）	2018 年（亿元）	2020 年相对 2019 年		2019 年相对 2018 年	
				变动额（亿元）	变动率（％）	变动额（亿元）	变动率（％）
股东	－29.24	1.21	－2.08	－30.45	－2 517.36	3.28	－158.28
政府	1.81	1.51	3.96	0.29	19.28	－2.45	－61.79
员工	7.12	8.59	8.97	－1.47	－17.06	－0.38	－4.20
债权人	5.91	6.56	7.52	－0.65	－9.84	－0.96	－12.82
合计	－14.40	17.87	18.38	－32.27	－180.54	－0.50	－2.74

---

① 由于中利集团在 2020 年的价值创造额以及对股东的价值创造额为负，分析四类主体的价值创造额构成占比意义不大。同时，由于个体公司与行业整体的价值创造额在数量级上存在巨大差异，从横向展开对比分析亦不存在较高的参考价值。因此，本报告仅从纵向进行对比分析，考察 2018—2020 年中利集团的四类分配主体所获得的价值创造额的具体情况，下同。

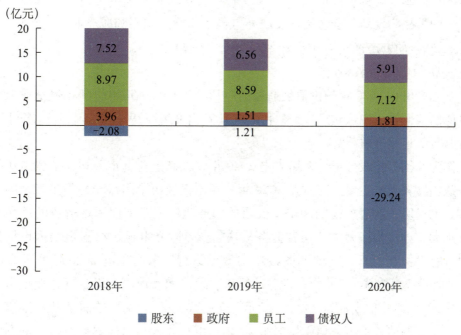

图 3 - 19　2018—2020 年中利集团价值创造额分配情况

从表 3 - 10 中我们可以看到，中利集团的股东获利所得在 2018 年为－2.08 亿元，2019 年上升至 1.21 亿元；2020 年，公司受疫情的影响较大，金属导体、光棒、光纤、扶贫光伏电站等产品的产销量大幅降低，股东获利所得下降至－29.24 亿元。政府税收所得在 2018 年为 3.96 亿元，2019 年为 1.51 亿元，同比下降 61.79%；2020 年上升至 1.81 亿元，同比上升 19.28%。员工薪酬所得在 2018 年为 8.97 亿元，2019 年为 8.59 亿元，同比下降 4.20%；2020 年下降至 7.12 亿元，同比下降 17.06%，主要原因在于 2018—2020 年公司员工人数不断减少，公司业绩不断下滑。债权人利息所得在 2018 年为 7.52 亿元，2019 年为 6.56 亿元，同比下降 12.82%；2020 年为 5.91 亿元，同比下降 9.84%，主要原因是近年来中利集团的有息负债不断减少，财务费用不断降低。总体而言，2020 年，公司受疫情停工停产、业绩严重下滑及出售中利电子股权等的影响，价值创造额同比下降 180.54%。

（七）东旭光电

1. 公司基本情况介绍

东旭光电科技股份有限公司（简称东旭光电）成立于 1992 年 12 月 26 日，1996 年 9 月 25 日在深交所上市，所属行业为计算机、通信和其他电子设备制造业（C39）。东旭光电是一家以光电显示材料、高端装备制造、新能源汽车制造为主营业务的智能制造综合服务商。2020 年年初，公司为化解债务危机，尽快走出经营困境，调整战略规划，全力聚焦发展光电显示主业，剥离和减少非核心产业投入。公司 2020 年的资产规模为 648.29 亿元，员工人数为 4 557 人。

2. 价值创造额来源分析

东旭光电在 2020 年的价值创造额为－12.09 亿元，在 2020 年大制造业上市公司价值创造额排名中位居第 2 631 名，与 2019 年的第 779 名和 2018 年的第 154 名呈现明显的连续下跌趋势。

作为非国有控股公司，东旭光电 2020 年在大制造业上市公司价值创造额排名中下跌幅度较大，主要原因是在 2020 年公司不仅经历了因流动性不足带来的经营困难，也经历了新冠疫情的冲击，公司的债务违约、流动性困难造成的负面影响继续扩大，进一步拖累了公司各业务板块运营，除光电显示材料板块因市场景气度提升有一些起色外，其他业务板块均低位运行。东旭光电 2020 年实现总收入 70.59 亿元，同比减少 59.77%，在计算机、通信和其他电子设备制造业上市公司中位居第 63 名；总成本为 106.49 亿元，同比减少 45.09%，在计算机、通信和其他电子设备制造业上市公司中位居第 41 名。由总收入与总成本计算得到的利润为－35.90 亿元，因此东旭光电在 2020 年的价值创造额为负值。从东旭光电的具体业务来看，2020 年，东旭光电光电显示材料实现营业收入 21.35 亿元，同比下降 31.72%；装备及技术服务实现营业收入 21.74 亿元，同比下降 50.98%；建筑安装实现营收收入 16.17 亿元，同比下降 55.44%；新能源汽车实现营收收入 8.16 亿元，同比下降 78.62%。

3. 价值创造额分配去向分析

从 2020 年公司价值创造额的分配去向来看，股东获得－34.73 亿元，政府获得 1.61 亿元，员工获得 6.77 亿元，债权人获得 14.26 亿元。总体而言，2020 年东旭光电受疫情、债务违约、流动性困难的严重影响，价值创造额大幅下滑，面临沉重的生存与发展压力。

为了充分揭示东旭光电价值创造额分配去向的变化趋势，接下来我们从纵向层面出发，对东旭光电价值创造额分配去向进行分析。

本部分计算了 2018—2020 年东旭光电四类分配主体所获得的价值创造额、价值创造额变动以及价值创造额占比等情况。表 3－11 描述了东旭光电四类分配主体所获得的价值创造额及其变动趋势，图 3－20 则描述了东旭光电四类分配主体所获得的价值创造额占比。

表 3－11　2018—2020 年东旭光电价值创造额分配及变动情况

分配主体	2020 年（亿元）	2019 年（亿元）	2018 年（亿元）	2020 年相对 2019 年		2019 年相对 2018 年	
				变动额（亿元）	变动率（％）	变动额（亿元）	变动率（％）
股东	－34.73	－15.58	22.69	－19.14	122.87	－38.27	－168.68
政府	1.61	4.11	13.97	－2.50	－60.79	－9.86	－70.58
员工	6.77	9.77	11.80	－2.99	－30.65	－2.03	－17.21
债权人	14.26	11.90	7.23	2.35	19.76	4.68	64.72
合计	－12.09	10.20	55.68	－22.28	－218.53	－45.48	－81.69

图 3－20　2018—2020 年东旭光电价值创造额分配情况

从表 3－11 中我们可以看到，东旭光电的股东获利所得在 2018 年为 22.69 亿元，2019 年下降至－15.58 亿元，2020 年公司受疫情和流动性困难的影响，各类产品的营业收入均有较大幅度的下降，股东获利所得进一步下降至－34.73 亿元。政府税收所得在 2018 年为 13.97 亿元，2019 年为 4.11 亿元，同比下降 70.58％，2020 年为 1.61 亿元，同比下降 60.79％。员工薪酬所得在 2018 年为 11.80 亿元，2019 年为 9.77 亿元，同比下降 17.21％；2020 年为 6.77 亿元，同比下降 30.65％，主要原因在于 2018—2020 年公司员工人数不断减少，公司业绩不断下滑。债权人利息所得在 2018 年为 7.23 亿元；2019 年为 11.90 亿元，同比上升 64.72％，主要原因在于公司有息负债费用率大幅增长，利息费用大幅增加；2020 年，东旭光电货币资金减少，存款利息收入大幅减少，中期票据票面利率上调，利息支出增加，这使得债权人利息所得进一步上升至 14.26 亿元，同比增长 19.76%。总体而言，近三年来，东旭光电受新冠疫情和流动性不足的影响较大，特别是 2020 年东旭光电价值创造额同比下降 218.53%。因此，公司应当在后续经营中积极应对疫情带来的挑战和解决流动性问题，继续夯实研发，专注自主创新。

3.5.3 按价值创造效率排名的整体公司情况分析

从整体排名情况来看，2020 年大制造业共有 2 502 家上市公司。其中，2 393 家公司价值创造效率为正，109 家公司价值创造效率为负。[①] 2020 年，大制造业价值创造效率前 10 名的公司多为医药制造业，专用设备制造业和酒、饮料和精制茶制造业，价值创造效率均在 0.5 以上。其中，宁波东力 （002164） 价值创造效率高达 0.954 3，位居榜首；振德医疗 （603301） 以 0.718 4 紧随其后；个别公司由于经营业绩较差，价值创造效率为负值，其中，爱迪尔 （002740） 和宏达股份 （600331） 的价值创造效率分别为 -0.506 7 和 -0.817 6，位列最后两名。

从排名变动情况来看，大制造业上市公司价值创造效率的排名变动相对较大。例如，2020 年大制造业价值创造效率前 20 名中，与 2019 年相比，达安基因 （002030） 上升了 2 012 名，甘化科工 （000576） 上升了 1 407 名。个别公司受宏观环境、行业环境或并购重组等因素的影响，近年来价值创造效率排名大幅下降。例如，与 2019 年相比，2020 年天创时尚 （603608） 下降了 2 133 名，建新股份 （300107） 则下降了 1 799 名。

3.5.4 按价值创造效率排名的重点公司情况分析

对于重点公司排名情况，本报告选取价值创造效率排名稳居前列的宁波东力 （002164） 和重庆啤酒 （600132），排名上升最具代表性的英科医疗 （300677） 和达安基因 （002030），以及排名下滑较为明显的天创时尚 （603608） 和建新股份 （300107） 共 6 家公司为对象，对公司价值创造效率情况展开深入分析。

（一）宁波东力

1. 公司基本情况介绍

宁波东力股份有限公司 （简称宁波东力） 成立于 1998 年 6 月 8 日，2007 年 8 月 23 日在深交所上市，所属行业为专用设备制造业 （C35）。宁波东力的主营业务是传动设备、门控系统等专用设备的制造、加工和销售，主要产品有齿轮箱、电机、门控系统。公司曾先后获得国家重点高新技术企业、中国 1 000 家最具成长性

---

① 在进行价值创造效率排名时剔除了 ST 的公司。

企业、浙江省名牌产品、浙江省著名商标、宁波市百家重点企业等荣誉称号。公司 2020 年的资产规模为 18.60 亿元，员工人数为 1 548 人。

2. 价值创造效率变动情况分析

为了充分揭示宁波东力价值创造效率的变化趋势以及变动原因，接下来我们首先列示 2018—2020 年宁波东力价值创造效率及其排名变动情况，然后使用连环替代法分别从总资产和价值创造额的角度对价值创造效率进行分析，如表 3 - 12 所示。

表 3 - 12　2018—2020 年宁波东力价值创造效率变动原因分析

年份	价值创造额（亿元）	总资产（亿元）	价值创造效率	价值创造效率排名	价值创造效率变动总额	价值创造效率变动分解：总资产	价值创造效率变动分解：价值创造额
2018	−23.644 2	17.006 4	−1.390 3	—	—	—	—
2019	2.985 0	17.239 3	0.173 2	—	1.563 5	0.018 8	1.544 7
2020	17.746 9	18.596 0	0.954 3	1	0.781 2	−0.012 6	0.793 8

从表 3 - 12 中可以看出，2018 年宁波东力价值创造效率为 −1.390 3，2019 年为 0.173 2，同比上升 1.563 5。2019 年宁波东力价值创造效率提升的主要原因是价值创造额的变动。具体来看，2018 年公司的价值创造额为 −23.644 2 亿元，2019 年为 2.985 0 亿元。这主要是因为 2018 年公司发现年富供应链原股东涉嫌在重大重组过程中进行合同诈骗、财务造假，年富供应链破产清算后，便不再纳入公司合并报表范围，公司剥离供应链业务，业绩严重下滑。2019 年，公司在国际环境复杂严峻、国内经济下行压力持续增大的背景下，坚守主业，通过创新驱动，加速数字化进程，拓展"智能＋"，为制造业转型升级赋能，进一步增强创新能力与核心竞争力，推进并完善智能制造和数字化工厂建设，优化数字化产品价值链，调整传动设备产品结构，积极开拓新兴市场，提升专业化能力，优化各工序产能，改善生产组织模式，改建标准产品高效生产流水线，降本增效，公司业绩有所改善。总的来看，2019 年宁波东力总资产与 2018 年持平，而价值创造额实现增长，所以 2019 年宁波东力价值创造效率有所上升。

2020 年宁波东力价值创造效率为 0.954 3，同比上升 0.781 2，位列大制造业上市公司价值创造效率排行榜的第 1 名。从总资产规模的角度分析，总资产变动导致 2020 年价值创造效率下降 0.012 6。具体来看，2019 年公司的总资产规模为 17.239 3 亿元，2020 年为 18.596 0 亿元，同比上升 7.87％，这主要是因为 2020 年宁波东力的其他非流动资产比 2019 年增加 2.40 亿元，同比增长 5 226.94％。其他非流动资产增加主要系宁波金融资产管理股份有限公司（简称宁波金管）受让了杭州银行股份有限公司深圳分行、中国华融资产管理股份有限公司深圳市分公司、平安银行股份有限公司等对年富供应链的债权及其附属担保权利，在此基础上，公司与宁波金管签订协议并支付保证金 2.39 亿元所致。从价值创造额的角度分析，价值创造额变动导致 2020 年价值创造效率上升 0.793 8。具体来看，2019 年公司的价值创造额为 2.985 0 亿元，2020 年为 17.746 9 亿元，同比上升 494.54％。这主要是因为公司抓住疫情后国内经济强劲复苏的难得机遇，坚守主业，提升效率，深挖潜力，降本增效，加快工厂的数字化建设进程，进一步增强创新能力与核心竞争力，各项经营均取得了较好成绩。2020 年，公司实现营业收入 12.38 亿元，同比增加 21.31％；实现归属于上市公司股东的净利润 14.61 亿元，同比增加 6 581.02％。总的来看，2020 年总资产变动导致价值创造效率下降 0.012 6，但价值创造额变动导致价值创造效率上升 0.793 8，所以 2020 年宁波东力价值创造效率有所上升。

（二）重庆啤酒

1. 公司基本情况介绍

重庆啤酒股份有限公司（简称重庆啤酒）成立于 1993 年 12 月 20 日，1997 年 10 月 30 日在上交所上市，所属行业为酒、饮料和精制茶制造业（C15）。重庆啤酒的主营业务是啤酒及饮料产品的制造与销售。重庆啤酒是全球领先的啤酒公司丹麦嘉士伯集团成员，拥有强大的"本地强势品牌＋国际高端品牌"的品牌组合。本地强势品牌有重庆、山城、乌苏、西夏、大理、风花雪月、天目湖等，国际高端品牌有嘉士伯、乐堡、1664、格林堡、布鲁克林等，可以满足消费者在不同消费场景和价格区间的消费需求。公司 2020 年的资产规模为 95.95 亿元，员工人数为 2 310 人。

2. 价值创造效率变动情况分析

为了充分揭示重庆啤酒价值创造效率的变化趋势以及变动原因，接下来我们首先列示 2018—2020 年重庆啤酒价值创造效率及其排名变动情况，然后使用连环替代法分别从总资产和价值创造额的角度对价值创造效率进行分析，如表 3－13 所示。

表 3－13　2018—2020 年重庆啤酒价值创造效率变动原因分析

年份	价值创造额（亿元）	总资产（亿元）	价值创造效率	价值创造效率排名	价值创造效率变动总额	价值创造效率变动分解：总资产	价值创造效率变动分解：价值创造额
2018	15.835 6	32.976 3	0.480 2	18	—	—	—
2019	17.964 9	35.143 5	0.511 2	7	0.031 0	−0.029 6	0.060 6
2020	53.540 2	95.953 7	0.558 0	8	0.046 8	−0.324 0	0.370 8

从表 3-13 中可以看出，2018 年重庆啤酒价值创造效率为 0.480 2，位列大制造业上市公司价值创造效率排行榜的第 18 名；2019 年为 0.511 2，同比上升 0.031 0，位列大制造业上市公司价值创造效率排行榜的第 7 名，较上年上升 11 名。从总资产规模的角度分析，总资产变动导致 2019 年价值创造效率下降 0.029 6。具体来看，2018 年公司的总资产规模为 32.976 3 亿元，2019 年为 35.143 5 亿元，同比上升 6.57%，这主要是因为 2019 年公司以打造世界级酒厂为目标，进一步实施五大重点举措（深度清洁、恢复基本状态、卫生酒厂、水平衡、热能平衡），不断加强投资建设，持续提升产品质量。从价值创造额的角度分析，价值创造额变动导致 2019 年价值创造效率上升 0.060 6。具体来看，2018 年公司的价值创造额为 15.835 6 亿元，2019 年为 17.964 9 亿元，同比上升 13.45%。这主要是因为：第一，公司以"本地强势品牌＋国际高端品牌"的品牌组合为依托，通过一系列市场活动，持续推进产品高端化，推动销售模式变革，市场份额持续提升。第二，在供应链方面，公司推进仓储管理系统和运输管理系统建设，经销商带板运输成效显著，提升了酒厂和经销商的装卸货效率，降低了对人力的依赖，实现了酒厂和经销商的双赢。总的来看，2019 年尽管总资产变动导致价值创造效率下降 0.029 6，但价值创造额变动导致价值创造效率上升 0.060 6，所以 2019 年重庆啤酒价值创造效率有所提升。

2020 年重庆啤酒价值创造效率为 0.558 0，同比上升 0.046 8，位列大制造业上市公司价值创造效率排行榜的第 8 名，同比下降 1 名。从总资产规模的角度分析，总资产变动导致 2020 年价值创造效率下降 0.324 0。具体来看，2019 年公司的总资产规模为 35.143 5 亿元，2020 年为 95.953 7 亿元，同比上升 173.03%，这主要是因为 2020 年重庆啤酒与嘉士伯集团进行重大资产购买以及共同增资重庆嘉酿啤酒有限公司，公司资产规模大幅提升。从价值创造额的角度分析，价值创造额变动导致 2020 年价值创造效率上升 0.370 8。具体来看，2019 年公司的价值创造额为 17.964 9 亿元，2020 年为 53.540 2 亿元，同比上升 198.03%。这主要是因为公司为了应对疫情造成的影响和变化，抢抓疫情后市场反弹机遇，采取了一系列举措，不仅完成了重大资产重组项目，还继续以"本地强势品牌＋国际高端品牌"的品牌组合为依托，通过一系列市场活动，推动销售模式变革，最终实现啤酒销量 242.36 万千升，与 2019 年的啤酒销量 234.62 万千升相比增长了 3.30%；2020 年度实现营业收入 109.42 亿元，与 2019 年度的营业收入 102.12 亿元相比增长了 7.15%。总的来看，2020 年总资产变动导致价值创造效率下降 0.324 0，但价值创造额变动导致价值创造效率提升 0.370 8，所以 2020 年重庆啤酒价值创造效率有所上升。

（三）英科医疗

1. 公司基本情况介绍

英科医疗科技股份有限公司（简称英科医疗）成立于 2009 年 7 月 20 日，2017 年 7 月 21 日在深交所上市，所属行业为橡胶和塑料制品业（C29）。英科医疗是综合型医疗护理产品供应商，主营业务涵盖医疗防护、康复护理、保健理疗、检查耗材四大板块，主要产品包括一次性手套、轮椅、冷热敷、电极片等多种类型的护理产品，产品广泛应用于医疗机构、养老护理机构、家庭日用及其他相关行业。公司凭借全面的生产能力、可靠的产品和服务，与美国、日本、德国等 120 多个国家和地区的客户建立了合作关系。公司 2020 年的资产规模为 129.35 亿元，员工人数为 6 503 人。

2. 价值创造效率变动情况分析

为了充分揭示英科医疗价值创造效率的变化趋势以及变动原因，接下来我们首先列示 2018—2020 年英科医疗价值创造效率及其排名变动情况，然后使用连环替代法分别从总资产和价值创造额的角度对价值创造效率进行分析，如表 3－14 所示。

表 3－14　2018—2020 年英科医疗价值创造效率变动原因分析

年份	价值创造额（亿元）	总资产（亿元）	价值创造效率	价值创造效率排名	价值创造效率变动总额	价值创造效率变动分解：总资产	价值创造效率变动分解：价值创造额
2018	4.456 3	24.246 0	0.183 8	787	—	—	—
2019	4.904 0	29.920 0	0.163 9	972	−0.019 9	−0.034 9	0.015 0
2020	83.526 2	129.348 1	0.645 7	4	0.481 8	−0.126 0	0.607 8

从表 3－14 中可以看出，2018 年英科医疗价值创造效率为 0.183 8，位列大制造业上市公司价值创造效率排行榜的第 787 名；2019 年英科医疗价值创造效率为 0.163 9，同比下降 0.019 9，位列大制造业上市公司价值创造效率排行榜的第 972 名，较上年下降 185 名。从总资产规模的角度分析，总资产变动导致 2019 年价值创造效率下降 0.034 9。具体来看，2018 年公司的总资产规模为 24.246 0 亿元，2019 年为 29.920 0 亿元，同比上升 23.40%，这主要是因为 2019 年公司加快项目建设，一是年产 280 亿只高端医用手套项目一期 16 条聚氯乙烯（PVC）手套生产线建成投产，二是江苏英科医疗产业基地项目 8 号车间建成并投入使用，三是在张店区科技工业园投资 10 亿元建设英科医疗智能医疗器械研发营销科技园项目。从价值创造额的角度分析，价值创造额变动导致 2019 年价值创造效率上升 0.015 0。具体来看，2018 年公司的价值创造额为 4.456 3 亿元，2019 年 4.904 0 亿元，同比

上升 10.05%。这主要是因为：第一，公司不断加速产业布局，巩固行业龙头地位，2019 年电动轮椅和手动轮椅产量达到近 38 万台，相比上年实现了增长，轮椅销售成为手套业务的有益补充。第二，公司加强技术研发，采用现代分散控制系统（DCS），实现生产环节的自动温度控制和液面控制，大幅提高了生产效率，同时，突出技术优势，促进公司产能稳步增长。第三，公司不断加强营销团队建设，国际营销和国内营销人员接近 200 名，保证了传统销售渠道优势，公司全年参加行业内国际和国内展会 40 个，有效拓展了国际和国内市场，公司各类产品的销量均实现稳定增长。总的来看，2019 年公司受到了中美贸易摩擦跌宕起伏，世界经贸增长放缓态势明显，国内经济增速回落，节能、安全和环保要求更加严格等多方面影响，尽管价值创造额变动导致价值创造效率上升 0.015 0，但总资产变动导致价值创造效率下降 0.034 9，所以 2019 年英科医疗价值创造效率有所下降。

2020 年英科医疗价值创造效率为 0.645 7，同比上升 0.481 8，位列大制造业上市公司价值创造效率排行榜的第 4 名，较上年上升 968 名。从总资产规模的角度分析，总资产变动导致 2020 年价值创造效率下降 0.126 0。具体来看，2019 年公司的总资产规模为 29.920 0 亿元，2020 年为 129.348 1 亿元，同比上升 332.31%，这主要是因为新冠疫情成为影响全球经济、公众生活以及各行各业发展的主要因素，公司加大生产投入，为全球市场源源不断地提供医疗防护产品。具体来看，一方面，公司在 2020 年集中力量进行安徽淮北手套生产基地的建设，公司一次性手套产能由 2019 年的 190 亿只增长至 2020 年年末的 360 亿只，成为中国最大、全球第三大一次性手套供应商。另一方面，在重点建设安徽淮北生产基地的同时，公司又分别在江西九江、安徽怀宁、湖南岳阳、山东淄博和山东青州等地开展高端医用手套项目和热电联产项目，为未来快速扩张打下了坚实的基础，提供了广阔的空间。从价值创造额的角度分析，价值创造额变动导致 2020 年价值创造效率上升 0.607 8。具体来看，2019 年公司的价值创造额为 4.904 0 亿元，2020 年为83.526 2 亿元，同比上升 1 603.23%。这主要是因为在疫情的影响下，一次性手套是关键防疫物资，全球范围内需求激增、供不应求，这为公司带来了巨大的发展契机，公司在业绩表现、行业地位、市值发展、社会影响力等方面都取得了丰硕的成果。2020 年，公司实现营业收入 138.37 元，同比增长 564.29%；归属于上市公司股东的净利润 70.07 元，同比增长 3 829.56%。总的来看，2020 年充分发挥自身优势，为全国乃至全世界提供了大量的防疫物资。尽管总资产变动导致价值创造效率下降 0.126 0，但价值创造额变动导致价值创造效率上升 0.607 8，所以 2020 年英科医疗价值创造效率大幅上升。

（四）达安基因

1. 公司基本情况介绍

中山大学达安基因股份有限公司（简称达安基因）成立于 1988 年 8 月 17 日，2004 年 8 月 9 日在深交所上市，所属行业为医药制造业（C27）。达安基因依托中山大学雄厚的科研平台，是以分子诊断技术为主导，集临床检验试剂和仪器的研发、生产、销售为一体的生物医药高新技术企业。经过 30 多年的不断发展，公司业务范围涵盖以分子诊断技术、免疫诊断技术、生化诊断技术、即时检验（POCT）诊断技术等为基础的医疗器械、医疗健康服务、养老保健、食品安全和产业投资等诸多领域，以传染病、优生优育、精准医疗、血液筛查、公共卫生、仪器耗材、科研服务等多条产品线全面布局体外诊断产业，公司的产业布局不断延伸到大健康领域。公司主营业务为生物医药行业中的体外诊断产业（IVD）领域，新型传染病（如新型冠状病毒感染）的防控使得全球 IVD 的发展呈现较快的增长。公司 2020 年的资产规模为 67.00 亿元，员工人数为 1 573 人。

2. 价值创造效率变动情况分析

为了充分揭示达安基因价值创造效率的变化趋势以及变动原因，接下来我们首先列示 2018—2020 年达安基因价值创造效率及其排名变动情况，然后使用连环替代法分别从总资产和价值创造额的角度对价值创造效率进行分析，如表 2-15 所示。

表 3-15　2018—2020 年达安基因价值创造效率变动原因分析

年份	价值创造额（亿元）	总资产（亿元）	价值创造效率	价值创造效率排名	价值创造效率变动总额	价值创造效率变动分解：总资产	价值创造效率变动分解：价值创造额
2018	4.547 3	36.633 3	0.124 1	1 447	——	——	——
2019	2.601 7	35.616 2	0.073 0	2 017	−0.051 1	0.003 5	−0.054 6
2020	39.985 6	67.000 3	0.596 8	5	0.523 7	−0.034 2	0.558 0

从表 3-15 中可以看出，2018 年达安基因价值创造效率为 0.124 1，位列大制造业上市公司价值创造效率排行榜的第 1 447 名；2019 年达安基因价值创造效率为 0.073 0，同比下降 0.051 1，位列大制造业上市公司价值创造效率排行榜的第 2 017 名，较上年下降 570 名。从总资产规模的角度分析，总资产变动导致 2019 年价值创造效率提高 0.003 5。具体来看，2018 年公司的总资产规模为 36.633 3 亿元，2019 年为 35.616 2 亿元，同比下降 2.78%。这一方面是由于联营企业业绩下滑，2019 年长期股权投资较上年同期减少 8.16%；另一方面是由于折旧与摊销，2019 年固定资产比上年同期减少 10.71%。从价值创造额的角度分析，价值创造额

变动导致 2019 年价值创造效率下降 0.054 6。具体来看，2018 年公司的价值创造额为 4.547 3 亿元，2019 年为 2.601 7 亿元，同比下降 42.79%。这主要是因为 2019 年公司业绩下滑，虽然公司对外销售商品方面的营业收入与 2018 年同期相比有小幅提升，但提供劳务方面的营业收入下降幅度高达 73.75%，实现营业收入合计 10.982 2 亿元，同比减少 25.73%，其中主营业务收入为 10.902 9 亿元，同比减少 26.07%，利润总额为 0.060 5 亿元，同比减少 94.06%。总的来看，2019 年尽管总资产变动导致价值创造效率上升 0.003 5，但价值创造额变动导致价值创造效率下降 0.054 6，所以 2019 年达安基因价值创造效率有所降低。

2020 年达安基因价值创造效率为 0.596 8，同比上升 0.523 7，位列大制造业上市公司价值创造效率排行榜的第 5 名，较上年上升 2 012 名。从总资产规模的角度分析，总资产变动导致 2020 年价值创造效率下降 0.034 2。具体来看，2019 年公司的总资产规模为 35.616 2 亿元，2020 年为 67.000 3 亿元，同比增加 88.12%。这主要是因为 2020 年达安基因业绩优异，营业收入和销售规模大幅增加使得公司货币资金、应收账款、预付款项、存货大幅增加，扩大产能仪器设备的购置使得固定资产大幅增加，联营企业业绩增长使得长期股权投资大幅增加，所以公司资产规模大幅提升。从价值创造额的角度分析，价值创造额变动导致 2020 年价值创造效率上升 0.558 0。具体来看，2019 年公司的价值创造额为 2.601 7 亿元，2020 年为 39.985 6 亿元，同比上升 1 436.90%。这主要是因为公司充分利用国家支持战略性新兴产业发展尤其是生物技术产业发展的大好时机，在新冠疫情的巨大挑战下，高效研发并高质量生产新冠病毒核酸检测试剂盒，充分保障市场供给，全力支持国内外抗疫任务，实现了快速、持续、健康的发展。2020 年度公司实现营业收入 53.41 亿元，与 2019 年实现的营业收入 10.98 亿元相比增长了 386.43%。总的来看，2020 年总资产变动导致价值创造效率下降 0.034 2，但价值创造额变动导致价值创造效率上升 0.558 0，所以 2020 年达安基因价值创造效率大幅提高。

（五）天创时尚

1. 公司基本情况介绍

天创时尚股份有限公司（简称天创时尚）成立于 2004 年 4 月 9 日，2016 年 2 月 18 日在上交所上市，所属行业为皮革、毛皮、羽毛及其制品和制鞋业（C19）。天创时尚的主营业务包括时尚鞋履服饰类业务和移动互联网营销业务两大板块，围绕时尚生态圈，注重打造产品端和零售端的核心竞争力，持续推动全产业链数字化的转型与升级。公司 2020 年的资产规模为 26.91 亿元，员工人数为 5 108 人。

2. 价值创造效率变动情况分析

为了充分揭示天创时尚价值创造效率的变化趋势以及变动原因，接下来我们首先列示 2018—2020 年天创时尚价值创造效率及其排名变动情况，然后使用连环替代法分别从总资产和价值创造额的角度对价值创造效率进行分析，如表 3－16 所示。

表 3－16 2018—2020 年天创时尚价值创造效率变动原因分析

年份	价值创造额（亿元）	总资产（亿元）	价值创造效率	价值创造效率排名	价值创造效率变动总额	价值创造效率变动分解：总资产	价值创造效率变动分解：价值创造额
2018	10.313 8	27.126 7	0.380 2	54	—	—	—
2019	9.835 9	26.609 7	0.369 6	51	−0.010 6	0.007 4	−0.018 0
2020	1.748 0	26.912 5	0.065 0	2 184	−0.304 7	−0.004 2	−0.300 5

从表 3-16 中可以看出，2018 年天创时尚价值创造效率为 0.380 2，位列大制造业上市公司价值创造效率排行榜的第 54 名；2019 年天创时尚价值创造效率为 0.369 6，同比下降 0.010 6，位列大制造业上市公司价值创造效率排行榜的第 51 名，较上年上升 3 名。从总资产规模的角度分析，总资产变动导致 2019 年价值创造效率上升 0.007 4。具体来看，2018 年公司的总资产规模为 27.126 7 亿元，2019 年为 26.609 7 亿元，同比下降 1.91%，这主要是因为 2019 年公司应收账款和存货减少较多，公司实施积极的去库存销售政策，优化库存商品的库龄结构，存货账面余额为 4.56 亿元，占资产总额的 17.13%，较 2018 年年末减少 0.38 亿元，存货主要构成为库存商品，占存货的比例为 91.39%。从价值创造额的角度分析，价值创造额变动导致 2019 年价值创造效率下降 0.018 0。具体来看，2018 年公司的价值创造额为 10.313 8 亿元，2019 年为 9.835 9 亿元，同比下降 4.86%。这主要是因为国际贸易竞争加剧导致零售消费市场信心不足，而国内市场消费结构持续变化，消费分级明显，消费者对时尚产品个性化、时尚度、潮流度、极致性价比等都提出了更高的要求，在此背景下 2019 年公司实现营业收入 20.892 1 亿元，仅同比增长 1.8%。总的来看，2019 年尽管总资产变动导致价值创造效率上升 0.007 4，但价值创造额变动导致价值创造效率下降 0.018 0，所以 2019 年天创时尚价值创造效率有所降低。

2020 年天创时尚价值创造效率为 0.065 0，同比下降 0.304 6，位列大制造业上市公司价值创造效率排行榜的第 2 184 名，较上年下降 2 133 名。从总资产规模的角度分析，总资产变动导致 2020 年价值创造效率下降 0.004 2。具体来看，2019 年公司的总资产规模为 26.609 7 亿元，2020 年为 26.912 5 亿元，同比增加 1.14%，这主要是因为 2020 年公司发行了可转债，公司资产规模有所扩大。从价值创造额的角度分析，价值创造额变动导致 2020 年价值创造效率下降 0.300 5。具体来看，2019 年公司的价值创造额为 9.835 9 亿元，2020 年为 1.748 0 亿元，同比下降 82.23％。这主要是因为公司两大业务板块都处于行业调整期，并且传统实体经济受疫情影响经营难度加大，2020 年公司实现营业收入 16.37 亿元，同比下降 21.5％，另外，移动互联网营销业务及集团其他投资项目的经营业绩未达预期，致使公司在合并报表层面对并购小子科技产生的商誉及其他投资项目的投资成本计提减值损失达 5.35 亿元。最终，公司合计实现归属于上市公司股东的净利润－4.62 亿元，同比下降 323％；实现扣除非经常性损益后归属于上市公司股东的净利润－4.77 亿元，同比下降 346％。总的来看，2020 年总资产变动导致价值创造效率下降 0.004 2，同时价值创造额变动导致价值创造效率下降 0.300 5，所以 2020 年天创时尚价值创造效率大幅降低。

（六）建新股份

1. 公司基本情况介绍

河北建新化工股份有限公司（简称建新股份）成立于 2003 年 6 月 27 日，2010 年 8 月 20 日在深交所上市，所属行业为化学原料和化学制品制造业（C26）。建新股份的主营业务是苯系中间体产品的生产与销售，产品涵盖染料中间体、纤维中间体和医药中间体三个系列，广泛应用于造纸、染料、医药、纤维等诸多领域。公司以间氨基产品为母核，向下延伸生产间羟基、间氨基苯酚等染料中间体和医药中间体，并对间氨基生产过程中产生的固体废弃物进行深加工，研发生产 3, 3'-二硝基二苯砜等纤维中间体，实现了产品的延伸循环，形成了"一链三体"的业务格局。公司 2020 年的资产规模为 15.97 亿元，员工人数为 895 人。

2. 价值创造效率变动情况分析

为了充分揭示建新股份价值创造效率的变化趋势以及变动原因，接下来我们首先列示 2018—2020 年建新股份价值创造效率及其排名变动情况，然后使用连环替代法分别从总资产和价值创造额的角度对价值创造效率进行分析，如表 3－17。

表 3－17　2018—2020 年建新股份价值创造效率变动原因分析

年份	价值创造额（亿元）	总资产（亿元）	价值创造效率	价值创造效率排名	价值创造效率变动总额	价值创造效率变动分解：总资产	价值创造效率变动分解：价值创造额
2018	8.427 2	17.312 2	0.486 8	17	—	—	—
2019	4.424 5	18.593 3	0.238 0	387	−0.248 8	−0.033 5	−0.215 3
2020	1.030 2	15.969 1	0.064 5	2 186	−0.173 5	0.039 1	−0.212 6

从表 3－17 中可以看出，2018 年建新股份价值创造效率为 0.486 8，位列大制造业上市公司价值创造效率排行榜的第 17 名；2019 年建新股份价值创造效率为 0.238 0，同比下降 0.248 8，位列大制造业上市公司价值创造效率排行榜的第 387

名，较上年下降 370 名。从总资产规模的角度分析，总资产变动导致 2019 年价值创造效率下降 0.033 5。具体来看，2018 年公司的总资产规模为 17.312 2 亿元，2019 年为 18.593 3 亿元，同比上升 7.40%，这主要是因为 2019 年公司加快项目建设，购买绿皓化工持有且尚未实缴出资的九点医药 63.03% 的股权，九点医药成为控股子公司并纳入合并报表范围，公司资产规模有所提升。从价值创造额的角度分析，价值创造额变动导致 2019 年价值创造效率下降 0.215 3。具体来看，2018 年公司的价值创造额为 8.427 2 亿元，2019 年为 4.424 5 亿元，同比下降 47.50%。这主要是因为受市场供求关系变化的影响，公司主要产品间氨基苯酚、羟基-N，N-二乙基苯胺、苯胺-2,5-双磺酸单钠盐等的产销量有所下降，最终 2019 年营业收入为 9.25 亿元，同比下降 34.77%；利润总额为 3.78 亿元，同比下降 50.58%；归属于上市公司股东的净利润为 3.26 亿元，同比下降 50.37%。总的来看，2019 年总资产变动导致价值创造效率下降 0.033 5，价值创造额变动导致价值创造效率下降 0.215 3，所以 2019 年建新股份价值创造效率大幅下降。

2020 年建新股份价值创造效率为 0.064 5，同比下降 0.173 5，位列大制造业上市公司价值创造效率排行榜的第 2 186 名，较上年下降 1 799 名。从总资产规模的角度分析，总资产变动导致 2020 年价值创造效率上升 0.039 1。具体来看，2019 年公司的总资产规模为 18.593 3 亿元，2020 年为 15.969 1 亿元，同比下降 14.11%，这主要是因为 2020 年在新冠疫情的不利影响下，公司营业收入下降，应收票据比年初减少 50.15%，应收账款比年初减少 34.38%，应收款项融资比年初减少 34.88%，其他应收款比年初减少 96.44%。从价值创造额的角度分析，价值创造额变动导致 2020 年价值创造效率下降 0.212 6。具体来看，2019 年公司的价值创造额为 4.424 5 亿元，2020 年为 1.030 2 亿元，同比下降 76.72%。这主要是因为尽管公司主要产品产销量增加，但生产成本均出现不同程度的降低，且部分产品销售价格同比下降幅度较大，销售收入减少，毛利率降低，公司净利润较上年同期大幅下降。2020 年，公司营业收入为 5.64 亿元，同比下降 39.07%；利润总额为 0.50 亿元，同比下降 86.74%；归属于上市公司股东的净利润为 0.45 亿元，同比下降 86.05%。总的来看，2020 年公司受疫情的影响，尽管总资产变动导致价值创造效率上升 0.039 1，但价值创造额变动导致价值创造效率下降 0.212 6，所以 2020 年建新股份价值创造效率大幅下降。

3.6　本章小结

为深入分析大制造业的运行规律，揭示其对宏观经济的影响，本章从分配主体、产权性质、地区分布和公司层面等角度，对大制造业会计宏观价值指数的相关结果进行研究分析。主要研究结论如下：

（1）大制造业价值创造额指数与第二产业 GDP 指数波动趋势一致，基本呈不断上升的趋势，且二者之间的差距基本保持稳定。而大制造业价值创造效率指数整体走低，原因主要有三个方面：一是处于经济转型期，大制造业仍存在产能过剩、创新缓慢等问题，企业盈利能力未能实现突破；二是产业转型滞后，大量资产拉低了价值创造效率；三是我国经济下行压力大，实体经济困难重重，使得价值创造效率进一步下降。2018 年至 2021 年年初，受国际贸易摩擦、民营企业融资难、经济形势阶段性疲态以及新冠疫情的影响，大制造业价值创造额指数和价值创造效率指数均有不同程度的下降，但受调控政策的影响都有所回升。

（2）四类分配主体的分析结果表明，大制造业在经历了数年的艰苦转型后，取得了一定成果，但仍面临人力成本上升、融资成本较高等问题。

（3）按产权性质分析发现，在样本期间内，大制造业国有控股公司的价值创造额指数与价值创造效率指数明显低于非国有控股公司，说明进一步深化国有企业改革任务艰巨。非国有控股公司受 2018 年下半年以来的国际贸易摩擦、民营企业融资难、经济形势阶段性疲态的影响更大，应针对性地出台政策对非国有控股公司进行帮助和扶持。

（4）按地区分析发现，华东、华南、华中、西北、西南、东北地区的大制造业发展均呈上升趋势，2013 年之后各地区间大制造业的发展差距逐渐扩大，华南地区发展态势最好，保持领先地位，而华北地区大制造业发展长期在低位徘徊，说明该地区的经济状况受宏观经济不景气及国有企业转型困难等问题的影响尤为严重。

（5）从大制造业上市公司 2020 年的价值创造额排名及其变动情况来看，大制造业价值创造额前 10 名公司的位次较为稳定，且大多为大型国有控股公司，价值创造额较高；处于其他位次的公司排名变动则相对较大，个别公司受宏观环境、行业环境或并购重组等因素的影响，2020 年的价值创造额排名发生了大幅变化。

（6）从大制造业上市公司 2020 年的价值创造效率排名及其变动情况来看，大制造业价值创造效率前 10 名的公司多为医药制造业，专用设备制造业和酒、饮料和精制茶制造业，价值创造效率均在 0.5 以上。从排名变动情况来看，每年大制造业上市公司价值创造效率的排名变动相对较大。

第4章 大制造业会计宏观价值指数编制结果及分析(下)

大制造业在样本量与价值创造额上均领先于其他行业,在我国国民经济中占据重要地位,其运行状况对国民经济的发展至关重要。大制造业上市公司按照更为详细的方式可以划分为采矿业,制造业,电气、热力、燃气及水生产和供应业以及建筑业,细分行业的经济特性、运行规律和发展趋势存在显著差异。因此,按照细分行业对大制造业上市公司的价值创造额和价值创造效率进行分析,可以反映不同细分行业受宏观经济变化的影响程度,揭示不同细分行业的经济运行特点,为国家有针对性地制定行业政策提供依据。

4.1 行业层面分类分析

4.1.1 分行业价值创造额指数分析

从表4-1中大制造业上市公司的行业分布、资产规模及价值创造额可以看出,采矿业和制造业的价值创造额领先于其他行业,主要原因在于采矿业样本公司的规模较大,制造业样本公司的数量占优。从图4-1中可以看到,除采矿业在2013年之后出现了先小幅下滑后缓慢上升的趋势外,其他行业价值创造额指数在2010—2019年均保持上升态势。值得注意的是,2019年第1季度制造业价值创造额指数出现较大幅度的下滑。2020年年初,受新冠疫情的影响,企业的生产经营暂时性受阻,四类行业的价值创造额指数都出现下降。由于我国疫情防控得力,企业有序复工复产,经济生活逐步恢复正常,截至2021年第1季度,除建筑业的价值创造额指数相比疫情前有所下降之外,其他三类行业的价值创造额指数均已超过疫情前水平。

表 4-1　大制造业分行业描述性统计

行业代码	行业名称	季均样本量	季均总资产（亿元）	单个公司季均总资产（亿元）	季均价值创造额（亿元）	单个公司季均价值创造额（亿元）
B	采矿业	68	50 714	747	3 104	45.73
C	制造业	1 606	128 239	80	4 886	3.04
D	电气、热力、燃气及水生产和供应业	95	25 653	271	671	7.10
E	建筑业	70	42 319	608	1 194	17.14

注：本表中的数值是经过四舍五入后保留了整数的结果，可能与真实值存在误差，下同。

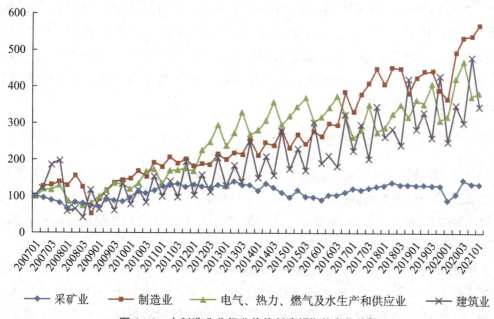

图 4-1　大制造业分行业价值创造额指数变化趋势

具体来看，采矿业价值创造额指数自 2016 年以来缓慢回升；2018—2019 年趋于稳定；2020 年第 1 季度受疫情的冲击，国内外宏观经济下行风险加大，石油、天然气等自然能源的供应过剩矛盾进一步加剧，能源价格大幅下跌，价值创造额指数下降至自 2010 年以来的最低点 86 点。

制造业价值创造额指数自 2016 年以来大幅增长，并于 2018 年第 2 季度创历史新高，反映出我国制造业逐步转型升级，从相对依赖资源的发展模式向创新型发展模式转变。然而，受 2018 年下半年中美贸易摩擦、经济发展阶段性疲态、民营企业融资难、企业计提巨额商誉减值准备等因素的影响，价值创造额指数在 2018 年第 4 季度出现大幅下滑。2019 年前三季度，随着国际贸易形势趋缓和政策扶持力度加大，价值创造额指数回升。但是在 2019 年第 4 季度和 2020 年第 1

季度，价值创造额指数再次大幅下降，这主要与国内经济下行背景下制造业投资回报率下降、企业落实疫情防控政策后停工停产对制造业的生产和销售活动造成了一定冲击等有关。自 2020 年第 2 季度以来，价值创造额指数迅速攀升，超越疫情前水平，是四类行业中唯一在 2021 年仍然高速发展的行业，这主要与疫情得到有效控制后，人们的消费需求迅速回涨以及制造业企业积极补充库存有关。

电气、热力、燃气及水生产和供应业价值创造额指数在 2016 年下降，2017—2018 年有所回升，这与国家"去产能"解决传统制造业产能过剩特别是钢铁、水泥、电解铝等高消耗、高排放行业的举措相关。2019 年第 4 季度，价值创造额指数出现大幅下降，但在 2020 年第 3 季度，价值创造额指数上升到历史高点 471 点。

建筑业价值创造额指数在 2007 年快速增长后，于 2008 年第 1 季度出现大幅下滑。金融危机后，建筑业价值创造额指数在 2019 年第 4 季度达到 429 点，但在 2020 年第 1 季度，受春节假期和新冠疫情的双重影响，建筑业开工时间短，春节后难以复工，生产运营基本停止，因此价值创造额指数大幅下降；随着疫情得以控制，该指数又恢复性上升。

4.1.2 分行业价值创造效率指数分析

图 4-2 显示了大制造业细分行业价值创造效率指数的变化趋势。具体来看，采矿业价值创造效率指数在 2011 年之后呈现明显的下滑趋势，直到 2016 年第 2 季度才开始缓慢回升，在 2018 年第 3 季度至 2020 年第 1 季度再次呈下降趋势，2020 年第 2 季度以后逐步恢复至疫情前水平。

制造业价值创造效率指数受 2008 年金融危机的影响，在 2008 年第 4 季度出现大幅下降，并在随后 4 万亿元投资计划的刺激下迅速回升，2010 年以后呈先缓慢下降后缓慢回升的变动趋势。受中美贸易摩擦和经济形势影响，价值创造效率指数在 2018 年第 4 季度有较大程度的下降，虽然在 2019 年前三季度有所回升，但在 2019 年第 4 季度再次下降；2020 年受疫情的影响，价值创造效率指数波动明显。

电气、热力、燃气及水生产和供应业价值创造效率指数在 2012 年以前波动较大，2012 年第 2 季度开始增长，2013—2016 年较为稳定，但 2017 年第 1 季度明显下滑，2019 年呈波动缓慢回升态势，2020 年第 1 季度受疫情冲击下降至 62 点，之后随着疫情得到控制有所回升。

建筑业价值创造效率指数呈现明显的季度性特征，近年来基本维持在 20～45 点之间。2018—2019 年，该指数波动向下的趋势较为明显，这与政府摒弃传统的以基建拉动经济增长的发展模式导致建筑业产能过剩以及建筑企业常年来债务负担过重相关。2020 年第 1 季度至 2021 年第 1 季度，价值创造效率指数围绕 30 点上下波动。

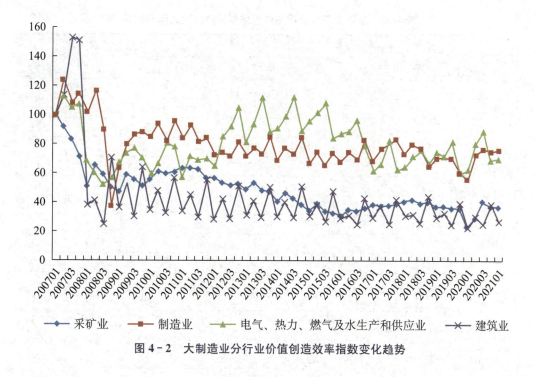

图 4 - 2　大制造业分行业价值创造效率指数变化趋势

4.2　采矿业编制结果分析

采矿业作为我国国民经济的基础性产业，为我国经济运行提供了丰富的能源、工业原料和农业生产资料，对国民经济发展起到重要的支撑作用。前面章节从采矿业总体层面探究了其价值创造额指数和价值创造效率指数的变化趋势，为了更为全面、具体、深入地探究采矿业的价值创造情况，本节从分配主体和产权性质两个层面进行分析。

4.2.1　分配主体层面分析

对采矿业价值创造额的构成开展进一步分析，可以反映采矿业股东、政府、员工及债权人等利益相关者的分配所得在企业新创价值中所占的比重及变化趋势，为政府相关部门有针对性地制定收入分配和税收等政策提供参考。

1. 四类分配主体价值创造额指数分析

我们对采矿业的四类分配主体所获得的价值创造额进行指数化处理，得到了四类采矿业价值创造额指数：采矿业股东获利指数、采矿业政府税收指数、采矿业员工薪酬指数和采矿业债权人利息指数。表 4 - 2 和图 4 - 3 描述了采矿业四类分配主体价值创造额指数的变化趋势。

表4－2　采矿业四类分配主体价值创造额指数的编制结果

季度	价值创造额（亿元）				价值创造额指数			
	股东	政府	员工	债权人	股东	政府	员工	债权人
200701	235	333	80	19	100	100	100	100
200702	207	306	125	15	85	90	153	80
200703	191	315	108	18	76	90	126	92
200704	532	1 178	494	26	54	83	167	71
200801	544	863	290	35	55	61	98	96
200802	505	1 407	365	41	50	99	122	112
200803	766	1 054	315	48	75	74	106	131
200804	472	986	377	48	46	69	126	131
200901	498	973	350	47	49	68	117	126
200902	735	1 278	354	45	72	90	119	123
200903	705	1 306	366	44	69	92	123	118
200904	517	1 211	531	39	51	85	178	107
201001	770	1 472	415	46	75	103	138	125
201002	836	1 665	455	69	82	117	151	187
201003	860	1 624	451	25	84	114	150	68
201004	825	1 652	627	40	81	116	208	108
201101	926	2 020	506	58	91	141	168	157
201102	874	2 131	539	59	86	149	179	160
201103	938	2 074	588	86	92	145	196	231
201104	707	2 002	665	61	69	140	221	165
201201	896	2 063	597	84	88	144	198	225
201202	719	1 980	656	96	70	139	218	258
201203	721	1 957	636	96	70	137	211	258
201204	809	1 897	815	95	79	133	270	255
201301	826	1 918	681	119	81	134	226	321
201302	676	2 435	662	125	66	170	219	336
201303	783	2 007	678	111	76	140	224	298
201304	763	2 028	925	101	74	136	277	251
201401	729	1 691	720	169	70	114	215	421
201402	767	2 310	681	134	74	155	204	333
201403	708	2 043	705	124	68	137	211	308
201404	196	1 895	1 014	131	19	127	303	325
201501	182	1 844	735	141	17	124	220	350
201502	574	1 990	687	143	55	134	205	357
201503	151	1 894	706	182	14	127	211	453
201504	95	1 757	855	142	9	118	255	354
201601	30	1 721	714	148	3	115	213	368

续表

季度	价值创造额（亿元）				价值创造额指数			
	股东	政府	员工	债权人	股东	政府	员工	债权人
201602	442	1 791	659	153	42	120	197	380
201603	267	1 884	695	136	26	126	208	339
201604	268	1 810	868	120	27	125	293	288
201701	620	2 005	728	144	63	138	245	345
201702	553	1 995	746	149	56	137	244	355
201703	542	2 050	771	151	55	141	253	361
201704	428	1 944	1 131	134	43	134	371	322
201801	748	2 042	812	157	76	141	266	375
201802	875	2 204	833	102	89	152	273	245
201803	814	2 008	865	119	83	138	283	287
201804	309	2 187	1 333	114	30	150	431	266
201901	701	2 027	890	183	69	139	288	426
201902	828	1 937	952	174	81	133	304	403
201903	680	2 011	975	163	66	138	312	379
201904	498	1 703	1 372	201	48	117	438	467
202001	−65	1 509	913	162	−6	104	293	395
202002	248	1 821	884	163	24	125	283	397
202003	1 384	1 733	990	156	132	119	317	377
202004	421	1 944	1 388	155	40	134	445	374
202101	1 022	1 764	1 015	136	98	121	325	329

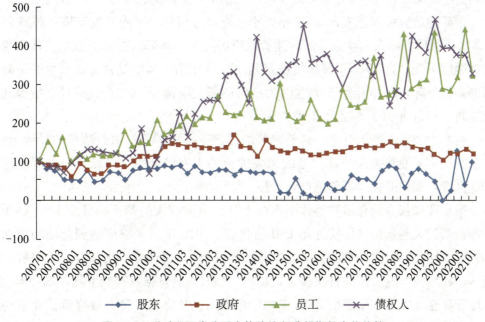

图 4 - 3 采矿业四类分配主体价值创造额指数变化趋势

从表 4-2 和图 4-3 中可以看到，采矿业股东获利指数在 2008 年金融危机期间呈波动向下趋势，之后保持在稳定水平。直至 2014 年第 4 季度，我国宏观经济形势愈发严峻、国际大宗商品价格下跌等因素对采矿业造成了较为严重的冲击，采矿业公司业绩表现不佳，股东获利指数整体显著下降。尽管 2015 年第 2 季度股东获利指数有所反弹，但随后受国内外对石油、天然气、煤炭等天然资源需求下降的影响，股东获利指数一路下探至 2016 年第 1 季度的 3 点。从 2016 年第 2 季度至 2018 年第 2 季度，随着国内大制造业整体的回暖以及国际大宗商品价格的恢复，采矿业企业盈利能力逐渐提升，股东获利指数在 2018 年第 2 季度达到 89 点。但在此之后，受经济发展阶段性下行、中美贸易摩擦反复、民营企业融资难、国内有效需求不足等的影响，采矿业企业盈利能力有所下降，股东获利指数在 2018 年第 4 季度大幅下降到 30 点，尽管在 2019 年上半年有所恢复，但仍延续了下降趋势。特别是在 2020 年第 1 季度，受新冠疫情的冲击以及采矿业行业不景气的影响，采矿业股东获利指数断崖式下跌，并首次出现了负值，达到 -6 点。2020 年第 2—3 季度，随着国内疫情形势得到有效控制，下游企业逐步复工复产，原材料采购活动恢复正常，采矿业企业的生产经营活动已实现正常化；与此同时，针对疫情防控和社会发展的要求，党中央、国务院陆续出台了一系列减税降费等优惠政策，加大对企业的扶持力度，采矿业股东获利指数持续回升，在 2020 年第 3 季度上升至历史高点 132 点。受季度性特征影响，股东获利指数在 2020 年第 4 季度明显下降，2021 年第 1 季度再次回升至 98 点，主要是因为疫苗的上市使疫情得到了进一步的控制，下游企业预期生产活动将会进一步改善，处于上游的采矿业企业盈利能力明显提升。

采矿业政府税收指数自 2007 年以来一直保持相对稳定的发展态势，2013 年第 2 季度达到历史高点 170 点，而后随着政府出台了一系列减税降费政策，政府税收指数缓慢下降，自 2016 年再次缓慢上升，2019 年第 4 季度受企业盈利水平下降的影响大幅下降，2020 年第 1 季度因为疫情的暴发下降至 104 点，随着疫情得到有效控制，2021 年第 1 季度上升至 121 点。

在人力成本不断上升这一必然趋势的影响下，采矿业员工薪酬指数持续上升，未来我国采矿业将越来越难以继续依靠廉价的人力成本应对市场竞争，亟须进行产业升级，加快向技术创新型产业转型。

采矿业债权人利息指数整体呈不断上升且波动较大的特征。自 2010 年第 1 季度起，债权人利息指数保持逐年上升的趋势，2015 年第 3 季度达到此前历史新高 453 点。在 2015 年 12 月的中央经济工作会议上，"去产能、去库存、去杠杆、降成本、补短板"五大任务首次被正式提出，债权人利息指数开始下降，2016 年第 4 季度骤降至 288 点，反映出 2015 年之后相关的连续降息政策有效降低了企业的债务融资成本。此后，债权人利息指数波动明显，于 2019 年第 4 季度达到了历史高点 467 点，2021 年第 1 季度收于 329 点。

2. 四类分配主体价值创造额占比分析

从图 4-4 中可以看到，采矿业企业 2007 年以来的季度均值股东获利所得占比为 19.15%，2019 年和 2020 年占比分别为 17.60% 和 14.40%，说明近年来采矿业企业的股东获得公司新创价值的占比有所下降。2007 年以来的季度均值政府税收所得占比较大，为 55.24%，这与企业承担的资源税税负密切相关。不过近年来，政府税收所得占比有所下降，2019 年和 2020 年分别为 49.93% 和 50.76%，说明国家定向调整税收政策，为采矿业企业降低税负的举措初显成效。2007 年以来的季度均值员工薪酬所得占比为 22.23%，其中，2007 年占比为 19.29%，而 2019 年和 2020 年占比均高于 2007 年，分别为 27.25% 和 30.24%，充分反映了近年来我国采矿业人力成本不断上升的现象，这对我国采矿业企业的转型升级提出了新的要求。2007 年以来的季度均值债权人利息所得占比始终保持在较低水平，仅为 3.38%，在 2019 年和 2020 年分别为 5.23% 和 4.61%，说明近年来采矿业企业债务利息支出占价值创造额的比例有所提高。

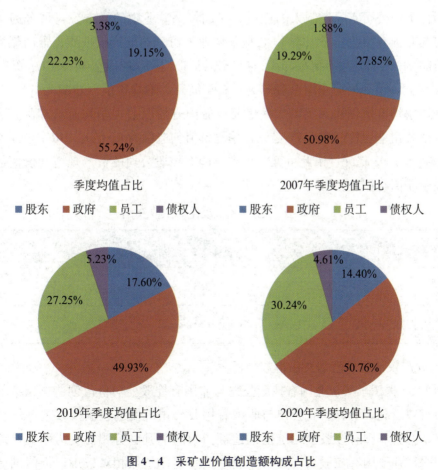

图 4-4　采矿业价值创造额构成占比

总体来说，采矿业作为传统行业，受到大宗商品价格变化和我国去产能政策等的影响，价值创造水平存在显著变化。虽然我国经济实力提升，原材料需求水平上升，采矿业企业价值创造额呈逐渐上升的趋势，但仍面临人力成本上升、融资成本较高等问题。而且在中美贸易摩擦和疫情的冲击下，采矿业作为典型的上游企业，率先受到了明显影响。因此，我们认为采矿业应当重视外部经济环境和国家政策对行业的影响，逐步提高风险承担能力。同时，政府还要从鼓励企业加大研发投入、降低企业融资成本等方面着手，推动采矿业生产效率提升，促进产业结构实现转型升级，为维护采矿业企业的稳定发展提供必要的支持。

4.2.2 产权性质分类分析

为揭示采矿业中不同产权性质的上市公司在经济增长和资源使用效率方面的发展动态，为国家调整资源配置结构、提高资源配置效率提供决策参考，我们对采矿业上市公司按产权性质进行分类，分析不同产权性质企业的价值创造额及资产使用效率。

根据上市公司实际控制人的性质，我们将采矿业中的样本公司划分为国有控股公司与非国有控股公司。表4-3是采矿业上市公司的产权性质、资产规模及价值创造额的描述性统计结果。由表4-3可知，国有控股公司季均总资产达到48 908亿元，单个公司季均总资产为1 096亿元，季均价值创造额为3 057亿元，单个公司季均价值创造额为68.49亿元；非国有控股公司季均总资产为1 785亿元，单个公司季均总资产为77亿元，季均价值创造额为45亿元，单个公司季均价值创造额为1.93亿元。由此可见，采矿业国有控股公司的资产规模和价值创造额均远高于非国有控股公司。

表4-3　采矿业分产权性质描述性统计

产权性质	季均样本量	季均总资产（亿元）	单个公司季均总资产（亿元）	季均价值创造额（亿元）	单个公司季均价值创造额（亿元）
国有控股公司	45	48 908	1 096	3 057	68.49
非国有控股公司	23	1 785	77	45	1.93

1.分产权性质价值创造额指数分析

图4-5揭示了采矿业国有控股公司与非国有控股公司价值创造额指数的变化趋势。可以看到，国有控股公司与非国有控股公司价值创造额指数整体均呈上升的趋势，并且非国有控股公司价值创造额指数的上升趋势相对更为明显，这主要是因为采矿业非国有控股公司在样本基期的价值创造额相对较小，价值创造额指

数在之后有大幅上升。具体来看，采矿业国有控股公司价值创造额指数在 2009—2011 年有所上升，2012—2013 年维持相对稳定的态势，2014 年第 2 季度至 2016 年第 1 季度受产能过剩等的影响，企业价值创造能力大幅下降。相应地，非国有控股公司价值创造额指数在 2008 年第 1 季度至 2015 年第 2 季度稳定上升，2007 年第 4 季度、2011 年第 4 季度和 2012 年第 4 季度均呈现跳跃式增长，2015 年第 3 季度至 2016 年第 1 季度则不断下降。2016 年后，随着国内"三去一降一补"政策的实施，企业价值创造能力大幅提升，两类企业的价值创造额指数屡创新高。自 2018 年第 3 季度开始，国有控股公司和非国有控股公司价值创造额指数均呈下降趋势，非国有控股公司的下降趋势尤为明显，这说明 2018 年下半年的中美贸易摩擦、民营企业融资难、经济发展阶段性疲态以及企业计提大额商誉减值对非国有控股公司造成了显著影响。2020 年第 1 季度，面临新冠疫情的冲击，采矿业价值创造额指数下跌明显，其中，国有控股公司价值创造额指数出现断崖式下跌，达到 87 点，而非国有控股公司价值创造额指数下降幅度较小。随着疫情得到有效控制，我国经济逐步恢复正常，国有控股公司价值创造额指数迅速上升，在 2020 年第 3 季度达到历史新高 147 点，2020 年第 4 季度受季度性特征的影响略有下降；非国有控股公司价值创造额指数也出现了显著上升，2021 年第 1 季度达到了 2 409 点的历史高位。

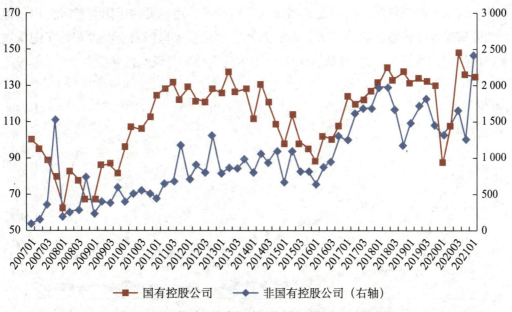

图 4－5　采矿业不同产权性质价值创造额指数变化趋势

2. 分产权性质价值创造效率指数分析

图 4－6 揭示了采矿业中不同产权性质的上市公司价值创造效率指数的变化趋

势。可以看到，2007—2009 年国有控股公司价值创造效率指数呈下降趋势，价值创造效率低下；与此同时，非国有控股公司价值创造效率指数显著上升，特别是2007 年第 4 季度达到了 1 396 点的历史高位，这主要是由于采矿业中非国有控股公司数量较少，单个公司的业绩波动使采矿业非国有控股公司整体的价值创造效率指数波动剧烈。2010 年之后，两类企业的相应指数基本处于同步下滑状态，该趋势一直延续至 2016 年第 1 季度，这表明在此阶段国有控股公司和非国有控股公司都存在价值创造效率下降的问题。但自 2017 年，国有控股公司价值创造效率指数较之前同期有所回升，并保持在稳定区间，侧面反映出国有企业深化改革初显成效，国有企业整体运行效率提高，并保持在相对稳定的水平。2020 年第 1 季度，在疫情的冲击下，作为上游企业的采矿业企业受到了显著影响，国有控股公司和非国有控股公司价值创造效率指数都出现了下跌，其中，国有控股公司价值创造效率指数下降明显，达到了历史最低点 34 点，但该指数也在 2020 年第 2—3 季度随着疫情得到控制显著回升，于 2021 年第 1 季度收于 38 点。非国有控股公司价值创造效率指数在 2020 年第 1 季度下降至 64 点，随后也出现了明显的回升并于 2021年第 1 季度上升至 112 点。总体而言，近年来，国有控股公司价值创造效率指数波动较大，特别是在 2020 年前后出现了明显的下降和上升变化；而非国有控股公司价值创造效率指数在 2009 年之前经历了巨幅波动之后，由于上市公司数量上升，行业整体业绩水平趋于稳定，指数逐渐回归至平稳水平。这也说明了国有控股公司价值创造效率受外部环境的影响较大，政府需要继续稳步推进国有企业改革，在淘汰过剩产能的政策背景下，进一步提高国有企业的运营效率与风险抵御能力。

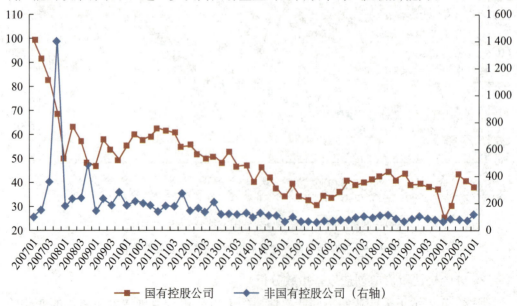

图 4 - 6　采矿业不同产权性质价值创造效率指数变化趋势

4.3　制造业编制结果分析

制造业作为大制造业中季均样本量、季均总资产、季均价值创造额都最大的行业，在大制造业的主体构成中占据重要地位。前面章节从制造业总体层面探究了其价值创造额指数和价值创造效率指数的变化趋势，为了更为全面、具体、深入地探究制造业的价值创造情况，本节从分配主体和产权性质两个层面进行分析。

4.3.1　分配主体层面分析

对制造业价值创造额的构成开展进一步分析，可以反映制造业股东、政府、员工及债权人等利益相关者的分配所得在企业新创价值中所占的比重及变化趋势，为政府相关部门有针对性地制定收入分配和税收等政策提供参考。

1. 四类分配主体价值创造额指数分析

我们对制造业的四类分配主体所获得的价值创造额进行指数化处理，得到了四类制造业价值创造额指数：制造业股东获利指数、制造业政府税收指数、制造业员工薪酬指数和制造业债权人利息指数。表 4-4 和图 4-7 描述了制造业四类分配主体价值创造额指数的变化趋势。

表 4-4　制造业四类分配主体价值创造额指数的编制结果

季度	价值创造额（亿元）				价值创造额指数			
	股东	政府	员工	债权人	股东	政府	员工	债权人
200701	386	398	262	89	100	100	100	100
200702	539	580	400	105	136	124	138	116
200703	505	533	367	113	127	113	126	124
200704	524	525	572	121	129	110	194	132
200801	534	551	430	126	131	116	146	138
200802	716	665	497	136	174	138	168	148
200803	449	522	496	162	108	107	162	175
200804	−474	368	649	173	−115	73	204	186
200901	172	454	475	131	42	90	150	141
200902	400	542	563	114	97	107	177	122
200903	597	565	577	116	143	111	181	125
200904	560	554	894	123	126	101	261	129
201001	682	721	675	134	151	130	195	140
201002	850	791	785	150	183	140	222	155

续表

季度	价值创造额（亿元）				价值创造额指数			
	股东	政府	员工	债权人	股东	政府	员工	债权人
201003	761	720	790	127	162	126	220	130
201004	955	840	1 167	158	193	138	315	159
201101	992	891	917	155	199	145	246	156
201102	1 230	1 006	1 048	175	242	163	272	172
201103	1 009	947	1 057	206	196	150	268	201
201104	807	876	1 519	225	156	138	386	220
201201	801	898	1 148	219	155	142	292	215
201202	734	1 067	1 256	239	136	165	309	235
201203	740	1 024	1 261	240	136	158	309	235
201204	645	1 206	1 667	243	119	187	411	239
201301	840	1 007	1 339	259	156	156	331	254
201302	1 038	1 160	1 435	263	187	175	348	255
201303	985	1 076	1 448	249	178	165	357	244
201304	1 051	1 354	1 893	261	187	204	459	254
201401	920	1 099	1 502	299	164	166	364	291
201402	1 178	1 268	1 661	319	210	191	402	310
201403	1 114	1 169	1 671	341	197	175	402	331
201404	990	1 624	2 220	344	173	242	531	331
201501	984	1 160	1 769	339	170	172	419	325
201502	1 356	1 352	1 951	318	232	199	458	304
201503	900	1 268	1 919	391	154	187	451	374
201504	643	1 670	2 545	350	109	245	596	334
201601	1 243	1 377	1 999	312	211	202	469	302
201602	1 640	1 488	2 192	289	277	217	513	280
201603	1 548	1 489	2 199	337	259	216	512	325
201604	1 666	2 243	3 124	294	275	326	722	289
201701	1 895	1 624	2 488	367	308	233	565	357
201702	2 280	1 914	2 668	445	377	274	602	432
201703	2 587	2 035	2 796	479	425	291	626	466
201704	2 186	2 275	3 656	495	362	328	821	484
201801	2 418	2 002	2 884	507	397	286	645	496
201802	2 985	2 304	3 227	380	478	327	710	378
201803	2 802	2 208	3 357	414	446	318	747	412
201804	446	2 137	4 326	551	71	307	962	549

续表

季度	价值创造额（亿元）				价值创造额指数			
	股东	政府	员工	债权人	股东	政府	员工	债权人
201901	2 397	2 030	3 338	528	381	292	744	526
201902	2 713	2 000	3 449	407	430	289	769	410
201903	2 702	1 993	3 626	395	421	285	800	398
201904	—132	2 156	5 080	562	—22	308	1 118	566
202001	1 692	1 644	3 420	478	283	235	753	495
202002	3 527	2 211	3 677	413	588	315	805	428
202003	3 832	2 386	4 006	585	623	335	863	604
202004	2 443	2 535	5 358	585	395	357	1 146	601
202101	4 168	2 501	4 541	381	669	350	964	391

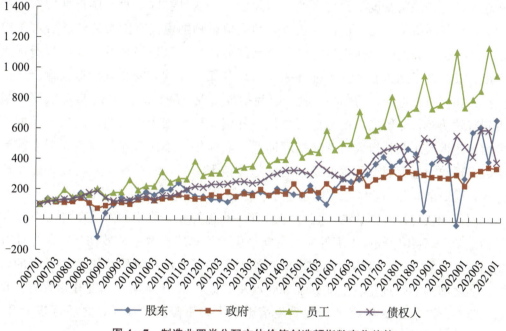

图4-7 制造业四类分配主体价值创造额指数变化趋势

从表4-4和图4-7中可以看到，制造业股东获利指数整体呈波动上升的趋势，但个别年份也出现了严重的低谷，如在2008年第4季度、2018年第4季度和2019年第4季度，股东获利指数呈断崖式下降。具体来看，2008年第4季度受金融危机的影响，股东获利指数下跌至负数。随后政府推出了应对国际金融危机的一揽子计划，股东获利指数在2009年开始回升，2009—2015年基本呈平稳发展的态势。2015年第3—4季度股东获利指数连续下滑，主要是受2015年国内需求疲软、制造业产能过剩问题的影响。2016年年初至2018年年中，股东获利指数迅速反弹，并在2018年第2季度达到历史高点，这主要得益于2015年开始的供给侧结构性改革，制造业转向高质量发展，企业盈利能力明显提升。近几年制造业股东获利指数的波动明显增大，最低跌至 2019 年第 4 季度的 −22 点，最高达到 2021 年第 1 季度的 669 点。2018 年第 3 季度以来，中美贸易摩擦反复、经济发展阶段性下行、民营企业融资难、国内有效需求不足，并且 2018 年年底和 2019 年年底诸多企业计提巨额商誉减值准备，导致股东获利指数在 2018 年第 4 季度和 2019 年第 4 季度出现断崖式下跌，2019 年第 4 季度再次出现负值，说明制造业企业盈利能力严重受挫。2020 年年初，中美两国签署第一阶段经贸协议，股东获利指数有所回升，但是受新冠疫情的冲击，回升幅度较小。2020 年第 2—3 季度，股东获利指数持续回升，这主要是因为疫情得到有效控制，政府为鼓励制造业推动复工复产、服务经济社会大局，陆续出台了一系列制造业税费优惠政策，包括对疫情防控重点保障物资生产企业全额退还增值税增量留抵税额，对疫情防控重点保障物资生产企业扩大产能购置设备允许企业所得税税前一次性扣除，对无偿捐赠应对疫情的货物免征增值税、消费税，对纳税人因疫情影响纳税确有困难的依法合理予以减免房产税、城镇土地使用税，以及提高部分产品出口退税率等，这些税费优惠政策有效帮助了制造业企业渡过难关。2020 年第 4 季度，受企业计提大额资产减值损失和存货跌价准备的影响，股东获利指数出现下降，但由于 2020 年我国疫情得到有效防控，外贸出口明显好于预期，外贸规模再创历史新高，出口方面的有利因素使得股东获利指数的下降幅度远低于前两年。2021 年第 1 季度，股东获利指数出现较大幅度回升，主要是因为新冠疫苗上市后，制造业企业得以加速生产经营，居民活动和消费需求不断增加，明显促进了企业盈利能力的提升。

制造业政府税收指数在 2007—2015 年一直保持相对稳定的发展态势，2016 年年初至 2018 年年中较快上涨的原因主要是供给侧结构性改革成效初显，制造业开始高质量发展，企业整体价值创造额较快增长，相应地政府税收指数迈上新的台阶，从之前的 200 点左右上涨到了 300 点左右。从 2018 年第 3 季度开始政府税收指数略有下降，2020 年第 1 季度受疫情影响大幅下降至 235 点，之后逐步上升，并于 2021 年第 1 季度收于 350 点。

制造业员工薪酬指数整体呈周期性稳步上涨趋势，每年前三个季度低位上升，在第 4 季度达到波峰，这种规律的季度性波动主要是企业年终奖励等因素导致的。员工薪酬指数在 2020 年第 1 季度的超季度性下降以及在 2020 年第 4 季度与 2019 年同期相比上涨较少的表现，主要是受到 2020 年疫情冲击的影响，员工薪酬涨幅趋缓。面对人力成本持续上升的趋势，我国制造业越来越难以继续依靠廉价的人力成本应对市场竞争，亟须进行产业升级，加大新产品研发，向技术创新型产业转型。

制造业债权人利息指数自 2009 年第 3 季度持续多年呈快速上升趋势，2015 年第 4 季度首次大幅下降，反映出 2015 年的连续降准降息政策切实降低了企业的债务融资成本。自 2017 年起债权人利息指数明显增长，但近年来上升速度有所减慢，2018—2020 年在 400～600 点上下波动，2021 年第 1 季度明显下降，收于 391 点，表明随着减税降费政策的推行，我国制造业企业的融资成本上升趋势有所放缓。

2. 四类分配主体价值创造额占比分析

从图 4－8 中可以看到，制造业企业 2007 年以来的季度均值股东获利所得占比为 26.66％，2019 年占比为 22.86％，2020 年占比为 29.63％，说明制造业企业股东获利所得占比波动较大，2020 年相较 2019 年占比有所提高。2007 年以来的季度均值政府税收所得占比较大，为 26.97％，但近年来该占比有所下降，从 2019 年的 24.34％下降至 2020 年的 22.62％，说明国家定向调整税收政策，为制造业企业降低税负的举措初显成效。2007 年以来的季度均值员工薪酬所得占比最大，为 40.36％，2007 年占比为 26.60％，而 2019 年和 2020 年占比均远高于 2007 年，分别为 46.11％和 42.43％，充分反映了近年来我国制造业人力成本上升迅速，这对我国制造业企业的转型升级提出了新的要求。2007 年以来的季度均值债权人利息所得占比值得关注，相比 2019 年（6.69％），2020 年（5.31％）略有下降，反映了我国制造业企业融资难的窘境有所改善。

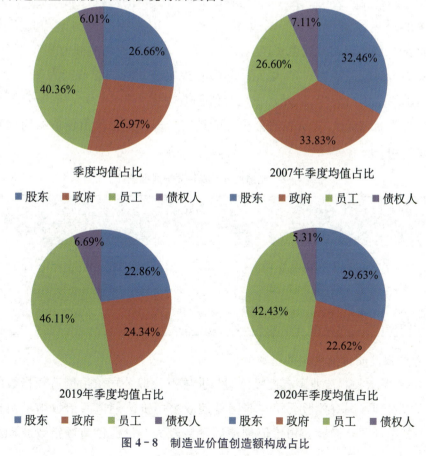

图 4－8　制造业价值创造额构成占比

总体来说，制造业在经历了数年的艰苦转型后，逐步取得了一定成果，但仍面临人力成本上升、融资成本较高等问题，并且近年来在中美贸易摩擦和新冠疫情的双重冲击下，制造业所肩负的经济转型与民族复兴任务愈加艰巨，受国际国内宏观经济波动频繁的影响承受巨大压力。因此，我们认为政府应当积极引导制造业企业加快转型升级和提质增效，完善和出台相关的支持性政策，保护制造业企业关键核心技术，推动企业智能制造水平提升，继续为本土制造业企业在国内国际市场发展创造良好的环境。

4.3.2 产权性质分类分析

为揭示制造业中不同产权性质的上市公司在经济增长和资源使用效率方面的发展动态，为国家调整资源配置结构、提高资源配置效率提供决策参考，我们对制造业上市公司按产权性质进行分类，分析不同产权性质企业的价值创造额及资产使用效率。

根据上市公司实际控制人的性质，我们将制造业中的样本公司划分为国有控股公司与非国有控股公司。表4-5是制造业上市公司的产权性质、资产规模及价值创造额的描述性统计结果。由表4-5可知，国有控股公司季均总资产达到75 629亿元，单个公司季均总资产为146亿元，季均价值创造额为2 757亿元，单个公司季均价值创造额为5.34亿元；非国有控股公司季均总资产为52 307亿元，单个公司季均总资产为48亿元，季均价值创造额为2 118亿元，单个公司季均价值创造额为1.95亿元。国有控股公司无论是资产规模还是价值创造额均远高于非国有控股公司。

表4-5　制造业分产权性质描述性统计

产权性质	季均样本量	季均总资产（亿元）	单个公司季均总资产（亿元）	季均价值创造额（亿元）	单个公司季均价值创造额（亿元）
国有控股公司	517	75 629	146	2 757	5.34
非国有控股公司	1 088	52 307	48	2 118	1.95

1. 分产权性质价值创造额指数分析

图4-9揭示了制造业国有控股公司与非国有控股公司价值创造额指数的变化趋势。可以看到，国有控股公司与非国有控股公司价值创造额指数均呈明显的上升趋势，其中，国有控股公司价值创造额基数较大，价值创造额指数波动小，除

2018 年第 4 季度受金融危机影响和 2020 年第 1 季度受疫情影响有较大下跌之外，基本呈比较稳定的发展态势。而非国有控股公司价值创造额基数小、价值创造额指数波动大，除近三年每年的第 4 季度有较大下跌之外，呈现比较快速的波动发展态势。整体来看，非国有控股公司价值创造额指数明显高于国有控股公司。从 2010 年年底到 2016 年年底，制造业国有控股公司度过 2008 年金融危机之后迎来一段平稳发展的宝贵时期，2015 年 9 月，中共中央、国务院印发的《关于深化国有企业改革的指导意见》为国有企业深化改革指明了方向，故而从 2016 年年初到 2018 年年初，国有控股公司价值创造额指数从 200 点左右上升了一个大台阶，达到 360 点左右。从 2018 年年初到 2020 年疫情暴发，国有控股公司价值创造额指数走势相对平稳。非国有控股公司价值创造额指数在 2018 年第 4 季度出现断崖式下跌，究其原因，一方面是非国有控股公司受到了 2018 年下半年的中美贸易摩擦、民营企业融资难、经济发展阶段性疲态的影响，另一方面是非国有控股公司在 2018 年第 4 季度计提了巨额商誉减值损失，价值创造额下滑明显。2018 年 11 月，政府实施了减轻民营企业税费负担、解决民营企业"融资难、融资贵"问题、营造公平竞争环境等举措，因此非国有控股公司价值创造额指数在 2019 年第 1—3 季度呈现稳中上升的良好态势。但在 2019 年第 4 季度，非国有控股公司价值创造额指数仍受计提巨额商誉减值准备和存货跌价准备的影响，再次大幅下降至 564 点；此外，在中国经济下行的背景下，国内外需求不足使得企业营业收入增速下降，民营企业的劳动力成本和融资成本上升也进一步拉低了企业盈利能力。2020 年第 1 季度，受疫情的严重冲击，国有控股公司价值创造额指数跌到近三年最低点；排除 2019 年第 4 季度计提巨额商誉减值准备的影响，非国有控股公司价值创造额指数也有较大幅度下跌。为应对新冠疫情，自 2020 年第 1 季度以来，国家实施了一系列减税降费政策支持企业尤其是中小非国有控股公司的恢复发展，随着疫情得到有效控制，我国经济逐步恢复正常，非国有控股公司价值创造额指数迅速上升，在 2021 年第 1 季度达到 974 点，再创历史新高。2020 年我国传统优势产品出口继续保持增长，全年民营企业进出口额达 14.98 万亿元，增长 11.1%，占我国外贸总值的 46.6%，比 2019 年上升 3.9 个百分点。所以 2020 年第 4 季度，非国有控股公司虽然仍受计提巨额商誉减值准备和存货跌价准备的影响，价值创造额指数再次下降，但波动幅度远远小于前两年。国有控股公司价值创造额指数也在 2020 年稳步回升，在 2020 年第 4 季度创下新高 449 点，不过相比非国有控股公司价值创造额指数，其回升速度较慢，且 2021 年第 1 季度国有控股公司价值创造额指数略有下降。

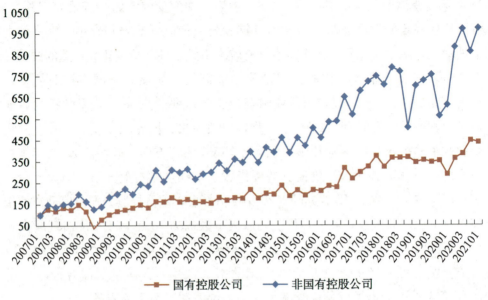

图 4 - 9　制造业不同产权性质价值创造额指数变化趋势

2. 分产权性质价值创造效率指数分析

图 4 - 10 揭示了制造业中不同产权性质的上市公司价值创造效率指数的变化趋势。可以看到，在 2008 年国际金融危机期间，国有控股公司价值创造效率指数比非国有控股公司下跌幅度更大。自 2011 年第 2 季度以来，两类企业的价值创造效率指数基本处于同步下滑状态，这表明在此阶段国有控股公司和非国有控股公司都存在价值创造效率下降的问题。2017 年，国有控股公司价值创造效率指数有所回升，反映出国有企业深化改革初显成效，国有企业整体运行效率提高。2018—2019 年，由于中美贸易摩擦、民营企业融资难、经济发展阶段性疲态以及计提巨额商誉减值准备等，国有控股公司和非国有控股公司的价值创造效率指数都继续下滑，特别是非国有控股公司价值创造效率指数在 2018 年第 4 季度和 2019 年第 4 季度下降明显。2020 年第 1 季度，在新冠疫情的冲击下，国有控股公司价值创造效率指数下降至 2009 年以来的最低点 52 点，而非国有控股公司价值创造效率指数由于在 2019 年第 4 季度已跌入谷底，在 2020 年第 1 季度有小幅反弹回升。2020 年第 2—3 季度，国有控股公司和非国有控股公司的价值创造效率指数均出现较大幅度的回升。2021 年第 1 季度，与价值创造额指数类似，非国有控股公司价值创造效率指数小幅回涨，而国有控股公司价值创造效率指数则有所下降。总体而言，近年来非国有控股公司受外部环境刺激的影响波动较大，国有控股公司价值创造效率指数变化相对平稳，但价值创造效率指数水平相对较低，表明政府需要继续稳步推进国有企业改革，提高国有企业的运营效率与经济效益，从而实现做强做优做大国有企业的重大战略目标。

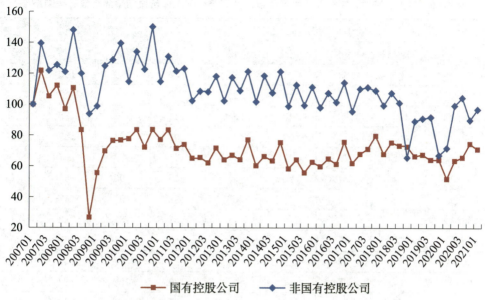

图 4 - 10　制造业不同产权性质价值创造效率指数变化趋势

4.4　电力、热力、燃气及水生产和供应业编制结果分析

电力、热力、燃气及水生产和供应业是国民经济基础产业，是国民经济发展的先决条件。前面章节从电力、热力、燃气及水生产和供应业总体层面探究了其价值创造额指数和价值创造效率指数的变化趋势，为了更为全面、具体、深入地探究电力、热力、燃气及水生产和供应业的价值创造情况，本节从分配主体和产权性质两个层面进行分析。

4.4.1　分配主体层面分析

对电力、热力、燃气及水生产和供应业价值创造额的构成开展进一步分析，可以反映该行业内股东、政府、员工及债权人等利益相关者的分配所得在企业新创价值中所占的比重及变化趋势，为政府相关部门有针对性地制定收入分配和税收等政策提供参考。

1. 四类分配主体价值创造额指数分析

我们对电力、热力、燃气及水生产和供应业的四类分配主体所获得的价值创造额进行指数化处理，得到了四类电力、热力、燃气及水生产和供应业价值创造额指数：股东获利指数、政府税收指数、员工薪酬指数和债权人利息指数。表 4 - 6 和图 4 - 11 描述了该行业内四类分配主体价值创造额指数的变化趋势。

表4-6　电力、热力、燃气及水生产和供应业四类分配主体价值创造额指数的编制结果

季度	价值创造额（亿元）				价值创造额指数			
	股东	政府	员工	债权人	股东	政府	员工	债权人
200701	81	83	31	31	100	100	100	100
200702	98	95	46	34	118	114	147	107
200703	100	93	40	38	121	112	129	120
200704	83	111	59	44	100	134	189	141
200801	26	79	47	47	31	95	151	151
200802	4	74	50	55	5	90	159	176
200803	−23	79	46	66	−28	95	147	211
200804	−30	73	70	72	−37	87	222	231
200901	37	79	51	63	45	94	161	201
200902	72	77	52	60	88	92	166	192
200903	106	85	57	61	130	102	182	194
200904	67	76	86	80	81	91	266	254
201001	57	82	60	76	66	97	184	243
201002	83	90	62	83	96	106	192	265
201003	131	114	65	88	152	134	201	281
201004	107	101	102	101	124	118	312	320
201101	48	97	71	99	56	114	217	314
201102	105	112	77	109	122	132	236	347
201103	92	116	77	119	106	136	235	379
201104	91	90	113	126	105	105	345	399
201201	60	121	82	136	70	142	249	433
201202	190	122	84	143	218	142	255	453
201203	190	164	94	143	218	191	287	453
201204	221	188	132	156	257	222	405	492
201301	163	162	98	137	189	191	299	432
201302	227	185	99	137	264	218	303	431
201303	305	235	104	140	353	276	319	439
201304	176	195	164	150	191	206	464	458
201401	225	224	113	151	245	237	320	461
201402	288	231	111	153	314	244	313	469
201403	378	252	123	159	411	266	342	483
201404	132	266	186	166	144	281	517	505
201501	293	241	133	153	318	254	368	467
201502	379	259	140	158	385	259	373	458

续表

季度	价值创造额（亿元）				价值创造额指数			
	股东	政府	员工	债权人	股东	政府	员工	债权人
201503	386	301	150	167	392	301	402	482
201504	146	291	209	174	148	291	558	504
201601	299	258	150	148	304	259	402	427
201602	330	272	150	175	335	273	401	505
201603	367	331	156	158	373	331	417	458
201604	126	293	216	159	157	320	602	483
201701	182	188	158	155	227	205	440	471
201702	211	220	159	168	254	236	438	505
201703	338	269	169	168	409	291	470	509
201704	109	232	242	191	123	238	658	551
201801	231	216	178	188	265	220	480	535
201802	267	253	190	209	303	259	515	592
201803	321	265	177	217	362	278	497	611
201804	118	243	296	226	133	255	834	637
201901	312	268	226	216	352	281	635	609
201902	305	248	201	225	348	262	572	637
201903	450	313	236	253	450	308	613	656
201904	82	253	376	236	81	248	975	615
202001	263	229	242	236	263	227	635	623
202002	528	314	230	243	519	306	588	607
202003	612	366	257	230	603	356	658	574
202004	222	287	430	226	218	279	1 098	564
202101	428	276	311	227	400	257	757	557

　　从表 4-6 和图 4-11 中可以看到，在金融危机期间，电力、热力、燃气及水生产和供应业股东获利指数向下波动，在 2008 年第 3 季度达到 -28 点，这主要是由于受到金融危机的冲击，行业内公司业绩表现不佳；2009 年第 1 季度股东获利指数回升，2009 年第 3 季度至 2012 年第 1 季度维持在相对稳定的水平。此后，股东获利指数不断回升，并于 2014 年第 3 季度达到历史高点 411 点，之后呈波动态势。2019 年 9 月，国家能源局下达了煤电行业淘汰落后产能的目标任务，受此影响，股东获利指数于 2019 年第 4 季度下降至 81 点。由于前期下跌幅度较大，同时在新冠疫情的影响下，居民基本生活资源的需求仍然相对较大，因而在 2020 年第 1 季度，该指数有所反弹。随着疫情得到控制，股东获利指数在 2020 年第 3 季度迅速增长至 603 点，由于第 4 季度市场需求量较小而又有所下降，于 2021 年第 1

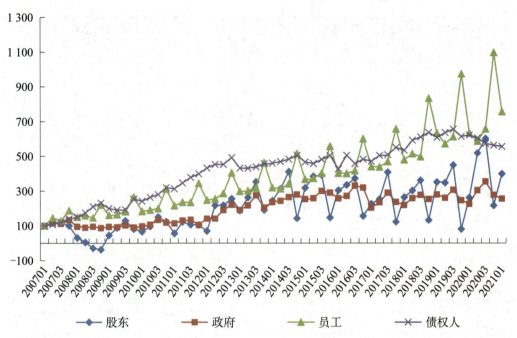

图 4－11　电力、热力、燃气及水生产和供应业四类分配主体价值创造额指数变化趋势

季度收于 400 点。总体而言，股东获利指数波动较大，在 2012 年之后处于增长趋势。

电力、热力、燃气及水生产和供应业政府税收指数一直保持较为稳定的变化趋势，并且自 2012 以来有较小幅度的增长，2020 年第 3 季度达到历史高点 356 点，2021 年第 1 季度又收于 257 点，说明行业内公司纳税金额呈缓慢上升的趋势。

电力、热力、燃气及水生产和供应业员工薪酬指数自 2010 年第 1 季度起呈波动上升趋势，并且呈现出第 4 季度增长的季度性特征，2020 年第 4 季度达到了 1 098 点的历史高点，这主要是人力成本逐渐上升所致。

随着企业债务利息支出的逐渐增加，电力、热力、燃气及水生产和供应业债权人利息指数自 2010 年第 1 季度起，呈现较为平稳的增长趋势，尽管在 2012 年第 4 季度达到 492 点的高点后有所回落，但后来恢复了增长态势，于 2019 年第 3 季度增长至历史高点 656 点。此后该指数又有所下降，于 2021 年第 1 季度收于 557 点，这主要是由于在疫情期间，国家推行的各项减税降费政策帮助众多企业降低了债务利息成本，在一定程度上减轻了企业的债务利息负担。

2. 四类分配主体价值创造额占比分析

从图 4－12 中可以看到，电力、热力、燃气及水生产和供应业企业 2007 年以来的季度均值股东获利所得占比为 29.31％，2019 年占比为 27.27％，2020 年占比为 33.06％，说明近年来电力、热力、燃气及水生产和供应业企业股东获利所得占比波动较为明显。2007 年以来的季度均值政府税收所得占比较大，为 28.37％，但近年来该占比有所下降，在 2019 年和 2020 年分别为 25.66％和 24.33％，说明国家实施的定向调整税收政策在帮助电力、热力、燃气及水生产和供应业企业降低税负方面成效显著。2007 年以来的季度均值员工薪酬所得占比为 21.04％，2007 年占比为 16.59％，而 2019 年和 2020 年占比均高于 2007 年，分别为 24.63％和 23.59％，充分反映了近年来我国电力、热力、燃气及水生产和供应业人力成本上升的情况。在未来，该行业可能越来越难以继续依靠廉价的人力成本应对市场竞争，需要进行产业升级。2007 年以来的季度均值债权人利息所得占比始终保持在较低水平，为 21.28％，在 2019 年和 2020 年分别为 22.44％和 19.03％，说明近年来该行业公司债务利息支出占比保持在稳定水平。

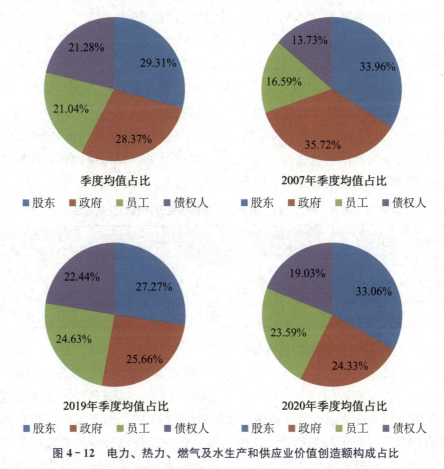

图 4－12　电力、热力、燃气及水生产和供应业价值创造额构成占比

总体来说，电力、热力、燃气及水生产和供应业通常作为公共事业部门，为居民和企业提供最基本的资源，其产能需求往往处于较为稳定的范围内。但是面对采购成本上升、人力成本增大、融资成本升高等问题，再加上行业盈利空间较为有限，该行业的价值创造额在一段时间内呈现了下降趋势。在此背景下，为了

改善电力、热力、燃气及水生产和供应业企业的价值创造能力，政府应当重视行业内企业的研发创新活动，并且主要从降低企业人力成本和融资成本等方面给予企业支持与引导，企业内部也应当施行精简部门计划，着重提高生产效率，推动企业转型升级，从而促进行业价值创造能力的提升。

4.4.2 产权性质分类分析

为揭示电力、热力、燃气及水生产和供应业中不同产权性质的公司在经济增长和资源使用效率方面的发展动态，为国家调整资源配置结构、提高资源配置效率提供决策参考，我们对该行业内的上市公司按产权性质进行分类，分析不同产权性质企业的价值创造额及资产使用效率。

根据上市公司实际控制人的性质，我们将电力、热力、燃气及水生产和供应业中的样本公司划分为国有控股公司与非国有控股公司。表4－7是该行业上市公司的产权性质、资产规模及价值创造额的描述性统计结果。由表4－7可知，国有控股公司季均总资产达到24 507亿元，单个公司季均总资产为316亿元，季均价值创造额为645亿元，单个公司季均价值创造额为8.33亿元；非国有控股公司季均总资产为1 141亿元，单个公司季均总资产为67亿元，季均价值创造额为25亿元，单个公司季均价值创造额为1.45亿元。由此可见，该行业内国有控股公司的资产规模和价值创造额均远高于非国有控股公司。

表4－7 电力、热力、燃气及水生产和供应业分产权性质描述性统计

产权性质	季均样本量	季均总资产（亿元）	单个公司季均总资产（亿元）	季均价值创造额（亿元）	单个公司季均价值创造额（亿元）
国有控股公司	77	24 507	316	645	8.33
非国有控股公司	17	1 141	67	25	1.45

1. 分产权性质价值创造额指数分析

图4－13揭示了电力、热力、燃气及水生产和供应业国有控股公司与非国有控股公司价值创造额指数的变化趋势。可以看到，2007—2015年，非国有控股公司与国有控股公司的价值创造额指数增长趋势较为相似，这说明2016年以前两类公司的价值创造能力变化趋势相近。其中，非国有控股公司价值创造额指数波动幅度较大，国有控股公司由于体量较大、公司数量多和业绩稳定的特点，指数波动幅度相对较小。2016年以后，国有控股公司和非国有控股公司价值创造额指数走势不再同步，非国有控股公司价值创造额指数高于国有控股公司价值创造额指数。值得注意的是，在2018年第4季度和2019年第4季度，非国有控股公司价值创造额指数出现了大幅下降，分别下降至－156点和－158点，通过对下降原因进行分

析发现，包括 ST 凯迪（000939）、ST 升达（002259）、金鸿控股（000669）在内的多家非国有控股公司在 2018 年或 2019 年出现了巨额亏损，导致指数下降明显，但该指数又在 2020 年第 4 季度反弹至 875 点，于 2021 年第 1 季度收于 626 点。国有控股公司价值创造额指数在逐渐上涨的趋势中未出现大幅波动，2011 年以后每年第 3 季度增长，这主要是该行业价值创造额最大的长江电力（600900）的业绩在每年第 3 季度较高，使行业整体的价值创造额在第 3 季度实现了环比增长。2020年即使在新冠疫情的冲击下，电力、热力、燃气及水生产和供应业的国有控股公司价值创造额指数也仅出现小幅下降，并在 2020 年第 3 季度达到了历史高点 497点，说明电力、热力、燃气及水生产和供应业内的国有控股公司主要属于公共事业部门，为全社会提供基础电力、燃气等基础资源，市场需求相对较为稳定，因此，疫情对于该行业内国有控股公司的影响相对较小。

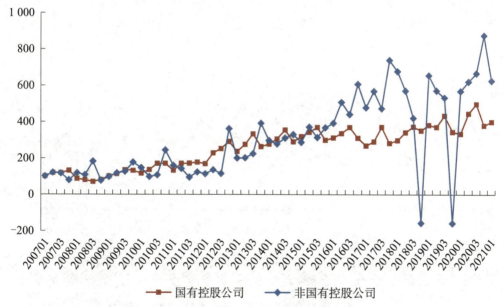

图 4-13　电力、热力、燃气及水生产和供应业不同产权性质价值创造额指数变化趋势

2. 分产权性质价值创造效率指数分析

图 4-14 揭示了电力、热力、燃气及水生产和供应业中不同产权性质的上市公司价值创造效率指数的变化趋势。可以看到，该行业内国有控股公司价值创造效率指数在 2008 年第 3 季度下降至 49 点，随后有所回升，并在 2008 年第 4 季度至2021 年第 1 季度保持在 56～112 点的较为稳定区间，说明国有控股公司由于数量众多、规模较大以及业绩较为稳定等特征，价值创造效率始终保持在稳定水平。其中，属于国有控股公司的长江电力（600900）、华能国际（600011）和中国广核（003816）作为行业内具有代表性的三家大型公司，对行业价值创造额的贡献较大，且这三家公司的业绩一直较为稳定。2021 年第 1 季度，国有控股公司价值

创造效率指数收于73点。对于行业内的非国有控股公司而言，由于公司数量相对较少，价值创造效率指数易受个别公司价值创造效率波动的影响，因此变化明显。其中，在2008年第3季度、2009年第4季度、2010年第4季度、2012年第4季度和2013年第4季度该指数均显著上升，这主要是行业内有多家公司在特定季度的业绩较好所致；而在2018年第4季度和2019年第4季度，价值创造效率指数下降至负值，这与前述价值创造额指数下降至负值的原因相同，特别是ST凯迪（000939）、ST升达（002259）、金鸿控股（000669）在内的多家非国有控股公司在2018年或2019年遭遇了巨额亏损；该指数在2020年第4季度回升至150点，于2021年第1季度下降至108点。整体而言，考虑到电力、热力、燃气及水生产和供应业的非国有控股公司价值创造效率指数波动较大，相关公司应当着重提升风险防范能力，避免公司在不利情况下出现业绩风险。

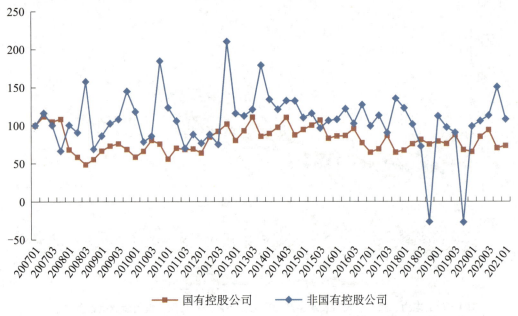

图4-14 电力、热力、燃气及水生产和供应业不同产权性质价值创造效率指数变化趋势

4.5 建筑业编制结果分析

建筑业是国民经济中的重要物质生产部门，与我国经济的发展、人民生活的改善有密切的关系。前面章节从建筑业总体层面探究了其价值创造额指数和价值创造效率指数的变化趋势，为了更为全面、具体、深入地探究建筑业的价值创造情况，本节从分配主体和产权性质两个层面进行分析。

4.5.1　分配主体层面分析

对建筑业价值创造额的构成开展进一步分析，可以反映建筑业股东、政府、员工及债权人等利益相关者的分配所得在企业新创价值中所占的比重及变化趋势，为政府相关部门有针对性地制定收入分配和税收等政策提供参考。

1. 四类分配主体价值创造额指数分析

我们对建筑业的四类分配主体所获得的价值创造额进行指数化处理，得到了四类建筑业价值创造额指数：建筑业股东获利指数、建筑业政府税收指数、建筑业员工薪酬指数和建筑业债权人利息指数。表 4-8 和图 4-15 描述了建筑业四类分配主体价值创造额指数的变化趋势。

表 4-8　建筑业四类分配主体价值创造额指数的编制结果

季度	价值创造额（亿元）				价值创造额指数			
	股东	政府	员工	债权人	股东	政府	员工	债权人
200701	3	6	13	3	100	100	100	100
200702	7	10	11	3	208	164	83	104
200703	8	13	23	3	212	217	177	110
200704	0	209	346	6	6	291	212	196
200801	19	29	89	13	534	41	54	453
200802	33	58	77	14	917	80	47	483
200803	11	43	31	27	311	60	19	944
200804	18	100	184	29	511	139	113	1 007
200901	26	50	88	11	738	70	54	397
200902	74	130	175	4	1 412	116	90	21
200903	83	106	94	14	1 263	83	33	38
200904	117	264	325	16	1 780	194	106	43
201001	80	115	192	15	1 208	84	63	40
201002	131	220	244	25	1 961	161	79	68
201003	73	166	181	16	1 077	121	59	42
201004	154	337	322	22	2 279	245	104	59
201101	102	153	232	23	1 516	112	76	61
201102	135	276	298	31	1 984	201	96	82
201103	124	158	214	46	1 680	110	64	105
201104	178	399	440	65	2 405	279	131	149
201201	101	145	253	49	1 370	101	76	112
201202	171	339	453	67	2 053	210	116	137
201203	171	188	299	67	2 053	117	77	137

续表

季度	价值创造额（亿元）				价值创造额指数			
	股东	政府	员工	债权人	股东	政府	员工	债权人
201204	154	524	566	78	1 846	325	145	158
201301	152	231	382	68	1 828	143	98	138
201302	235	385	478	84	2 822	239	122	172
201303	212	241	340	81	2 547	150	87	164
201304	307	575	616	86	3 674	357	157	176
201401	177	250	446	78	2 113	155	114	160
201402	284	457	513	97	3 400	283	131	198
201403	234	249	434	102	2 794	154	111	207
201404	325	653	753	104	3 882	404	192	212
201501	201	278	530	99	2 397	172	135	202
201502	318	480	592	101	3 792	297	151	206
201503	244	259	468	97	2 908	160	119	197
201504	343	694	842	81	4 090	428	214	164
201601	230	280	608	96	2 741	173	155	194
201602	353	325	631	74	4 174	202	157	148
201603	328	224	518	101	3 873	139	129	200
201604	364	676	976	82	4 284	418	243	162
201701	278	405	666	99	3 265	249	164	194
201702	429	657	760	120	5 040	404	188	233
201703	337	255	611	120	3 914	156	153	229
201704	469	588	1 082	165	5 442	360	270	316
201801	332	496	760	142	3 842	302	189	270
201802	500	421	829	121	5 875	267	210	231
201803	356	389	699	127	4 176	246	176	244
201804	489	792	1 268	206	5 737	502	319	396
201901	374	443	880	140	4 390	282	222	270
201902	542	558	940	123	6 412	356	237	238
201903	415	419	744	118	4 910	267	188	230
201904	543	749	1 388	125	6 415	477	350	242
202001	280	334	875	123	3 318	213	221	238
202002	593	575	1 072	140	7 048	365	250	270
202003	497	489	896	160	5 924	310	208	308
202004	640	883	1 578	145	7 672	560	366	278
202101	487	499	1 212	137	5 830	316	281	263

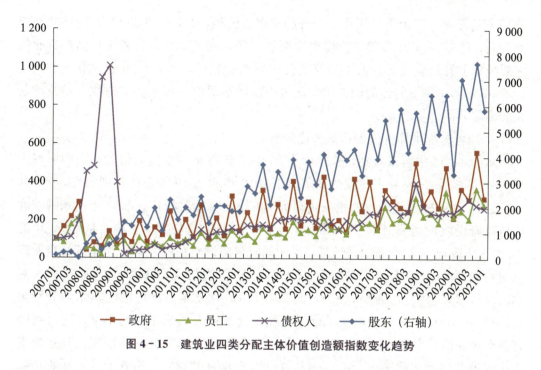

图 4 - 15　建筑业四类分配主体价值创造额指数变化趋势

从表 4 - 8 和图 4 - 15 中可以看到，建筑业股东获利指数整体增长远高于其他三类指数，其在 2020 年第 4 季度达到历史高点 7 672 点。具体来看，受国际金融危机和房地产行业大量企业倒闭的影响，建筑业股东获利指数在 2008 年第 3 季度有较大幅度下跌，随后大致呈稳定波动上涨态势，波峰通常出现在每年的第 2 季度或第 4 季度，波谷通常出现在每年的第 1 季度或第 3 季度，在 2020 年第 1 季度受新冠疫情期间建筑业停工停产的影响，单季度下跌超过 3 000 点，创样本期内跌幅最大记录，2021 年第 1 季度从 7 672 点季度性回落至 5 830 点。建筑业公司样本量较少，并且样本期的第一个季度即 2007 年第 1 季度的价值创造额数值过小，这是股东价值创造额指数从 100 点涨至 5 830 点的关键条件。

建筑业政府税收指数和员工薪酬指数在整个样本期内的涨跌趋势较为相近，政府税收指数的曲线比员工薪酬指数的曲线略高且波动性更大。二者在 2008 年国际金融危机期间有较大幅度下降，2009 年后一直保持相对稳定的波动上涨态势，近年来上涨趋势渐缓，政府税收指数在 300～560 点间波动，员工薪酬指数在 200～360 点间波动。

2007 年第 1 季度至 2008 年第 4 季度，尤其是 2008 年，建筑业债权人利息指数飞速上涨，至 2008 年第 3 季度已涨至 944 点，这主要是由于中国中铁（601390）当季的利息支出较高，导致指数大幅上升。然而受国际金融危机和房地产行业大量企业倒闭的影响，债权人利息指数在 2009 年 1 季度断崖式下跌至 397 点，第 2 季度跌至历史低点 21 点，接着长达 9 个季度都低至 100 点以下，然后迅速上涨，至

2016 年涨至 200 点上下；近年来上升趋势有所缓和，2018—2020 年在 200～400 点间波动；随后在 2021 年第 1 季度出现明显下降，收于 263 点，表明我国建筑业的融资成本上升趋势放缓。由于建筑业公司样本量较少，并且样本期的第一个季度即 2007 年第 1 季度的价值创造额数值过小，样本期内债权人利息指数大幅波动现象较为明显。

2. 四类分配主体价值创造额占比分析

从图 4-16 中可以看到，建筑业企业 2007 年以来的季度均值股东获利所得占比为 20.35％，2007 年占比仅为 2.79％，2019 年和 2020 年占比分别为 22.07％和 21.65％，说明建筑业企业的股东获利所得占比一直相对稳定。2007 年以来的季度均值政府税收所得占比较大，为 28.30％，不过近年来逐步下降，从 2019 年的 25.53％下降至 2020 年的 24.58％，说明国家定向调整税收政策，为建筑业企业降低税负的举措初显成效。2007 年以来的季度均值员工薪酬所得占比最大，为 44.90％，2007 年占比为 59.08％，而 2019 年和 2020 年占比均接近 50％，分别为 46.51％和 47.65％，充分反映了近年来我国建筑业人力成本高居不下，这对我国建筑业企业的转型升级提出了新的要求。2007 年以来的季度均值债权人利息所得占比值得关注，相比 2019 年（5.89％），2020 年（6.12％）略有上升，反映了我国建筑业企业仍然面临融资成本上升的问题。

总体来说，由于建筑业公司样本量较少，价值创造额指数波动性较大，从指数走势可以看出建筑业面临人力成本上升较快、融资成本较高等问题。自 2020 年以来，新冠疫情给建筑业既带来了挑战也带来了机遇，建筑业多是现场施工作业，疫情期间为保障施工人员安全会牺牲部分效率，但随着复工复产加快和国家扶持政策落地，建筑业长期向好的趋势不会改变。尤其在国际订单方面，虽然疫情期间许多国际项目无法正常开工，但我国在疫情期间向多国提供帮助，用实际行动展现了负责任大国形象，火神山、雷神山两座医院火速建成，也让全世界看到了建筑业的"中国速度"，这有利于我国建筑业在未来的国际竞争中增强竞争优势和吸引国际订单。因此，我们认为政府不仅要从鼓励企业加大研发投入、积极推进税制改革、降低企业融资成本等方面着手，促进建筑业产业结构实现转型升级，还要为建筑业参与国际竞争提供必要的支持与保护，着力维护本土建筑业企业在国际市场中的合法权益。

4.5.2 产权性质分类分析

为揭示建筑业中不同产权性质的上市公司在经济增长和资源使用效率方面的发展动态，为国家调整资源配置结构、提高资源配置效率提供决策参考，我们对建筑业上市公司按产权性质进行分类，分析不同产权性质企业的价值创造额及资产使用效率。

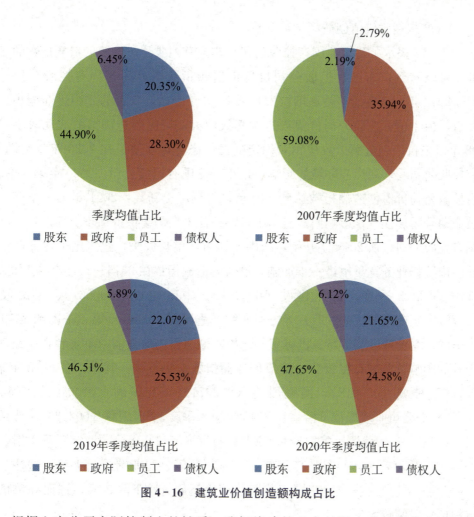

图 4 - 16　建筑业价值创造额构成占比

根据上市公司实际控制人的性质，我们将建筑业中的样本公司划分为国有控股公司与非国有控股公司。表 4 - 9 是建筑业上市公司的产权性质、资产规模及价值创造额的描述性统计结果。由表 4 - 9 可知，国有控股公司季均总资产达到 39 663 亿元，单个公司季均总资产为 1 189 亿元，季均价值创造额为 1 112 亿元，单个公司季均价值创造额为 33.32 亿元；非国有控股公司季均总资产为 2 639 亿元，单个公司季均总资产为 73 亿元，季均价值创造额为 81 亿元，单个公司季均价值创造额为 2.25 亿元。国有控股公司无论是资产规模还是价值创造额都远高于非国有控股公司。

表 4 - 9　建筑业分产权性质描述性统计

产权性质	季均样本量	季均总资产（亿元）	单个公司季均总资产（亿元）	季均价值创造额（亿元）	单个公司季均价值创造额（亿元）
国有控股公司	33	39 663	1 189	1 112	33.32
非国有控股公司	36	2 639	73	81	2.25

1. 分产权性质价值创造额指数分析

图 4-17 揭示了建筑业国有控股公司与非国有控股公司价值创造额指数的变化趋势。可以看到，非国有控股公司价值创造额指数明显高于国有控股公司，在 2011—2017 年，二者的差距逐渐拉大，从 2018 年开始，二者的差距逐渐缩小。具体来看，由于国有控股公司价值创造额基数较大，价值创造额指数波动较小，自 2008 年以来价值创造额指数呈相对稳定的增长态势，即使是在 2020 年疫情期间，国有控股公司受宏观经济环境的影响也远小于非国有控股公司。2020 年第 4 季度，国有控股公司价值创造额指数达到 640 点，再创历史新高，2021 年第 1 季度，受春节假期等季度性因素影响回落至 451 点，预计未来仍会保持稳步上涨态势。反观非国有控股公司，从 2015 年开始，国内建筑市场增长放缓，建筑施工业务竞争激烈，装饰装修业务竞争也进一步加剧，价值创造额指数在 2015—2016 年表现低迷，在 2016 年第 2 季度，龙元建设（600491）、中南建设（000961）、亚厦股份（002375）、东南网架（002135）等公司业绩严重下滑。2018 年第 4 季度和 2019 年第 4 季度，受全球经济下行、国际贸易摩擦不断、国内有效需求不足和企业经营成本上升的影响，非国有控股公司价值创造额指数大幅下跌。其中，在 2018 年第 4 季度，ST 神城（000018）、丽鹏股份（002374）、ST 美丽（000010）、万邦达（300055）等公司业绩严重下滑；在 2019 年第 4 季度，ST 围海（002586）、普邦股份（002663）、广田集团（002482）、京蓝科技（000711）等公司业绩严重下滑。在 2020 年第 4 季度，京蓝科技、广田集团、万邦达等公司业绩严重下滑，这些公司当季度业绩不佳导致该季度非国有控股公司价值创造额下降较多，进而导致价值创造额指数跌幅较大。

2. 分产权性质价值创造效率指数分析

图 4-18 揭示了建筑业中不同产权性质的上市公司价值创造效率指数的变化趋势。可以看到，国有控股公司价值创造效率指数在 2007 年前三季度大幅提升；第 4 季度受＊ST 丹化（000498）和 ST 中冠 A（000018）等公司业绩大幅下滑的影响，明显下跌；2008 年受国际金融危机的影响，大幅下跌；2009—2015 年呈缓慢下滑趋势；2016—2020 年变化比较稳定，这表明从 2015 年开始进行的深化国有企业改革成效初显。而非国有控股公司价值创造效率指数在 2009—2013 年表现稳定，2014—2020 年逐渐下降，从 2015 年年底开始下降到低于国有控股公司价值创造效率指数，这表明近年来建筑业企业价值创造效率下滑的问题在非国有控股公司中表现得更为突出。2019 年第 4 季度，非国有控股公司价值创造效率指数下降至历史最低点 19 点。总体而言，近年来建筑业价值创造效率指数整体较低，国有控股公司价值创造效率指数变化相对平稳，非国有控股公司价值创造效率指数受外部

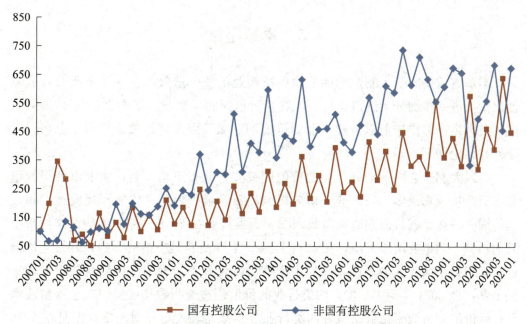

图 4 - 17　建筑业不同产权性质价值创造额指数变化趋势

环境刺激的影响下滑幅度较大，表明非国有控股公司在建筑业竞争中要积极拓展建筑业务，不断提升自身实力。

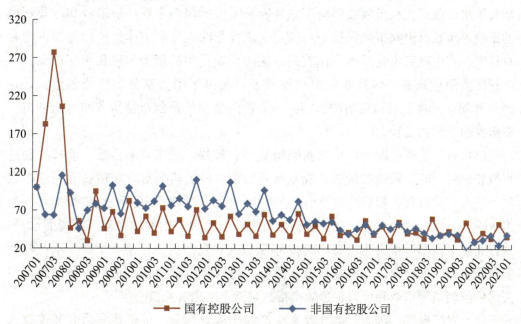

图 4 - 18　建筑业不同产权性质价值创造效率指数变化趋势

4.6　本章小结

本章着重研究了大制造业的价值创造额及价值创造效率，并从企业的行业属性出发，进一步细分大制造业行业，对其所包括的采矿业，制造业，电气、热力、燃气及水生产和供应业以及建筑业的价值创造额及资源使用效率进行了分析。主要研究结论如下：

（1）大制造业内各细分行业的价值创造实力分布不均，制造业上市公司数量和总资产规模均最多，采矿业上市公司虽然数量最少但是单体资产规模远远超过其他细分行业。就价值创造额指数来看，四类行业在 2016—2020 年均保持稳步上升的趋势，制造业增长最快，在 2020 年第 1 季度受新冠疫情的影响，各行业价值创造额指数均出现大幅下跌，随后由于疫情得到有力控制，价值创造额指数均大幅上升，至 2021 年第 1 季度，四类行业的价值创造额指数均已经回升至疫情前水平。就价值创造效率指数来看，四类行业近年来均表现得相对稳定，但是在 2020 年第 1 季度受疫情的影响，各行业价值创造效率指数均同步向下波动，随后制造业价值创造效率指数回升速度最快。

（2）对于采矿业而言，该行业的员工薪酬指数和债权人利息指数波动较大、增长较快，股东获利指数波动向下并且容易受国际国内宏观经济形势和行业环境的影响，而政府税收指数保持相对稳定。该行业四类分配主体价值创造额占比相对稳定，其中政府税收所得占比较高，这与企业承担的资源税税负密切相关。从产权性质角度来看，该行业的国有控股公司贡献了绝大部分的价值创造额，在 2020 年第 1 季度受新冠疫情的影响，国有控股公司价值创造额指数和价值创造效率指数的下跌幅度较大。

（3）对于制造业而言，员工薪酬指数增长较快，股东获利指数、债权人利息指数和政府税收指数增长较慢；股东获利指数、员工薪酬指数和债权人利息指数波动较大，政府税收指数波动较小。在 2020 年第 1 季度受新冠疫情的影响，四类指数同步下跌，其中股东获利指数跌为负值，随后四类指数均恢复至疫情前水平。该行业员工薪酬所得占比较高，2020 年债权人利息所得占比略有下降。从产权性质角度来看，该行业的国有控股公司贡献了绝大部分的价值创造额，但国有控股公司价值创造额指数和价值创造效率指数均低于非国有控股公司。

（4）对于电气、热力、燃气及水生产和供应业而言，员工薪酬指数和债权人利息指数增长较快，股东获利指数和政府税收指数增长较慢；股东获利指数和员工薪酬指数波动较大，政府税收指数和债权人利息指数波动较小；债权人利息指数自 2019 年第 4 季度以来呈下降趋势。该行业四类分配主体价值创造额占比相对均衡且保持稳定，其中债权人利息所得占比相比其他行业较高。从产权性质角度来看，该行业的国有控股公司贡献了绝大部分的价值创造额，国有控股公司价值创造额指数和价值创造效率指数相对稳定，非国有控股公司价值创造额指数和价值创造效率指数波动幅度较大。

（5）对于建筑业而言，自 2010 年以来，股东获利指数、政府税收指数、员工薪酬指数和债权人利息指数均呈迅速上升趋势，其中，股东获利指数整体增长远高于其他三类指数。从四类分配主体价值创造额的占比来看，近年来政府税收所得占比和员工薪酬所得占比明显降低，股东获利所得占比和债权人利息所得占比相对增加。从产权性质角度来看，该行业的国有控股公司贡献了绝大部分的价值创造额。

第 5 章　大服务业会计宏观价值指数编制结果及分析（上）

作为国民经济三大支柱产业之一，近年来，服务业在推动总体经济增长、创造就业机会、增加外贸出口以及刺激内需等方面发挥了越来越重要的作用。服务业上市公司作为同行业的佼佼者，在促进行业繁荣、推动整个经济发展的过程中具有举足轻重的作用。因此，第 5 章和第 6 章拟从总体编制结果分析、分配主体层面分析、产权性质分类分析、地区层面分类分析、公司层面排名分析以及行业层面分类分析，共六个方面进行展开。

5.1　总体编制结果分析

5.1.1　总体（剔除金融业）编制结果分析

以大服务业（剔除金融业）为基础编制的会计宏观价值指数总体结果见表 5-1。表 5-1 分别列示了各季度大服务业（剔除金融业）的价值创造额指数和价值创造效率指数。为了检验价值创造额指数和价值创造效率指数对宏观经济运行情况的反映效果，我们以单季度的第三产业 GDP 为基础，运用定基指数计算法构建第三产业 GDP 指数，通过比较不同指数在时序上的波动趋势，反映宏观经济运行质量。三类指数的变化趋势见图 5-1。

表 5-1　大服务业（剔除金融业）价值创造额指数、价值创造效率指数的编制结果

季度	价值创造额指数	价值创造效率指数	第三产业 GDP 指数
200701	100	100	100
200702	132	128	102
200703	136	120	103
200704	236	191	114

续表

季度	价值创造额指数	价值创造效率指数	第三产业 GDP 指数
200801	147	113	121
200802	178	133	121
200803	130	93	122
200804	204	137	130
200901	134	87	134
200902	175	108	136
200903	139	81	139
200904	240	130	150
201001	193	99	156
201002	224	109	159
201003	234	108	164
201004	340	147	178
201101	229	95	187
201102	276	109	191
201103	266	99	195
201104	352	126	207
201201	247	86	211
201202	299	101	216
201203	300	98	221
201204	415	130	235
201301	282	84	241
201302	347	102	245
201303	329	92	251
201304	449	121	266
201401	321	84	267
201402	387	97	272
201403	372	91	278
201404	522	123	296
201501	374	85	298
201502	504	103	306
201503	444	86	314
201504	597	110	331
201601	436	77	330
201602	540	91	339

续表

季度	价值创造额指数	价值创造效率指数	第三产业 GDP 指数
201603	513	81	348
201604	831	123	370
201701	531	75	367
201702	665	91	376
201703	634	82	387
201704	880	108	412
201801	640	76	406
201802	822	94	417
201803	727	79	428
201804	872	93	451
201901	751	77	443
201902	899	90	474
201903	796	78	488
201904	903	86	512
202001	580	54	445
202002	790	72	490
202003	774	68	517
202004	823	71	553
202101	764	63	526

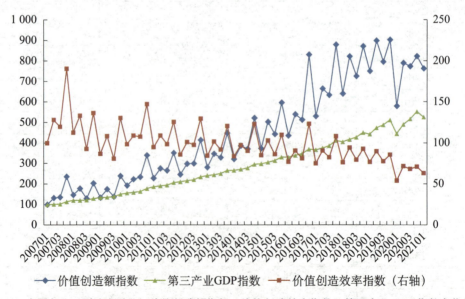

图 5 - 1　大服务业（剔除金融业）价值创造额指数、价值创造效率指数、第三产业 GDP 指数变化趋势

　　结合表 5-1 和图 5-1 可以看到，在 2007 年第 1 季度至 2019 年第 4 季度，大服务业价值创造额指数与第三产业 GDP 指数波动趋势一致，均呈现明显的上升趋势。2014 年后，价值创造额指数高于第三产业 GDP 指数，特别是在 2016 年，出现了大幅上升。2018 年，价值创造额指数增长速度进一步提高，与第三产业 GDP 指数之间的差距进一步加大。2018 年以来，供给侧结构性改革不断深入，经济发展新动能快速成长，经济结构持续优化，极大地推动了经济转型升级，服务业整体发展势头良好。2019 年，价值创造额指数继续保持在较高水平，且呈现稳步上升趋势。然而，2020 年第 1 季度受新冠疫情的影响，为加强防疫措施，国内大量缩减并限制经济社会活动，导致需求紧缩，旅游业，住宿和餐饮业，文化、体育和娱乐业等行业受到的冲击尤为明显。传统服务行业的企业复工复产存在困难，价值创造额指数与第三产业 GDP 指数都呈现大幅下降趋势，且价值创造额指数的下降幅度明显大于第三产业 GDP 指数，为近年最大幅度的一次下跌。2020 年第 2 季度，大服务业价值创造额指数和第三产业 GDP 指数呈现大幅上涨趋势，主要原因是国内疫情初步得到控制，多地企业有序进行不同程度的复工复产，大服务业的供给侧得到了有效的恢复。从需求侧看，人们日常消费需求逐步恢复，批发和零售业，旅游业，住宿和餐饮业，文化、体育和娱乐业等行业受到的影响也逐渐减弱。主要原因包括三点：一是第三产业的需求弹性系数较小，人们对此类商品或服务的需求依然存在，加上政府出台的各类消费刺激政策，第三产业迅速回暖，价值创造额指数及第三产业 GDP 指数出现了较大幅度的增长。二是在疫情隔离期间，线上办公等使得人们居家生活的时间越来越长，对互联网产业如线上娱乐（直播、短视频、手游）、线上教育、线上办公等需求上升，因此我国信息传输、软件和信息技术服务业得到了较快的成长，进一步促进了价值创造额指数及第三产业 GDP 指数上升。三是国内房地产市场逐渐回暖，也带动了价值创造额指数及第三产业 GDP 指数的增长。2020 年第 3 季度到 2021 年第 1 季度，疫情得到控制，价值创造额指数在波动中上升，与第三产业 GDP 指数的增长趋势相同。2020 年年末至 2021 年年初，我国大力支持培育经济新业态新模式，带动了信息传输、软件和信息技术服务业等大服务业价值创造额的提升。2021 年第 1 季度，新冠疫苗的普及使得社会经济复苏加快，人员流动增多，旅游和外出就餐活动增多，促进了交通运输、仓储和邮政业，住宿和餐饮业等大服务业的恢复和发展。然而随着全球经济一体化的影响，内需难以在短期内复苏，加之国外疫情形势愈演愈烈，疫情仍对我国经济有持续性的影响，因此，价值创造额指数及第三产业 GDP 指数尚未恢复到疫情前的水平。

　　2016 年之前，大服务业价值创造效率指数一直处于下滑趋势，直到 2016 年第 4 季度才有所减弱，近年来相对稳定，但始终保持缓慢下降走势。2020 年第 1 季度，价值创造效率指数明显下滑，这主要是受疫情的影响。2020年第2季度之后，疫情得到控制，大服务业的生产经营活动有所恢复，因此价值创造效率指数在波动中上升。从大服务业价值创造额指数和价值创造效率指数的相对走势来看，二者在波动形态上高度一致，具有较强的季度性，在同一年内表现出第1、3季度偏低，第2、4季度走高的特征，大致呈N形波动趋势。此外，二者之间的差距逐渐拉大，这说明我国大服务业新增投资的效率较低。

5.1.2 总体（含金融业）编制结果分析

2007年第1季度以来大服务业（含金融业）价值创造额指数及价值创造效率指数的编制结果见表5-2。为了检验大服务业（含金融业）价值创造额指数和价值创造效率指数对宏观经济运行情况的反映效果，延续前期指数报告的方法，我们以单季度的第三产业GDP为基础，运用定基指数计算法构建了第三产业GDP指数。大服务业（含金融业）价值创造额指数、价值创造效率指数和第三产业GDP指数的变化趋势如图5-2所示。

表5-2 大服务业（含金融业）价值创造额指数、价值创造效率指数的编制结果

季度	价值创造额指数	价值创造效率指数	第三产业GDP指数
200701	100	100	100
200702	116	108	102
200703	116	102	103
200704	133	115	114
200801	127	104	121
200802	139	110	121
200803	113	88	122
200804	103	76	130
200901	114	76	134
200902	141	88	136
200903	136	83	139
200904	159	93	150
201001	158	87	156
201002	170	91	159
201003	161	82	164
201004	185	92	178
201101	185	87	187

续表

季度	价值创造额指数	价值创造效率指数	第三产业 GDP 指数
201102	200	90	191
201103	195	86	195
201104	204	86	207
201201	213	84	211
201202	224	85	216
201203	220	83	221
201204	231	84	235
201301	241	83	241
201302	260	88	245
201303	251	84	251
201304	260	85	266
201401	274	85	267
201402	289	86	272
201403	283	84	278
201404	304	88	296
201501	313	87	298
201502	364	94	306
201503	307	79	314
201504	310	78	331
201601	316	77	330
201602	337	79	339
201603	319	73	348
201604	354	78	370
201701	343	74	367
201702	362	78	376
201703	357	75	387
201704	376	78	412
201801	374	76	406
201802	398	79	417
201803	368	72	428
201804	379	73	451
201901	438	81	443

续表

季度	价值创造额指数	价值创造效率指数	第三产业 GDP 指数
201902	440	80	474
201903	425	76	488
201904	396	69	512
202001	409	68	445
202002	396	65	490
202003	431	69	517
202004	424	67	553
202101	460	70	526

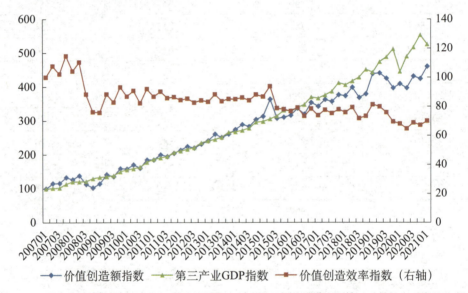

图 5-2 大服务业（含金融业）价值创造额指数、价值创造效率指数、第三产业 GDP 指数变化趋势

结合表 5-2 和图 5-2 可以看到，在包含金融业上市公司之后，2015 年第 2 季度，大服务业价值创造额指数出现了快速上扬，反映了 2015 年上半年的"大牛市"带来的价值创造额的提升。但是在 2015 年下半年"股灾"发生后，价值创造额指数大幅回落，与第三产业 GDP 指数相近，随后二者缓慢稳步上升，直到 2018 年第 3 季度价值创造额指数小幅下跌，短暂落后于第三产业 GDP 指数，这主要是由于 2018 年金融业监管趋严，增速放缓。最终，二者在 2019 年第 1 季度重新汇合。2019 年第 2—4 季度，第三产业 GDP 指数继续保持上升趋势，但价值创造额指数一路下跌，直至 2020 年第 1 季度，二者差距才有所减小，说明受到疫情的影响，全国经济形势总体低迷，但是金融业的价值创造能力表现优秀，使大服务业价值创造额指数表现较好。从 2020 年第 2 季度至 2020 年第 4 季度，第三产业 GDP

指数直线上升，价值创造额指数波动上升，落后于第三产业 GDP 指数，说明金融业相比其他大服务业行业恢复较慢。从大服务业价值创造额指数和价值创造效率指数的相对走势来看，二者较强的季度性特征在加入金融业后几乎消失，但二者的差距依然逐渐拉大，说明我国大服务业（含金融业）新增投资的效率相对偏低。

5.2　分配主体层面分析

对大服务业价值创造额的构成进行分析，可以反映大服务业股东、政府、员工及债权人等利益相关者的分配所得在企业新创价值中所占的比重及变化趋势，为政府相关部门有针对性地制定收入分配和税收等政策提供参考。

5.2.1　四类分配主体价值创造额指数分析

我们对大服务业中四类分配主体所获得的价值创造额进行指数化处理，得到了四类大服务业价值创造额指数：大服务业股东获利指数、大服务业政府税收指数、大服务业员工薪酬指数和大服务业债权人利息指数。表 5-3 和图 5-3 描述了大服务业四类分配主体价值创造额指数的变化趋势。

表 5-3　大服务业（剔除金融业）四类分配主体价值创造额指数的编制结果

季度	价值创造额（亿元）				价值创造额指数			
	股东	政府	员工	债权人	股东	政府	员工	债权人
200701	175	142	134	36	100	100	100	100
200702	229	198	222	25	131	133	149	70
200703	289	190	173	43	165	127	116	120
200704	535	346	336	33	305	215	215	93
200801	331	211	212	24	189	131	136	68
200802	400	281	249	24	226	173	159	67
200803	218	197	217	63	123	121	138	175
200804	81.6	417	495	99	46	257	314	276
200901	183	196	281	60	103	121	178	167
200902	316	278	290	57	177	171	184	158
200903	253	160	280	58	140	98	176	161
200904	395	432	439	57	214	261	270	156
201001	367	287	346	64	199	173	212	175

续表

季度	价值创造额（亿元）				价值创造额指数			
	股东	政府	员工	债权人	股东	政府	员工	债权人
201002	458	346	377	58	247	206	228	161
201003	499	368	396	46	265	217	237	126
201004	687	604	605	62	358	348	345	168
201101	409	391	450	61	215	226	257	167
201102	531	519	490	63	278	296	275	164
201103	512	471	503	57	267	268	282	150
201104	529	697	716	93	276	397	401	244
201201	342	415	553	115	178	236	310	301
201202	491	554	573	137	252	314	314	361
201203	493	542	607	137	252	306	332	361
201204	753	823	772	112	384	464	422	295
201301	400	496	647	126	204	280	354	332
201302	646	680	649	86	329	383	355	226
201303	618	546	659	123	313	307	362	326
201304	744	878	932	131	375	490	503	348
201401	459	569	704	192	231	318	380	510
201402	640	760	744	167	323	424	401	443
201403	646	626	777	175	325	348	417	462
201404	962	994	1 020	161	481	549	542	425
201501	585	633	821	193	294	358	436	515
201502	915	965	945	193	458	543	499	512
201503	602	777	923	363	301	437	487	963
201504	1 020	1 170	1 250	276	478	630	655	722
201601	675	824	1 020	215	316	442	529	562
201602	920	1 090	1 090	291	430	585	565	761
201603	923	961	1 090	256	429	514	560	669
201604	1 490	1 610	1 800	358	693	856	920	936
201701	912	904	1 250	253	427	482	654	664
201702	1 260	1 320	1 380	273	581	698	701	714
201703	1 220	1 170	1 420	285	549	619	712	740
201704	1 670	1 760	1 950	356	742	926	972	922
201801	1 220	1 150	1 610	276	529	600	783	709

续表

季度	价值创造额（亿元）				价值创造额指数			
	股东	政府	员工	债权人	股东	政府	员工	债权人
201802	1 600	1 710	1 720	451	689	887	836	1 162
201803	1 320	1 400	1 710	481	564	705	826	1 231
201804	734	2 180	2 520	469	313	1 098	1 213	1 196
201901	1 454	1 389	1 909	397	609	695	905	1 007
201902	1 674	1 981	2 002	512	701	991	947	1 307
201903	1 501	1 458	1 989	547	625	727	934	1 391
201904	912	2 177	2 737	438	369	1 084	1 279	1 138
202001	402	1 215	1 945	508	154	601	902	1 311
202002	1 415	1 691	1 982	458	539	837	921	1 188
202003	1 483	1 554	2 078	370	558	764	954	955
202004	466	2 130	2 847	430	175	1 041	1 297	1 106
202101	1 059	1 572	2 339	504	395	766	1 060	1 292

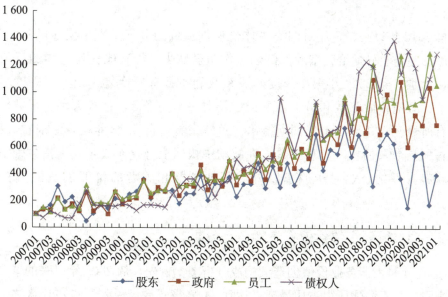

图 5-3　大服务业（剔除金融业）四类分配主体价值创造额指数变化趋势

　　从表 5-3 和图 5-3 中可以看到，从总体趋势来看，自 2007 年第 1 季度以来，大服务业的政府税收、员工薪酬和债权人利息所得基本保持同步快速增长趋势，在 2018 年第 4 季度，政府税收指数达到 1 098 点，员工薪酬指数达到 1 213 点，债权人利息指数达到 1 196 点；而股东获利指数的增长速度则明显落后于其他三类指数，特别是 2018 年，股东获利指数明显下跌。进一步分析发现，2018 年第 4 季度大服务业净利润较第 3 季度有明显下降，这主要是由于大服务业受到了国家去杠杆政策、货币流动性缩紧、中美贸易摩擦以及上市公司计提巨额商誉减值准备等多重因素的影响。以商誉减值准备为例，许多影视游戏类公司（例如，天神娱乐、华闻传媒、乐视网、掌趣科技等）都计提了巨额的商誉减值准备，造成企业净利润急剧下滑。2019 年第 1 季度，股东获利指数有比较明显的提升，说明企业生存环境良好，盈利能力表现强劲；2019 年第 3 季度又开始下跌，特别是 2020 年第 1 季度受疫情的影响，股东获利指数下降到 154 点，较 2019 年第 4 季度下降了 50%以上，达到自 2010 年以来的最低水平；2020 年第 2—3 季度，疫情得到有效控制，股东获利指数上涨，且在四类指数中最为迅速，说明股东从企业复工复产中获益最大；2020 年第 4 季度，股东获利指数再次下滑。政府税收指数和员工薪酬指数都在 2019 年第 1 季度出现下滑，在 2019 年后续三个季度呈波动上升趋势，并逐步恢复到 2018 年的水平，但在 2020 年第 1 季度又出现了大幅下滑；2020 年第 2 季度之后，疫情得到有效控制，两类指数开始上涨。债权人利息指数在 2020 年第 1 季度小幅上涨，达到 1 311 点；受疫情期间整体经济形势的影响，企业的利润空间被压缩，债务融资成本上升明显，2020 年第 2—3 季度，债权人利息指数降低。

自 2018 年以来，企业对四类主体价值创造额的分配呈现出明显的年末效应，即第 4 季度企业分配给股东的价值创造额明显减少，给其他三类主体的价值创造额明显增加。到 2021 年第 1 季度，股东获利指数有所恢复，较上一季度增长一倍以上；政府税收指数和员工薪酬指数较上一季度降低；债权人利息指数较上一季度有所恢复，达到与上年同期持平。总体来看，自 2018 年起，政府税收指数、员工薪酬指数及债权人利息指数均在波动中快速上升，而股东获利指数则呈波动下滑趋势，可见企业对于股东以外的其他利益相关者的价值创造能力在逐渐提升。

5.2.2 四类分配主体价值创造额占比分析

图 5-4 是大服务业价值创造额构成分析图。首先，从 2007 年以来的季度均值占比来看，员工薪酬所得占比最高，达到 34.79%；政府税收所得占比次之，达到 30.54%；股东获利所得占比排在第三位，为 27.54%；债权人利息所得占比排在最后，为 7.13%。其次，与 2007 年季度均值相比，2019 年、2020 年大服务业价值创造额分配结构发生了显著变化。2007 年，股东获利所得占比最高，达到 39.53%，2019 年下降至 24.01%，2020 年进一步下降到 17.96%；2007 年，员工薪酬所得占比为 27.84%，2019 年占比大幅上升，达到 37.43%，2020 年进一步上升到 42.20%，在四类分配主体所得中占比最高；政府税收所得占比也出现了较大

幅度的上升，从 2007 年的 28.20% 上升至 2019 年的 30.36%，2020 年进一步上升至 31.42%。

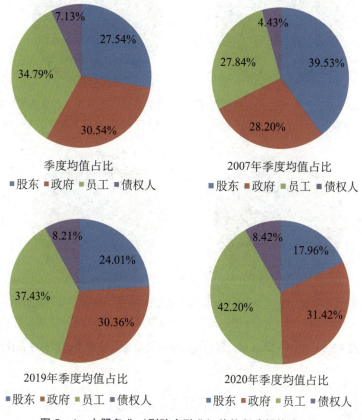

图 5-4　大服务业（剔除金融业）价值创造额构成占比

图 5-5 列示了 2019 年和 2020 年分别使用"财务费用"和"利息费用"度量债权人利息所得的大服务业价值创造额构成占比。

从图 5-5 中我们可以看到，2019 年使用财务费用度量债权人利息所得后债权人利息所得占比为 8.21%，使用利息费用度量债权人利息所得后债权人利息所得占比为 9.69%；2020 年使用财务费用度量债权人利息所得后债权人利息所得占比为 8.42%，使用利息费用度量债权人利息所得后债权人利息所得占比为 11.25%。由此可以看出，在使用利息费用度量债权人利息所得后，债权人利息所得占比有所提升，其他三类主体所得占比呈现一定程度的下降。

总的来说，大服务业价值创造额中员工薪酬所得占比、政府税收所得占比和债权人利息所得占比均有上升，股东获利所得占比明显下降，这种下降会影响股东的投资积极性，从长远看可能影响我国经济的结构调整和转型升级，因此，为大服务业营造良好的经营环境，提高企业的盈利能力，使股东获得的价值创造额占比有所提高，成为促进经济转型升级的重要方向。

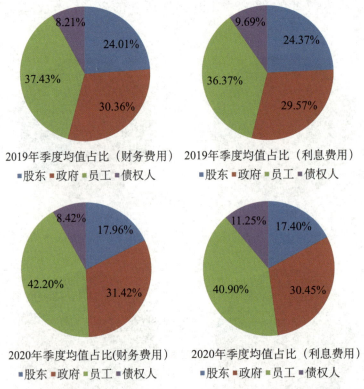

图5-5　2019—2020年大服务业（剔除金融业）价值创造额构成占比

5.3　产权性质分类分析

对大服务业上市公司价值创造额及价值创造效率按产权性质进行分析，可以反映不同产权性质的上市公司在经济增长及资源使用效率方面的发展动态，为国家制定相关的产业政策提供参考。

根据上市公司实际控制人的性质，我们将大服务业中的样本公司分为国有控股公司与非国有控股公司。表5-4列示了两类产权性质上市公司的季均样本量、季均总资产、单个公司季均总资产、季均价值创造额以及单个公司季均价值创造额。

从表5-4中可以看出，虽然在样本量上大服务业非国有控股公司与国有控股公司不存在明显差距，但在资产规模和价值创造额上，非国有控股公司与国有控股公司对比悬殊。具体来看，非国有控股公司与国有控股公司季均价值创造额分别为1 021亿元和1 812亿元。该结果在一定程度上表明，国有控股公司为大服务业的价值创造做出了重要贡献，国有经济在大服务业上市公司中居主导地位。

表 5-4　大服务业（剔除金融业）分产权性质描述性统计

产权性质	季均样本量	季均总资产（亿元）	单个公司季均总资产（亿元）	季均价值创造额（亿元）	单个公司季均价值创造额（亿元）
国有控股公司	304	65 211	215	1 812	5.96
非国有控股公司	362	37 489	104	1 021	2.82

5.3.1　分产权性质价值创造额指数分析

图 5-6 揭示了大服务业两类产权性质的上市公司自 2007 年第 1 季度至 2021 年第 1 季度的价值创造额指数的变化趋势。从图 5-6 中可以看出，2016—2018 年，虽然两类价值创造额指数均保持增长趋势，但是大服务业非国有控股公司价值创造额指数的增长速度明显快于国有控股公司，表明非国有控股公司的成长性优于国有控股公司。2018 年，非国有控股公司价值创造额指数的增长趋势放缓，而国有控股公司仍保持原来的增长趋势，并在 2018 年第 4 季度短暂超过了非国有控股公司。这也是近年来第一次出现大服务业国有控股公司价值创造额指数超过非国有控股公司的情况，主要原因是非国有控股公司在 2018 年第 4 季度整体受到货币流动性趋紧的影响，获得贷款的难度陡增，价值创造受到直接冲击。2019 年第 1 季度，国家整体货币流动性趋缓，非国有控股公司价值创造额指数又重新超过了国有控股公司。2019 年第 1—3 季度，大服务业非国有控股公司价值创造额指数始终高于国有控股公司价值创造额指数，说明虽然国有控股公司的价值创造能力有所改善，但整体来看，依然是非国有控股公司的价值创造能力在长期表现较好。2020 年第 1 季度，受疫情的影响，国有控股公司和非国有控股公司价值创造额指数均大幅下跌，其中，国有控股公司价值创造额指数下降更为明显，主要原因是国有控股公司相对于非国有控股公司需要承担更多的社会责任，价值创造受到较大影响。2020 年第 2 季度，各地企业逐步复工复产，社会活动增多，人员流动加快，且疫情让在线直播得以成长，并促进了数字经济的发展，大服务业价值创造额明显上升，且非国有控股公司价值创造额指数上升幅度更为明显。总体来看，2020 年国家出台了许多消费刺激政策，国有控股公司受政策影响更大，价值创造额指数逐步稳定上升，非国有控股公司价值创造额指数则呈逐步下降的趋势。2021 年第 1 季度则呈相反态势，国有控股公司价值创造额指数降低，非国有控股公司价值创造额指数上升。另外，从价值创造额指数的波动趋势来看，国有控股公司与非国有控股公司均表现出第 1、3 季度偏低，第 2、4 季度趋高的季度性特征，与大服务业总体的价值创造额指数波动趋势一致。

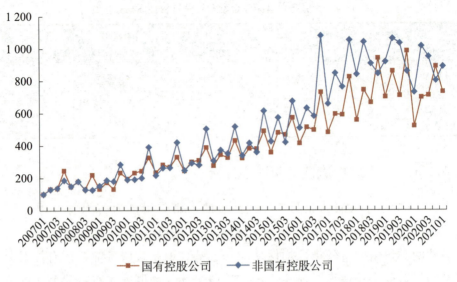

图 5 - 6　大服务业（剔除金融业）不同产权性质价值创造额指数变化趋势

5.3.2　分产权性质价值创造效率指数分析

图 5 - 7 揭示了大服务业两类产权性质上市公司自 2007 年第 1 季度至 2020 年第 1 季度的价值创造效率指数变化趋势。由图 5 - 7 可知，在 2008 年金融危机之后，两类价值创造效率指数均呈下降趋势，2011 年之前，非国有控股公司价值创造效率指数下降速度慢于国有控股公司，这在一定程度上表明 4 万亿元投资计划对国有控股公司价值创造效率产生了更大的冲击，增加投资虽然能刺激经济总量的增长，却难以保证资金的配置效率。2011 年之后，国有控股公司价值创造效率指数基本处于稳定状态，而非国有控股公司价值创造效率指数继续下降。从 2015 年第 3 季度开始，两类指数的差异基本保持稳定，这表明虽然非国有控股公司价值创造额增长迅速，但新进入企业的价值创造效率较低，非国有控股公司需要改变粗放的扩张方式，提高单位资产的价值创造能力。2018—2019 年，国有控股公司价值创造效率指数走势依然平稳，非国有控股公司价值创造效率指数再次出现小幅下降趋势，这说明国有控股公司价值创造效率十分稳定。2020 年第 1 季度，受疫情影响，国有控股公司和非国有控股公司价值创造效率指数均出现明显下跌，且国有控股公司的下跌幅度更大，主要是由于国有控股公司承担的社会责任更多。2020 年第 2—4 季度，政府出台多项政策促进社会经济的复苏，各地企业逐步复工复产，社会活动增多，人员流动加快，国有控股公司受政府政策影响更大，因此其价值创造效率指数上升，非国有控股公司价值创造效率指数仍有所下降。而 2021 年第 1 季度，非国有控股公司价值创造效率指数上升，国有控股公司价值创造效率指数降低。此外，可以发现国有控股公司和非国有控股公司价值创造效率

指数具有明显的年末效应，主要原因是第 4 季度公司的净利润、政府税收和应付职工薪酬较为集中。以上结果的政策启示在于，在当前国际市场需求疲软、出口贸易受阻、国内消费增速缓慢的大环境下，刺激内需对于保持经济总量平稳增长、增加就业机会具有极为重要的现实意义。

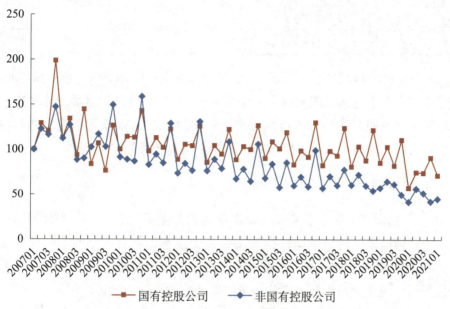

图 5-7　大服务业（剔除金融业）不同产权性质价值创造效率指数变化趋势

5.4　地区层面分类分析

对大服务业上市公司价值创造额及价值创造效率按地区进行分析，在一定程度上可以反映不同地区大服务业上市公司的经济增长速度及资源使用效率，为国家制定区域发展战略和资源分配政策提供参考。

本章对地区的划分方法与前面章节一致，表 5-5 列示了大服务业各地区季均样本量、季均总资产、单个公司季均总资产、季均价值创造额和单个公司季均价值创造额。

表 5-5　大服务业（剔除金融业）分地区描述性统计

地区	季均样本量	季均总资产（亿元）	单个公司季均总资产（亿元）	季均价值创造额（亿元）	单个公司季均价值创造额（亿元）
华东	266	39 196	147	1 105	4.16
华南	130	27 838	214	743	5.72
华中	49	3 876	79	115	2.34

续表

地区	季均样本量	季均总资产（亿元）	单个公司季均总资产（亿元）	季均价值创造额（亿元）	单个公司季均价值创造额（亿元）
华北	119	21 938	185	633	5.34
西北	22	2 055	93	36	1.62
西南	42	4 811	114	115	2.72
东北	38	2 985	80	86	2.29

从表5-5中可以看出，大服务业上市公司主要集中在华东、华南和华北地区，季均总资产占七大地区大服务业上市公司的86.60%，价值创造额同样集中在上述三大地区。这表明东南沿海省市和北京、天津地区的大服务业比较发达，西部地区则相对落后，与整个宏观经济增长在地域上的分布格局一致。

5.4.1 分地区价值创造额指数分析

图5-8揭示了大服务业各地区价值创造额指数的变化趋势。整体来看，在七大地区中，西南地区价值创造额指数增长最为迅速，但近两年的增长速度有所放缓；其次是华南和西北地区，但近两年西北地区呈现负增长，主要原因是西北地区部分公司出现了大额亏损；东北和华中地区的增长最为缓慢。

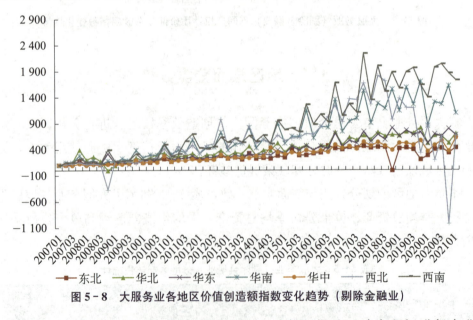

图5-8 大服务业各地区价值创造额指数变化趋势（剔除金融业）

西南地区价值创造额指数增长较为迅速，一方面得益于政府积极进行产业改革，扶持本地区大服务业上市公司的发展；另一方面也得益于本地区大服务业上市公司的起点较低，更容易实现快速发展。华南地区能够实现快速增长，主要因为该地区的市场化程度更高，对大服务业上市公司的发展更为重视。对七大地区进行综合分析，可以发现七大地区价值创造额指数存在明显的年末效应，即第 4 季度价值创造额指数较高，华南、西南和西北地区尤为明显。

2020 年第 1 季度，受疫情的影响，只有东北、西北地区的价值创造额指数不降反升，其他地区的价值创造额指数均呈下降趋势，且华南地区下降最明显。2020 年第 2 季度至 2021 年第 1 季度，疫情得到有效控制，各地经济向好，除西北地区价值创造额指数呈下降趋势以外，其他地区价值创造额指数在波动中上升。

特别地，东北地区价值创造额指数在 2018 年第 4 季度大幅下跌，随后在 2019 年第 1 季度回升。[①] 这主要是由于有多家在东北地区注册、受计提商誉减值准备影响的影视游戏公司在 2018 年出现了巨额亏损。其中以天神娱乐（002354）为代表，它在 2018 年净利润亏损约 75.22 亿元，并且公司原实际控制人、董事长兼总经理朱晔在 2018 年 5 月因涉嫌违反证券法律法规被立案调查，公司处于无实际控制人和控股股东状态，公司员工人数骤减，逾期债务规模较大，有息负债大幅增加，未来主营业务盈利能力将大幅下降。除此之外，*ST 工新（600701）、*ST 大控（600747）等公司的主营业务收入大幅下滑以及计提了大量的商誉减值准备也导致业绩不佳。西北地区价值创造额指数在 2019 年第 4 季度大幅下降，主要原因是个别上市公司发生大额亏损。其中，*ST 中绒（000982）发生破产重整，*ST 盐湖（000792）重整并处置资产产生了大额的资产处置损失，*ST 秦机（000837）、新研股份（300159）等公司主营业务不佳，顺利办（000606）、炼石航空（000697）、*ST 银亿（000981）等公司计提了大量的商誉减值准备。西北地区价值创造额指数在 2020 年第 4 季度再次大幅下跌，主要原因是个别上市公司受疫情影响营业收入大幅下降，或计提了大量的资产减值准备，出现大额亏损。其中，以*ST 大集（000564）和*ST 济堂为代表。*ST 大集计提了大量的资产减值准备，以公允价值模式计量的投资性房地产公允价值变动产生的收益同比减少，公司价值创造额受到较大影响。*ST 济堂受疫情暴发及多地二次疫情蔓延的影响，旗下众多医疗机构、药品销售终端受到影响，回款周期延长，资金充裕性减弱，导致公司批发业务规模下滑，价值创造额大幅下降。

5.4.2 分地区价值创造效率指数分析

图 5-9 揭示了大服务业各地区价值创造效率指数的变化趋势。图中表明七大地区的大服务业价值创造效率指数均呈下降趋势，但幅度不大，并且存在较明显

---

① 由于东北地区的金圆股份（000546）在 2018 年第 4 季度从大制造业变更到大服务业（资产总量大，对大服务业样本有较大影响），加上东北地区大服务业上市公司在 2018 年第 4 季度经营状况不佳，如果此时在大服务业样本中加入金圆股份会导致价值创造额发生数量级上的变动，价值创造额指数以及价值创造效率指数出现异常。为了与实际情况相符，我们在 2018 年第 4 季度将金圆股份从大服务业样本中剔除。

的年末效应，即第 4 季度价值创造效率指数较高。2021 年第 1 季度，各地区价值创造效率指数基本趋同，说明各地区价值创造效率增幅差异在不断减小。具体分析，东北地区价值创造效率指数呈持续下滑趋势，尤其是在 2018 年第 4 季度和 2019 年第 4 季度下滑明显但随即回升到原来水平，下滑的原因是该地区影视游戏类公司产生了巨额亏损；华北地区价值创造效率指数在 2008 年大幅下滑，2009 年明显反弹，并在随后年度维持相对稳定状态；华东地区价值创造效率指数在 2008 年第 4 季度大幅上涨，2009 年第 1 季度大幅回落，并在随后年度出现轻微下滑；华南地区价值创造效率指数存在明显的波动性，截至 2018 年第 1 季度并未明显下滑，但在随后年度下滑趋势明显；华中地区价值创造效率指数在 2013 年以前有明显下滑趋势，在随后年度维持相对稳定状态；西北地区价值创造效率指数在样本期间内先增长，2010 年以后出现明显的下滑趋势，且在 2020 年第 4 季度，由于个别公司出现巨额亏损而大幅下滑；西南地区价值创造效率指数在 2008 年第 4 季度大幅上扬，并在随后年度回落且一直保持下降趋势。上述结论表明，虽然西北和西南地区价值创造额增长较为迅速，但需要考虑转变经济发展方式，提高经济运行效率。

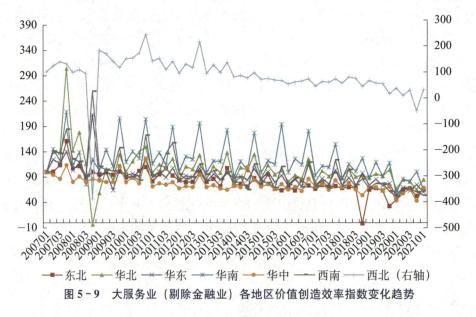

图 5-9　大服务业（剔除金融业）各地区价值创造效率指数变化趋势

5.5　公司层面排名分析

以上从整体层面对大服务业上市公司的价值创造情况展开了系统分析。接下来，为了进一步考察大服务业中个体上市公司的价值创造情况与差异，本报告对每一家大服务业上市公司的年度价值创造额进行了计算与排名，以期更为具体地揭示大服务业上市公司的价值创造现状与发展规律。附录表 A5 列示了全体大服务业上市公司 2020 年价值创造额、2020 年价值创造额排名、2019 年价值创造额排名、2018 年价值创造额排名、2020 年相比 2019 年排名变化以及 2019 年相比 2018 年排名变化。附录表 A6 列示了全体大服务业上市公司 2020 年价值创造效率、2020 年价值创造额、2020 年总资产、2020 年价值创造效率排名、2019 年价值创造效率排名、2018 年价值创造效率排名、2020 年相比 2019 年排名变化以及 2019 年相比 2018 年排名变化。根据附录表 A5 和表 A6，本报告分别从整体公司情况与重点公司情况两方面展开分析。

5.5.1　按价值创造额排名的整体公司情况分析

从整体排名情况来看，2020 年大服务业共有 923 家公司。其中，816 家公司价值创造额为正，107 家公司价值创造额为负。大服务业价值创造额前 10 名多为大型国有控股公司，价值创造额均在 300 亿元以上。其中，万科 A（000002）价值创造额高达 1 442.83 亿元，位居榜首。保利地产（600048）以 1 023.56 亿元的价值创造额紧随其后。而＊ST 海航（600221）和＊ST 数知（300038）的价值创造额分别为－529.17 亿元和－73.92 亿元，位列最后两名。

从排名变动情况来看，大服务业价值创造额前 10 名的公司位次较为稳定，而处于其他位次的公司排名变动则相对较大，尤其是个别公司受宏观环境、行业环境或并购重组等因素的影响，近年来价值创造额排名发生了大幅变化。例如，与 2019 年相比，2020 年＊ST 海航（600221）的价值创造额排名下降了 899 名，泰禾集团（600654）下降了 858 名，＊ST 基础（600515）下降了 812 名。但与 2019 年相比，2020 年＊ST 飞马（002210）的价值创造额排名上升了 834 名，鹏博士（600804）上升了 680 名，联络互动（002280）上升了 659 名。

5.5.2　按价值创造额排名的重点公司情况分析

对于重点公司排名情况，本报告选取了价值创造额排名稳居前列的万科 A（000002）、中国联通（600050）和顺丰控股（002352），排名上升最具代表性的华大基因（300676）和鹏博士（600804），以及排名下滑较为明显的宋城演艺（300144）和泰禾集团（000732）共 7 家公司为对象，从价值创造额的来源与分配两个视角对公司价值创造情况展开深入分析。

（一）万科 A

1. 公司基本情况介绍

万科企业股份有限公司（简称万科 A）成立于 1984 年 5 月 30 日，1991 年 1 月 29 日在深交所上市，所属行业为房地产业（K70）。万科 A 的主营业务包括房地产开发与经营、地产管理及其他业务。公司 2020 年的资产规模为 18 691.77 亿元，员工人数为 140 565 人。万科 A 是中国房地产行业中占主导地位的公司之一，其在地产中国网举办的红榜评选活动中连续三次上榜。2020 年，万科 A 在《财富》世界 500 强中排名第 208 位、中国 500 强中排名第 30 位。

2. 价值创造额来源分析

万科 A 在 2020 年的价值创造额为 1 442.83 亿元，在 2020 年大服务业上市公司价值创造额排名中位居第 1 名，在 2019 年和 2018 年的排名中也均位居第 1 名。

万科 A 2020 年的价值创造额高居大服务业上市公司第一位，这与万科 A 主动实现转型升级，重视综合实力比拼，扩宽延伸业务领域，优化经营管理模式，从而实现收入增长密切相关。从公司价值创造额的主要来源来看，万科 A 在 2020 年实现总收入 4 201.12 亿元，同比增长 13.97%；总成本为 3 517.82 亿元，同比增长 19.21%，成本增长比例与收入增长比例基本相当。从收入的具体表现来看，2020 年，来自房地产及相关业务的营业收入为 4 004.49 亿元，占比 95.5%；来自物业服务的营业收入为 154.32 亿元，占比 3.7%。2020 年公司的销售规模上升，销售面积达 4 667.5 万平方米，销售金额为 7 041.5 亿元，分别增长 13.5% 和 11.6%。所销售的产品中，住宅占 88.2%，商办房占 7.9%，其他配套设施占 3.9%。同时，公司发展物业服务业，以让更多用户体验物业服务之美好为使命，在巩固住宅开发和物业服务固有优势的基础上延伸业务领域，为实现可持续发展奠定基础。

3. 价值创造额分配去向分析

从 2020 年公司价值创造额的分配去向来看，股东获得 592.98 亿元，占比为 41.10%；政府获得 633.2 亿元，占比为 43.89%；员工获得 165.16 亿元，占比为 11.45%；债权人获得 51.45 亿元，占比为 3.57%。总体而言，万科 A 向股东、政府、员工和债权人四类主体进行了价值创造额的分配，履行了对四类主体的社会责任。

为了充分揭示万科 A 价值创造额分配去向的变化趋势以及与同行业上市公司相比所存在的差异，接下来我们从纵向和横向两个层面，对万科 A 价值创造额分配去向进行分析。

（1）纵向对比分析。

本部分展现了 2018—2020 年万科 A 的四类分配主体所获得的价值创造额、价值创造额变动以及价值创造额占比等情况。表 5－6 描述了万科 A 的四类分配主体所获得的价值创造额及其变动趋势，图 5－10 则描述了万科 A 的四类分配主体所获得的价值创造额占比。

表 5 - 6　2018—2020 年万科 A 价值创造额分配及变动情况

分配主体	2020 年（亿元）	2019 年（亿元）	2018 年（亿元）	2020 年相对 2019 年		2019 年相对 2018 年	
				变动额（亿元）	变动率（％）	变动额（亿元）	变动率（％）
股东	592.98	551.32	492.72	41.70	3.36	58.60	11.89
政府	633.24	676.66	619.79	−43.40	−2.43	56.87	9.18
员工	165.16	175.40	149.59	−10.24	−0.56	25.81	17.25
债权人	51.45	57.36	59.99	−59.08	−0.36	−2.63	−4.38
合计	1 442.83	1 460.73	1 322.09	−17.90	0.01	138.64	10.49

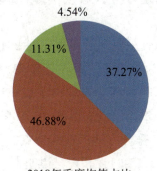

2018年季度均值占比
■股东　■政府　■员工　■债权人

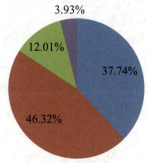

2019年季度均值占比
■股东　■政府　■员工　■债权人

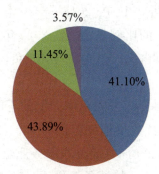

2020年季度均值占比
■股东　■政府　■员工　■债权人

图 5 - 10　2018—2020 年万科 A 价值创造额构成占比

从表 5 - 6 中我们可以看到，万科 A 的股东获利所得在 2018 年为 492.72 亿元。2019 年，全国商品房销售面积同比微降，新开工面积增速回落，房地产市场调控效果显著，万科 A 股东获利所得为 551.32 亿元，同比上升 11.89％，增速有所放缓。2020 年，突如其来的疫情对社会经济产生巨大冲击，同时重点房地产企业资金监测和融资管理、房地产贷款集中度管理等政策相继出台。面对复杂的经营环境，万科 A 的股东获利所得保持稳健，为 592.98 亿元，同比上升 3.36％，增速放缓。政府税收所得在 2018 年为 619.79 亿元，2019 年为 676.66 亿元，同比上升 9.18％。2020 年，受疫情的影响，政府税收所得为 633.24 亿元，同比下降

2.43％。员工薪酬所得在 2018 年为 149.59 亿元，2019 年达到 175.40 亿元，同比增长 17.25％，主要原因是万科 A 提供了具有竞争力的薪酬待遇，按照员工的表现提供不同的晋升机会，注重对员工的价值创造额的分配。2020 年员工薪酬所得为 165.16，同比下降 0.56％，一方面是受到疫情的影响，另一方面是万科 A 出台了新的薪酬制度，逐步建立健全薪酬体系，完善公司治理结构。债权人利息所得在 2018 年为 59.99 亿元；2019 年为 57.36 亿元，小幅下降 4.38％；2020 年为 51.45 亿元，下降 0.36％。总体而言，2018—2020 年公司经营业绩良好，其中 2018—2019 年价值创造额上升幅度较大，主要原因是万科 A 各项税费上升较快，对员工的价值分配增长较多。

从图 5-10 中我们可以看到，万科 A 的股东获利所得占比在 2018—2020 年分别为 37.27％、37.74％和 41.10％，占比较为稳定，说明在近年来宏观政策多变、市场环境复杂的情况下，万科 A 依然顶住了市场压力，取得了股东获利所得上升的良好业绩。政府税收所得占比在 2018—2020 年分别为 46.88％、46.32％和 43.89％，在四类分配主体所得中占比较高，符合房地产业的特点。员工薪酬所得占比在 2018—2020 年分别为 11.31％、12.01％和 11.45％，说明万科 A 重视人力资源，体现了其按照市场化原则提供业内富有竞争力的薪酬，保有和吸纳优秀人才的理念。债权人利息所得占比在 2018—2020 年分别为 4.54％、3.93％和 3.57％，而有息负债占总资产的比例在 2018—2020 年分别为 16.49％、14.95％和 13.8％，说明债权人利息所得占比大小主要与有息负债占总资产的比例相关。

（2）横向对比分析。

为了揭示公司价值创造额分配去向在横向上的不同，本部分分别计算了 2020 年万科 A、房地产业[①]、大服务业价值创造额前 100 名上市公司[②]（简称大服务业前 100）和大服务业全体上市公司[③]（简称大服务业全样本）的四类分配主体所获得的价值创造额的占比。图 5-11 描述了万科 A、房地产业、大服务业前 100 和大服务业全样本的四类分配主体所获得的价值创造额季度均值占比情况。

从图 5-11 中我们可以看到，2020 年，万科 A 的股东获利所得占比为 41.10％，高于房地产业、大服务业前 100 和大服务业全样本的 27.24％、26.10％和 16.05％，可见万科 A 为股东创造的财富与同行业相比具有显著优势。2020 年，

---

① 房地产业上市公司四类分配主体所获得的价值创造额的占比，是指选取房地产业样本并剔除万科 A 后计算的四类分配主体所获得的价值创造额的平均占比。

② 大服务业价值创造额前 100 名上市公司四类分配主体所获得的价值创造额的占比，是指将大服务业样本按价值创造额由高到低排列，选取前 100 名上市公司并剔除万科 A 后计算的四类分配主体所获得的价值创造额的平均占比。

③ 大服务业全体上市公司四类分配主体所获得的价值创造额的占比，是指选取大服务业全样本并剔除万科 A 后计算的四类分配主体所获得的价值创造额的平均占比。

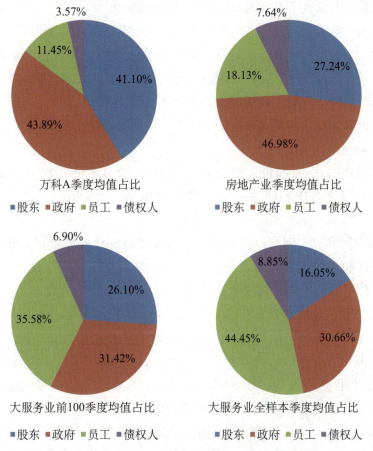

图 5 - 11　2020 年万科 A、房地产业、大服务业前 100 和大服务业全样本价值创造额构成占比

万科 A 的政府税收所得占比高达 43.89％，低于房地产业的 46.98％，但远高于大服务业前 100 和大服务业全样本的 31.42％和 30.66％，说明万科 A 依法依规履行了纳税义务。2020 年，万科 A 的员工薪酬所得占比为 11.45％，低于房地产业的 18.13％，说明万科 A 与同行业相比人工成本较低，且远低于大服务业前 100 和大服务业全样本的 35.58％和 44.45％。2020 年，万科 A 的债权人利息所得占比为 3.57％，远低于房地产业、大服务业前 100 和大服务业全样本的 7.64％、6.90％和 8.85％，说明与行业整体相比，万科 A 的融资成本相对较低，融资难、融资贵的问题主要存在于价值创造额排名靠后的大服务业上市公司中。

（二）中国联通

1. 公司基本情况介绍

中国联合网络通信股份有限公司（简称中国联通）成立于 2001 年 12 月 31 日，2002 年 10 月 9 日在上交所上市，所属行业为电信、广播电视和卫星传输服务（I63）。中国联通的主营业务为在中国境内提供语音通话、增值服务、宽带及移动数据服务、数据及其他互联网应用、电路及网元服务等，其为中国三大电信运营商之一，各项业务均居行业领先地位。公司 2020 年的资产规模为 5 824.75 亿元，员工人数为 242 278 人。中国联通深入践行新发展理念，坚决落实高质量发展要求，积极主动推进行业生态建设，强力实施 5G 网络共建共享，持续深化混合所有制改革，不断加强"五新"联通建设，企业各项工作迈出新步伐。公司位居 2020 年《财富》世界 500 强的第 290 位、中国 500 强的第 34 位。

2. 价值创造额来源分析

中国联通在 2020 年的价值创造额为 768.46 亿元，在 2020 年大服务业上市公司价值创造额排名中位居第 4 名，在 2019 年和 2018 年的排名中也均位居第 4 名。

2020 年中国联通实现高价值创造额，与其持续深化实施聚焦战略，加快创新业务能力布局和规模拓展，带动整体主营业务收入逐步实现企稳回升密切相关。从公司价值创造额的主要来源来看，中国联通 2020 年实现总收入 3 046.63 亿元，同比增长 4.58%；总成本为 2 857.94 亿元，同比增长 4.10%。2020 年，中国联通电信业业务收入实现 2 758.13 亿元，其中，语音业务收入为 354.9 亿元，同比下降 10.1%；非语音业务收入为 2 403.2 亿元，同比增长 6.9%。从具体业务来看，语音通话及月租费收入为 231.83 亿元，同比下降 12.32%；增值业务收入为 212.51 亿元，同比增长 0.17%；宽带及移动数据服务收入为 1 507.30 亿元，同比增长 2.86%；数据及其他互联网应用收入为 479.23 亿元，同比增长 28.77%；网间结算收入为 123.07 亿元，同比下降 4.54%；电路及网元服务收入为 165.18 亿元，同比增长 5.9%。其他主营业务收入实现 38.66 亿元，同比下降 13.26%。总体而言，中国联通优化业务布局与规模拓展，实现了对股东、政府、员工和债权人的价值创造。

3. 价值创造额分配去向分析

从 2020 年公司价值创造额的分配去向来看，股东获得 125.25 亿元，占比为 16.30%；政府获得 93.94 亿元，占比为 12.22%；员工获得 547.01 亿元，占比为 71.18%；债权人获得 2.27 亿元，占比为 0.30%。总体而言，中国联通向股东、政府、员工和债权人四类主体进行了价值创造额的分配，履行了对四类主体的社会责任。

为了充分揭示中国联通价值创造额分配去向的变化趋势以及与同行业上市公司相比所存在的差异，接下来我们从纵向和横向两个层面，对中国联通价值创造额分配去向进行分析。

（1）纵向对比分析。

本部分计算了 2018—2020 年中国联通四类分配主体所获得的价值创造额、价值创造额变动以及价值创造额占比等情况。表5－7描述了中国联通的四类分配主体所获得的价值创造额及其变动趋势，图5－12则描述了中国联通的四类分配主体所获得的价值创造额占比。

表5－7　2018—2020年中国联通价值创造额分配及变动情况

分配主体	2020年（亿元）	2019年（亿元）	2018年（亿元）	2020年相对2019年		2019年相对2018年	
				变动额（亿元）	变动率（％）	变动额（亿元）	变动率（％）
股东	125.25	112.64	93.01	12.61	11.19	19.63	21.11
政府	93.94	53.48	74.05	40.45	75.64	−20.57	−27.78
员工	547.01	483.04	470.30	63.97	13.24	12.74	2.71
债权人	2.27	7.17	−1.38	−4.91	−68.34	8.55	620.71
合计	768.46	656.34	635.98	112.12	17.08	20.35	3.20

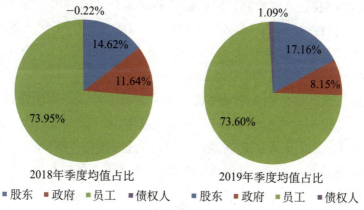

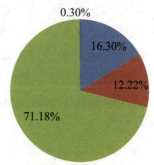

图5－12　2018—2020年中国联通价值创造额构成占比

从表5－7中我们可以看到，中国联通的股东获利所得在2018年为93.01亿元，这主要得益于公司深化实施聚焦创新合作战略，围绕轻触点、轻成本创新商业模式，加大力度推动互联网化运营转型，公司经营业绩显著改善；2019年股东获利所得达 112.64 亿元，同比上升 21.11％；2020 年为 125.25 亿元，同比上升 16.30％，说明公司利润稳中有升。政府税收所得在 2018 年为 74.05 亿元，2019 年降至 53.48 亿元，同比下降 27.78％；2020 年升至 93.94 亿元，同比上升 75.64％，说明公司的税负有所提高，这主要是公司 2020 年利润增长以及以前年度可抵扣亏损已经使用完毕综合导致。员工薪酬所得在 2018 年为 470.30 亿元，2019 年达到 483.04 亿元，同比上升 2.71％；2020 年为 547.01 亿元，同比上升 13.24％，说明人工成本总体保持稳定，且维持在较高水平，人工成本增长与公司经营业绩紧密挂钩，公司员工积极性较高。债权人利息所得在 2018 年为 −1.38 亿元，2019 年为 7.17 亿元，比 2018 年上升 8.55 亿元；2020 年为 2.27 亿元，同比下降 68.34％。总体而言，2020 年公司经营业绩良好，价值创造额同比上升 17.08％，价值创造水平较高。

从图 5-12 中我们可以看到，中国联通的股东获利所得占比在 2018—2020 年分别为 14.62％、17.16％ 和 16.30％。2019 年的股东获利所得占比比上年上升 2.54 个百分点，主要原因在于 2019 年中国联通业务发展良好，净利润有较大幅度提升。政府税收所得占比在 2018—2020 年分别为 11.64％、8.15％ 和 12.22％，占比变化较大是由于公司支付的各项税费发生了变动。员工薪酬所得占比在 2018—2020 年分别为 73.95％、73.60％ 和 71.18％，基本维持在 70％ 以上，且占比较大，这与中国联通员工数量多有密切联系。债权人利息所得占比在 2018—2020 年分别为 −0.22％、1.09％ 和 0.30％，从近三年的整体情况来看，债权人利息所得占比较低。

（2）横向对比分析。

为了揭示公司价值创造额分配去向在横向上的不同，本部分分别计算了 2020 年中国联通，信息传输、软件和信息技术服务业[①]，大服务业价值创造额前 100 名上市公司[②]（简称大服务业前100）和大服务业全体上市公司[③]（简称大服务业全样本）的四类分配主体所获得的价值创造额的占比。图 5-13 描述了中国联通，信息传输、软件和信息技术服务业，大服务业前 100 和大服务业全样本的四类分配主体所获得的价值创造额季度均值占比情况。

从图 5-13 中我们可以看到，2020 年，中国联通的股东获利所得占比为 16.30％，远高于信息传输、软件和信息技术服务业的 13.35％，但远低于大服务

[①] 信息传输、软件和信息技术服务业上市公司四类分配主体所获得的价值创造额的占比，是指选取信息传输、软件和信息技术服务业样本并剔除中国联通后计算的四类分配主体所获得的价值创造额的平均占比。

[②] 大服务业价值创造额前 100 名上市公司四类分配主体所获得的价值创造额的占比，是指将大服务业样本按价值创造额由高到低排列，选取前 100 名上市公司并剔除中国联通后计算的四类分配主体所获得的价值创造额的平均占比。

[③] 大服务业全体上市公司四类分配主体所获得的价值创造额的占比，是指选取大服务业全样本并剔除中国联通后计算的四类分配主体所获得的价值创造额的平均占比。

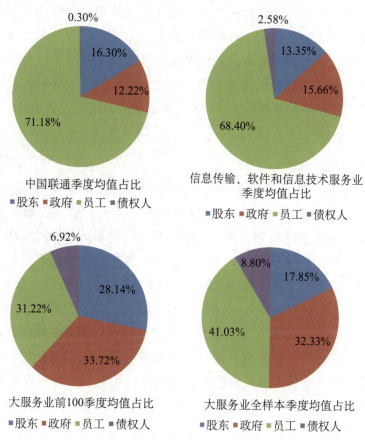

0.30%
16.30%
12.22%
71.18%

中国联通季度均值占比
■股东 ■政府 ■员工 ■债权人

2.58%
13.35%
15.66%
68.40%

信息传输、软件和信息技术服务业
季度均值占比
■股东 ■政府 ■员工 ■债权人

6.92%
28.14%
33.72%
31.22%

大服务业前100季度均值占比
■股东 ■政府 ■员工 ■债权人

8.80%
17.85%
32.33%
41.03%

大服务业全样本季度均值占比
■股东 ■政府 ■员工 ■债权人

图 5-13　2020 年中国联通，信息传输、软件和信息技术服务业，
大服务业前 100 和大服务业全样本价值创造额构成占比

业前 100 和大服务业全样本的 28.14％和 17.85％。2020 年，中国联通的政府税收所得占比为 12.22％，远低于信息传输、软件和信息技术服务业的 15.66％、大服务业前 100 的 28.14％以及大服务业全样本的 17.85％。2020 年，中国联通的员工薪酬所得占比为 71.18％，高于信息传输、软件和信息技术服务业的 68.40％，这是由于中国联通员工人数多达 242 121 人，远高于行业平均员工人数 2 698 人；远高于大服务业前 100 和大服务业全样本的 31.22％和 41.03％，说明中国联通及其所属的信息传输、软件和信息技术服务业的行业平均工资高。据国家统计局发布的城镇非私营单位、城镇私营单位和规模以上企业分岗位就业人员年平均工资情况，规模以上企业就业人员、中层及以上管理人员、专业技术人员、办事人员和有关人员、社会生产服务和生活服务人员五类岗位平均工资最高的行业均为信息传输、软件和信息技术服务业，分别为 17.53 万元、33.89 万元、19.92 万元、12.36 万元和 12.14 万元。信息传输、软件和信息技术服务业上市公司价值创造额大部分分配给了员工，股东、政府及债权人所获得的创造额较低。2020 年，中国

联通的债权人利息所得占比仅为 0.30％，低于信息传输、软件和信息技术服务业的 2.58％，远低于大服务业前 100 和大服务业全样本的 6.92％和 8.80％，这反映出中国联通的融资成本低。公司主要依靠应付票据及应付账款、合同负债等无息负债进行融资，2019 年应付账款达 1 148.83 亿元，合同负债达 429.57 亿元，向银行借款或发行债券等融资金额较少，因此分配给债权人的价值创造额较少。

(三) 顺丰控股

1. 公司基本情况介绍

顺丰控股股份有限公司（简称顺丰控股）成立于 2003 年 5 月 13 日，2010 年 2 月 5 日在深交所上市，所属行业为邮政业（G60）。顺丰控股的主要产品和服务包括时效快递、经济快递、同城即时物流、仓储服务、国际快递等多种快递服务，以零担为核心的快运服务，为生鲜、食品和医药领域的客户提供冷链运输服务，以及保价、代收货款、包装服务、保鲜服务等增值服务。公司 2020 年的资产规模为 1 111.60 亿元，员工人数为 121 925 人。顺丰控股已成为全球第四大快递公司，稳居国内快递行业龙头地位，在物流行业的细分领域如快运、冷运及医药、同城、供应链等均占据龙头地位，并保持远高于行业整体的增长速度，拥有明显的竞争优势。中国大物流行业市场规模约 15 万亿元，顺丰控股 2020 年的营业收入总额突破 1 500 亿元，占大物流行业市场约 1％，未来顺丰控股的发展潜力巨大。

2. 价值创造额来源分析

顺丰控股在 2020 年的价值创造额为 386.64 亿元，在 2020 年大服务业上市公司价值创造额排名中位居第 9 名，在 2019 年和 2018 年的排名中分别位居第 15 名和第 14 名。

2020 年顺丰控股实现高价值创造额，存在以下几大驱动因素：一是具有行业领先的物流科技能力，构建了独特的核心竞争力；二是服务质量多年蝉联第一，塑造了良好的品牌形象；三是对全网络形成强有力管控的经营模式，兼具稳定性和灵活性；四是形成独特稀缺的智慧物流网络，"天网＋地网＋信息网"三网合一；五是新冠疫情使得线下活动减少，线上服务需求量激增，电商业务蓬勃发展，从而带动了物流业的增长。虽然受到国际局势复杂和疫情冲击等不利因素的影响，公司在 2020 年价值创造额仍保持行业领先优势。

顺丰控股 2020 年实现总收入 1 542.29 亿元，同比增加 5.69％；总成本为 1 124.13 亿元，同比增加 5.36％，总体情况比较稳定。2020 年，顺丰控股业务覆盖全国 335 个地级市、2 847 个县区级城市，约有 1.9 万个自营网点；国际标快/国际特惠业务覆盖海外 78 个国家及地区，较上年年末新增 16 个国家，国际小包业务覆盖全球 225 个国家及地区。顺丰控股拥有各种用工模式收派员约 39 万人；10 个枢纽级中转场，39 个航空、铁路站点（不含与中转场共用场地的站点），147 个片区中转场（不含快运及顺心中转场），其中 121 个中转场已投入使用全自动分拣设备，较上年年末增加 61 个。从债务成本控制角度看，公司留存的未分配利润主要用于补充日常运营资金及偿还债务，这部分资金将有效帮助公司缓解当前的现金流压力，持续优化债务结构，减小融资规模，降低融资成本，减轻经营压力，增强盈利能力。

3. 价值创造额分配去向分析

从 2020 年公司价值创造额的分配去向来看，股东获得 69.32 亿元，占比为 17.93%；政府获得 59.09 亿元，占比为 15.28%；员工获得 249.71 亿元，占比为 64.58%；债权人获得 8.53 亿元，占比为 2.20%。总体而言，顺丰控股向股东、政府、员工和债权人四类主体实现了价值创造额的分配，履行了对四类主体的社会责任。

为了充分揭示顺丰控股价值创造额分配去向的变化趋势以及与同行业上市公司相比所存在的差异，接下来我们从纵向和横向两个层面，对顺丰控股价值创造额分配去向进行分析。

（1）纵向对比分析。

本部分展现了 2018—2020 年顺丰控股四类分配主体所获得的价值创造额、价值创造额变动以及价值创造额占比等情况。表 5-8 描述了顺丰控股的四类分配主体所获得的价值创造额及其变动趋势，图 5-14 则描述了顺丰控股的四类分配主体所获得的价值创造额占比。

从表 5-8 中我们可以看到，顺丰控股的股东获利所得在 2018 年为 44.64 亿元，2019 年为 56.25 亿元，同比上升 26.01%；2020 年为 69.32 亿元，同比增长 23.24%，说明近年国内物流行业蓬勃发展，公司利润增长迅速，分配给股东的利润也相应增多。政府税收所得在 2018 年为 28.33 亿元，2019 年为 40.23 亿元，同比上升 42.00%；2020 年为 59.09 亿元，同比上升 46.88%，这与公司的利润水平上升密切相关。员工薪酬所得在 2018 年为 206.21 亿元，2019 年为 216.41 亿元，同比上升 4.95%；2020 年达到 249.71 亿元，同比上升 15.39%，这是因为顺丰控股在快速发展过程中，一直追求与员工的共同成长，为保证员工培养工作在各部门落实到位，公司建立了自上而下、权责明晰的培训组织体系，保证各项培训工作有专人负责，全方位地实现对员工的价值创造。债权人利息所得在 2018 年为 2.87 亿元，2019 年为 6.83 亿元，同比上升 137.98%；2020 年为 8.53 亿元，同比上升 24.89%，说明公司负债水平稳中有升，但总体负债水平良好，财务状况稳定乐观。

表 5-8　2018—2020 年顺丰控股价值创造额分配及变动情况

分配主体	2020 年（亿元）	2019 年（亿元）	2018 年（亿元）	2020 年相对 2019 年		2019 年相对 2018 年	
				变动额（亿元）	变动率（%）	变动额（亿元）	变动率（%）
股东	69.32	56.25	44.64	13.07	23.24	11.61	26.01
政府	59.09	40.23	28.33	18.86	46.88	11.90	42.00
员工	249.71	216.41	206.21	33.30	15.39	10.20	4.95
债权人	8.53	6.83	2.87	1.69	24.89	3.96	137.98
合计	386.65	319.72	282.05	66.90	20.92	37.67	13.36

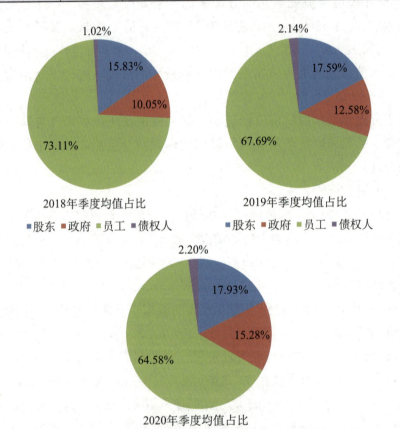

图 5-14　2018—2020 年顺丰控股价值创造额构成占比

从图 5-14 中我们可以看到，顺丰控股的股东获利所得占比在 2018—2020年分别为 15.83%、17.59% 和 17.93%。相比 2018 年和 2019 年，2020 年的股东获利所得占比有所上升，主要是顺丰控股稳中有升的利润水平，使股东分配得到的利润增多。政府税收所得占比在 2018—2020 年分别为 10.05%、12.58% 和15.28%，主要原因是公司稳中有升的利润水平使得缴纳的税费增多，同时，企业预缴了企业所得税。员工薪酬所得占比在 2018—2020 年分别为 73.11％、67.69％和 64.58％，基本稳定在 68％左右且占比较大，这与顺丰控股员工数量多有密切联系。债权人利息所得占比在 2018—2020 年分别为 1.02％、2.14％和 2.20％，2020 年国家相继出台的多项政策促进了物流业的发展，顺丰控股实力日渐雄厚，利润提升迅速，因此其所面临的融资约束较少，债务利息占比低。

（2）横向对比分析。

为了揭示公司价值创造额分配去向在横向上的不同，本部分分别计算了 2019 年顺丰控股，交通运输、仓储和邮政业[①]，大服务业价值创造额前 100 名上市公司[②]（简称大服务业前 100）和大服务业全体上市公司[③]（简称大服务业全样本）的四类分配主体所获得的价值创造额的占比。图 5-15 描述了顺丰控股，交通运输、仓储和邮政业，大服务业前 100 和大服务业全样本的四类分配主体所获得的价值创造额季度均值占比情况。

从图 5-15 中我们可以看到，2020 年，顺丰控股的股东获利所得占比为 17.93％，高于交通运输、仓储和邮政业的 -4.32％，大服务业全样本的 16.05％，但低于大服务业前 100 的 27.79％。2020 年，交通运输、仓储和邮政业股东获利所得季度均值为负，主要是由于个别上市公司受疫情的影响营业收入大幅下跌，或者在年末计提了大量的资产减值准备。2020 年顺丰控股虽然创造的财富较多，但实际分配给股东的财富占比较少。2020 年，顺丰控股的政府税收所得占比为 15.28％，低于交通运输、仓储和邮政业的 17.90％，远低于大服务业前 100 的 33.08％和大服务业全样本的 30.66％。2020 年，顺丰控股的员工薪酬所得占比为 64.58％，虽然低于交通运输、仓储和邮政业的 70.27％，但高于大服务业前 100 和大服务业全样本的 32.44％和 44.45％，这反映出顺丰控股的员工数量众多，人工成本较高，公司价值创造额大部分分配给了员工。2020 年，顺丰控股的债权人利息所得占比为 2.20％，低于交通运输、仓储和邮政业，大服务业前 100 和大服务业全样本的 16.15％、6.69％和 8.85％，这反映出顺丰控股融资成本较低，负债水平稳定，财务状况良好。

---

① 交通运输、仓储和邮政业上市公司四类分配主体所获得的价值创造额的占比，是指选取交通运输业、仓储和邮政业样本并剔除顺丰控股后计算的四类分配主体所获得的价值创造额的平均占比。

② 大服务业价值创造额前 100 名上市公司四类分配主体所获得的价值创造额的占比，是指将大服务业样本按价值创造额由高到低排列，选取前 100 名上市公司并剔除顺丰控股后计算的四类分配主体所获得的价值创造额的平均占比。

③ 大服务业全体上市公司四类分配主体所获得的价值创造额的占比，是指选取大服务业全样本并剔除顺丰控股后计算的四类分配主体所获得的价值创造额的平均占比。

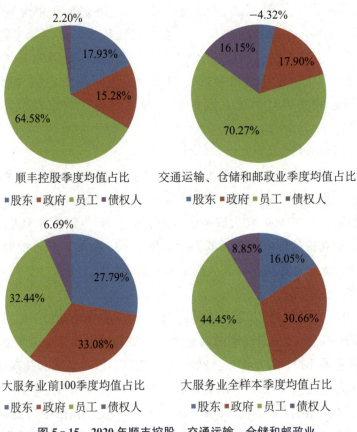

图 5-15　2020 年顺丰控股，交通运输、仓储和邮政业，
大服务业前 100 和大服务业全样本价值创造额构成占比

（四）华大基因

1. 公司基本情况介绍

深圳华大基因股份有限公司（简称华大基因）成立于 2010 年 7 月 9 日，2017 年 7 月 14 日在深交所上市，所属行业为专业技术服务业（M74）。华大基因的主营业务是通过基因检测、质谱检测、生物信息分析等多组学大数据技术手段，为科研机构、企事业单位、医疗机构、社会卫生组织等提供研究服务和精准医学检测综合解决方案。华大基因依托世界领先的生物信息研发、转化和应用平台，上百台高性能的测序仪、质谱仪和大型计算机，为数据的输出、存储、分析提供有力保障。公司 2020 年的资产规模为 111.95 亿元，员工人数为 3 778 人。

2. 价值创造额来源分析

华大基因在 2020 年的价值创造额为 49.21 亿元，在 2020 年大服务业上市公司价值创造额排名中位居第 82 名，在 2019 年和 2018 年的排名中分别位居第 334 名和第 304 名，相较 2018 和 2019 年分别上升了 222 名和 252 名。

2020 年，华大基因以推动生命科学研究进展、生命大数据应用和提高全球医疗健康水平为出发点，基于基因领域研究成果及精准检测技术在民生健康方面的应用，致力于加速科技创新，减少婴儿出生缺陷，加强肿瘤防控，抑制重大疾病对人类的危害，实现精准治愈感染，全面助力精准医学，促进公司规模、利润和竞争力的进一步提升。在该战略引导下，公司 2020 年实现了较高的价值创造额。从公司价值创造额的主要来源来看，华大基因 2020 年实现总收入 110.72 亿元，同比增长 295.09%。

3. 价值创造额分配去向分析

从 2020 年公司价值创造额的分配去向来看，股东获得 21.02 亿元，占比为 42.72%；政府获得 7.85 亿元，占比为 15.95%；员工获得 18.21 亿元，占比为 37.00%；债权人获得 2.13 亿元，占比为 4.32%。总体而言，华大基因向股东、政府、员工和债权人四类主体实现了价值创造额分配，履行了对四类主体的社会责任。

为了充分揭示华大基因价值创造额分配去向的变化趋势以及与同行业上市公司相比所存在的差异，接下来我们从纵向和横向两个层面，对华大基因价值创造额分配去向进行分析。

（1）纵向对比分析。

本部分列示了 2018—2020 年华大基因四类分配主体所获得的价值创造额、价值创造额变动以及价值创造额占比等情况。表 5-9 描述了华大基因的四类分配主体所获得的价值创造额及其变动趋势，图 5-16 则描述了华大基因的四类分配主体所获得的价值创造额占比。

表 5-9　2018—2020 年华大基因价值创造额分配及变动情况

分配主体	2020 年（亿元）	2019 年（亿元）	2018 年（亿元）	2020 年相对 2019 年		2019 年相对 2018 年	
				变动额（亿元）	变动率（%）	变动额（亿元）	变动率（%）
股东	21.02	2.79	4.08	18.23	653.76	−1.29	31.62
政府	7.85	0.85	1.76	7.00	823.53	−0.91	−51.70
员工	18.21	7.13	6.05	11.08	155.40	1.08	17.85
债权人	2.13	−0.07	−0.23	2.20	3 128.57	0.16	−69.57
合计	49.21	10.70	11.66	38.51	359.91	−0.96	−8.23

从表 5-9 中我们可以看到，华大基因的股东获利所得在 2018 年为 4.08 亿元，2019 年有所降低，下滑至 2.79 亿元，同比减少 31.62%；2020 年达到 21.02 亿元，同比增长 653.76%，这主要是因为新冠疫情来袭，新冠病毒检测是防控疫情的重要方法。华大基因新冠检测产品布局丰富，涵盖核酸、抗体、抗原及中和抗体检

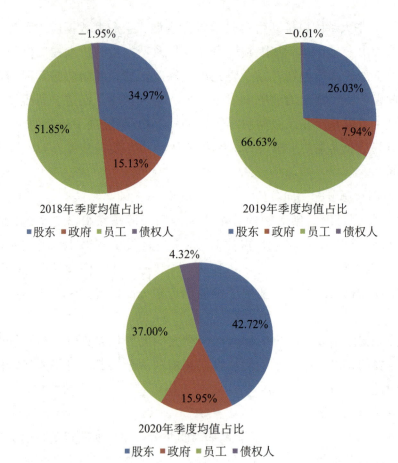

−1.95%

34.97%

51.85%

15.13%

2018年季度均值占比

■ 股东 ■ 政府 ■ 员工 ■ 债权人

−0.61%

26.03%

66.63%

7.94%

2019年季度均值占比

■ 股东 ■ 政府 ■ 员工 ■ 债权人

4.32%

42.72%

37.00%

15.95%

2020年季度均值占比

■ 股东 ■ 政府 ■ 员工 ■ 债权人

图 5 - 16　2018—2020 年华大基因价值创造额构成占比

测试剂盒，可满足不同的使用需求及应用场景，因此本年公司利润提升，也直接导致分配给股东的利润提升。政府税收所得在 2018 年为 1.76 亿元，2019 年大幅下降至 0.85 亿元，同比降低 51.70%；2020 年大幅上升至 7.85 亿元，同比增长 823.53%，公司利润的显著提升也使得缴纳的税费增多，同时公司预缴了企业所得税，且待认证进项税额增加，因此政府税收所得增多。员工薪酬所得在 2018 年为 6.05 亿元，2019 年上升至 7.13 亿元，同比上升 17.85%；2020 年为 18.21 亿元，同比上升 155.40%。近年来华大基因培养和引进多学科、多层次的技术与产业人才，完善人才培训和管理体系，构建国际水平的研发、市场团队，伴随着公司利润的增加，分配给员工的薪酬也随之增多，因此员工薪酬所得逐年攀升。债权人利息所得在 2018 年为−0.23 亿元，2019 年为−0.07 亿元；2020 年为 2.13 亿元，比上年上升 3 128.57%。2018—2019 年，公司盈利状况处于低位，因此存在拖欠债权人债务利息的情况，债权人利息所得为负；2020 年，由于行业整体环境向好，公司多项业务蓬勃发展，利润增多，因此可以按期偿还债权人债务利息，债权人利息所得扭负为正。

从图 5-16 中我们可以看到，华大基因的股东获利所得占比在 2018—2020 年分别为 34.97％、26.03％和 42.72％。相比 2018 年和 2019 年，2020 年的股东获利所得占比有所上升，主要是由于华大基因的利润水平提升，股东得到的利润增多。政府税收所得占比在 2018—2020 年分别为 15.13％、7.94％和 15.95％，主要是因为公司缴纳的税费随着公司的利润水平变动。员工薪酬所得占比在 2018—2020 年分别为 51.85％、66.63％和 37.00％，2020 年员工薪酬上涨，但应付职工薪酬上升幅度小于应交税费上升幅度，因此员工薪酬所得占比下降。债权人利息所得占比在 2018—2020 年分别为 -1.95％、-0.61％和 4.32％，2018—2019 年公司利润水平较低，主要是受到外币汇率变动导致的汇兑损失变动的影响。

（2）横向对比分析。

为了揭示公司价值创造额分配去向在横向上的不同，本部分分别计算了 2019 年华大基因、科学研究和技术服务业[①]、大服务业价值创造额前 100 名上市公司[②]（简称大服务业前 100）和大服务业全体上市公司[③]（简称大服务业全样本）的四类分配主体所获得的价值创造额的占比。图 5-17 描述了华大基因、科学研究和技术服务业、大服务业前 100 和大服务业全样本的四类分配主体所获得的价值创造额季度均值占比情况。

从图 5-17 中我们可以看到，2020 年，华大基因的股东获利所得占比为 42.72％，高于科学研究和技术服务业、大服务业前 100 和大服务业全样本的 22.19％、27.49％和 17.73％。2020 年，新冠疫情暴发，对于新冠病毒检测试剂盒及检测服务等相关业务的需求增多，华大基因的多项业务增长迅速，利润提高，支付给股东的利润也增多，因此其股东获利水平较高。2020 年，华大基因的政府税收所得占比为 15.95％，略高于科学研究和技术服务业的 11.38％，但低于大服务业前 100 和大服务业全样本的 32.68％和 31.62％。由此可见，科学研究和技术服务业的价值创造额归属于政府的比例较低，而华大基因领先于行业平均水平，支付了较高比例的税费。2020 年，华大基因的员工薪酬所得占比为 37.00％，低于科学研究和技术服务业及大服务业全样本的 63.70％和 42.16％，略高于大服务业前 100 的 33.25％。由此可见，华大基因支付给员工的薪酬与行业整体水平相近，但低于科学研究和技术服务业平均水平。2020 年，华大基因的债权人利息所得占

---

① 科学研究和技术服务业上市公司四类分配主体所获得的价值创造额的占比，是指选取科学研究和技术服务业样本并剔除华大基因后计算的四类分配主体所获得的价值创造额的平均占比。

② 大服务业价值创造额前 100 名上市公司四类分配主体所获得的价值创造额的占比，是指将大服务业样本按价值创造额由高到低排列，选取前 100 名上市公司并剔除华大基因后计算的四类分配主体所获得的价值创造额的平均占比。

③ 大服务业全体上市公司四类分配主体所获得的价值创造额的占比，是指选取大服务业全样本并剔除华大基因后计算的四类分配主体所获得的价值创造额的平均占比。

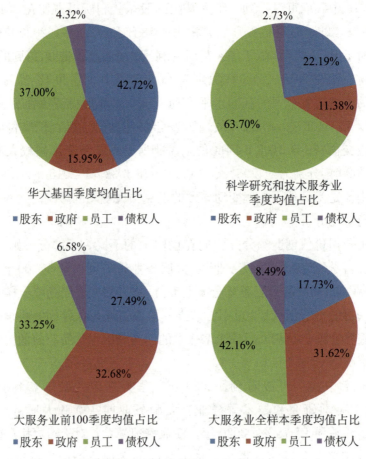

图 5-17　2020 年华大基因、科学研究和技术服务业、大服务业前 100 和
大服务业全样本价值创造额构成占比

比为 4.32%，高于科学研究和技术服务业的 2.73%，低于大服务业前 100 和大服务业全样本的 6.58% 和 8.49%。2018—2020 年，华大基因的有息负债率分别为 0.87%、10.12% 和 6.84%。在融资难、融资贵的大背景下，华大基因的有息负债率降低，说明其实现了对商业信用融资的最大利用。

（五）鹏博士

1. 公司基本情况介绍

鹏博士电信传媒集团股份有限公司（简称鹏博士）成立于 1985 年 1 月 17 日，1994 年 1 月 3 日在上交所上市，所属行业为电信、广播电视和卫星传输服务（I63）。公司主要从事互联网接入服务、数据中心业务及相关的互联网增值服务业务，旗下拥有鹏博士大数据、长城宽带、长宽通服、北京电信通、宽带通、大麦科技、鹏云视通等企业，覆盖中国及北美 210 余个城市，为 1 000 万家庭用户、20 万政企客户提供服务。鹏博士 2020 年的资产规模为 118.35 亿元，员工人数为

5 287人，连续五年跻身互联网企业综合实力百强榜单，是拥有全国范围牌照的全业务运营商。

2. 价值创造额来源分析

鹏博士在2020年的价值创造额为22.78亿元，相比2019年和2018年分别增长59.45亿元和下降2.96亿元。在2020年大服务业上市公司价值创造排名中，鹏博士位居第193名，相比2019年和2018年分别上升680名和下降35名。

从公司价值创造额的主要来源来看，鹏博士2019年价值创造额大幅下降的原因主要为资产减值损失严重。其中，公司计提商誉减值准备19.99亿元，计提固定资产减值准备30.75亿元，计提坏账准备及其他资产减值准备等4.17亿元。受此影响，扣除非经常性损益后归属于上市公司股东的净利润、公司价值创造额急剧下降，归属于母公司股东的净利润为－57.51亿元，同比下降61.32亿元。

近年来，随着互联网接入市场的竞争逐年加剧，行业每用户平均收入（average revenue per user，ARPU）持续下滑，公司主营业务增长乏力，2019年公司营业收入和营业利润均有所下降。但在国家新基建战略的引导下，未来我国从消费互联网向产业互联网过渡的进程将大大加速，特别是工业制造、人工智能、无人驾驶等诸多领域的数据将集中爆发，并将由此产生巨大的计算力和存储需求。

2020年，鹏博士在数据中心、互联网接入业务等持续经营的基础上，继续推进"转身"之路，正式确立云网协同一体化发展战略，利用云＋网的基因，实现轻资产化战略转身。公司与国内主流云厂商展开战略合作，提出"3＋7＋X"市场策略，通过云网有机结合，加之积累多年的服务能力，协助全国4 000万中小企业用户实现数字化转型目标。此外，在积极推进业务转型的同时，公司围绕用户多元化需求，发挥自身资源优势，加快横向联合、资源互补，加快创新联动和品质服务提升，进一步推动公司既有业务的稳定发展与新业务方向的快速增长。鹏博士在2019年实现总收入60.83亿元，其中，互联网接入业务收入41.62亿元，同比下降21.20%；数据中心及云计算业务收入15.94亿元，同比上升17.69%。鹏博士在2020年实现总收入52.54亿元，实现净利润约1.11亿元，其中，智慧云网业务收入为15.89亿元，同比增长61.19%，成为公司营业收入的主要来源之一。

3. 价值创造额分配去向分析

从2020年公司价值创造额的分配去向来看，股东获得1.11亿元，占比为4.87%；政府获得2.34亿元，占比为10.27%；员工获得15.02亿元，占比为65.94%；债权人获得4.31亿元，占比为18.92%。总体而言，2020年鹏博士经营情况好转，主要原因是通过云网有机结合，实现轻资产化战略转身，这对股东价值创造影响较大，对政府、员工、债权人的价值创造影响较小。

为了充分揭示鹏博士价值创造额分配去向的变化趋势以及与同行业上市公司相比所存在的差异，接下来我们从纵向和横向两个层面，对鹏博士价值创造额分配去向进行分析。

（1）纵向对比分析。

表5-10和图5-18描述了鹏博士的四类分配主体所获得的价值创造额及其变动趋势。

表5-10　2018—2020年鹏博士价值创造额分配及变动情况

分配主体	2020年（亿元）	2019年（亿元）	2018年（亿元）	2020年相对2019年		2019年相对2018年	
				变动额（亿元）	变动率（%）	变动额（亿元）	变动率（%）
股东	1.11	−57.78	3.77	58.89	−101.92	−61.54	−1 633.64
政府	2.34	2.24	2.73	0.10	4.46	−0.49	−17.89
员工	15.02	16.09	17.94	−1.07	−6.65	−1.85	−10.34
债权人	4.31	2.78	1.31	1.52	54.68	1.48	113.08
合计	22.78	−36.67	25.74	59.45	−162.12	−62.41	−242.44

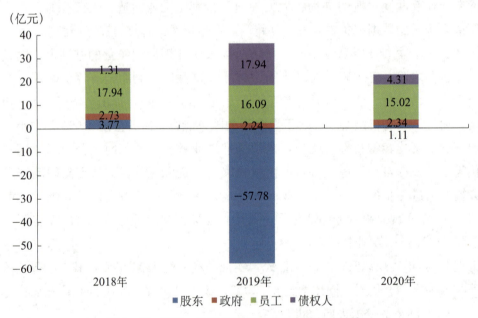

图5-18　2018—2020年鹏博士价值创造额分配情况

从表5-10和图5-18中我们可以看到，鹏博士的股东获利所得在2018—2020年分别为3.77亿元、−57.78亿元和1.11亿元，2019年股东获利所得大幅下降，主要原因是鹏博士2019年资产减值损失较为严重，且面临严峻的国际竞争局势与较大的转型升级压力，主营业务增长乏力，经营业绩下滑明显。2020年，在国家政策的号召及 5G 落地的促进下，互联网时代进入以企业服务为重心的互联网下半场——产业互联网时代，实体产业成为互联网转型的主要阵地。公司紧抓这一历史时机，把握产业互联网爆发的重要阶段，大力打造智慧云网业务，股东获利所得也由负转正。政府税收所得占比在 2018—2020 年分别为 2.73 亿元、2.24 亿元和 2.34 亿元，变动比较平稳。员工薪酬所得在 2018—2020 年分别为 17.94 亿元、16.09 亿元和 15.02 亿元，说明鹏博士人工成本逐年降低。债权人利息所得在 2018—2020 年分别为 1.31 亿元、2.78 亿元和 4.31 亿元，说明公司按期还本付息，不存在违约情况，分配给债权人的价值创造额较为稳定。鹏博士 2018—2020 年的有息负债率分别是 3.22％、5.10％和 10.28％，逐年攀升。鹏博士 2018—2020 年的债权人利息所得与有息负债率均呈增长趋势，说明鹏博士所面临的融资成本逐年升高。

（2）横向对比分析。

为了揭示公司价值创造额分配去向在横截面上的不同，本部分分别计算了 2020 年鹏博士，信息传输、软件和信息技术服务业[1]、大服务业价值创造额前 100 名上市公司[2]（简称大服务业前 100）和大服务业全体上市公司[3]（简称大服务业全样本）的四类分配主体所获得的价值创造额的占比。图 5-19 描述了鹏博士，信息传输、软件和信息技术服务业，大服务业前 100 和大服务业全样本的四类分配主体所获得的价值创造额季度均值占比情况。

从图 5-19 中我们可以看到，2020 年，鹏博士的股东获利所得占比为 4.88％，远低于信息传输、软件和信息技术服务业，大服务业前 100 和大服务业全样本的 14.19％、27.54％和 17.81％，说明鹏博士为股东创造的价值比同行业少。2020 年，鹏博士的政府税收所得占比为 10.29％，低于信息传输、软件和信息技术服务业，大服务业前 100 和大服务业全样本的 14.80％、32.62％和 31.60％，主要原因在于鹏博士及其下属部分子公司，经批准被认定为高新技术企业，根据税收优惠政策，企业所得税减按 15％的税率征收。2020 年，鹏博士的员工薪酬所得占比为 65.93％，略低于信息传输、软件和信息技术服务业的 69.15％，说明鹏博士在同行业中人力成本控制较好；高于大服务业前 100 和大服务业全样本的 33.27％和 42.12％。2020 年，鹏博士的债权人利息所得占比为 18.91％，远高于信息传输、

---

① 信息传输、软件和信息技术服务业上市公司四类分配主体所获得的价值创造额的占比，是指选取信息传输、软件和信息技术服务业样本并剔除鹏博士后计算的四类分配主体所获得的价值创造额的平均占比。

② 大服务业价值创造额前 100 名上市公司四类分配主体所获得的价值创造额的占比，是将大服务业样本按价值创造额由高到低排列，选取前 100 名上市公司并剔除鹏博士后计算的四类分配主体所获得的价值创造额的平均占比。

③ 大服务业全体上市公司四类分配主体所获得的价值创造额的占比，是指选取大服务业全样本并剔除鹏博士后计算的四类分配主体所获得的价值创造额的平均占比。

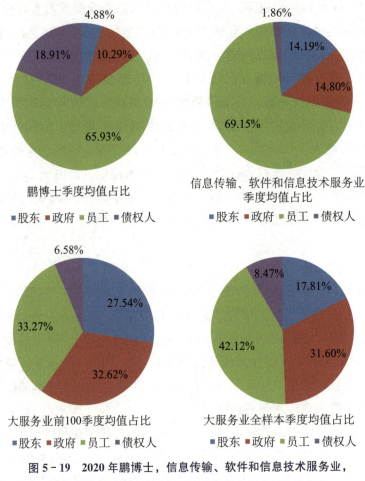

图 5-19　2020 年鹏博士，信息传输、软件和信息技术服务业，
大服务业前 100 和大服务业全样本价值创造额构成占比

软件和信息技术服务业，大服务业前 100 和大服务业全样本的 1.86%、6.58% 和
8.47%，同时有息负债率为 10.28%，处于较高水平，这说明鹏博士比较依赖外部
融资，公司财务费用较高。

（六）宋城演艺

1. 公司基本情况介绍

宋城演艺发展股份有限公司（简称宋城演艺）成立于 1994 年 9 月 21 日，2010
年 12 月 9 日在上交所上市，所属行业为文化艺术业（R88）。公司经营文化演艺业
务，现场演艺和旅游休闲是主要业务。宋城演艺 2020 年的资产规模为 91.95 亿元，
员工人数为 1 441 人。宋城演艺是中国演艺第一股、全球主题公园集团十强企业。
宋城演艺以"演艺"为核心竞争力，成功打造了"宋城"和"千古情"品牌，产业
链覆盖旅游休闲、现场娱乐、互联网娱乐，是大型的线上和线下演艺企业。公司
秉承滴水之恩当涌泉相报、"给我一天，还你千年"的经营理念，以"为客户提供

温暖的现场娱乐体验"为企业追求，致力于用中国文化讲述全球故事，弘扬民族自信，做世界文化演艺第一。2020 年 11 月，宋城演艺入选第十二届全国文化企业30 强榜单。

2. 价值创造额来源分析

宋城演艺在 2020 年的价值创造额为 −15.43 亿元，相比 2019 年和 2018 年的价值创造额分别下降 35.01 亿元和 35.27 亿元。在 2020 年大服务业上市公司价值创造排名中，宋城演艺位居第 904 名，相比 2019 年和 2018 年分别下降 689 名和698 名。

从公司价值创造额的主要来源来看，宋城演艺价值创造额大幅下降的主要因素包括自然因素和社会因素。2020 年，一方面新冠疫情暴发，导致旅游和文化现场消费停滞，公司游客接待量降低，公司经营业绩受到影响。另一方面，疫情席卷全球，世界政治经济百年大变局加速演进，这给正处于并将长期处于重要战略转型发展期的我国的经济增加了稳中有变、变中有忧的风险。复杂多变的国际国内宏观环境可能影响国民收入水平，进而影响消费需求，从而在一定程度上影响公司的经营业绩。受此影响，扣除非经常性损益后归属于上市公司股东的净利润、公司价值创造额急剧下降，归属于母公司股东的净利润为 −57.51 亿元，同比下降61.32 亿元。2020 年，宋城演艺实现营业收入 9.03 亿元，同比下降 59.50％；归属于上市公司股东的净利润 1.13 亿元，同比下降 89.11％；扣除非经常性损益后归属于上市公司股东的净利润 0.98 亿元，同比下降 90.86％。

我国经济已进入高质量发展阶段，人民群众的文化消费需求日益旺盛，推动了现场演艺产业，尤其是旅游演艺业快速发展。众多社会资本看到旅游演艺的巨大商机，纷纷涌入，这一方面推动了现场演艺产业的发展，另一方面也不可避免加剧了行业竞争，影响公司经营。整个行业迎来了更多的机会，也面临更大的挑战。随着科技的不断进步，短视频、影视、游戏、综艺、直播、VR/AR 等数字文化消费异军突起，给人们的文化消费提供了更多选择。虽然现场体验不可替代，但数字娱乐还是会在一定程度上造成分流和冲击，给公司经营带来影响。

3. 价值创造额分配去向分析

2020 年，从具体的分配去向来看，分配给股东的价值创造额为 −17.67 亿元，分配给政府的价值创造额为 0.62 亿元，分配给员工的价值创造额为 1.75 亿元，分配给债权人的价值创造额为 −0.13 亿元。总体而言，2020 年宋城演艺经营出现巨额亏损，主要原因是经营业绩较差，对于股东的价值创造影响较大，对于政府、员工、债权人的价值创造影响较小。

为了充分揭示宋城演艺价值创造额分配去向的变化趋势，接下来我们从纵向层面，对宋城演艺价值创造额分配去向进行分析。

本部分列示了 2018—2020 年宋城演艺四类分配主体所获得的价值创造额、价值创造额变动以及价值创造额占比等情况。表 5-11 和图 5-20 描述了宋城演艺的四类分配主体所获得的价值创造额及变动趋势。

表 5-11 2018—2020 年宋城演艺价值创造额分配及变动情况

分配主体	2020 年（亿元）	2019 年（亿元）	2018 年（亿元）	2020 年相对 2019 年		2019 年相对 2018 年	
				变动额（亿元）	变动率（%）	变动额（亿元）	变动率（%）
股东	−17.67	13.65	12.78	−31.32	−229.45	0.87	6.81
政府	0.62	3.70	4.23	−3.38	−83.24	−0.53	−12.53
员工	1.75	2.41	2.84	−0.66	−27.39	−0.43	−15.14
债权人	−0.13	−0.18	−0.01	0.05	−27.28	−0.17	1 700.00
合计	−15.43	19.58	19.84	−35.01	−178.80	−0.26	−1.31

图 5-20 2018—2020 年宋城演艺价值创造额分配情况

从表 5-11 和图 5-20 中我们可以看到，宋城演艺的股东获利所得在 2018—2020 年分别为 12.78 亿元、13.65 亿元和−17.67 亿元，2020 年股东获利所得大幅下降的主要原因是新冠疫情冲击使得 2020 年公司的业务量骤减，且面临严峻的行业竞争局势与较大的转型升级压力，主营业务增长乏力，经营业绩下滑明显。政府税收所得占比在 2018—2020 年分别为 4.23 亿元、3.70 亿元、0.62 亿元，逐年下降。员工薪酬所得在 2018—2020 年分别为 2.84 亿元、2.41 亿元和 1.75 亿元，说明宋城演艺人工成本逐年降低。债权人利息所得在 2018—2020 年分别为−0.01 亿元、−0.18 亿元和−0.13 亿元。2020 年公司的有息负债率为 2.66%，处于较低水平，说明公司面临的融资约束较少。由于公司存在利息收入，债权人利息指数为负。

（七）泰禾集团

1. 公司基本情况介绍

泰禾集团股份有限公司（简称泰禾集团）成立于 1993 年 6 月 16 日，2010 年 3 月 11 日在深交所上市，所属行业为房地产业（K70）。公司主要从事住宅地产和商业地产的开发及运营，拥有以泰禾院子系、大院系、园系、公馆系、府系、湾系等为核心产品线的中高端住宅地产产品，以泰禾广场、泰禾里为核心产品线的商业地产产品。泰禾集团 2020 年的资产规模为 2 168.32 亿元，员工人数为 6 096 人。泰禾集团在房地产开发运营方面首创并坚持"文化筑居中国"的品牌理念，2002 年在北京迈出探索"中国住居文化"的第一步。泰禾集团秉持"为城市创造作品，为时代奉献精品"的使命，以"做精品、造好房"的精品理念与实践得到了市场的认可。

2. 价值创造额来源分析

泰禾集团在 2020 年的价值创造额为－16.97 亿元，相比 2019 年和 2018 年的价值创造额分别下降 107.53 亿元和 104.04 亿元。在 2020 年大服务业上市公司价值创造额排名中，泰禾集团位居第 907 名，相比 2019 年和 2018 年分别下降了 858 名和 880 名，降幅巨大。

2020 年，监管部门针对房地产业设置"三道红线"，并分档设定房地产企业有息负债的增速阈值，倒逼房地产企业去杠杆、降负债，行业迎来颠覆性变革。依照"三道红线"融资新规，2020 年泰禾集团剔除预收款后的资产负债率为 87.6%，较 2019 年年末上升 6.9 个百分点；净负债率为 480.2%，较 2019 年年末上升 225.0 个百分点；现金短债比为 0.10，较 2019 年年末下降约 0.14，因此，泰禾集团 2020 年年度三项指标均超阈值且负债水平进一步提高，继续维持"红档"。从公司价值创造额的主要来源来看，泰禾集团价值创造额大幅下降的原因主要为受新冠疫情、房地产调控政策持续以及融资环境收紧等因素的影响，公司房地产项目推盘节奏放缓，面临较大去化压力，同时公司自身债务规模庞大、债务集中到付等问题使得公司短期流动性出现困难，项目建设周期延长，出现延期交付情况。泰禾集团在 2020 年实现总收入 36.52 亿元，降幅为 84.55%；归属于上市公司股东的净利润为－44.56 亿元。从收入构成看，房地产开发业务仍是公司收入的最主要来源，占营业收入的比重为 66.21%；服务、零售和其他业务占比较小。同期，公司房地产业务的毛利率为 12.23%，同比下降 3.66 个百分点，主要是当期结转的房地产项目拿地成本较高，利润水平显著下降。报告期内公司房地产业务营业收入为 23.93 亿元，结转面积为 10.26 万平方米，其中，住宅地产实现销售收入

21.39 亿元，结转面积 7.77 万平方米；商业地产实现销售收入 2.54 亿元，结转面积 2.48 万平方米。

3. 价值创造额分配去向分析

2020 年，从具体的分配去向来看，分配给股东的价值创造额为 −51.07 亿元，分配给政府的价值创造额为 5.46 亿元，分配给员工的价值创造额为 20.63 亿元，分配给债权人的价值创造额为 8.01 亿元，总体而言，2020 年泰禾集团经营出现巨额亏损，主要是受新冠疫情、房地产调控政策持续以及融资环境收紧等因素的影响，对于股东的价值创造影响较大，对于政府、员工、债权人的价值创造影响较小。

为了充分揭示泰禾集团价值创造额分配去向的变化趋势，接下来我们从纵向层面，对泰禾集团价值创造额分配去向进行分析。

本部分列示了 2018—2020 年泰禾集团四类分配主体所获得的价值创造额、价值创造额变动以及价值创造额占比等情况。表 5−12 和图 5−21 描述了泰禾集团的四类分配主体所获得的价值创造额的变动额及变动趋势。

表 5−12　2018—2020 年泰禾集团价值创造额分配及变动情况

分配主体	2020 年（亿元）	2019 年（亿元）	2018 年（亿元）	2020 年相对 2019 年		2019 年相对 2018 年	
				变动额（亿元）	变动率（%）	变动额（亿元）	变动率（%）
股东	−51.07	7.28	39.11	−58.35	−801.51	−31.83	−81.39
政府	5.46	44.20	56.78	−38.74	−87.65	−12.58	−22.16
员工	20.63	29.81	32.88	−9.18	−30.80	−3.07	−9.34
债权人	8.01	9.27	8.30	−1.26	−13.59	0.97	11.69
合计	−16.97	90.56	137.07	−107.53	−118.74	−46.51	−33.93

从表 5−12 和图 5−21 中我们可以看到，泰禾集团的股东获利所得在 2018—2020 年分别为 39.11 亿元、7.28 亿元和 −51.07 亿元。2020 年股东获利所得大幅下降的主要原因包括：第一，受新冠疫情、房地产调控政策持续以及融资环境收紧等因素的影响，泰禾集团主要地产项目在投资金额、建设周期、销售回款等方面的实际进度与计划进度存在一定差异，无集中交付的地产项目，造成收入较上年同期大幅下降，相应地营业利润大幅减少；第二，2020 年，泰禾集团对部分出现减值迹象的房地产项目适当地计提了存货减值准备，导致营业利润减少；第三，2020 年投资收益主要是泰禾集团持有的合联营企业投资按权益法确认的投资收益，金额较小；第四，2020 年，泰禾集团就终止上海新江湾项目、深圳坪山项目及上海顾村项目合作事项计提了 5.67 亿元减值损失，以上因素叠加导致本报告期公司出现亏损。政府税收所得在 2018—2020 年分别为 56.78 亿元、44.20 亿元和 5.46

图 5－21　2018—2020 年泰禾集团价值创造额分配情况

亿元。尽管泰禾集团 2020 年营业利润大幅减少，但也按时履行了纳税人的责任和义务，为国家的税收收入做出了贡献。员工薪酬所得在 2018—2020 年分别为 32.88 亿元、29.81 亿元和 20.63 亿元，说明泰禾集团的人工成本较为稳定。债权人利息所得在 2018—2020 年分别为 8.30 亿元、9.27 亿元和 8.01 亿元。泰禾集团自身债务规模庞大、债务集中到付等问题使得公司短期流动性出现困难，项目建设周期延长，出现延期交付情况。目前，泰禾集团正全力推进债务重组事宜，积极解决债务问题。

5.5.3　按价值创造效率排名的整体公司情况分析

从整体排名情况来看，剔除部分 ST 及 * ST 公司以后，2020 年大服务业上市公司共有 864 家。其中，790 家公司价值创造效率为正，74 家公司价值创造效率为负。2020 年，大服务业价值创造效率前 10 名的公司多为新上市的公司或轻资产型公司。其中，科锐国际（300662）价值创造效率为 1.548 9，位居榜首；德邦股份（603056）以 0.956 0 紧随其后；而新文化（300336）和立方数科（300344）的价值创造效率分别为－1.114 8 和－0.989 9，位列最后两名。

从排名变动情况来看，大服务业价值创造效率前 10 名公司的位次比大服务业价值创造额前 10 名公司的位次变动大，而处于其他位次公司的排名波动更大。尤其是个别公司受宏观环境、行业环境或资产处置、并购重组、主营业务发展等因素的影响，近年来价值创造效率排名发生了大幅变化。例如，与 2018 年相比，

2019 年国际医学（000516）下降了 740 名，润和软件（300339）下降了 635 名。但与 2019 年相比，2020 年润和软件（300339）上升了 762 名，神州泰岳（300002）上升了 675 名，全通教育（300359）上升了 657 名。

5.5.4　按价值创造效率排名的重点公司情况分析

对于重点公司排名情况，本报告选取价值创造效率排名稳居前列的科锐国际（300662）和中公教育（002607），排名上升最具代表性的全通教育（300359）和利欧股份（002131），以及排名下滑较为明显的横店影视（603103）和高伟达（300465）共 6 家公司为对象，对公司价值创造效率情况展开深入分析。

（一）科锐国际

1. 公司基本情况介绍

北京科锐国际人力资源股份有限公司（简称科锐国际）成立于 1996 年 9 月 26 日，2017 年 6 月 8 日在深交所上市，所属行业为商务服务业（L72）。科锐国际线下服务类产品以高效的通用类型系统（CTS）为依托，围绕中高端人才访寻、招聘流程外包、灵活用工三大主营业务，加上战略咨询、人才与管理培训、人才测评等服务全线开展。近年来，公司在"一体两翼"战略指引下，坚持加大技术研发投入，打磨适应长尾客户需求的"技术＋平台＋服务"多种模块化产品。2020 年，公司进一步加速整合 SaaS 产品和线上平台产品，其中包括"科锐才到云"下的系列招考 SaaS、企业人力资源管理 SaaS 等产品、基于垂直细分领域的招聘平台、基于人力资源产业互联的"区域/城市人才大脑"平台、基于同行伙伴合作共赢模式的"禾蛙"平台。公司 2020 年的资产规模为 19.85 亿元，员工人数为 2 668 人。

2. 价值创造效率变动情况分析

为了充分揭示科锐国际价值创造效率的变化趋势以及变动原因，接下来我们首先列示 2018—2020 年科锐国际价值创造效率及其排名变动情况（见表 5 - 13），然后使用连环替代法分别从总资产和价值创造额的角度对价值创造效率进行分析。

表 5 - 13　2018—2020 年科锐国际价值创造效率变动原因分析

年份	价值创造额（亿元）	总资产（亿元）	价值创造效率	价值创造效率排名	价值创造效率变动总额	价值创造效率变动分解：总资产	价值创造效率变动分解：价值创造额
2018	16.917 2	13.782 3	1.227 5	2	—	—	—
2019	24.857 9	16.843 5	1.475 8	1	0.248 3	−0.223 1	0.471 4
2020	30.747 9	19.852 1	1.548 9	1	0.073 0	−0.223 7	0.296 7

从表 5-13 中可以看出，2018 年科锐国际价值创造效率为 1.227 5，位列大服务业上市公司价值创造效率排行榜的第 2 名；2019 年科锐国际价值创造效率为 1.475 8，同比上升 0.248 3，位列大服务业上市公司价值创造效率排行榜的第 1 名，较上年上升 1 名。从总资产规模的角度分析，总资产变动导致 2019 年价值创造效率下降 0.223 1。具体来看，2018 年公司的总资产规模为 13.782 3 亿元，2019 年为 16.843 5 亿元，同比上升 22.21％。这主要是因为：首先，2019 年公司收入增长，应收账款增多；其次，公司加强了对应收账款的管理，同时收到了限制性股票款；最后，公司的长期股权投资增多。从价值创造额的角度分析，价值创造额变动导致 2019 年价值创造效率上升 0.471 4。具体来看，2018 年公司的价值创造额为 16.917 2 亿元，2019 年为 24.857 9 亿元，同比上升 46.94％。这主要是因为：第一，公司践行"四化"转换、"咨询"先行，深度挖掘三大主营业务之间的交叉销售能力，打造"服务＋平台＋技术"创新模型，培育跨行业的新兴职能岗位业务增长点。同时，公司不断推进"前店后厂"运营模式，配合商圈和职能岗位的深度垂直。2019 年新增收费客户 1 700 个，年度收费客户 3 700 余家。第二，公司抓住国际国内大型企业跨国业务发展及"一带一路"倡议所带来的业务机会，审慎而积极地推进国际化，2019 年海外分支涉及 7 个国家 11 个城市，中国以外市场业务收入占集团总体营业收入的比重达 35.97％。第三，公司不断加强技术中台和数据中台建设，积极在大数据、人工智能等领域开发新功能赋能内外部。对内升级通用类型系统，加大对中高端人才访寻、招聘流程外包、灵活用工等三大主营业务的赋能，同时不断整合云产品及平台产品结构和数据，正式开放基于共享众包模式打造的人力资源合作伙伴平台"禾蛙"。总的来看，2019 年我国经济稳中求进、稳中有忧，经济下行压力有所上升，尤其是中美贸易摩擦等诸多问题使我国经济面临的外部环境非常严峻，加上自身发展面临的不充分、不平衡等一系列宏观经济问题，年度内整体经济发展低迷，宏观经济环境给人力资源行业的招聘市场带来了一定冲击。从客户端来看，随着国内 5G 时代的到来，大数据、云计算、人工智能技术的不断提高与创新，企业内部人力资源管理理念也在发生巨大变革，在提高企业运营效率和组织弹性等新形势要求下，越来越多的企业将人力资源相关的职能和业务交给专门的人力资源服务机构，给人力资源行业带来了更多的新机会。因此，尽管 2019 年总资产变动导致价值创造效率下降 0.223 1，但价值创造额变动导致价值创造效率上升 0.471 4，2019 年科锐国际价值创造效率有所上升。

2020 年科锐国际价值创造效率为 1.548 9，同比上升 0.073 0，位列大服务业上市公司价值创造效率排行榜的第 1 名，且连续两年位列第 1 名。从总资产规模的角度分析，总资产变动导致 2020 年价值创造效率下降 0.223 7。具体来看，2019

年公司的总资产规模为 16.843 5 亿元，2020 年为 19.852 1 亿元，同比上升 17.86%，这主要是因为股权资产增加，包括认缴出资 900 万元（2020 年实际出资 225 万元）与国投人力共同设立海南国投科锐，持股比例为 45%；子公司天津薪睿出资 196 万元与北京华世建宁企业管理咨询有限公司共同设立尚贤投资，持股比例为 49% 等。从价值创造额的角度分析，价值创造额变动导致 2019 年价值创造效率上升 0.296 7。具体来看，2019 年公司的价值创造额为 24.857 9 亿元，2020 年为 30.747 9 亿元，同比上升 23.69%，这主要是因为自党的十九大以来，国家出台了多项有利于人力资源行业发展的政策。十九大报告在"贯彻新发展理念，建设现代化经济体系"部分明确提出，着力加快建设实体经济、科技创新、现代金融、人力资源协同发展的产业体系。同时，2020 年，公司进一步强化"技术＋平台＋服务"的模式，稳固以技术驱动的整体人才解决方案，提升综合品牌影响力。良好的品牌和产品创新的优势为公司的规模性扩张提供了强有力支撑。总的来看，2020 年，持续的新冠疫情给整个行业发展带来了一个重要契机，大量新的用工模式被创造出来，催生出一种全新的、去中心化的人力生态。受益于国内产业结构调整、企业转型升级以及劳动力结构升级，市场对人力资源服务的整体需求快速增长，国内人力资源服务市场也开始逐渐呈现多元化、市场化、规范化、品牌化、数字化的趋势。在此背景下，整个人力资源服务行业无论是服务创新升级还是技术服务推广都得到了政府的大力支持。因此，尽管 2020 年总资产变动导致价值创造效率下降 0.223 7，但价值创造额变动导致价值创造效率上升 0.296 7，2020 年科锐国际价值创造效率有所上升。

（二）中公教育

1. 公司基本情况介绍

中公教育科技股份有限公司（简称中公教育）成立于 1999 年 8 月 25 日，2011 年 8 月 10 日在深交所上市，所属行业为教育（P83）。中公教育是一家中国领先的全品类职业教育机构，也是招录考试培训领域的开创者和领导者。公司勇担时代使命，持续创造新的市场，以友善利他之心服务社会。面向数亿知识型人员，公司主营业务横跨招录考试培训、学历提升和职业能力培训三大板块，提供超过 100 个品类的综合职业就业培训服务。公司在全国超过 1 600 个直营网点开展经营，深度覆盖 300 多个地级市，并正在快速向数千个县城和高校扩张。公司 2020 年的资产规模为 144.19 亿元，员工人数为 45 066 人。

2. 价值创造效率变动情况分析

为了充分揭示中公教育价值创造效率的变化趋势以及变动原因，接下来我们首先列示 2018—2020 年中公教育价值创造效率及其排名变动情况（见表 5-14），然后使用连环替代法分别从总资产和价值创造额的角度对价值创造效率进行分析。

表 5 - 14　2018—2020 年中公教育价值创造效率变动原因分析

年份	价值创造额（亿元）	总资产（亿元）	价值创造效率	价值创造效率排名	价值创造效率变动总额	价值创造效率变动分解：总资产	价值创造效率变动分解：价值创造额
2018	48.557 0	72.020 7	0.674 2	5	—	—	—
2019	69.352 0	99.607 1	0.696 3	6	0.022 0	−0.186 7	0.208 8
2020	88.193 3	144.188 5	0.611 7	10	−0.084 6	−0.215 3	0.130 7

从表 5 - 14 中可以看出，2018 年中公教育价值创造效率为 0.674 2，位列大服务业上市公司价值创造效率排行榜的第 5 名；2019 年中公教育价值创造效率为 0.696 3，同比上升 0.022 1，位列大服务业上市公司价值创造效率排行榜的第 6 名，较上年下降 1 名。从总资产规模的角度分析，总资产变动导致 2019 年价值创造效率下降 0.186 7。具体来看，2018 年公司的总资产规模为 72.020 7 亿元，2019 年为 99.607 1 亿元，同比上升 38.30%。这主要是因为：首先，公司新增工程项目导致在建工程增加；其次，公司收回应收账款；再次，公司经营规模扩大使得预付款项增多；最后，公司收到押金及保证金等使其他应收款增多等。从价值创造额的角度分析，价值创造额变动导致 2019 年价值创造效率上升 0.208 8。具体来看，2018 年公司的价值创造额为 48.557 0 亿元，2019 年为 69.352 0 亿元，同比上升 42.83%。这主要是因为：第一，经济转型和公共服务投资加速，为招录考试培训及职业教育产业爆发创造了强劲的增长动能；第二，职业教育产业告别小散乱，进入大型龙头企业引领需求释放的新阶段；第三，职业教育产业在全国广泛分布，长尾效应显著，给大型机构提供了扩大渠道网络的广阔空间。总的来看，过去数年，事业单位、综合招录相关领域持续保持活跃，通过扩大公共消费来带动中国经济增长方式转型的中长期趋势已经逐步形成，2019 年下半年相关部门出台相关政策，使该趋势得到进一步确认。疫情加速了趋势的演化，通过扩招扩考来稳就业已成为明确的政策基调。因此，尽管 2019 年总资产变动导致价值创造效率下降 0.186 7，但价值创造额变动导致价值创造效率上升 0.208 8，2019 年中公教育价值创造效率有所上升。

2020 年中公教育价值创造效率为 0.611 7，同比下降 0.084 6，位列大服务业上市公司价值创造效率排行榜的第 10 名，较上年下降 4 名。从总资产规模的角度分析，总资产变动导致 2020 年价值创造效率下降 0.215 3。具体来看，2019 年公司的总资产规模为 99.607 1 亿元，2020 年为 144.188 5 亿元，同比上升 44.76%，这主要是因为公司房屋及建筑物增加使得固定资产增加，土地使用权增加使得无形资产增加。从价值创造额的角度分析，价值创造额变动导致 2020 年价值创造效率上升 0.130 7。具体来看，2019 年公司的价值创造额为 69.352 0 亿元，2020 年为 88.193 3 亿元，同比上升 27.17%。这主要是因为：第一，卓越的执行力造就高增长文化；第二，集群式专业研发输出源源不断的增长创新动能；第三，垂直一体化快速响应能力是持续高增长的架构和效率支撑；第四，多品类增长飞轮效应逐级放大增长愿景；第五，数字化经营塑造可实时态势感知的企业平台等。总的来看，2020 年在机构改革扰动结束、招录景气度回升之际，突然暴发的疫情对公司的招录节奏产生了强烈扰动。具体而言，一方面上半年的招录近乎冻结，教学工作无法正常展开；另一方面公务员联考延期至第 3 季度，严重挤占了其他序列的招录和招生备考时间窗口，导致教师和医疗等序列较大幅度缩招，事业单位等序列的招生和备考也受到较多干扰。因此，尽管 2020 年价值创造额变动导致价值创造效率上升 0.130 7，但总资产变动导致价值创造效率降低 0.215 3，2020 年中公教育价值创造效率有所下降。

（三）全通教育

1. 公司基本情况介绍

全通教育集团（广东）股份有限公司（简称全通教育）成立于 2005 年 6 月 9 日，2014 年 1 月 21 日在深交所上市，所属行业为软件和信息技术服务业（I65）。全通教育致力于教育信息化及信息服务多年，以基础教育学段家校互动服务起步，业务逐步发展至涵盖基础教育、家庭教育及教师继续教育不同领域，并通过子公司以校企合作、专业共建的方式积极探索拓展学历职业教育领域。近年来，公司顺应行业政策变化，积极探索产品转型及升级策略，持续提升教育信息化建设及服务能力。公司 2020 年的资产规模为 13.42 亿元，员工人数为 1 686 人。

2. 价值创造效率变动情况分析

为了充分揭示全通教育价值创造效率的变化趋势以及变动原因，接下来我们首先列示 2018—2020 年全通教育价值创造效率及其排名变动情况（见表 5 - 15），然后使用连环替代法分别从总资产和价值创造额的角度对价值创造效率进行分析。

表 5 - 15　2018—2020 年全通教育价值创造效率变动原因分析

年份	价值创造额（亿元）	总资产（亿元）	价值创造效率	价值创造效率排名	价值创造效率变动总额	价值创造效率变动分解：总资产	价值创造效率变动分解：价值创造额
2018	−3.512 8	21.550 7	−0.163 0	782	——	——	——
2019	−4.468 5	13.508 4	−0.330 8	816	−0.167 8	−0.097 0	−0.070 7
2020	2.920 6	13.420 7	0.217 6	159	0.548 4	−0.002 2	0.550 6

从表 5-15 中可以看出，2018 年全通教育价值创造效率为 -0.163 0，位列大服务业上市公司价值创造效率排行榜的第 782 名；2019 年全通教育价值创造效率为 -0.330 8，同比下降 0.167 8，位列大服务业上市公司价值创造效率排行榜的第 816 名，较上年下降 34 名。从总资产规模的角度分析，总资产变动导致 2019 年价值创造效率下降 0.097 0。具体来看，2018 年公司的总资产规模为 21.550 7 亿元，2019 年为 13.508 4 亿元，同比下降 37.32%。这主要是因为：首先，年末在建工程余额较年初减少 83.90%，主要是智能校园系统工程完工转入固定资产及办公室装修工程完工所致；其次，年末应付账款余额较年初减少 40.47%，主要是本年加大收款力度，收回应收账款所致；再次，年末持有待售资产较年初减少 100%，主要是年底完成处置子公司深圳市尚宁海问国际教育咨询有限公司所致；最后，开发支出减少 71.05%，其他非流动资产减少 85.18%。从价值创造额的角度分析，价值创造额变动导致 2019 年价值创造效率降低 0.070 7。具体来看，2018 年公司的价值创造额为 -3.512 8 亿元，2019 年为 -4.468 5 亿元，同比降低 27.21%。这主要是因为：第一，2019 年家校互动升级业务收入有所下降，该业务受行业技术升级以及客户需求变化的影响，基础类产品用户数减少；第二，教师继续教育业务受面授培训比重进一步加大、个性化培训项目增加等因素的影响，成本大幅增加，业务毛利率大幅下滑；第三，教育信息化项目建设及运营类业务受运营商内部系统升级、项目质量及流程要求趋严的影响，部分合同签订及履约进度不及预期，此外，研究开发成本增加导致该项业务的收入和毛利率同比有所减少。总的来看，2019 年公司虽然积极顺应行业政策走势，努力探索产品转型及升级策略，持续提升教育信息化建设及服务能力，但由于行业竞争激烈，公司主要业务毛利率下降，不仅 2019 年价值创造额变动导致价值创造效率降低 0.070 7，而且总资产变动导致价值创造效率降低 0.097 0，所以 2019 年全通教育价值创造效率下降。

2020 年全通教育价值创造效率为 0.217 6，同比上升 0.548 4，位列大服务业上市公司价值创造效率排行榜的第 159 名，较上年上升 657 名。从总资产规模的角度分析，总资产变动导致 2020 年价值创造效率下降 0.002 2。具体来看，2019 年公司的总资产规模为 13.508 4 亿元，2020 年为 13.420 7 亿元，同比下降 0.65%，这主要是因为公司的应收账款、存货、固定资产等大幅减少。从价值创造额的角度分析，价值创造额变动导致 2020 年价值创造效率上升 0.550 6。具体来看，2019 年公司的价值创造额为 -4.468 5 亿元，2020 年为 2.920 6 亿元，同比增长 165.36%。这主要是因为：第一，受疫情的影响，继续教育业务面授培训实施受限，部分面授培训转为以直播等形式开展，面授培训的主要支出如场地费、住宿费、培训用餐费、差旅费等较 2019 年有所下降，继续教育业务毛利率回升，教育信息化业务收入同比增加，该业务毛利也有所回升；第二，公司进一步推行成本费用管控措施，人工成本、市场费用、行政费用等同比均有所减少；第三，公司应收账款回款工作取得进展，信用减值损失同比大幅减少。总的来看，2020 年，受疫情的影响，各级各类学校在 2020 年上半年皆采取"停课"的方式防控疫情蔓延，但公司响应各级教育部门防控疫情的需求，搭建校园疫情防控管理系统，履行社会责任。疫情暴发后，公司紧急组织技术人员，研发"全通网校"解决方案，并将其免费提供给学校使用，助力学校"停课不停学"。此外，全通教育汇聚自身的优势资源和力量，开展了防疫期间的教师培训公益服务。因此，尽管 2020 年总资产变动导致价值创造效率降低 0.002 2，但价值创造额变动导致价值创造效率提升 0.550 6，2020 年全通教育价值创造效率有所提升。

（四）利欧股份

1. 公司基本情况介绍

利欧集团股份有限公司（简称利欧股份）成立于 2001 年 5 月 21 日，2007 年 4 月 27 日在深交所上市，所属行业为互联网和相关服务（I64）。利欧股份的主营业务包括机械制造和数字营销。机械制造业务主要包括泵和园林机械的研发、制造和销售，在整个泵业领域形成了较为完整的产业链。目前，公司已在国内建成三大生产基地：一是位于浙江台州的民用泵生产基地，主要生产小型水泵、电机等产品；二是位于湖南湘潭的工业泵生产基地，主要生产水利、水务系统用泵，钢铁、冶金、矿山用泵，电站泵等产品；三是位于辽宁大连的石化泵生产基地，主要生产石油泵、石化泵、化工泵等产品。2014 年，公司通过对上海漫酷、上海氪氪和琥珀传播的成功收购，进军数字营销业务领域；2015 年，又成功完成对万圣伟业、微创时代的收购；2016 年，完成对智趣广告的收购。公司数字营销服务已覆盖营销策略和创意、媒体投放和执行、效果监测和优化、社会化营销、精准营销、流量整合等完整的服务链条，成功建立了从基础的互联网流量整合到全方位精准数字营销服务于一体的整合营销平台。公司 2020 年的资产规模为 192.58 亿元，员工人数为 5 122 人。

2. 价值创造效率变动情况分析

为了充分揭示利欧股份价值创造效率的变化趋势以及变动原因，接下来我们首先列示 2018—2020 年利欧股份价值创造效率及其排名变动情况（见表 5 - 16），然后使用连环替代法分别从总资产和价值创造额的角度对价值创造效率进行分析。

表 5 - 16　2018—2020 年利欧股份价值创造效率变动原因分析

年份	价值创造额（亿元）	总资产（亿元）	价值创造效率	价值创造效率排名	价值创造效率变动总额	价值创造效率变动分解：总资产	价值创造效率变动分解：价值创造额
2018	−6.948 3	141.745 6	−0.049 0	770	—	—	—
2019	13.255 6	133.225 7	0.099 5	528	0.148 5	−0.003 1	0.151 7
2020	56.612 4	192.578 8	0.294 0	81	0.194 5	−0.030 7	0.225 1

从表 5 - 16 中可以看出，2018 年利欧股份价值创造效率为−0.049 0，位列大服务业上市公司价值创造效率排行榜的第 770 名；2019 年利欧股份价值创造效率为 0.099 5，同比上升 0.148 5，位列大服务业上市公司价值创造效率排行榜的第 528 名，较上年上升 242 名。从总资产规模的角度分析，总资产变动导致 2019 年价值创造效率下降 0.003 1。具体来看，2018 年公司的总资产规模为 141.745 6 亿元，2019 年为 133.225 7 亿元，同比下降 6.01%，这主要是因为本期收回 2018 年预付的采购款，预付款项较期初减少 53.39%。从价值创造额的角度分析，价值创造额变动导致 2019 年价值创造效率上升 0.151 7。具体来看，2018 年公司的价值创造额为−6.948 3 亿元，2019 年为 13.255 6 亿元，同比上升 290.77%。这主要是因为：第一，公司的营业收入为 1 403 262.42 万元，同比增长 14.55%，归属于上市公司股东的净利润为 30 760.94 万元，公司实现扭亏为盈；第二，通过调整结算政策、应收款项清收、资产处置变现等综合性措施，报告期内公司的现金流状况大幅改善，在保障公司业务运营资金正常周转的同时，大幅降低了经营风险；第三，2019 年累计 12 106 776 张可转债转换为公司股份，公司偿还银行贷款 38.42 亿元，资产负债率和财务费用明显降低；第四，流动比率、速动比率、资产负债率、税息折旧及摊销前利润（EBITDA）利息保障倍数等指标均进一步改善，公司的偿债能力进一步增强；第五，通过调整经营思路，机械制造和数字营销两大业务板块各经营主体的活力进一步激发，取得了较好的业绩。总的来看，2019 年公司管理层和全体员工以"瘦身健体，降本增效，创新发展"经营策略为指导方针，努力工作，励精图治，克服重重困难，在中美贸易摩擦及全球经济环境动荡不安的大背景下，实现了经营业绩的逆势增长。因此，尽管 2019 年总资产变动导致价值创造效率下降 0.003 1，但价值创造额变动导致价值创造效率上升 0.148 5，2019 年利欧股份价值创造效率有所上升。

2020 年利欧股份价值创造效率为 0.294 0，同比上升 0.194 5，位列大服务业上市公司价值创造效率排行榜的第 81 名，较上年上升 447 名。从总资产规模的角度分析，总资产变动导致 2020 年价值创造效率下降 0.030 7。具体来看，2019 年公司的总资产规模为 133.225 7 元，2020 年为 192.578 8 亿元，同比上升 44.55%。

这主要是因为：一方面，2020 年公司其他非流动金融资产较上年年末增加 532.42%，主要系公司持有的理想汽车在纳斯达克交易所上市交易，公司根据企业会计准则的相关规定将其分类为以公允价值计量且其变动计入当期损益的金融资产，并通过"其他非流动金融资产"进行核算所致；另一方面，2020 年公司投资性房地产较上年年末增加 154.27%，主要系本期购入房产及土地使用权并对外出租所致。从价值创造额的角度分析，价值创造额变动导致 2020 年价值创造效率上升 0.225 1。具体来看，2019 年公司的价值创造额为 13.255 6 亿元，2020 年为 56.612 4 亿元，同比上升 327.08%。这主要是因为：第一，公司近年来持续推进生产系统的智能化改造，营业收入增长稳定；第二，公司积极拓展水泵产品线上销售的模式，在疫情期间公司销售收入得到保证，而差旅费、展览费及业务宣传费等与销售相关的费用明显减少；第三，公司新增投资业务利润贡献较多，且资金储备充足。总的来看，2020 年是不平凡的一年，疫情、国际博弈等复杂的形势给市场带来了巨大的冲击，公司在复杂的经济形势以及多变的市场局势下，实现了业绩的增长。因此，尽管 2020 年总资产变动导致价值创造效率下降 0.030 7，但价值创造额变动导致价值创造效率上升 0.225 1，2020 年利欧股份价值创造效率有所上升。

（五）横店影视

1. 公司基本情况介绍

横店影视股份有限公司（简称横店影视）成立于 2008 年 9 月 4 日，2017 年 10 月 12 日在上交所上市，所属行业为广播、电视、电影和录音制作业（R87）。公司的主营业务包括影视投资、制作及发行，电影放映，销售卖品和发布广告。公司是国内处于行业领先地位且极具潜力的民营院线及影院投资公司。公司 2020 年的资产规模为 35.36 亿元，员工人数为 5 728 人。

2. 价值创造效率变动情况分析

为了充分揭示横店影视价值创造效率的变化趋势以及变动原因，接下来我们首先列示 2018—2020 年横店影视价值创造效率及其排名变动情况（见表 5-17），然后使用连环替代法分别从总资产和价值创造额的角度对价值创造效率进行分析。

表 5-17　2018—2020 年横店影视价值创造效率变动原因分析

年份	价值创造额（亿元）	总资产（亿元）	价值创造效率	价值创造效率排名	价值创造效率变动总额	价值创造效率变动分解：总资产	价值创造效率变动分解：价值创造额
2018	10.743 7	32.269 3	0.332 9	56	—	—	—
2019	10.563 5	34.503 3	0.306 2	73	−0.026 8	−0.021 6	−0.005 2
2020	−1.354 3	35.360 4	−0.038 3	809	−0.344 5	−0.007 4	−0.337 0

从表 5-17 中可以看出，2018 年横店影视价值创造效率为 0.332 9，位列大服务业上市公司价值创造效率排行榜的第 56 名；2019 年横店影视价值创造效率为 0.306 2，同比下降 0.026 8，位列大服务业上市公司价值创造效率排行榜的第 73 名，较上年下降 17 名。从总资产规模的角度分析，总资产变动导致 2019 年价值创造效率下降 0.021 6。具体来看，2018 年公司的总资产规模为 32.269 3 亿元，2019 年为 34.503 3 亿元，同比上升 6.92%，这主要是因为：第一，2019 年公司应收广告款增加导致应收账款大幅增加；第二，2019 年公司投资新设横店影视合伙企业导致长期股权投资大幅增加；第三，2019 年公司对财务软件进行升级，无形资产有所增加；第四，2019 年公司加大影院建设力度，预付工程款结转在建工程，在建工程金额有所增加。从价值创造额的角度分析，价值创造额变动导致 2019 年价值创造效率下降 0.005 2。具体来看，2018 年公司的价值创造额为 10.743 7 亿元，2019 年为 10.563 5 亿元，同比下降 1.68%。在 2019 年行业增速放缓的情况下，公司继续保持新开影院速度，并积极创新，大力发展非票业务，公司的营业收入同比增长 3.27%，归属于母公司净利润同比下降 3.48%，由于公司业绩较上年变化不大，因此价值创造额未出现明显变化。总的来看，2019 年横店影视在总资产规模扩张和价值创造额略有下降两方面因素的共同作用下，价值创造效率出现下降。

2020 年横店影视价值创造效率为 -0.038 3，同比下降 0.344 5，位列大服务业上市公司价值创造效率排行榜的第 809 名，较上年下降 736 名。从总资产规模的角度分析，总资产变动导致 2020 年价值创造效率下降 0.007 4。具体来看，2019 年公司的总资产规模为 34.503 3 元，2020 年为 35.360 4 亿元，同比上升 2.48%，这主要是公司减少了理财资金导致货币资金数额较上年增加 43.29%。从价值创造额的角度分析，价值创造额变动导致 2020 年价值创造效率下降 0.337 0。具体来看，2019 年公司的价值创造额为 10.563 5 亿元，2020 年为 -1.354 3 亿元，同比下降 112.82%。2020 年公司价值创造额大幅下降主要是因为在新冠疫情防控期间影院暂停营业近半年，公司的主营业务收入大幅下降，亏损严重。总的来看，2020 年新冠疫情对公司的正常经营造成了严重冲击，公司业绩急剧下滑，拉低了价值创造额，而同期总资产规模扩张，在这两方面因素的共同作用下公司的价值创造效率明显下降。

（六）高伟达

1. 公司基本情况介绍

高伟达软件股份有限公司（简称高伟达）成立于 2003 年 4 月 11 日，2015 年 5 月 28 日在深交所上市，所属行业为软件和信息技术服务业（I65）。公司的主营业务为金融信息服务和移动营销服务业务，包括信息技术解决方案、软件外包服务、软件运维服务、系统集成及服务。公司秉承"国际化、专业化、本地化"的理念，以"产品化的整体解决方案"为技术战略目标，专注服务于金融行业。经过多年的开发与积累，公司形成了一整套现代银行整体解决方案，覆盖银行从核心业务系统到前端服务渠道建设等多个层次，目前拥有全系列独立知识产权的自有软件产品。公司 2020 年的资产规模为 19.39 亿元，员工人数为 3 633 人。

2. 价值创造效率变动情况分析

为了充分揭示高伟达价值创造效率的变化趋势以及变动原因，接下来我们首先列示 2018—2020 年高伟达价值创造效率及其排名变动情况（见表 5 - 18），然后使用连环替代法分别从总资产和价值创造额的角度对价值创造效率进行分析。

表 5 - 18 2018—2020 年高伟达价值创造效率变动原因分析

年份	价值创造额（亿元）	总资产（亿元）	价值创造效率	价值创造效率排名	价值创造效率变动总额	价值创造效率变动分解：总资产	价值创造效率变动分解：价值创造额
2018	7.588 9	23.885 0	0.317 7	66	—	—	—
2019	8.236 0	24.088 7	0.341 9	60	0.024 2	−0.002 7	0.026 9
2020	0.219 7	19.392 8	0.011 3	778	−0.330 6	0.082 8	−0.413 4

从表 5 - 18 中可以看出，2018 年高伟达价值创造效率为 0.317 7，位列大服务业上市公司价值创造效率排行榜的第 66 名；2019 年高伟达价值创造效率为 0.341 9，同比上升 0.024 2，位列大服务业上市公司价值创造效率排行榜的第 60 名，较上年上升 6 名。从总资产规模的角度分析，总资产变动导致 2019 年价值创造效率下降 0.002 7。具体来看，2018 年公司的总资产规模为 23.885 0 亿元，2019 年为 24.088 7 亿元，同比上升 0.85%。这主要是因为：第一，公司当年经营回款导致货币资金增加；第二，公司经营规模扩大，在执项目增加，存货和应收账款明显增多；第三，公司在 2019 年增加对参股公司的投资，长期股权投资增加。从价值创造额的角度分析，价值创造额变动导致 2019 年价值创造效率上升 0.026 9。具体来看，2018 年公司的价值创造额为 7.588 9 亿元，2019 年为 8.236 0 亿元，同比上升 8.53%，这主要得益于公司金融科技业务规模的快速提升和移动互联网业务的较快增长。一方面，在金融信息化行业市场需求快速回升以及移动数字领域市场规模稳定发展的环境下，公司抓住市场机遇，积极拓展新客户，主动调整内部机制，完善预算、资金和成本管控，在金融信息服务业务上取得了较快的增长。另一方面，2019 年公司的移动互联网业务继续稳定发展，营业收入和利润继续保持稳定增长。总的来看，高伟达在 2019 年尽管总资产规模扩张导致价值创造效率略有下降，但良好的业绩支撑了价值创造额的快速增长，最终拉升了 2019 年公司

的价值创造效率。

2020 年高伟达价值创造效率为 0.011 3，同比下降 0.330 6，位列大服务业上市公司价值创造效率排行榜的第 778 名，较上年下降 718 名。从总资产规模的角度分析，总资产变动导致 2020 年价值创造效率上升 0.082 8。具体来看，2019 年公司的总资产规模为 24.088 7 元，2020 年为 19.392 8 亿元，同比下降 19.49%，主要是因为 2020 年公司计提商誉减值准备 7.78 亿元。从价值创造额的角度分析，价值创造额变动导致 2020 年价值创造效率下降 0.413 4。具体来看，2019 年公司的价值创造额为 8.236 0 亿元，2020 年为 0.219 7 亿元，同比下降 97.33%。这主要是因为：一方面，新冠疫情对公司经营造成了冲击；另一方面，移动营销业上游的竞争格局发生了较大变化，集中度进一步提升，移动互联网业务面临挑战，成本提升较快，这导致公司的全资子公司快读科技和坚果技术中小客户流失、大客户业务调整以及流量成本上涨，公司的业绩出现明显下滑。此外，公司的全资子公司上海睿民受疫情影响，部分业务开展受限，并因产品无法适应市场需求变化和管理层离职等，业绩也出现下滑。总的来看，2020 年尽管公司总资产规模缩减导致价值创造效率上升 0.082 8，但受行业竞争格局和新冠疫情的负面影响，公司经营业绩不佳导致价值创造额大幅减少，严重拉低了 2020 年的价值创造效率，因此 2020 年高伟达的价值创造效率出现下降。

5.6　本章小结

本章着重研究了大服务业上市公司的价值创造额及价值创造效率，从分配主体、产权性质、地区分布及公司层面等角度出发，对大服务业的经济增长趋势及资源使用效率进行了分析。主要研究结论如下：

（1）大服务业价值创造额指数与价值创造效率指数在波动形态上高度一致，都具有较强的季度性，即在同一年内表现出第 1、3 季度偏低，第 2、4 季度走高的特征，大致呈 N 形波动趋势，第三产业 GDP 指数呈稳步增长趋势。就四类分配主体的价值创造额指数而言，总体来看，自 2018 年起，政府税收指数、员工薪酬指数及债权人利息指数均在波动中快速上升，而股东获利指数则呈波动下滑趋势，可见企业对股东以外的其他利益相关者的价值创造能力在逐渐提升；相应地，就四类分配主体的价值创造额占比而言，员工薪酬所得、政府税收所得和债权人利息所得占比均有上升，股东获利所得占比明显下降，这种下降会影响股东的投资积极性，从长远看可能影响我国经济的结构调整和转型升级。因此，为大服务业营造良好的经营环境，提高企业的盈利能力，使股东的价值创造额分配占比有所提高，成为促进经济转型升级的重要方向。

（2）大服务业中存在一批资产规模大、盈利水平高的国有控股公司，其价值创造额远远超过非国有控股公司，表明国有经济在大服务业上市公司中占主导地位。同时，就价值创造效率而言，2011 年之前，非国有控股公司价值创造效率指数的下降速度慢于国有控股公司，这在一定程度上表明 4 万亿元投资计划对大服务业国有控股公司价值创造效率产生了更大的冲击，增加投资虽然能刺激经济总量的增长，却难以保证资金的配置效率。2011 年之后，国有控股公司价值创造效率指数处于稳定状态，而非国有控股公司价值创造效率指数仍持续下滑。受新冠疫情的影响，国有控股公司与非国有控股公司价值创造效率指数在 2020 年第 1 季度均出现下滑。2020 年，国家出台了许多消费刺激政策，国有控股公司价值创造额指数逐步稳定上升，受政策影响程度更大，非国有控股公司价值创造额指数则呈逐步下降的趋势。2021 年第 1 季度则呈相反态势，国有控股公司价值创造额指数降低，但非国有控股公司价值创造额指数上升。

（3）大服务业的地区发展不平衡。华东、华南及华北地区大服务业上市公司的价值创造额高于其他地区。从价值创造额指数来看，西南地区的增长最为迅速，其次是华南和西北地区；从价值创造效率来看，七大地区在样本期间内均呈现缓慢下降趋势，但不同地区价值创造效率指数差异不明显。另外，各地区价值创造效率指数存在明显的年末效应。

（4）大服务业上市公司价值创造额差异大，2020 年大服务业共有 923 家公司，约 90％的公司价值创造额为正，其中排名前 10 的公司价值创造额均在 300 亿元以上，而约 10％的公司价值创造额为负。从产权性质来看，排名靠前的多数为大型国有控股公司，并且位次相对稳定；而排名靠后的公司排名波动较大，尤其是个别公司受宏观环境、行业环境或并购重组等因素的影响，近年来价值创造额排名发生了大幅变化。

（5）从价值创造效率整体排名情况来看，剔除部分 ST 及 * ST 公司以后，2020年大服务业上市公司共有 864 家。其中，790 家公司价值创造效率为正，74 家公司价值创造效率为负。2020 年，大服务业价值创造效率前 10 名的公司多为新上市的公司或轻资产型公司。从价值创造效率排名变动来看，大服务业价值创造效率前 10 名的公司位次比大服务业价值创造额前 10 名的公司位次变动大，而处于其他位次公司的排名波动更大。尤其是个别公司受宏观环境、行业环境或资产处置、并购重组、主营业务发展等因素的影响，近年来价值创造效率排名发生了大幅变化。

第6章　大服务业会计宏观价值指数
编制结果及分析（下）

大服务业细分行业多、样本量大、价值创造额高，是我国国民经济社会发展的战略引擎，也是我国经济增长的重点所在。大服务业上市公司按照更为详细的方式可以划分为批发和零售业，交通运输、仓储和邮政业，住宿和餐饮业，信息传输、软件和信息技术服务业，房地产业，租赁和商务服务业，科学研究和技术服务业，水利、环境和公共设施管理业，居民服务、修理和其他服务业，教育，卫生和社会工作，以及文化、体育和娱乐业。细分行业之间的经济特性、运行规律和发展趋势存在显著差异，因此按照细分行业对大服务业上市公司的价值创造额和价值创造效率进行分析，可以反映不同细分行业受宏观经济变化的影响程度，揭示不同细分行业的经济运行特点，为国家有针对性地制定行业政策提供依据。由于批发和零售业，交通运输、仓储和邮政业，信息传输、软件和信息技术服务业，房地产业样本量大、总资产多、价值创造额高，本章重点选取这四个行业进行分析。

6.1　行业层面分类分析

6.1.1　分行业价值创造额指数分析

结合表 6-1 与图 6-1 可以发现，在大服务业的 12 个细分行业中，季均价值创造额从高到低排序依次为房地产业，交通运输、仓储和邮政业，批发和零售业，信息传输、软件和信息技术服务业，租赁和商务服务业，水利、环境和公共设施管理业，文化、体育和娱乐业，科学研究和技术服务业，住宿和餐饮业，卫生和社会工作，教育，居民服务、修理和其他服务业。其中，2020 年排名靠前的四个细分行业的价值创造额占大服务业的比例为 89.24%，这四个细分行业价值创造额的增减变化直接决定了大服务业价值创造额的变化趋势。因此，当宏观经济出现剧烈波动导致整个大服务业受到影响时，政府部门应当优先考虑针对敏感性强、影响力大的细分行业制定调控政策，以确保经济总体平稳运行。

表6-1 大服务业分行业描述性统计

行业代码	行业名称	季均样本量	季均总资产（亿元）	单个公司季均总资产（亿元）	季均价值创造额（亿元）	单个公司季均价值创造额（亿元）
F	批发和零售业	142	15 138	107	492	3.46
G	交通运输、仓储和邮政业	84	20 612	246	672	8.02
H	住宿和餐饮业	10	425	41	18	1.72
I	信息传输、软件和信息技术服务业	165	10 564	64	372	2.26
K	房地产业	123	46 872	381	993	8.07
L	租赁和商务服务业	37	3 853	103	97	2.59
M	科学研究和技术服务业	23	706	31	37	1.61
N	水利、环境和公共设施管理业	32	2 237	69	69	2.14
O	居民服务、修理和其他服务业	1	4	4	0	0.17
P	教育	3	81	26	7	2.18
Q	卫生和社会工作	7	294	41	17	2.42
R	文化、体育和娱乐业	39	2 021	52	60	1.54

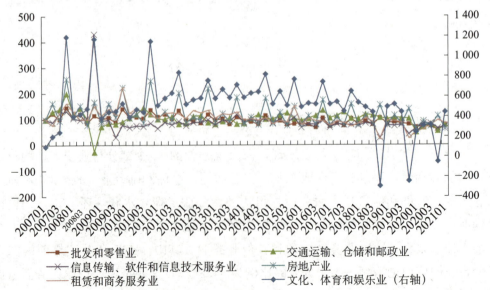

图6-1 大服务业（剔除金融业）分行业价值创造额指数变化趋势

在大服务业包含的细分行业中，部分行业存在样本量偏少的情况，这些行业的价值创造额指数和价值创造效率指数容易受单一企业变动的影响，难以准确反映行业变动情况。因此本课题组在分析两类指数的变动趋势时，剔除了样本量小于 30 的行业。

从图 6-1 中可以看出，2018 年以前，价值创造额指数增长最快的三个细分行业分别是文化、体育和娱乐业，房地产业以及租赁和商务服务业，而批发和零售业，交通运输、仓储和邮政业，信息传输、软件和信息技术服务业增长相对缓慢，并且文化、体育和娱乐业增速明显超过其他细分行业，这反映了我国文化产业快速发展的态势。

对价值创造额指数波动情况进行分析，可以发现：

（1）房地产业存在明显的季度性特征，即每年第 2、4 季度较高，第 1、3 季度较低，与大服务业总体的变化趋势一致。其中，房地产业的销售素有"金九银十"之说，销售旺季通常出现在 9 月份和 10 月份，而 10 月份实现的成交额在一年内最为集中，导致第 4 季度的价值创造额趋高。交通运输、仓储和邮政业同样存在明显的季度性特征，其价值创造额指数高点主要集中在每年的第 3 季度，而其他三个季度相对较低。

（2）2018 年以前，文化、体育和娱乐业，信息传输、软件和信息技术服务业以及批发和零售业存在明显的年末效应，即每年的前三个季度增长缓慢，而第 4 季度出现跳跃式增长。对于文化、体育和娱乐业而言，年底影视艺术新作频呈、媒体广告异常活跃、出版物和印刷品激增，这些因素都将导致相关企业营业收入的集中增长。就批发和零售业而言，第 4 季度包含较多的法定节假日，消费品需求旺盛，消费时间比较集中。

（3）以 2015 年为分割时间点，2015 年之前，租赁和商务服务业价值创造额指数增长平缓，然而在 2015 年第 4 季度突增，这主要是因为中央政府提出供给侧结构性改革的发展战略，推动经济结构优化和产业结构升级。租赁业成为促进国家经济结构调整和产业结构升级的重要力量，中央和地方政府出台了一系列优惠政策鼓励租赁业发展，该行业迎来新的发展机遇。在此之后，租赁和商务服务业价值创造额指数增速明显提高，且波动性也变大。特别是在 2018—2019 年，租赁和商务服务业在 2018 年第 2 季度经历了快速发展后，其价值创造额指数在 2018 年第 4 季度出现大幅下降；在 2019 年第 2 季度经历了新一轮的快速发展后，在 2019 年第 4 季度同样出现大幅下降。究其原因，该行业不少上市公司在年末计提大量的商誉减值准备，导致第 4 季度出现巨额亏损，价值创造额指数波动明显。例如，2018 年，深大通（000038）计提子公司冉十科技和视科传媒商誉减值准备 21.20 亿元，*ST 印纪（002143）对应收账款、预付款项计提减值准备 12.44 亿元；2019

年，*ST飞（002210）对应收账款、长期股权投资等计提资产减值损失18.00亿元，腾邦国际（300178）计提商誉减值准备4.81亿元。

需要特别指出的是，交通运输、仓储和邮政业价值创造额指数在2008年第4季度为负，这是因为在2008年金融危机期间，东南沿海中小制造企业接连关闭，航空公司客运业务骤减。信息传输、软件和信息技术服务业价值创造额指数在2008年第4季度快速增长，这是因为中国联通在2008年第4季度出售码分多址（CDMA）业务实现处置收益356.27亿元。

此外，在2018年及2019年第4季度，文化、体育和娱乐业价值创造额指数暴跌。通过对原始数据进行整理、研究，我们发现主要原因在于该行业近半数企业在2018年年末及2019年年末季度净利润为负。通过分析典型企业对监管所下达的关注函的回应，可以发现外部经济环境不佳以及行业政策环境变化，是导致该行业整体市场不景气、企业业务收入下降的主要原因。新兴媒体的涌入以及新行业公司背后强大的资金支持，抢夺了这些企业原本的客户群体，也对企业资本实力产生了极大的考验。同时，2020年第1季度受疫情的影响，为强化疫情防控，国内娱乐场所如电影院、KTV、体育场馆等暂停营业，文化、体育和娱乐业价值创造额指数下降至1 387，较上年同期下降51.87%。

还需要注意的是，批发和零售业，交通运输、仓储和邮政业在2020年第1季度均出现了不同程度的下降。批发和零售业价值创造额指数下降至615点，较上年下降了约11%。疫情期间，人员流动受到一定限制，线下百货商店、药店销售收入明显下跌，在传统批发零售受到严重冲击的同时，大量消费转移到新零售行业。线上零售因可提供配送到家服务，成为许多消费者在疫情期间日常采购的首选。交通运输、仓储和邮政业价值创造额指数下降至215点，较上年下降了约51%，主要原因是疫情期间人们出行受限，出行需求大幅下降。同时，受疫情带来的工厂复工延迟、企业停工减产等影响，货运、仓储等需求也受到了较大冲击。

2020年第2—4季度，除文化、体育和娱乐业之外，其他行业的价值创造额指数均呈上升趋势。疫情得到有效控制后，消费需求恢复，促进了批发和零售业的发展。同时，人员流动增多，旅游业复苏，促进了交通运输、仓储和邮政业，住宿和餐饮业的恢复。为降低人员密切接触，疫情也催生了新型教育方式与办公方式，不仅带动了信息传输、软件和信息技术服务业，科学研究和技术服务业的发展，网络课堂、在线答题平台的流行也促进了教育业的发展。虽然疫情得到了有效控制，但疫情防控形势依然严峻，相关活动的限制措施仍需执行，文化、体育和娱乐业的价值创造水平恢复缓慢。2021年第1季度，批发和零售业，交通运输、仓储和邮政业，文化、体育和娱乐业的价值创造额指数均呈上升趋势，这主要是由于气温回暖，疫苗普及，疫情进一步得到控制，整体经济环境向好，商品流通和买卖增多，交通运输需求增大，人们对于文化、体育和娱乐的需求也在逐渐恢复；租赁和商务服务业、房地产业的价值创造额指数呈下降趋势。

6.1.2 分行业价值创造效率指数分析

对大服务业的价值创造效率进一步细分，可以深入反映各细分行业的经营特点及其受宏观经济变化的影响程度，为政府制定具体的行业政策提供参考。从图6-2可以看出：

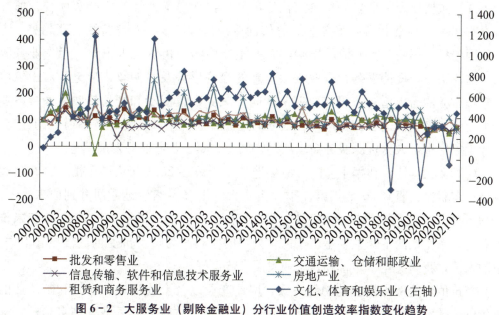

图6-2 大服务业（剔除金融业）分行业价值创造效率指数变化趋势

图例：
- 批发和零售业
- 交通运输、仓储和邮政业
- 信息传输、软件和信息技术服务业
- 房地产业
- 租赁和商务服务业
- 文化、体育和娱乐业（右轴）

（1）批发和零售业的价值创造效率指数在2012年之后呈明显的下滑趋势。随着线上零售的普及，批发和零售业企业之间的竞争愈发激烈，传统批发零售业受到较大挑战，整个行业的利润空间被压缩。2020年第1季度，批发和零售业的价值创造效率指数出现下滑；2020年第2—3季度有所恢复；2020年第4季度，由于季节变化，疫情反弹，公众消费需求降低，商品流通减少，价值创造效率指数再次降低。2021年第1季度，我国大力推广新冠疫苗，随着接种率的提高，疫情得到有效控制，消费需求恢复，商品流通增加，批发和零售业的价值创造效率指数也实现了较快增长。

（2）交通运输、仓储和邮政业的价值创造效率指数在2008年之后处于相对稳定状态，并表现出较明显的季度性特征，即第3季度较高，第1、2、4季度较低。2020年第1季度下跌明显，主要原因是该行业受疫情的冲击较大。2020年第2季度之后，疫情得到有效控制，伴随着旅游业的复苏和消费的增长，人员和商品流通增加，该行业的价值效率指数也在波动中上升。

（3）信息传输、软件和信息技术服务业的价值创造效率指数除 2008 年第 4 季度短暂上涨外，一直处于十分稳定的状态，并表现出明显的年末效应。

（4）房地产业的价值创造效率指数存在明显的波动性，2007 年第 4 季度达到最高点，随后呈先上升后下降的波动状态，这表明虽然房地产业的价值创造额增长迅速，但更多依赖于大量资产进入，单位资产价值创造额并不高。

（5）租赁和商务服务业的价值创造效率指数在 2010 年以前呈上升态势，2011 年之后下降，2018 年第 4 季度明显下降后又回升；随后在 2019 年第 4 季度再次大幅下降，主要原因是众多公司具有高额的亏损，计提了大量的资产及商誉减值准备。2020 年，租赁和商务服务业的价值创造额指数恢复，并呈持续上涨趋势。主要原因包括：第一，受疫情的影响，企业生产停滞，租赁需求上升，租赁业务收入上涨；第二，疫情来袭，企业需根据新的经济形势及时调整供应链，对于供应链管理服务的需求增多；第三，疫情期间为减少人员流动和密切接触，各行各业线上业务增多，促进了互联网广告服务的蓬勃发展；第四，受经济不稳定的影响，失业现象增多，人力资源服务需求增多，因此，商务服务业务发展迅速。

（6）文化、体育和娱乐业的价值创造效率指数在 2011 年大幅下滑，并在随后保持稳定状态，直到 2018 年第 4 季度再次大幅下降，然后迅速回升到原来水平，2019 年第 4 季度再次出现大幅下降。2018 年年末、2019 年年末及 2020 年年末价值创造效率指数的下降主要是由于许多公司的净利润为负及价值创造额显著下跌。总的来说，我国文化、体育和娱乐业发展态势良好。

与价值创造额指数波动趋势一致，房地产业以及交通运输、仓储和邮政业的价值创造效率指数存在明显的季度性特征，文化、体育和娱乐业，信息传输、软件和信息技术服务业以及批发和零售业存在明显的年末效应，即价值创造效率指数在每年第 4 季度较高，租赁和商务服务业则不存在明显的波动趋势。

6.2 批发和零售业编制结果分析

批发和零售业是社会化大生产过程中的重要行业，是决定经济运行速度、质量和效益的引导性力量，是我国市场化程度最高、竞争最激烈的行业之一。前面章节从批发和零售业总体层面探究了其价值创造额指数和价值创造效率指数的变化趋势，为了更为全面、具体、深入地探究批发和零售业的价值创造情况，本节从分配主体和产权性质两个层面进行分析。

6.2.1 分配主体层面分析

对批发和零售业价值创造额的构成开展进一步分析，可以反映批发和零售业股东、政府、员工及债权人等利益相关者的分配所得在企业新创价值中所占的比重及变化趋势，为政府相关部门有针对性地制定收入分配和税收等政策提供参考。

1. 四类分配主体价值创造额指数分析

我们对批发和零售业的四类分配主体所获得的价值创造额进行指数化处理，得到了四类批发和零售业价值创造额指数：批发和零售业股东获利指数、批发和零售业政府税收指数、批发和零售业员工薪酬指数以及批发和零售业债权人利息指数。表 6-2 和图 6-3 描述了批发和零售业四类分配主体价值创造额指数的变化趋势。

表 6-2　批发和零售业四类分配主体价值创造额指数的编制结果

季度	价值创造额（亿元）				价值创造额指数			
	股东	政府	员工	债权人	股东	政府	员工	债权人
200701	28	35	31	9	100	100	100	100
200702	46	38	38	9	161	109	122	105
200703	36	35	37	10	128	99	119	116
200704	56	61	53	9	197	171	170	100
200801	43	44	47	11	153	123	150	119
200802	53	57	46	9	184	160	145	102
200803	21	44	44	13	74	121	139	150
200804	29	55	61	12	101	154	191	133
200901	39	44	54	11	136	123	171	121
200902	45	55	53	9	155	152	164	105
200903	41	45	51	10	142	124	159	110
200904	70	95	77	11	236	261	233	116
201001	69	69	74	11	233	188	225	121
201002	74	75	73	10	239	201	212	112
201003	67	87	72	10	214	233	210	113
201004	93	114	124	14	294	280	323	152
201101	98	88	93	12	324	224	247	138
201102	106	118	108	20	342	282	268	196
201103	100	99	113	20	321	235	279	197
201104	78	195	147	26	252	464	365	253
201201	96	99	123	26	309	235	306	249
201202	50	124	120	31	159	293	294	299
201203	50	116	124	31	159	274	302	299
201204	89	173	162	28	283	408	396	272
201301	100	125	138	26	316	294	337	249
201302	99	159	136	22	313	376	331	212
201303	68	111	134	28	217	262	328	268
201304	96	160	176	28	303	378	431	273
201401	96	135	149	36	303	318	363	352
201402	88	138	151	35	278	324	365	339
201403	78	122	148	37	246	286	357	355
201404	84	224	205	38	263	524	493	365

续表

季度	价值创造额（亿元）				价值创造额指数			
	股东	政府	员工	债权人	股东	政府	员工	债权人
201501	102	138	174	37	316	321	416	353
201502	110	173	188	45	339	401	445	431
201503	50	166	184	59	155	385	436	568
201504	15	175	229	53	46	404	542	504
201601	116	169	207	42	358	389	489	405
201602	120	174	199	45	368	400	470	432
201603	92	162	206	55	283	373	486	526
201604	205	256	295	67	623	585	684	635
201701	159	159	238	55	482	362	551	521
201702	166	229	238	58	534	538	556	594
201703	159	203	271	60	495	465	564	605
201704	248	278	363	83	765	635	751	834
201801	199	219	314	67	620	501	674	676
201802	230	243	330	83	784	575	711	833
201803	167	255	300	107	575	602	653	1 061
201804	153	378	453	103	526	891	984	1 020
201901	228	237	357	89	779	559	790	885
201902	216	281	365	99	734	667	810	982
201903	248	226	356	102	840	532	787	1015
201904	83	304	430	89	279	717	950	884
202001	128	221	355	99	426	518	784	991
202002	217	225	332	82	733	531	740	842
202003	211	250	350	80	711	588	775	818
202004	—144	314	441	65	—485	740	977	673
202101	243	280	399	109	812	655	881	1 127

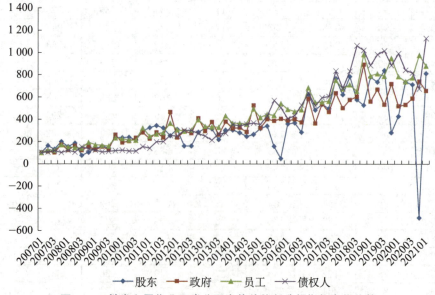

图6-3 批发和零售业四类分配主体价值创造额指数变化趋势

　　从表 6-2 和图 6-3 中可以看到，从总体趋势来看，自 2007 年第 1 季度以来，批发和零售业的政府税收指数、员工薪酬指数和债权人利息指数基本保持同步快速增长趋势，而股东获利指数的增长速度明显落后于其他三类指数，且波动幅度较大。特别是在 2015 年第 4 季度，股东获利指数下降至 46 点，达到历史低点，主要原因是 2015 年国家开始去产能、去库存、去杠杆。在钢铁流通领域，供需矛盾愈发突出，钢材价格阴跌不休，信用危机持续发酵，银行贷款不断收紧，钢贸企业面临巨大的生存压力。其中，批发和零售业中的五矿发展（600058）在 2015 年面临产业结构调整，去产能、去库存、去杠杆等严峻形势，外部经营环境十分恶劣，经营业绩严重下滑，资产减值损失严重，导致批发和零售业 2015 年第 4 季度的股东获利指数出现大幅下滑。2018 年，股东获利指数再一次出现明显下跌。进一步分析发现，2018 年第 4 季度批发和零售业的净利润相比第 3 季度明显下降，这主要是受到国家去杠杆政策、货币流动性缩紧、中美贸易摩擦以及上市公司计提大量商誉减值准备等的影响。2019 年第 1 季度，股东获利指数有比较明显的提升；2019 年第 4 季度再次大幅下跌，主要原因是国内批发和零售业竞争较为激烈，同时，部分上市公司为减少退市风险可能进行了盈余管理，在年末计提了大量的资产减值准备与商誉减值准备。2020 年第 1 季度，股东获利指数略有上升，主要原因是 2019 年第 4 季度股东价值创造额大幅下降。2020 年第 2—3 季度，随着全国各地企业复工复产，股东获利指数逐步恢复；2020 年第 4 季度再次大幅下降，主要原因是受疫情的影响，大量企业在年末确认大额亏损。股东获利指数于 2021 年第 1 季度恢复至原有水平。其他三类指数基本保持同步快速增长趋势，在 2018 年第 4 季度均达到高点，政府税收指数达到 891 点，员工薪酬指数达到 984 点，债权人利息指数达到 1 020 点。2020 年第 1 季度，受疫情的影响，政府税收指数和员工薪酬指数略有下降，债权人利息指数略有上升，主要原因是行业整体负债水平比较稳定，短期内不会发生较大变化。2020 年第 2 季度至 2021 年第 1 季度，疫情得到有效控制，政府税收指数和员工薪酬指数都有所上涨，债权人利息指数小幅波动下降，说明疫情期间企业融资额有所减少。同时，2021 年第 1 季度批发和零售业中的苏宁易购（002024）等企业受到新租赁准则的影响较大，产生了大量的财务费用，导致债权人利息指数上升。总体来看，自 2018 年起，政府税收指数、员工薪酬指数及债权人利息指数均在波动中快速上升，而股东获利指数则呈波动下滑趋势，可见企业对除股东以外的其他利益相关者的价值创造能力在逐渐提升。

　　2. 四类分配主体价值创造额占比分析

　　图 6-4 是批发和零售业价值创造额构成占比图。首先，从 2007 年以来的季度均值来看，员工薪酬所得占比最高，达到 38.42%；政府税收所得占比次之，达到

31.69％；股东获利所得占比排在第三位，为 21.14％；债权人利息所得排在最后，占比 8.75％。其次，与 2007 年季度均值占比相比，2019 年、2020 年批发和零售业价值创造额分配结构发生了显著变化。2007 年政府税收所得占比最高，达到 31.88％，到了 2019 年下降至 28.27％，2020 年小幅上升到 31.32％。2007 年，员工薪酬所得占比为 29.89％，2019 年大幅上升，达到 40.65％，2020 年进一步上升到 45.84％，在四类分配主体所得中占比最高。债权人利息所得占比也出现了小幅提升，从 2007 年的 6.99％上升至 2019 年的 10.19％和 2020 年的 10.09％。但股东获利所得占比呈大幅下降趋势，从 2007 年的 31.24％下降到 2019 年的 20.89％，2020 年进一步下降到 12.75％。总体来看，政府税收所得占比较为稳定，员工薪酬所得占比大幅提升，债权人利息所得占比也有小幅上升，而股东获利所得占比则呈波动下降趋势，可见企业对除股东以外的其他利益相关者的价值创造能力在逐渐提升。

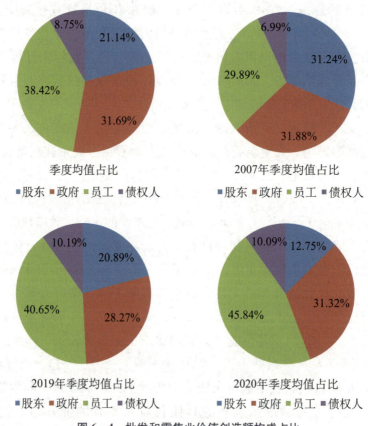

图 6 - 4　批发和零售业价值创造额构成占比

6.2.2　产权性质分类分析

对批发和零售业上市公司价值创造额及价值创造效率按产权性质进行分析，

可以反映不同产权性质的上市公司在经济增长及资源使用效率方面的发展动态，为国家制定相关的产业政策提供参考。

与前面章节类似，本章按照上市公司实际控制人的性质将批发和零售业上市公司分为国有控股公司与非国有控股公司。表 6-2 列示了两类上市公司的季均样本量、季均总资产、单个公司季均总资产、季均价值创造额以及单个公司季均价值创造额。

表 6-3　批发和零售业分产权性质描述性统计

产权性质	季均样本量	季均总资产（亿元）	单个公司季均总资产（亿元）	季均价值创造额（亿元）	单个公司季均价值创造额（亿元）
国有控股公司	76	8 431	111	268	3.54
非国有控股公司	66	6 658	101	222	3.36

从表 6-2 中可以看出，在季均样本量、资产规模和价值创造额上，非国有控股公司与国有控股公司不存在明显差距。具体来看，批发和零售业非国有控股公司与国有控股公司的单个公司季均总资产分别为 101 亿元与 111 亿元，季均价值创造额分别为 222 亿元和 268 亿元。近年来，批发和零售业非国有控股公司数量逐渐增多，截至 2021 年第 1 季度已有 95 家，而国有控股公司数量维持稳定，截至 2021 年第 1 季度样本量为 75 家。

1. 分产权性质价值创造额指数分析

图 6-5 揭示了批发和零售业两类产权性质的上市公司自 2007 年第 1 季度至 2021 年第 1 季度的价值创造额指数变化趋势。从图 6-5 中可以看出，2007—2017 年，两类上市公司的价值创造额指数均保持增长趋势，且增长较为平稳。2017 年以前，国有控股公司价值创造额指数相比非国有控股公司增长更快。从波动趋势上看，两类指数存在明显的年末效应，即每年的前三个季度增长缓慢，而第 4 季度出现跳跃式增长，其主要原因是第 4 季度包含较多的法定节假日，消费品需求旺盛、消费时间比较集中，其波动趋势与大服务业整体趋于一致。2018—2019 年，非国有控股公司价值创造额指数增长趋势更为强劲；2019 年第 3 季度，非国有控股公司的价值创造额指数达到了历史高点 863 点，随后逐步下降。2020 年疫情期间，受消费者流量大幅缩减的影响，消费品市场需求急剧下降，百货店、购物中心等传统线下零售和批发行业因更多依赖线下客流，短期内收入和利润均承受巨大压力，出现亏损的企业大量增加，业绩下滑在所难免，因此，非国有控股公司价值创造额增速受到明显影响。值得注意的是，2020 年第 4 季度，非国有控股公司价值创造额指数大幅下跌，主要原因是受疫情影响，公司经营受到严重冲击，

部分公司如*ST大集（000564）、苏宁易购（002024）、海航科技（600751）、*ST济堂（600090）、力源信息（300184）等在年末确认大额亏损。2021年第1季度，非国有控股公司价值创造额指数恢复到了原来的水平。2018—2019年，国有控股公司价值创造额指数保持以往的增长趋势持续增长。尽管2020年我国经济发展受疫情的影响较大，但批发和零售业的国有控股公司价值创造额指数依然保持良好的增长速度。

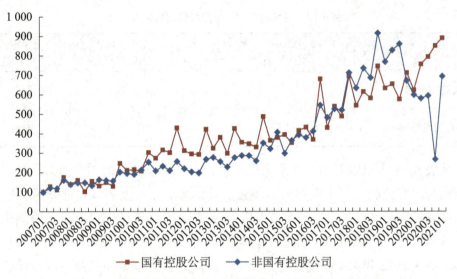

图6-5 批发和零售业不同产权性质价值创造额指数变化趋势

2. 分产权性质价值创造效率指数分析

图6-6揭示了批发和零售业两类产权性质的上市公司自2007年第1季度至2021年第1季度的价值创造效率指数变化趋势。由图6-6可知，两类上市公司的价值创造效率指数均存在明显的年末效应，即第4季度出现跳跃式增长，该波动趋势与其价值创造额指数波动趋势密切相关。2007—2010年，两类指数均呈波动状态。2011—2016年，两类指数均呈下降趋势，且非国有控股公司价值创造效率指数下降幅度大于国有控股公司。2017年到2019年第3季度，国有控股公司价值创造效率指数走势平稳，但非国有控股公司价值创造效率指数小幅上升，说明非国有控股公司的单位资产带来的价值创造逐渐增多，价值创造的增长潜力相对更大，而国有控股公司价值创造效率十分稳定。2019年第4季度，受疫情的影响，非国有控股公司价值创造效率指数明显下跌，国有控股公司价值创造效率指数也小幅下跌。2020年第1—4季度，政府出台多项政策促进社会经济复苏，各地企业逐步复工复产，国有控股公司价值创造效率指数逐渐上升，而由于非国有控股公司受到的疫情冲击更大，因此其价值创造效率指数仍然下降。尤其是2020年第4季度，非国有控股公司价值创造效率指数大幅下跌，主要原因是受疫情影响，公司经营

受到严重冲击，部分公司在年末确认大额亏损。2021 年第 1 季度，非国有控股公司价值创造效率指数有所回升。

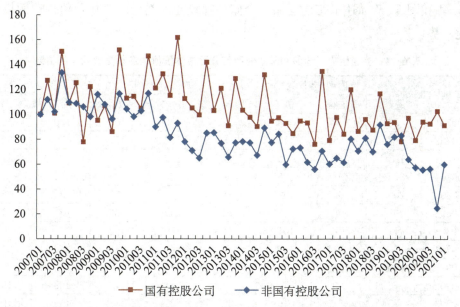

图 6-6　批发和零售业不同产权性质价值创造效率指数变化趋势

6.3　交通运输、仓储和邮政业编制结果分析

交通运输、仓储和邮政业是第三产业的重要组成部分，是连接客流、物流、信息流的重要枢纽，是经济发展的基础和先导，对国民经济的健康发展起着重要作用。前面章节从交通运输、仓储和邮政业总体层面探究了其价值创造额指数和价值创造效率指数的变化趋势，为了更为全面、具体、深入地探究交通运输、仓储和邮政业的价值创造情况，本节从分配主体和产权性质两个层面进行分析。

6.3.1　分配主体层面分析

对交通运输、仓储和邮政业价值创造额的构成开展进一步分析，可以反映交通运输、仓储和邮政业股东、政府、员工及债权人等利益相关者的分配所得在企业新创价值中所占的比重及变化趋势，为政府相关部门有针对性地制定收入分配和税收等政策提供参考。

1. 四类分配主体价值创造额指数分析

我们对交通运输、仓储和邮政业的四类分配主体所获得的价值创造额进行指数化处理，得到了四类交通运输、仓储和邮政业价值创造额指数：交通运输、仓储和邮政业股东获利指数，交通运输、仓储和邮政业政府税收指数，交通运输、仓储和邮政业员工薪酬指数，以及交通运输、仓储和邮政业债权人利息指数。表6-4和图6-7描述了交通运输、仓储和邮政业四类分配主体价值创造额指数的变化趋势。

表6-4　交通运输、仓储和邮政业四类分配主体价值创造额指数的编制结果

季度	价值创造额（亿元）				价值创造额指数			
	股东	政府	员工	债权人	股东	政府	员工	债权人
200701	86	54	53	15	100	100	100	100
200702	117	66	115	3	137	107	177	20
200703	165	78	79	17	193	126	121	118
200704	278	101	186	1	326	136	269	10
200801	200	69	92	−4	234	92	133	−24
200802	207	102	127	2	242	138	184	15
200803	111	77	101	31	130	104	146	206
200804	−295	31	149	36	−345	42	216	241
200901	40	52	110	32	47	70	159	213
200902	77	60	116	29	88	79	168	196
200903	75	64	110	29	85	85	159	195
200904	54	52	189	24	60	68	272	163
201001	154	73	132	31	171	95	189	210
201002	208	77	151	25	235	99	218	166
201003	301	110	175	12	335	139	248	81
201004	177	96	247	16	188	117	338	100
201101	166	93	181	22	177	113	247	141
201102	165	99	199	17	176	120	271	107
201103	225	122	183	13	239	149	249	83
201104	9	99	275	27	10	121	376	170
201201	82	88	214	49	87	107	292	309
201202	221	89	218	58	234	108	295	363
201203	221	112	228	58	234	135	308	363
201204	89	99	265	31	94	119	357	196
201301	87	83	240	51	92	100	324	323
201302	176	87	241	22	186	105	325	139
201303	222	109	240	43	232	131	326	276
201304	35	99	316	38	36	118	429	241
201401	112	68	241	89	115	81	326	564
201402	169	128	264	68	175	153	358	432
201403	278	124	269	64	287	149	364	409
201404	178	89	339	46	182	103	455	291
201501	212	101	265	77	216	116	356	487
201502	275	124	315	52	280	140	422	328

续表

季度	价值创造额（亿元）				价值创造额指数			
	股东	政府	员工	债权人	股东	政府	员工	债权人
201503	220	145	292	190	225	163	391	1 205
201504	91	107	395	108	93	120	529	682
201601	190	120	297	66	194	135	397	421
201602	183	120	333	125	187	135	446	790
201603	283	177	315	85	288	199	421	542
201604	97	125	497	129	143	175	902	847
201701	261	134	366	69	382	186	659	449
201702	307	165	407	56	434	221	719	363
201703	429	226	407	56	591	294	703	359
201704	183	128	571	54	243	164	981	342
201801	325	154	448	30	428	194	731	186
201802	265	226	502	162	349	286	819	986
201803	349	176	495	161	460	222	807	985
201804	174	175	677	129	229	220	1 104	786
201901	413	183	532	81	519	225	837	481
201902	341	238	549	173	427	292	864	1 024
201903	390	176	519	194	489	215	817	1 147
201904	218	184	778	96	274	225	1 224	568
202001	−123	83	515	161	−152	98	813	920
202002	84	163	510	127	103	192	805	729
202003	306	155	547	50	373	181	860	284
202004	−312	182	723	141	−380	213	1 137	797
202101	243	171	569	130	294	198	892	731

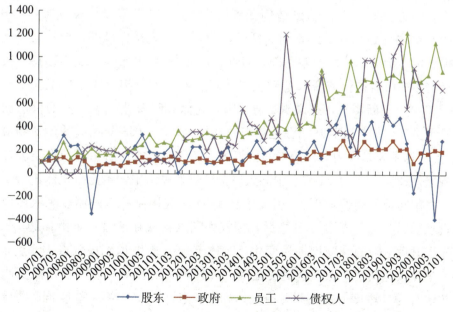

图6-7 交通运输、仓储和邮政业四类分配主体价值创造额指数变化趋势

从表6-4和图6-7中可以看到，从总体趋势来看，自2007年第1季度以来，交通运输、仓储和邮政业的股东获利指数、政府税收指数、员工薪酬指数和债权人利息指数均呈波动上升趋势。股东获利指数和政府税收指数增长较慢，员工薪酬指数和债权人利息指数增长较快；股东获利指数和债权人利息指数波动较大，政府税收指数和员工薪酬指数波动较小。

股东获利指数在2008年第4季度达到-345点，这是因为在2008年金融危机期间，东南沿海中小制造企业接连关闭、航空公司客运业务骤减等因素的综合作用直接导致交通运输、仓储和邮政业在2008年第4季度的价值创造额和股东获利指数陡降。2018年第4季度，股东获利指数达到了229点；2019年第4季度，受航空业非旺季的影响，跌至274点。2020年第1季度，受疫情的影响，人员、商品流动减少，交通运输、仓储和邮政业业务量降低，股东获利指数跌至-152点；2020年第3季度，疫情得到有效控制，升至373点；2020年第4季度又再次下滑，主要原因是个别上市公司受疫情影响营业收入大幅下跌，或计提了大量的资产减值准备，出现大额亏损，从而影响了价值创造额。其中，以ST长投（600119）、*ST海航和*ST济堂为代表。ST长投的主营业务物流及仓储服务受疫情影响严重，公司豪车物流业务量、货运代理业务量均出现大幅下降，营业收入较上年明显减少。*ST海航航空业务出现经营困难，业务量下降，计提了大量的固定资产减值准备，并采用预计未来现金流量的现值确定相关资产组的可收回金额。由于疫情的蔓延和防控使企业所在市场及行业具有重大的不确定性，预计未来现金流量现值采用多种经济情景进行计算，基于减值测试的结果，*ST海航共计提减值准备22.86亿元，公司价值创造额受到较大影响。*ST济堂旗下众多医疗机构、药品销售终端受到影响，回款周期延长，公司资金充裕性减弱，导致公司批发业务规模下滑，价值创造额大幅下降。政府税收指数在2018—2020年维持在较低水平，这与中央政府推行减税降费政策以减轻企业税收负担有关。员工薪酬指数在2018—2020年不断攀升，这说明交通运输、仓储和邮政业将大部分的价值创造额分配给了员工。债权人利息指数近年来波动较大，在2015年第3季度达到最高点1 205点，这主要是因为人民币中间价汇改、美元对人民币升值造成航空公司汇兑损失激增。2015年8月11日，中国人民银行对人民币中间价定价机制进行了汇率改革，将中间价下调了1.9%，引发了自1994年我国结束双轨制以来人民币最大的单日跌幅。2015年第4季度之后，债权人利息指数在波动中下滑，2018—2020年呈先上升后下降的季度周期性变化，2018年第1季度达到最低点186点，2018年第2季度又达到986点，这主要是受去杠杆政策的影响，实体经济融资明显收紧。2018年第4季度债权人利息指数达到786点，2019年第1季度再次降低，达到481点，说明随着经济下行压力的缓解和金融市场预期的改善，融资成本降低，债券和人民币贷款一起拉动了社会融资需求的增长。2019 年第 2—3 季度，国际贸易保护主义和投资壁垒争端有所加剧，全球产业格局和金融稳定性受到一定冲击，经济增长动能继续减弱，融资成本提高，债权人利息指数在这两个季度分别达到 1 024 点和 1 147 点。2019 年第 4 季度，受航空业非旺季的影响，债权人利息指数跌至 2019 年年初水平。2020 年第 1 季度，受疫情的影响，人员、商品流动减少，交通运输、仓储和邮政业业务量降低，融资成本升高，债权人利息指数升至 920 点。2020 年第 3 季度，疫情得到有效控制，债权人利息指数降至 284 点。2021 年第 1 季度，随着疫情影响力的减弱，整体经济的恢复，股东获利指数、政府税收指数、员工薪酬指数和债权人利息指数基本恢复至 2019 年第 4 季度的水平。

2. 四类分配主体价值创造额占比分析

图 6-8 是交通运输、仓储和邮政业价值创造额构成占比图。首先，从 2007 年以来的季度均值来看，员工薪酬所得占比最高，达到 46.97%；股东获利所得占比次之，达到 25.74%；政府税收所得占比排在第三位，为 17.58%；债权人利息所得占比排在最后，为 9.72%。其次，与 2007 年季度均值相比，2019 年、2020 年交通运输、仓储和邮政业价格创造额分配结构发生了显著变化。2007 年，股东获利所得占比最高，达到 45.67%，2019 年下降至 26.88%，2020 年再次大幅下降至 −1.38%，主要原因是受疫情的影响，我国航空业企业受到重创，分配给股东的价值创造额大幅下降。2007 年，员工薪酬所得占比为 30.57%，2019 年占比大幅上升，达到 46.95%，2020 年进一步上升到 69.29%，在四类分配主体中占比最高。债权人利息所得占比也出现了大幅提升，从 2007 年的 2.56% 上升至 2019 年的 10.75%，再到 2020 年的 14.47%。政府税收所得占比较为平稳，从 2007 年的 21.19% 下降至 2019 年的 15.43%，2020 年又升至 17.61%。总体来看，政府税收所得占比较为稳定，员工薪酬所得占比大幅提升，债权人利息所得占比小幅上升，而股东获利所得占比则呈大幅下降趋势，这是因为受疫情的影响，人员、商品流动减少，交通运输、仓储和邮政业业务量降低，营业利润下滑，因此分配给股东的利润相应减少，股东获利所得占比为负。可见，企业对除股东以外的其他利益相关者的价值创造能力在逐渐提升。

6.3.2　产权性质分类分析

对交通运输、仓储和邮政业上市公司价值创造额及价值创造效率按产权性质进行分析，可以反映不同产权性质的上市公司在经济增长及资源使用效率方面的发展动态，为国家制定相关的产业政策提供参考。

与前面章节类似，本章按照上市公司实际控制人的性质将交通运输、仓储和

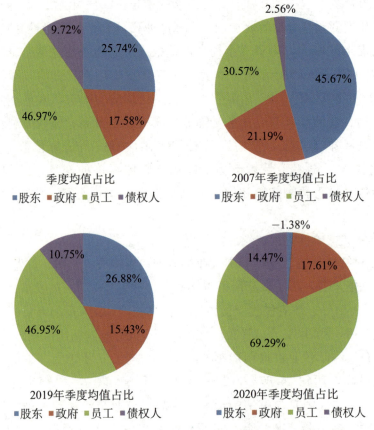

图6-8 交通运输、仓储和邮政业价值创造额构成占比

邮政业上市公司分为国有控股公司与非国有控股公司。表6-5列示了两类上市公司的季均样本量、季均总资产、单个公司季均总资产、季均价值创造额以及单个公司季均价值创造额。

表6-5 交通运输、仓储和邮政业分产权性质描述性统计

产权性质	季均样本量	季均总资产（亿元）	单个公司季均总资产（亿元）	季均价值创造额（亿元）	单个公司季均价值创造额（亿元）
国有控股公司	68	19 514	285	605	8.84
非国有控股公司	15	6 658	436	62	4.03

从表6-5中可以看出，在季均样本量、资产规模和价值创造额上，非国有控股公司与国有控股公司存在明显差距。具体来看，交通运输、仓储和邮政业非国有控股公司与国有控股公司的单个公司季均总资产分别为436亿元与285亿元，季均价值创造额分别为62亿元和605亿元，可见，国有控股公司贡献了大部分的价

值创造额。截至 2021 年第 1 季度，非国有控股公司从 2007 年第 1 季度的 3 家增加至 31 家，而国有控股公司数量维持稳定，截至 2021 年第 1 季度样本量为 76 家。

1. 分产权性质价值创造额指数分析

图 6-9 揭示了交通运输、仓储和邮政业两类产权性质的上市公司自 2007 年第 1 季度至 2021 年第 1 季度的价值创造额指数变化趋势。从图 6-9 中可以看出，2007—2017 年，国有控股公司的价值创造额指数总体呈上升趋势。2010 年以前，由于非国有控股公司不足 10 家，数量较少，受个别公司的价值创造额影响较大，因此非国有控股公司价值创造额指数波动较大。

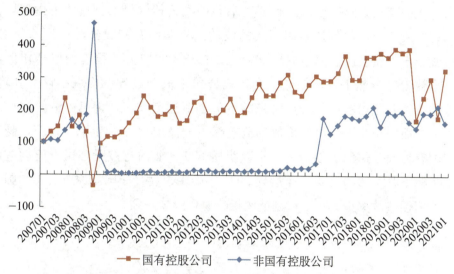

图 6-9　交通运输、仓储和邮政业不同产权性质价值创造额指数变化趋势①

2010 年及之后，非国有控股公司和国有控股公司价值创造额指数均在波动中上升。2016 年第 4 季度，非国有控股公司价值创造额指数激增，这主要是由于 2015 年我国宏观经济下行压力大，而从 2016 年逐渐复苏，并于 2016 年年末呈强劲增长态势。2017 年之后，我们可以看出交通运输、仓储和邮政业价值创造额指数存在明显的年末效应。2020 年第 1 季度，受疫情的影响，人员与商品流动减少，交通运输、仓储和邮政业业务量减少，因此两类指数均有所下滑，其中，国有控股公司价值创造额指数下滑幅度更大，主要是由于国有控股公司中有多家受疫情影响更大的航空公司。2020 年第 2—4 季度，非国有控股公司价值创造额指数呈上涨趋势。2020 年第 2—3 季度，政府出台多项政策促进社会经济复苏，各地企业逐步复工复产，国有控股公司价值创造额指数回升；2020 年第 4 季度，国有控股公司呈现明显的年末效应，价值创造额指数大幅下滑，直至 2021 年第 1 季度回升。2021 年第 1 季度，非国有控股公司价值创造额指数降低，主要是由于基数效应和需求旺盛，快递行业虽然业务量呈确定性高增长趋势，但行业价格竞争激烈、快递企业扩大投入、与上年相比成本红利减退等都可能导致快递企业面临业绩压力。例如，该季度顺丰控股（0002352）归属于上市公司股东的净利润为−11.44亿元。

2. 分产权性质价值创造效率指数分析

图6-10揭示了交通运输、仓储和邮政业两类产权性质的上市公司自2007年第1季度至2021年第1季度的价值创造效率指数变化趋势。由图6-10可知，交通运输、仓储和邮政业价值创造效率指数存在明显的年末效应，即第4季度出现下滑，该波动趋势与其价值创造额指数的波动趋势密切相关。2008年第4季度，非国有控股公司和国有控股公司价值创造效率指数分别呈陡升和陡降趋势，与价值创造额指数的变动方向一致。2009年之后，两类公司的价值创造效率指数均较稳定，国有控股公司价值创造效率指数的波动大于非国有控股公司；2015年之后，国有控股公司价值创造效率指数更加稳定。2018—2019年，国有控股公司价值创造效率指数走势依然平稳，但非国有控股公司价值创造效率出现小幅上升趋势，说明非国有控股公司的单位资产带来的价值创造逐渐增多，价值创造的增长潜力相对更大，而国有控股公司的价值创造效率十分稳定。2020年第1季度，受疫情影响，国有控股公司价值创造效率指数明显下跌，非国有控股公司价值创造效率指数也小幅下跌。2020年第1季度到2021年第1季度，非国有控股公司和国有控股公司价值创造效率指数与价值创造额指数变化趋势一致。

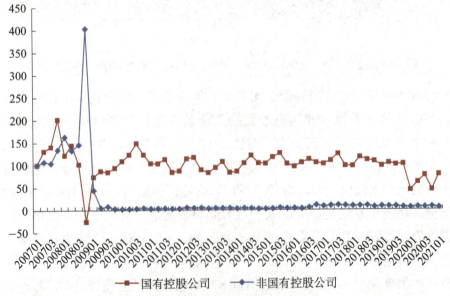

图6-10 交通运输、仓储和邮政业不同产权性质价值创造效率指数变化趋势

---

① 顺丰控股和安通控股（600179）在2017年第1季度发生行业变更，因此这两家公司未包含在2016年第4季度的交通运输、仓储和邮政业样本中。

6.4　信息传输、软件和信息技术服务业编制结果分析

信息传输、软件和信息技术服务业是关系国民经济和社会发展全局的基础性、战略性、先导性产业，具有技术更新快、产品附加值高、应用领域广、渗透能力强、资源消耗低、人力资源利用充分等突出特点，对经济社会发展具有重要的支撑和引领作用。前面章节从信息传输、软件和信息技术服务业总体层面探究了其价值创造额指数和价值创造效率指数的变化趋势，为了更为全面、具体、深入地探究信息传输、软件和信息技术服务业的价值创造情况，本节从分配主体和产权性质两个层面进行分析。

6.4.1　分配主体层面分析

对信息传输、软件和信息技术服务业价值创造额的构成展开进一步分析，可以反映信息传输、软件和信息技术服务业股东、政府、员工及债权人等利益相关者的分配所得在企业新创价值中所占的比重及变化趋势，为政府相关部门有针对性地制定收入分配和税收等政策提供参考。

1. 四类分配主体价值创造额指数分析

我们对信息传输、软件和信息技术服务业的四类分配主体所获得的价值创造额进行指数化处理，得到了四类信息传输、软件和信息技术服务业价值创造额指数：信息传输、软件和信息技术服务业股东获利指数，信息传输、软件和信息技术服务业政府税收指数，信息传输、软件和信息技术服务业员工薪酬指数，以及信息传输、软件和信息技术服务业债权人利息指数。表6-6和图6-11描述了信息传输、软件和信息技术服务业四类分配主体价值创造额指数的变化趋势。

表6-6　信息传输、软件和信息技术服务业四类分配主体价值创造额指数的编制结果

季度	价值创造额（亿元）				价值创造额指数			
	股东	政府	员工	债权人	股东	政府	员工	债权人
200701	23	21	28	3	100	100	100	100
200702	10	26	31	2	42	125	111	55
200703	39	25	30	2	165	118	105	77
200704	49	21	38	3	208	101	133	91
200801	28	24	35	2	119	113	122	71
200802	35	19	28	3	147	88	95	86
200803	35	20	31	3	145	93	104	100
200804	251	194	217	28	1 038	904	732	937

续表

季度	价值创造额（亿元）				价值创造额指数			
	股东	政府	员工	债权人	股东	政府	员工	债权人
200901	43	31	77	4	179	143	260	149
200902	47	37	75	4	193	173	253	128
200903	36	—64	75	4	149	—298	253	144
200904	34	29	87	7	124	131	283	221
201001	22	24	86	6	79	105	281	203
201002	34	32	87	5	120	139	278	180
201003	29	32	91	6	97	138	289	204
201004	43	40	114	4	140	163	351	150
201101	20	30	101	6	66	120	311	200
201102	56	50	107	3	181	201	325	115
201103	39	42	114	1	125	165	346	40
201104	49	47	138	5	156	188	419	171
201201	28	40	119	10	88	160	361	338
201202	46	61	130	11	132	235	376	373
201203	46	56	141	11	132	214	406	373
201204	78	53	168	7	220	200	484	240
201301	39	45	147	11	111	169	422	386
201302	71	77	149	7	201	291	430	226
201303	60	66	155	11	170	250	447	395
201304	105	79	230	10	287	283	625	355
201401	58	71	172	17	159	253	467	594
201402	80	84	179	13	220	298	488	435
201403	76	74	183	13	208	262	498	462
201404	116	54	226	11	314	191	611	388
201501	69	66	200	18	180	234	533	630
201502	119	80	218	17	307	282	575	599
201503	77	75	213	28	201	262	562	975
201504	178	107	263	13	460	377	690	457
201601	56	61	239	16	146	213	625	532
201602	121	72	254	14	309	251	663	467
201603	117	69	265	16	295	241	681	531
201604	143	123	325	12	351	420	813	400
201701	88	54	291	19	211	181	719	658
201702	135	87	310	21	323	288	760	730
201703	125	82	328	26	275	262	781	843
201704	—2	143	429	22	—7	454	1 018	704
201801	122	68	376	18	324	207	872	606
201802	165	113	380	8	435	342	872	278
201803	155	94	391	12	396	277	885	423

续表

季度	价值创造额（亿元）				价值创造额指数			
	股东	政府	员工	债权人	股东	政府	员工	债权人
201804	−404	114	503	18	−1 040	333	1 126	632
201901	149	78	415	18	379	227	927	613
201902	109	90	435	17	264	256	961	599
201903	156	90	451	14	374	256	975	454
201904	−315	124	570	25	−777	342	1 203	798
202001	78	84	467	13	162	231	977	446
202002	241	96	491	13	495	262	1 015	424
202003	226	122	516	14	457	323	1 032	449
202004	−103	150	647	21	−215	392	1 265	676
202101	105	74	601	7	222	192	1 165	237

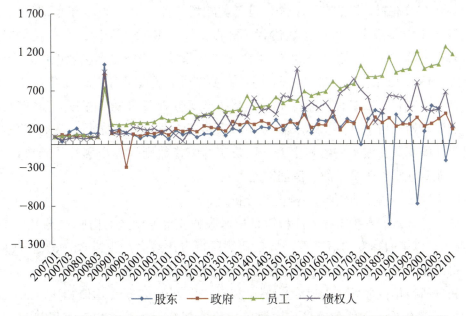

图6-11 信息传输、软件和信息技术服务业四类分配主体价值创造额指数变化趋势

从表6-6和图6-11中可以看到，从总体趋势来看，自2007年第1季度以来，信息传输、软件和信息技术服务业的政府税收指数、员工薪酬指数和债权人利息指数呈增长趋势，其中，员工薪酬指数增长最为稳健。特别是在2008年第4季度，四类价值创造额指数均呈快速增长趋势，是因为中国联通在第4季度出售CDMA业务实现处置收益356.27亿元，使整个行业的价值创造额出现爆炸式增长。股东获利指数呈现每年第4季度下降、次年第1季度回升的年末效应，在2018年第4季度和2019年第4季度更为明显，主要是该行业不少上市公司在年末计提大量的商誉减值准备，导致第4季度巨额亏损，价值创造额指数波动明显。例如，天神娱乐（002354）、掌趣科技（300315）均在2018年年末计提了大量的商誉减值准备。2020年第1季度，股东获利指数略有上升，主要原因是2019年第4季度股东价值创造额出现大幅下降；2020年第4季度再次大幅下滑，主要原因是受疫情影响，公司经营受到严重冲击，部分公司在年末确认大额亏损，如*ST顺利（000606）、*ST长动（000835）、*ST凯瑞（002072）和*ST天润（002113）等。政府税收指数在2007—2009年处于较低水平，其中在2008年第4季度，由于中国联通收入的爆炸式增长，分配给政府的税收也相应增多，因此政府税收指数激增；2009年第3季度下滑至−298点，主要是多家公司补缴企业所得税等使得应交税费较上期大幅减少，而当期支付的各项税费增加；此后，在2010—2017年，政府税收指数在波动中缓慢上升；2018年第1季度，政府税收指数达到207点；2020年第1季度，受疫情的影响，指数略有下降；2020年第2季度至2021年第1季度，疫情得到有效控制，指数有所上涨。员工薪酬指数在2010—2017年呈缓慢波动上升趋势；2018年第1季度，指数达到872点；2020年第1季度，受疫情的影响，指数略有下降；2020年第2季度至2021年第1季度，疫情得到有效控制，指数有所上涨。债权人利息指数在2010—2017年在波动中缓慢上升；2020年第1季度，受疫情的影响，指数略有下降；2020年第2季度至2021年第1季度，疫情得到有效控制，指数有所上升。总体来看，自2018年起，股东获利指数、政府税收指数和员工薪酬指数在波动中缓慢上升，而员工薪酬指数则呈逐步攀升的趋势，可见该行业尤其注重对于员工的价值创造能力。

2. 四类分配主体价值创造额占比分析

图6-12是信息传输、软件和信息技术服务业价值创造额构成占比图。首先，从2007年以来的季度均值来看，员工薪酬所得占比最高，达到62.08%；政府税收所得占比次之，达到17.70%；股东获利所得占比排在第三位，为17.14%；债权人利息所得排在最后，占比3.07%。其次，与2007年季度均值相比，2019年、2020年信息传输、软件和信息技术服务业价值创造额分配结构发生了显著变化。2007年，员工薪酬所得占比最高，但仅为36.59%，2019年上升至77.07%，2020年小幅下降到68.98%。员工薪酬所得占比最高，主要原因是该行业员工的人数多且平均工资高。以2020年为例，根据国家统计局发布的城镇非私营单位、城镇私营单位和规模以上企业分岗位就业人员年平均工资情况，中层及以上管理人员、专业技术人员、办事人员和有关人员、社会生产服务和生活服务人员四类岗位平均工资最高的行业均为信息传输、软件和信息技术服务业。2007年，股东获利所得占比为34.27%；2019年占比大幅下降，降至4.10%，主要是该行业不少上市公司在年末计提大量的商誉减值准备，导致第4季度巨额亏损，分配给股东的价值创造额明显下降；2020年又上升到14.37%。政府税收所得占比一直呈下降趋势，

从 2007 年的 26.54％下降到 2019 年的 15.76％，2020 年进一步下降到 14.70％。债权人利息所得占比从 2017 年的 2.60％上升到 2019 年的 3.07％，2020 年又下降至 1.95％。总体来看，员工薪酬所得占比较大且大幅提升，政府税收所得占比和债权人利息所得占比小幅下降，而股东获利所得占比则呈明显波动下降趋势，可见信息传输、软件和信息技术服务业表现出明显的为员工贡献的特征。

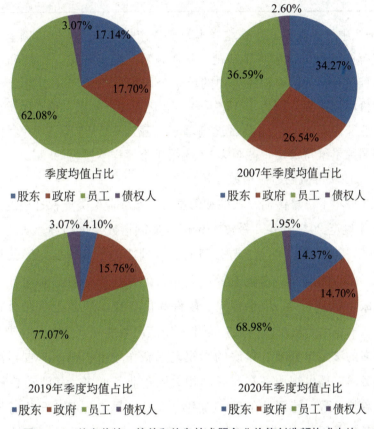

图 6-12　信息传输、软件和信息技术服务业价值创造额构成占比

6.4.2　产权性质分类分析

对信息传输、软件和信息技术服务业上市公司价值创造额及价值创造效率按产权性质进行分析，可以反映不同产权性质的上市公司在经济增长及资源使用效率方面的发展动态，为国家制定相关的产业政策提供参考。

与前面章节类似，本章按照上市公司实际控制人的性质将信息传输、软件和信息技术服务业上市公司分为国有控股公司与非国有控股公司。表 6-7 列示了两类上市公司的季均样本量、季均总资产、单个公司季均总资产、季均价值创造额以及单个公司季均价值创造额。

表 6-7　信息传输、软件和信息技术服务业分产权性质描述性统计

产权性质	季均样本量	季均总资产（亿元）	单个公司季均总资产（亿元）	季均价值创造额（亿元）	单个公司季均价值创造额（亿元）
国有控股公司	33	6 594	200	213	6.45
非国有控股公司	132	3 956	30	159	1.21

从表 6-7 中可以看出，在季均样本量、资产规模和价值创造额上，非国有控股公司与国有控股公司存在明显差距。具体来看，信息传输、软件和信息技术服务业非国有控股公司与国有控股公司的单个公司季均总资产分别为 30 亿元与 200 亿元，季均价值创造额分别为 159 亿元和 213 亿元。近年来，信息传输、软件和信息技术服务业非国有控股公司数量逐渐增多，截至 2021 年第 1 季度已有 287 家；国有控股公司数量维持稳定，截至 2021 年第 1 季度样本量为 59 家。

1. 分产权性质价值创造额指数分析

图 6-13 揭示了信息传输、软件和信息技术服务业两类产权性质的上市公司自 2007 年第 1 季度至 2021 年第 1 季度的价值创造额指数变化趋势。从图 6-13 中可以看出，2007—2017 年，两类上市公司的价值创造额指数均保持增长趋势，且增长较为平稳。2017 年以前，非国有控股公司价值创造额指数相对国有控股公司增长更快。从波动趋势上看，信息传输、软件和信息技术服务业存在明显的年末效应，即每年的前三个季度增长缓慢，而第 4 季度出现跳跃式增长，主要原因是第 4 季度包含较多的法定节假日，年底的影视艺术新作频呈、媒体广告异常活跃，这使得电信服务、广播电视服务和互联网相关服务业务增多，其波动趋势与大服务业整体波动趋势一致。特别是在 2008 年第 4 季度，国有控股公司价值创造额指数出现快速增长，是因为中国联通在 2008 年第 4 季度出售 CDMA 业务实现处置收益 356.27 亿元，整个行业在该季度的价值创造额出现爆炸式增长。2018 年第 4 季度，非国有控股公司价值创造额指数大幅下滑，降至 -226 点，这主要是由于许多公司在年末计提大量的商誉减值准备，第 4 季度出现了巨额亏损。2019 年第 3 季度，非国有控股公司价值创造额指数增长至最高点，达到 1 446 点。2019 年第 4 季度，非国有控股公司价值创造额指数再次大幅下滑，跌至 153 点，这主要是因为部分公司在年末计提了大量的商誉减值准备。例如 *ST 天润（002113）对子公司拇指游玩和虹软协创合计计提商誉减值准备 4.68 亿元；*ST 联络（002280）受中美贸易摩擦加剧以及海外电商市场激烈竞争的影响，主营电商业务收入下降，利润率下滑，全年经营业绩未及预期，依照相关会计准则在本

年度计提商誉减值准备 8.18 亿元。

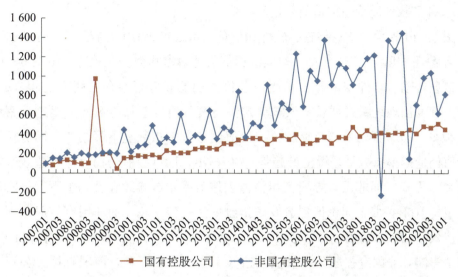

图 6 - 13　信息传输、软件和信息技术服务业不同产权性质价值创造额指数变化趋势

2018—2019 年，非国有控股公司价值创造额指数增长趋势更为强劲，国有控股公司更为平稳。2020 年新冠疫情期间，信息传输、软件和信息技术服务业的非国有控股公司和国有控股公司受影响较小。在 2019 年较低的价值创造额指数的基础上，非国有控股公司价值创造额指数在 2020 年第 1—3 季度逐步攀升，最高达到 1 036 点，这主要是因为 2020 年疫情导致线下活动受限，线上活动需求上升，以线上业务为主的信息传输、软件和信息技术服务业公司业绩增长迅速。2020 年疫情之下传统体育赛事受到影响，电竞产业逆势而上，凭借天然的线上优势如期举办赛事，以赛事打造方为核心的电竞生态圈全面升级。例如，完美世界（002624）在疫情期间发力线上，组织了丰富多彩的线上电竞比赛，游戏业务发展良好。又如，用友网络（600588）在做好疫情防控、保护员工健康的同时，面对企业上云加速的市场机遇和客户在线办公的需求增加，积极抢抓信创、企业上云和数智化转型等市场机遇，加大网络营销和线上服务，拓展了市场，实现了业绩的提升，并带来价值创造额的攀升。非国有控股公司价值创造额指数在 2020 年第 4 季度出现下滑，达到 617 点，这主要是因为部分公司在 2020 年年末计提了大量的商誉减值准备，如 ST 顺利（000606）计提商誉减值准备 7.42 亿元，智度股份（000676）计提商誉减值准备 16.09 亿元。2021 年第 1 季度，非国有控股公司价值创造额指数再次回升，而国有控股公司价值创造额指数在 2020 年第 1 季度至 2021 年第 1 季度一直在波动中上升。总体来看，尽管 2020 年我国经济发展受疫情的影响较大，但信息传输、软件和信息技术服务业的非国有控股公司和国有控股公司价值创造额

指数依然保持良好的增速。

2. 分产权性质价值创造效率指数分析

图 6 - 14 揭示了信息传输、软件和信息技术服务业两类产权性质的上市公司自 2007 年第 1 季度至 2021 年第 1 季度的价值创造效率指数变化趋势。由图 6 - 14 可知，信息传输、软件和信息技术服务业价值创造效率指数存在明显的年末效应，即第 4 季度出现跳跃式增长，该波动趋势与其价值创造额指数的波动趋势密切相关。2009—2016 年，非国有控股公司价值创造效率指数呈下降趋势，国有控股公司价值创造效率指数呈缓慢上升趋势；2017 年，国有控股公司价值创造效率指数变化较为平稳，而非国有控股公司价值创造效率指数继续在波动中下滑。2018—2019 年，国有控股公司价值创造效率指数依然走势平稳，而非国有控股公司的价值创造效率指数和价值创造额指数一致，在第 4 季度出现下滑。2019 年第 4 季度，受疫情影响，非国有控股公司价值创造效率指数明显下跌，而国有控股公司价值创造效率指数小幅上升。2020 年第 1—4 季度，政府出台多项政策促进社会经济复苏，各地企业逐步复工复产，国有控股公司价值创造效率指数在波动中上升。2020 年第 1—3 季度，非国有控股公司价值创造效率指数上升，并于第 4 季度表现出强烈的年末效应，大幅下降至 54 点。总体来看，信息传输、软件和信息技术服务业价值创造效率指数和价值创造额指数变化基本保持一致，受 2020 年疫情的影响较小。

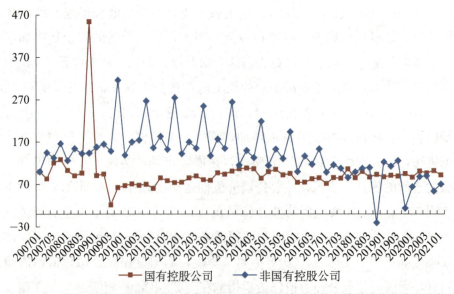

图 6 - 14 信息传输、软件和信息技术服务业不同产权性质价值创造效率指数变化趋势

6.5　房地产业编制结果分析

房地产业是进行房地产投资、开发、经营、管理、服务的行业，是具有基础性、先导性、带动性和风险性的产业。前面章节从房地产业总体层面探究了其价值创造额指数和价值创造效率指数的变化趋势，为了更为全面、具体、深入地探究房地产业的价值创造情况，本节从分配主体和产权性质两个层面进行分析。

6.5.1　分配主体层面分析

对房地产业价值创造额的构成开展进一步分析，可以反映房地产业股东、政府、员工及债权人等利益相关者的分配所得在企业新创价值中所占的比重及变化趋势，为政府相关部门有针对性地制定收入分配和税收等政策提供参考。

1. 四类分配主体价值创造额指数分析

我们对房地产业的四类分配主体所获得的价值创造额进行指数化处理，得到了四类房地产业价值创造额指数：房地产业股东获利指数、房地产业政府税收指数、房地产业员工薪酬指数和房地产业债权人利息指数。表 6-8 和图 6-15 描述了房地产业四类分配主体价值创造额指数的变化趋势。

表 6-8　房地产业四类分配主体价值创造额指数的编制结果

季度	价值创造额（亿元）				价值创造额指数			
	股东	政府	员工	债权人	股东	政府	员工	债权人
200701	34	27	13	7	100	100	100	100
200702	54	56	25	8	161	208	187	120
200703	35	42	17	9	104	153	129	136
200704	124	139	35	16	365	497	266	246
200801	51	60	25	11	151	214	185	163
200802	91	84	32	9	257	294	242	132
200803	39	42	25	11	111	147	187	169
200804	78	117	40	18	221	409	301	263
200901	53	51	25	10	150	178	184	149
200902	129	108	30	11	367	377	226	165
200903	83	92	27	12	234	319	194	172
200904	208	211	50	11	585	729	353	165
201001	102	97	33	12	287	335	235	180
201002	110	133	36	14	309	460	251	205
201003	75	109	33	15	212	377	235	219

续表

季度	价值创造额（亿元）				价值创造额指数			
	股东	政府	员工	债权人	股东	政府	员工	债权人
201004	312	309	75	25	877	1 068	531	372
201101	100	152	44	18	280	525	310	271
201102	156	209	41	19	439	723	290	288
201103	101	170	53	19	284	588	378	280
201104	330	303	88	32	928	1 048	623	480
201201	103	157	55	24	290	543	392	366
201202	118	226	56	31	332	781	397	471
201203	118	212	58	31	332	733	413	471
201204	427	426	97	40	1 201	1 473	690	605
201301	128	203	67	32	360	702	475	475
201302	224	295	65	29	630	1 020	459	441
201303	180	201	71	34	506	695	505	511
201304	422	464	115	43	1 187	1 604	815	641
201401	133	242	80	37	374	837	564	550
201402	218	336	80	42	613	1 162	569	625
201403	138	240	90	48	388	830	635	715
201404	481	533	134	50	1 353	1 843	949	755
201501	134	273	95	46	397	1 006	706	728
201502	300	511	124	61	888	1 883	919	951
201503	151	314	112	66	447	1 157	830	1 034
201504	561	629	196	86	1 477	2 148	1 334	1 283
201601	208	406	156	68	547	1 387	1 062	1 006
201602	361	622	161	80	950	2 124	1 096	1 181
201603	267	455	159	71	703	1 554	1 082	1 061
201604	787	942	288	116	2 072	3 217	1 960	1 724
201701	263	469	186	76	692	1 602	1 266	1 125
201702	446	718	203	87	1 177	2 463	1 422	1 291
201703	296	540	221	93	768	1 845	1 534	1 348
201704	1 030	1 050	297	147	2 671	3 588	2 069	2 131
201801	376	615	246	111	936	2 084	1 672	1 551
201802	661	996	265	142	1 651	3 372	1 726	1 984
201803	453	764	266	134	1 119	2 492	1 707	1 873
201804	1 100	1 420	525	151	2 717	4 632	3 369	2 110
201901	481	791	312	141	1 186	2 577	2 002	1 984
201902	779	1 260	333	153	1 952	4 105	2 162	2 209
201903	491	860	344	168	1 225	2 798	2 227	2 412
201904	1 200	1 440	514	149	2 970	4 686	3 406	2 297
202001	299	768	307	164	720	2 489	2 028	2 528

续表

季度	价值创造额（亿元）				价值创造额指数			
	股东	政府	员工	债权人	股东	政府	员工	债权人
202002	723	1 100	330	167	1 746	3 565	2 179	2 574
202003	518	904	316	151	1 254	2 930	2 087	2 328
202004	1 050	1 310	538	130	2 541	4 278	3 593	2 004
202101	251	937	379	183	607	3 060	2 531	2 821

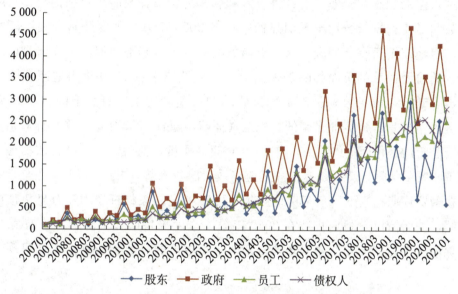

图 6-15　房地产业四类分配主体价值创造额指数变化趋势

　　从表 6-8 和图 6-15 中可以看到，从总体趋势来看，自 2007 年第 1 季度至
2009 年第 4 季度，房地产业的股东获利指数、政府税收指数、员工薪酬指数和
债权人利息指数均呈快速上升趋势，特别是从 2016 年第 1 季度开始，四类分配
主体价值创造额指数的上升速度明显加快。2020 年第 1 季度，股东获利指数、
政府税收指数和员工薪酬指数均出现明显回落，此后逐渐恢复，延续了之前的上
升趋势；2020 年第 4 季度，债权人利息指数出现明显回落，并在 2021 年第 1 季
度恢复迅速上升趋势。四类分配主体的价值创造额指数基本保持同步增长，且政
府税收指数明显高于其他三类分配主体的价值创造额指数，说明房地产业分配给
政府的价值创造额增长速度最快。从季度趋势看，房地产业四类分配主体的价值
创造额指数表现出十分明显的第 1、3 季度走低，第 2、4 季度走高的特征，这主
要是因为春季和秋季是房地产的销售旺季。四类分配主体的价值创造额指数的增
长速度在 2016—2019 年明显加快，这是因为 2016—2017 年我国房地产市场以去
库存为主，在宽松的调控政策下，房地产销售强劲回暖，房价上涨；同时，宽松

的融资环境也充分满足了房地产企业的资金需求，房地产企业的投资增速回升，规模迅速扩张，进一步带动销售增速的提高。2018—2019 年在政策面较为稳定的情况下，2016—2017 年房地产销售高增速和高房价决定了结算增速的逐步升高，同时竣工集中度也迅速增长，共同推动了这两年房地产业营业收入和利润的增长，在整个房地产业向好的趋势下，四类分配主体的价值创造额指数继续呈现快速上升趋势。2020 年第 1 季度，受疫情冲击，房地产企业拿地、施工和销售几乎进入停滞状态，房地产业销售收入和利润急剧下降，股东获利指数、政府税收指数和员工薪酬指数均出现明显回落；自 2020 年第 2 季度开始全国逐渐复工复产，房地产销售有所回暖，这三类指数又恢复上升趋势。但由于疫情对房地产投资、销售及回款的负面影响仍未消退，因此整体来看 2020 年房地产业股东获利指数、政府税收指数和员工薪酬指数的增长速度比上年有所下降。2020 年上半年因疫情给房地产企业带来的宽松融资环境，随着 2020 年第 3 季度针对重点房企融资监管的强化而宣告结束，自 2020 年第 3 季度，监管部门持续释放房地产金融政策收紧的信号，特别是提出"三道红线"融资新规，并于 2021 年在全行业推行。在融资环境趋紧下，众多房地产企业面临一定的去杠杆压力，有息负债的增速放缓，因而债权人利息指数在 2020 年第 4 季度出现明显下降。2021 年第 1 季度，除债权人利息指数小幅上升外，其他三类主体的价值创造额指数均呈现下降趋势。

2. 四类分配主体价值创造额占比分析

图 6-16 是房地产业价值创造额构成占比图。首先，从 2007 年以来的季度均值来看，政府税收所得占比最高，达到 46.24%；股东获利所得占比次之，达到 32.09%；员工薪酬所得占比排在第三位，为 15.19%；债权人利息所得占比最小，为 6.49%。与 2007 年季度均值相比，2019 年、2020 年房地产业价值创造额分配结构略有变化。2007 年，政府税收所得占比为 41.24%，2019 年和 2020 年略有上升，分别为 46.21% 和 46.52%。与这一变动趋势相反，2007 年股东获利所得占比为 38.55%，2019 年和 2020 年略有下降，分别为 31.34% 和 29.52%。2007 年，员工薪酬所得占比为 14.00%，2019 年和 2020 年分别上升至 15.96% 和 16.99%，变化幅度较小。2007 年、2019 年和 2020 年的债权人利息所得占比分别为 6.21%、6.49% 和 6.97%，一直维持在较低的水平。总体来看，房地产业中四类分配主体价值创造额的占比较为稳定，未发生明显变化，除股东获利所得占比小幅下降外，其他三类主体的价值创造额占比均小幅上升。

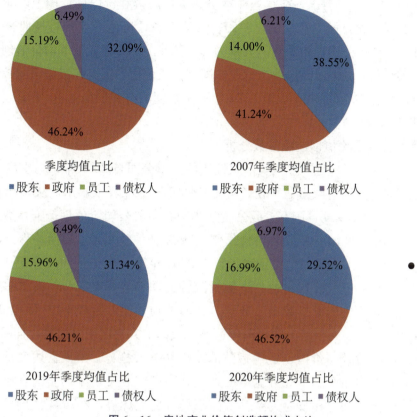

图 6-16　房地产业价值创造额构成占比

6.5.2　产权性质分类分析

对房地产业上市公司价值创造额及价值创造效率按产权性质进行分析，可以反映不同产权性质的上市公司在经济增长及资源使用效率方面的发展动态，为国家制定相关的产业政策提供参考。

与前面章节类似，本章按照上市公司实际控制人的性质将房地产业上市公司分为国有控股公司与非国有控股公司。表 6-9 列示了两类上市公司的季均样本量、季均总资产、单个公司季均总资产、季均价值创造额以及单个公司季均价值创造额。

表 6-9　房地产业分产权性质描述性统计

产权性质	季均样本量	季均总资产（亿元）	单个公司季均总资产（亿元）	季均价值创造额（亿元）	单个公司季均价值创造额（亿元）
国有控股公司	64	25 994	408	563	8.84
非国有控股公司	59	20 800	352	428	7.26

从表 6-9 中可以看出，在季均样本量、资产规模和价值创造额上，非国有控股公司与国有控股公司不存在明显差距。具体来看，房地产业国有控股公司与非国有控股公司单个公司季均总资产分别为 408 亿元与 352 亿元，季均价值创造额分别为 563 亿元和 428 亿元。房地产行业非国有控股公司和国有控股公司的数量基本维持稳定，均在 60 家左右，截至 2021 年第 1 季度国有控股公司有 64 家，非国有控股公司有 59 家。

1. 分产权性质价值创造额指数分析

图 6-17 揭示了房地产业两类产权性质的上市公司自 2007 年第 1 季度至 2021 年第 1 季度的价值创造额指数变化趋势。从图 6-17 中可以看出，从 2007 年第 1 季度到 2021 年第 1 季度，国有控股公司和非国有控股公司价值创造额指数均呈现上升趋势。其中，非国有控股公司价值创造额指数在整个样本期间均保持较为平稳的增速。国有控股公司价值创造额指数在 2007 年第 1 季度至 2015 年第 1 季度缓慢上升，与非国有控股公司价值创造额指数的变动趋势基本同步，在大多数季度国有控股公司价值创造额指数高于非国有控股公司，但差距较小。然而，从 2015 年第 1 季度开始，国有控股公司价值创造额指数的上升速度明显加快，且国有控股公司与非国有控股公司价值创造额指数的差距呈扩大趋势。出现上述变动趋势的可能原因是：在房地产这个充分竞争的行业，国有控股公司相比非国有控股公司在融资成本、土地获得和政府关系等方面都具有更大优势，2015 年之前，国有控股公司在一定程度上受限于管理效率低等，价值创造额的增长较为缓慢，其价值创造额指数仅仅略高于非国有控股公司价值创造额指数；2015 年是我国国有企业改革的元年，随着国有企业改革的不断推进与深入，一些国有企业通过兼并重组等，治理结构得到优化，运营效率大幅改善，价值创造额明显增长，如保利地产（600048）从 2016 年成为国有资本投资公司试点开始，不断优化国有资本布局，形成了主动改革的企业文化，市场主体活力被激发，在"十三五"期间实现了经营业绩高速增长，资产总额、利润总额进入央企前十名，国有资产保值增值率保持在 110% 以上，在世界 500 强中跃升至第 191 位，5 年的时间提升 210 位。因此，2015 年后国有控股公司价值创造额指数相比非国有控股公司呈现出明显更好的增长趋势，这也说明了在我国房地产业国有企业改革成效较为显著。

2. 分产权性质价值创造效率指数分析

图 6-18 揭示了房地产业两类产权性质的上市公司自 2007 年第 1 季度至 2021 年第 1 季度的价值创造效率指数变化趋势。由图 6-18 可知，房地产业价值创造效率指数存在明显的季度性特征，即第 1、3 季度走低，第 2、4 季度走高，且第 4 季度最高，这主要是因为春季和秋季是房地产的销售旺季，且房地产企业会在第 4 季度进行结算。从整体趋势看，非国有控股公司价值创造效率指数

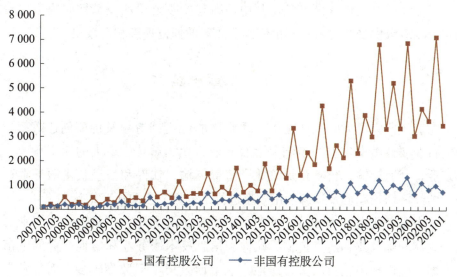

图 6-17　房地产业不同产权性质价值创造额指数变化趋势

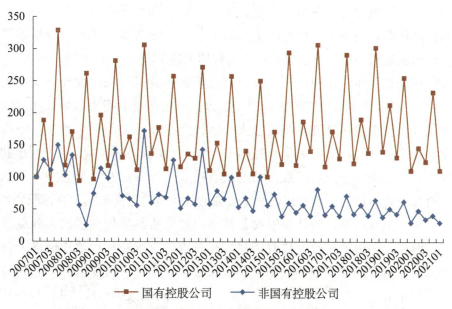

图 6-18　房地产业不同产权性质价值创造效率指数变化趋势

呈波动下降趋势，而国有控股公司价值创造效率指数在 200 点上下波动，且变动相对平稳。在绝大部分年份，国有控股公司价值创造效率指数明显高于非国有控股公司价值创造效率指数，且在 2015 年第 1 季度后，两类公司的价值创造效率指数差距呈扩大趋势。值得注意的是，2008 年第 4 季度，非国有控股公司价值创造效率指数急剧下降，而国有控股公司价值创造效率指数依旧保持较高水平，说明非国有控股公司受 2008 年金融危机的负面冲击更大，而国有控股公司的经营未受显著影响。2020 年第 1 季度，受疫情影响，两类公司的价值创造效率指数均下降，随着复工复产，指数均逐渐恢复。其中，国有控股公司从疫情期间国家出台的各项稳定市场政策中受益更大，其价值创造效率的恢复速度相对较快。

6.6　本章小结

本章着重研究了大服务业上市公司整体的价值创造额及价值创造效率，并从企业的行业属性出发，进一步细分大服务业行业，对其中最大的四个行业（批发和零售业；交通运输、仓储和邮政业；信息传输、软件和信息技术服务业；房地产业）的经济增长趋势及资源使用效率进行了分析。主要研究结论如下：

（1）大服务业内各细分行业的价值创造实力分布不均，批发和零售业，交通运输、仓储和邮政业，信息传输、软件和信息技术服务业和房地产业的上市公司数量最多，资产规模相对较大；房地产业上市公司不但数量较多，而且资产规模远远超过其他行业。就价值创造额指数来看，文化、体育和娱乐业以及房地产业增长最快；就价值创造效率指数来看，文化、体育和娱乐业远超其他行业。2020年受疫情的影响，两类指数均经历了大幅下跌。2021年第1季度，疫情得到有力控制，价值创造额指数与价值创造效率指数均大幅上升。

（2）对于批发和零售业而言，政府税收指数、员工薪酬指数和债权人利息指数自2007年以来基本保持同步快速增长趋势，而股东获利指数的增长速度则明显落后于其他三类指数，且波动幅度较大。该行业存在明显的年末效应，即每年的前三个季度增长缓慢，第4季度出现跳跃式增长。在季均样本量、资产规模和价值创造额上，该行业的非国有控股公司与国有控股公司不存在明显差距，但总体而言，国有控股公司价值创造额指数及价值创造效率指数略高于非国有控股公司。

（3）对于交通运输、仓储和邮政业而言，员工薪酬指数和债权人利息指数增长较快，股东获利指数和政府税收指数增长较慢；股东获利指数和债权人利息指数波动较大，政府税收指数和员工薪酬指数波动较小。该行业也存在明显的年末效应，即每年的前三个季度增长缓慢，第4季度出现跳跃式增长。从产权性质角度来看，该行业的国有控股公司贡献了大部分的价值创造额。

（4）对于信息传输、软件和信息技术服务业而言，自2007年第1季度以来，政府税收指数、员工薪酬指数和债权人利息指数均呈增长趋势，其中，员工薪酬指数增长最为稳健，而股东获利指数波动较大。该行业员工平均工资高，员工薪酬所得占比较高。以2020年为例，根据国家统计局发布的文件，中层及以上管理人员、专业技术人员、办事人员和有关人员、社会生产服务和生活服务人员四类岗位平均工资最高的行业均为信息传输、软件和信息技术服务业。总体而言，该行业国有控股公司价值创造额指数及价值创造效率指数略低于非国有控股公司。

（5）对于房地产业而言，自 2007 以来，股东获利指数、政府税收指数、员工薪酬指数和债权人利息指数均呈快速上升趋势；2016 年第 1 季度以后，上升速度明显加快。2020 年第 3 季度，监管部门持续释放房地产金融政策收紧的信号，特别是提出"三道红线"融资新规，房地产业整体受到较大影响。该行业四类分配主体所得占比相对稳定，国有控股公司价值创造额指数及价值创造效率指数均高于非国有控股公司。

第7章 农林牧渔业会计宏观价值指数编制结果及分析

为了突出产业特征和分析的针对性，本研究对多个行业进行了分类分析，如大制造业、大服务业等。考虑到农林牧渔业对应国民经济中的第一产业，行业特点较为明显，本章对其单独进行研究，着重从总体编制结果、分配主体、产权性质和公司层面排名等角度，对农林牧渔业的价值创造额及价值创造效率进行深入分析。根据样本选择方法，每季度有不同数量的农林牧渔业上市公司纳入计算样本。

7.1 总体编制结果分析

2007年第1季度以来农林牧渔业价值创造额指数、价值创造效率指数的编制结果见表7-1。为了检验农林牧渔业价值创造额指数和价值创造效率指数对宏观经济运行情况的反映效果，我们以单季度的第一产业GDP为基础，运用定基指数计算法构建第一产业GDP指数。农林牧渔业价值创造额指数、价值创造效率指数和第一产业GDP指数的变化趋势见图7-1。

表7-1 农林牧渔业价值创造额指数、价值创造效率指数的总体编制结果

季度	价值创造额指数	价值创造效率指数	第一产业GDP指数
200701	100	100	100
200702	188	191	159
200703	104	104	241
200704	247	224	298
200801	156	142	126
200802	165	153	198
200803	120	112	284

续表

季度	价值创造额指数	价值创造效率指数	第一产业 GDP 指数
200804	134	116	331
200901	152	130	127
200902	154	136	200
200903	139	121	292
200904	191	145	360
201001	184	133	142
201002	181	135	229
201003	147	104	342
201004	316	192	417
201101	168	100	165
201102	244	146	270
201103	258	153	410
201104	224	123	479
201201	180	96	192
201202	195	106	295
201203	197	106	436
201204	232	119	537
201301	170	85	206
201302	177	88	311
201303	162	80	476
201304	319	151	594
201401	222	102	223
201402	239	107	334
201403	159	71	507
201404	252	109	617
201501	135	58	223
201502	185	77	358
201503	217	88	519
201504	289	111	646
201601	292	106	252
201602	399	138	381
201603	387	123	533

续表

季度	价值创造额指数	价值创造效率指数	第一产业 GDP 指数
201604	383	117	660
201701	291	85	248
201702	253	74	382
201703	338	93	552
201704	399	104	695
201801	323	81	255
201802	114	30	376
201803	279	70	527
201804	189	46	721
201901	146	36	254
201902	261	64	418
201903	360	83	573
201904	512	108	795
202001	314	61	295
202002	389	73	460
202003	545	93	640
202004	357	58	859
202101	430	63	329

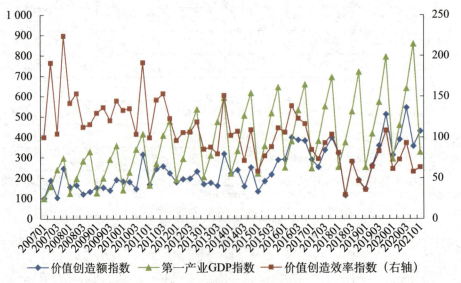

图 7-1　农林牧渔业价值创造额指数、价值创造效率指数、第一产业 GDP 指数变化趋势

结合表 7-1 和图 7-1 可以看到，从价值创造额指数来看，2017 年之前农林牧渔业价值创造额指数呈波动上升趋势，特别是 2015—2017 年快速增长。2018 年，价值创造额指数急剧下滑，并于 2018 年第 2 季度降到近几年最低点，这主要是受到 2018 年猪价低迷、中美贸易摩擦和去杠杆政策的影响，上市公司的生猪养殖业务大量亏损，如温氏股份（300498）主营业务亏损严重，这对上游饲料、疫苗等板块产生了消极影响。虽然在 2018 年第 3 季度价值创造额指数暂时回升，但在第 4 季度之后仍继续下降，直到 2019 年第 1 季度下降速度才有所放缓。从 2019 年第 2 季度开始，猪周期和非洲猪瘟拉动了生猪养殖业及其上下游行业的利润扩张，农林牧渔业价值创造额指数走势反转，开始迅速上升。2020 年第 1 季度，受疫情影响，原料运输和产品销售受阻，同时市场需求骤降，价值创造额指数明显回落，但从第 2 季度开始，价值创造额指数再次恢复上升，并在第 3 季度达到 545 点。出现上述变动的原因是：一方面，随着复工复产，农林牧渔业产品的生产加工和销售流通逐步恢复；另一方面，2019 年非洲猪瘟对生猪产能造成冲击后，生猪供给整体偏紧，猪价维持高位运行，受政府各项稳定猪肉供给政策的助推，生猪养殖企业产能扩张，并拉升了饲料和动物保健行业的利润。2020 年第 4 季度，国内生猪存栏量由降转升，在供给端持续恢复的情况下，猪价由涨转跌，生猪养殖企业利润缩水，价值创造额指数下降。但在 2021 年第 1 季度价值创造额指数又呈上升趋势。这是由于：一方面，在非洲猪瘟的反复下生猪供给的恢复放缓，养殖企业的盈利周期延长；另一方面，种植业利好信号频频释放，成为拉动本季度价值创造额增长的主要力量。从国际环境看，疫情后各国经济进入复苏阶段，通货膨胀预期出现，全球农产品价格上行。从国内环境看，2020 年 12 月中央经济工作会议后，种业开始作为行业核心得到重点关注；2021 年中共中央、国务院发布的《关于全面推进乡村振兴加快农业农村现代化的意见》（也称"2021 年中央一号文件"）明确提出稳定种粮补贴和推进转基因商业化落地。种业产能扩张，利润明显增长。

从价值创造效率指数来看，近年来农林牧渔业价值创造效率指数在 100 点上下波动。具体来看，价值创造效率指数从 2015 年第 1 季度到 2016 年第 2 季度持续上升；从 2016 年第 3 季度开始连续下滑，并在 2018 年第 2 季度达到历史低点 30 点；虽然在 2018 年第 3 季度有所反弹，但此后继续下滑，并在 2019 年第 1 季度收于 36 点。2019 年第 2 季度，受非洲猪瘟的影响，猪价迅速攀升并维持高位震荡，价值创造效率指数呈波动上升趋势。2020 年第 1 季度，受疫情影响，价值创造效率指数短暂下降；第 2—3 季度，随着国内复工复产进度加快，价值创造效率指数有所回升；第 4 季度价值创造效率指数短暂回落，但在 2021 年第 1 季度再次呈上升趋势。总体来看，农林牧渔业价值创造额指数和价值创造效率指数的走势基本一致。

从农林牧渔业价值创造额指数和第一产业 GDP 指数的相对走势来看，第一产业 GDP 指数高于农林牧渔业价值创造额指数，表明农林牧渔业上市公司价值创造额的增长速度落后于第一产业 GDP 的增长速度，这可能与农林牧渔业上市公司数量较少有关。随着农林牧渔业公司的不断上市，这一差距在 2015 年后逐渐缩小。2015—2017 年，农林牧渔业行情较好，上市公司价值创造额的增长速度逐渐加快，价值创造额指数随之提高。2018 年，农林牧渔业价值创造额指数出现断崖式下跌，但第一产业 GDP 指数仍呈上升趋势，这可能是由于第一产业 GDP 指数的统计口径较广，受上市公司业绩下滑的影响较小。自 2019 年后，农林牧渔业价值创造额指数和第一产业 GDP 指数变动趋势的一致性明显增强。特别是在 2020 年，两者呈现出在 2020 年第 1 季度同步下降，又在 2020 年第 2—3 季度同步回升的趋势。

7.2　分配主体层面分析

对农林牧渔业价值创造额的构成进行分析，可以反映农林牧渔业股东、政府、员工及债权人等利益相关者的分配所得在企业新创价值中所占的比重及变化趋势，为政府相关部门有针对性地制定收入分配和税收等政策提供参考。

7.2.1　四类分配主体价值创造额指数分析

我们对农林牧渔业的四类分配主体所获得的价值创造额进行指数化处理，得到了四类农林牧渔业价值创造额指数：农林牧渔业股东获利指数、农林牧渔业政府税收指数、农林牧渔业员工薪酬指数和农林牧渔业债权人利息指数。表 7-2 和图 7-2 描述了农林牧渔业四类分配主体价值创造额指数的变化趋势。

表 7-2　农林牧渔业四类分配主体价值创造额指数的编制结果

季度	价值创造额（亿元）				价值创造额指数			
	股东	政府	员工	债权人	股东	政府	员工	债权人
200701	3	0	3	1	100	100	100	100
200702	7	1	4	1	249	563	130	102
200703	2	1	3	1	70	800	94	124
200704	8	2	5	2	264	981	203	199
200801	5	1	3	2	166	647	118	155
200802	4	2	4	1	126	1 493	141	140
200803	2	1	4	2	54	756	144	160
200804	1	−1	8	2	28	−408	272	153
200901	4	1	4	1	122	743	157	139
200902	4	2	4	1	115	1 206	150	122

续表

季度	价值创造额（亿元）				价值创造额指数			
	股东	政府	员工	债权人	股东	政府	员工	债权人
200903	3	1	5	1	97	605	160	135
200904	5	−1	10	1	126	−511	334	96
201001	7	1	5	2	178	965	166	136
201002	5	2	7	2	111	1 380	214	163
201003	5	1	6	2	98	344	188	163
201004	18	−1	20	2	310	−914	415	160
201101	10	1	7	3	179	761	139	192
201102	10	3	15	3	164	2 723	304	183
201103	10	1	18	3	174	1 143	370	183
201104	9	0	17	2	147	202	360	112
201201	7	2	10	3	125	1 508	203	232
201202	3	2	17	3	56	1 238	344	195
201203	4	3	16	3	56	2 159	327	195
201204	4	3	19	4	64	2 364	384	253
201301	6	0	13	3	86	277	254	232
201302	1	2	17	4	8	1 349	347	241
201303	0	0	18	4	−7	−28	359	264
201304	8	5	27	6	92	3 955	512	330
201401	7	6	14	4	81	4 363	278	256
201402	5	6	18	4	62	4 665	355	238
201403	−3	1	20	5	−34	815	382	270
201404	1	7	22	6	13	5 200	423	334
201501	−3	1	16	5	−31	1 079	297	291
201502	−1	3	19	5	−15	3 955	363	283
201503	2	3	20	5	28	4 197	376	285
201504	23	6	42	5	77	4 971	470	320
201601	42	3	27	4	144	2 424	300	270
201602	65	2	32	4	225	1 778	352	257
201603	57	4	35	5	196	3 663	383	300
201604	32	10	54	5	108	8 435	596	276
201701	34	4	33	5	117	3 721	358	283
201702	17	6	37	7	58	4 660	402	433
201703	37	5	37	8	129	4 286	413	468
201704	24	8	61	11	84	6 485	675	635
201801	27	6	38	7	110	5 153	425	447
201802	−9	2	39	9	−113	2 078	445	791
201803	47	4	42	8	606	4 342	482	680
201804	−5	5	55	13	−60	5 804	629	1 072
201901	13	3	41	6	8	3 210	464	721
201902	55	4	47	7	33	4 242	528	843
201903	95	5	48	8	56	5 244	544	876
201904	143	3	70	5	85	3 762	792	615

续表

季度	价值创造额（亿元）				价值创造额指数			
	股东	政府	员工	债权人	股东	政府	员工	债权人
202001	79	4	47	6	47	4 396	533	722
202002	103	3	58	6	61	3 578	642	685
202003	167	3	62	6	98	3 631	688	730
202004	57	3	93	5	33	3 375	1 026	607
202101	102	5	73	11	59	5 172	802	1 206

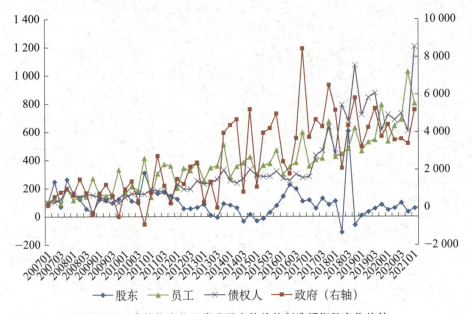

图 7-2　农林牧渔业四类分配主体价值创造额指数变化趋势

从表 7-2 和图 7-2 中可以看到，从总体趋势来看，农林牧渔业股东获利指数自 2007 年第 1 季度至 2018 年第 1 季度在 100 点上下波动，2018 年第 2 季度有所下降，2018 年第 3 季度急剧上升，又在 2018 第 4 季度急剧下降，2019 年后呈恢复性上升趋势。股东获利指数在 2018 年呈现较强的波动性，主要原因是农林牧渔业上市公司数量较少，易受个别公司季度业绩变动的影响。具体而言，2018 年第 2 季度，温氏股份（300498）受国内生猪市场行情低迷的影响，亏损严重，拉低了该季度的股东获利指数；2018 年第 3 季度，温氏股份的盈利好转以及海南橡胶（601118）的盈利增长带动了股东获利指数的大幅上升；2018 年第 4 季度，温氏股份、海南橡胶及 *ST 雏鹰（002477）净利润下滑明显，股东获利指数再次下跌。2019 年以后，受非洲猪瘟冲击，国内生猪养殖业行情向好，股东获利指数整体呈上升趋势。政府税收指数自 2007 年第 1 季度至 2021 年第 1 季度整体呈上升趋势，但具有极强的波动性。其主要原因在于农林牧渔业的税收优惠力度大，分配给政府的价值创造额相对较低，且容易受个别公司季度纳税情况的影响。比如，2010

年第4季度北大荒（600598）由于增值税待抵扣进项税额增加，公司该季度应交税费显著下降，带动政府税收指数下降至 −914 点；2016年第4季度*ST雏鹰利润上升，企业所得税增加以及新增土地增值税导致应交税费大幅增加，政府税收指数上升至历史高点 8 435 点。员工薪酬指数和债权人利息指数自 2007 年第 1 季度至 2021 年第 1 季度整体呈波动上升趋势。其中，自 2017 年第 1 季度后债权人利息指数的波动性明显增强且上升速度加快。较为突出的是，2018 年第 4 季度隆平高科（000998）和*ST雏鹰利息费用大幅增加带动了债权人利息所得的上涨，债权人利息指数被推高至 1 072 点；2021 年第 1 季度牧原股份（002714）利息费用明显增加，拉动债权人利息指数至历史高点 1 206 点。

7.2.2 四类分配主体价值创造额占比分析

图 7−3 反映了农林牧渔业价值创造额的构成变化情况。总体来看，股东与员工两类主体在 2007—2020 年所获得的价值创造额都出现了较大幅度的波动，而政府税收所得占比和债权人利息所得占比总体平稳。股东获利所得占比在 2007—2015 年呈波动下降趋势，2016 年受农林牧渔业行情利好的刺激大幅提升，此后再次下降。2019 年在非洲猪瘟的冲击下，我国生猪供给严重不足，猪价迅速攀升，生猪养殖业及其上下游行业利润增长，带动了股东获利所得占比提升。2020 年，猪价继续维持高位，受此影响股东获利所得占比继续上升，最终收于 57.74%。员工薪酬所得占比自 2007 年开始持续上升，2013 年达到历史高点 66.23%，此后两年维持相对稳定。2015 年后，员工薪酬所得占比受股东获利所得占比变化的影响，呈现较大的波动性，分别在 2016 年、2019 年骤降。2020 年，员工薪酬所得占比继续小幅下降，并收于 37.00%。相比员工薪酬所得占比和股东获利所得占比，债权人利息所得占比和政府税收所得占比相对较小，且债权人利息所得占比总体略高于政府税收所得占比。2019—2020 年，在农林牧渔业利润急剧增长的驱动下，股东获利所得占比达到历史新高，债权人利息所得占比受到挤压而下降，并在 2020 年降至近几年最低点 3.38%。政府税收所得占比在四类分配主体所得占比中最低，这主要是因为政府对农林牧渔业的税收减免力度较大。

图 7−4 是农林牧渔业与大制造业价值创造额构成占比对比图。可以看出，2007—2020 年农林牧渔业政府税收所得占比（5.09%）与 2020 年农林牧渔业政府税收所得占比（1.89%）分别明显低于 2007—2020 年大制造业政府税收所得占比（36.12%）和 2020 年大制造业政府税收所得占比（28.84%），这表明相比大制造业，政府对农林牧渔业的税收减免优惠政策成效明显。2007—2020 年农林牧渔业员工薪酬所得占比为 46.02%，高于大制造业的 33.90%。2020 年，由于农林牧渔业价值创造额继 2019 年大幅增长后仍保持较高水平，股东获利所得占比升至

57.74%，明显高于 2020 年大制造业股东获利所得占比（25.63%）。同时，2007—2020 年农林牧渔业债权人利息所得占比（7.76%）也略高于大制造业债权人利息所得占比（6.27%）。

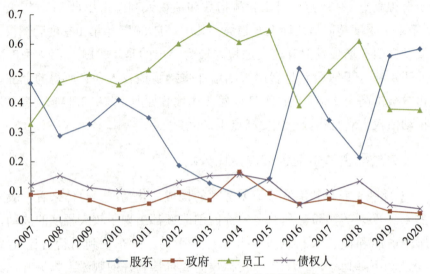

图 7-3 农林牧渔业四类分配主体价值创造额构成占比

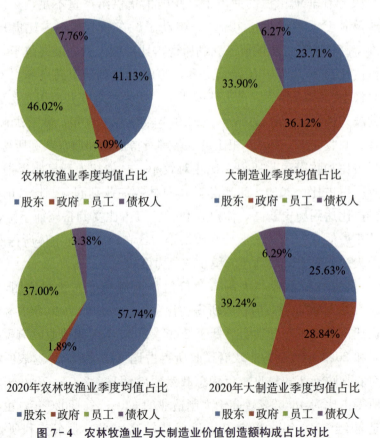

图 7-4 农林牧渔业与大制造业价值创造额构成占比对比

图 7-5 列示了 2019 年和 2020 年分别使用"财务费用"和"利息费用"度量债权人利息所得的农林牧渔业价值创造额构成占比。

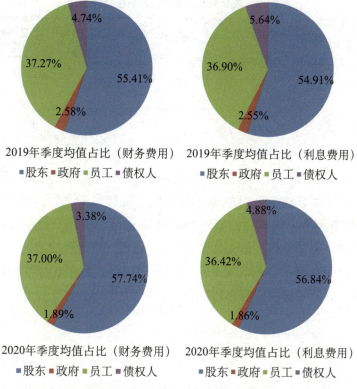

图 7-5　2019—2020 年农林牧渔业价值创造额构成占比

从图 7-5 中我们可以看到，2019 年使用财务费用度量债权人利息所得后债权人利息所得占比为 4.74%，使用利息费用度量债权人利息所得后债权人利息所得占比为 5.64%；2020 年使用财务费用度量债权人利息所得后债权人利息所得占比为 3.38%，使用利息费用度量债权人利息所得后债权人利息所得占比为 4.88%。由此可以看出，在使用利息费用度量债权人利息所得后，债权人利息所得占比有所提升，其他三类主体所得占比呈现一定程度的下降。

7.3　产权性质分类分析

对农林牧渔业上市公司价值创造额及价值创造效率按产权性质进行分析，可以反映不同产权性质的上市公司在经济增长及资源使用效率方面的发展动态，为国家制定相关的产业政策提供参考。

根据上市公司实际控制人的性质，我们将农林牧渔业中的样本公司分为国有控股公司与非国有控股公司。表 7-3 列示了两类产权性质上市公司的季均样本量、季均总资产、单个公司季均总资产、季均价值创造额及单个公司季均价值创造额。

表 7－3　农林牧渔业分产权性质描述性统计

产权性质	季均样本量	季均总资产（亿元）	单个公司季均总资产（亿元）	季均价值创造额（亿元）	单个公司季均价值创造额（亿元）
国有控股公司	15	549	36	13	0.83
非国有控股公司	22	1 004	46	44	2.05

从表 7-3 中可以看出，国有控股公司季均总资产为 549 亿元，非国有控股公司为 1 004 亿元；国有控股公司单个公司季均总资产为 36 亿元，非国有控股公司为 46 亿元。国有控股公司季均价值创造额为 13 亿元，非国有控股公司为 44 亿元；国有控股公司单个公司季均价值创造额为 0.83 亿元，非国有控股公司为 2.05 亿元。非国有控股公司的各项指标值均大于国有控股公司，表明在农林牧渔业中，非国有控股公司的表现略好于国有控股公司。

7.3.1　分产权性质价值创造额指数分析

图 7-6 揭示了农林牧渔业国有控股公司与非国有控股公司的价值创造额指数变化趋势。从图中可以看出，国有控股公司和非国有控股公司均在 2008 年金融危机期间受到较大影响，国有控股公司价值创造额指数在 2008 年第 3 季度出现低点，非国有控股公司在 2008 年第 4 季度出现低点。金融危机之后，两类价值创造额指数均波动性上升。

此外，国有控股公司价值创造额指数在大多数季度高于非国有控股公司，特别是 2018 年第 2 季度，国有控股公司价值创造额指数大幅上升，而非国有控股公司价值创造额指数跌至历史低点，且远低于国有控股公司。但非国有控股公司价值创造额指数在整个样本期内，存在两次明显的反超：第一次是从 2015 年第 3 季度到 2018 年第 1 季度，在此阶段非国有控股公司价值创造额指数明显高于国有控股公司，主要原因是 2015 年 11 月上市的非国有控股公司温氏股份（300498）被纳入了样本；第二次则是在 2019 年第 3 季度及之后，由于该期间生猪养殖业利润增长显著，且该行业价值创造额大的公司多为非国有控股公司，如牧原股份、温氏股份，推高了非国有控股公司价值创造额指数，使其再次反超国有控股公司。

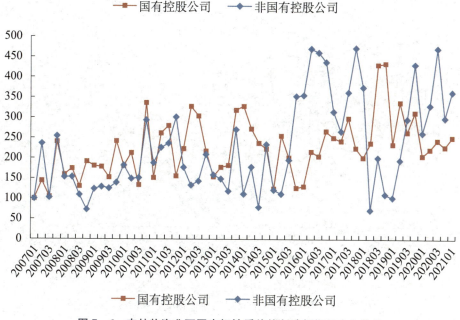

图 7-6　农林牧渔业不同产权性质价值创造额指数变化趋势

7.3.2　分产权性质价值创造效率指数分析

图 7-7 揭示了不同产权性质的农林牧渔业上市公司的价值创造效率指数变化趋势。从图中可以发现，农林牧渔业上市公司价值创造效率指数变化比较大，主要是因为样本量比较少，容易受单个样本波动的影响。整体来看，非国有控股公司价值创造效率指数呈波动下降趋势，国有控股公司价值创造效率指数在 71～214 点的范围内波动。相比之下，国有控股公司价值创造效率指数在绝大部分季度高于非国有控股公司，这表明国有控股公司价值创造效率的增长趋势好于非国有控股公司。2019 年，非国有控股公司价值创造效率指数小幅回升，国有控股公司却从高位大幅下跌。2020 年第 1 季度，受疫情的影响，国有控股公司和非国有控股公司的价值创造效率指数均有所下降。2020 年第 1 季度后，国有控股公司价值创造效率指数呈小幅波动上升趋势，并在 2021 年第 1 季度收于 113 点；而非国有控股公司价值创造效率指数则呈先升后降的趋势，并在 2021 年第 1 季度收于 26 点。在此期间，两类价值创造效率指数的差距呈扩大趋势，这主要是因为在价值创造额大的农林牧渔业上市公司中，非国有控股公司如圣农发展（002299）、益生股份（002458）和民和股份（002234）2020 年价值创造额大幅缩水，拉低了非国有控股公司价值创造效率指数，而相比之下，大多数国有控股公司仍保持较强的活力。

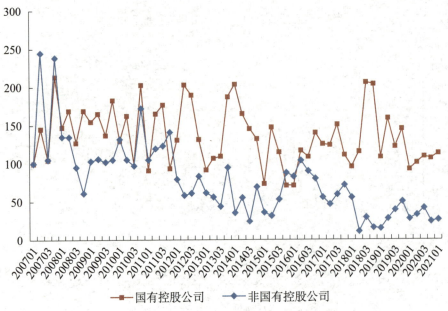

图 7-7　农林牧渔业不同产权性质价值创造效率指数变化趋势

7.4　公司层面排名分析

以上从整体层面对农林牧渔业上市公司的价值创造情况展开了系统分析。接下来，为了进一步考察农林牧渔业中个体上市公司的价值创造情况与差异，本报告对每一家农林牧渔业上市公司的年度价值创造额进行了计算与排名，以期更为具体地揭示农林牧渔业上市公司的价值创造现状与发展规律。附录表 A7 列示了全体农林牧渔业上市公司 2020 年价值创造额、2020 年价值创造额排名、2019 年价值创造额排名、2018 年价值创造额排名、2020 年相比 2019 年排名变化以及 2019 年相比 2018 年排名变化。附录表 A8 列示了全体农林牧渔业上市公司 2020 年价值创造效率、2020 年价值创造额、2020 年总资产、2020 年价值创造效率排名、2019 年价值创造效率排名、2018 年价值创造效率排名、2020 年相比 2019 年排名变化以及 2019 年相比 2018 年排名变化。根据附录表 A7 和表 A8，本报告分别从整体公司情况与重点公司情况两方面展开分析。

7.4.1　按价值创造额排名的整体公司情况分析

从整体排名情况来看，2020 年农林牧渔业共有 41 家公司，其中，36 家公司价值创造额为正，5 家公司价值创造额为负。2020 年农林牧渔业价值创造额前 10 名的公司从行业属性看，5 家公司属于畜牧业，5 家公司属于农业；从产权性质看，3 家公司属于国有控股公司，7 家公司属于非国有控股公司。牧原股份（002714）

和温氏股份（300498）分别以 391.57 亿元和 150.02 亿元的价值创造额稳居前 2
名；第 3 名圣农发展（002299）的价值创造额为 37.49 亿元，与前 2 名公司的价值
创造额差距明显；海南橡胶（601118）和北大荒（600598）分别以 18.89 亿元和
17.27 亿元的价值创造额位列第 4 名和第 5 名；其他公司的价值创造额均在 10 亿
元之下。亚盛集团（600108）和 *ST 华英（002321）位列最后 2 名，价值创造额
分别为－4.66 亿元和－4.78 亿元。

从排名变动情况来看，农林牧渔业价值创造额前 3 名的位次较为稳定，2018—
2020 年一直为温氏股份（300498）、牧原股份（002714）和圣农发展（002299）所
占据。其中，牧原股份（002714）的价值创造额排名稳步提升，2020 年超越温氏
股份（300498）成为榜首。海南橡胶（601118）、北大荒（600598）和 2019 年上市
的立华股份（300761）位次有所波动，但一直处在前 10 名内。个别公司受宏观环
境、行业环境或并购重组等因素的影响，近年来价值创造额排名发生了大幅变化。
例如，国联水产（300094）的价值创造额排名在 2019 年下降了 23 名，又在 2020
年上升了 12 名；獐子岛（002069）的价值创造额排名在 2019 年下降了 13 名，又
在 2020 年上升了 13 名；ST 云投（002200）的价值创造额排名在 2019 年上升了 17
名，又在 2020 年下降了 16 名。此外，亚盛集团（600108）的价值创造额排名在
2019 年小幅上升后，在 2020 年下跌 25 名；*ST 华英（002321）的价值创造额排名
连续大幅下跌，从 2018 年的前 10 名跌至 2020 年的最后 1 名；新五丰（600975）
的价值创造额排名在 2018—2020 年连续大幅上升。

7.4.2　按价值创造额排名的重点公司情况分析

对于重点公司排名情况，本报告选取价值创造额排名稳居前列的牧原股份
（002714）和海南橡胶（601118），排名上升最具代表性的众兴菌业（002772）和新
五丰（600975），以及排名下滑较为明显的民和股份（002234）和亚盛集团
（600108）共 6 家公司为对象，从价值创造额的来源与分配两个视角对公司价值创
造情况展开深入分析。

（一）牧原股份

1. 公司基本情况介绍

牧原食品股份有限公司（简称牧原股份）成立于 2000 年 7 月 13 日，2014 年 1
月 28 日在深交所上市，所属行业为畜牧业（A03）。公司的主营业务为生猪的养
殖、销售。公司目前采用全自养、全链条、智能化的经营模式，经过 20 多年的发
展，现已形成集饲料加工、种猪选育、种猪扩繁、商品猪饲养、屠宰肉食于一体
的产业链。牧原股份是一家集约化养猪规模位居全国前列的农业产业化国家重点龙

头企业，是我国自育自繁自养大规模一体化的较大生猪养殖企业，也是我国较大的生猪育种企业。2020 年公司的资产规模为 1 226.72 亿元，员工人数为 121 995 人。

2. 价值创造额来源分析

牧原股份 2020 年的价值创造额为 391.57 亿元，在 2020 年农林牧渔业上市公司价值创造额排名中位居第 1 名，在 2018 年和 2019 年分别位居第 3 名和第 2 名。

从价值创造额的主要来源来看，牧原股份 2020 年实现总收入 564.62 亿元，在畜牧业上市公司中位列第 2，同比增长 178.37%；总成本为 269.63 亿元，同比增长 86.25%；净利润为 303.75 亿元，在畜牧业上市公司中位列第 1，同比增长 379.37%，公司价值创造额大幅提高。2020 年公司业绩明显上升的主要原因：一是受非洲猪瘟的持续影响，2020 年生猪市场供给仍整体偏紧，生猪销售价格维持高位波动，且比上年同期涨幅较大；公司在前期建设的产能逐步释放，生猪出栏量比上年同期显著增长。二是一体化经营模式为公司实施标准化疫病防控措施奠定了基础。公司在内部建立了完整的疫病防控管理体系，在 2020 年强化物品、人员管理，实行智能化养猪管理，有效改善猪舍环境，确保生猪健康生长，为公司降低生产成本、提高业绩提供了有力保障。

3. 价值创造额分配去向分析

牧原股份在 2020 年分配给股东的价值创造额为 303.75 亿元，占比为 77.57%；分配给政府的价值创造额为 0.70 亿元，占比为 0.18%；分配给员工的价值创造额为 80.25 亿元，占比为 20.49%；分配给债权人的价值创造额为 6.88 亿元，占比为 1.76%。总体而言，牧原股份作为行业龙头公司，实现了对四类主体的价值创造额的分配，履行了对四类主体的社会责任。

为了充分揭示牧原股份价值创造额分配去向的变化趋势以及与同行业上市公司相比所存在的差异，接下来我们从纵向和横向两个层面，对牧原股份价值创造额分配去向进行分析。

（1）纵向对比分析。

本部分展现了 2018—2020 年牧原股份的四类分配主体所获得的价值创造额、价值创造额变动以及价值创造额占比等情况。表 7-4 描述了牧原股份的四类分配主体所获得的价值创造额及其变动趋势，图 7-8 则描述了牧原股份的四类分配主体所获得的价值创造额占比。

从表 7-4 中我们可以看到，牧原股份的股东获利所得在 2018 年为 5.28 亿元，2019 年为 63.36 亿元，同比上升 1 099.91%；2020 年达到 303.75 亿元，同比上升 379.37%。牧原股份在 2019 年和 2020 年股东获利所得占比连续大幅上升的主要原因是 2019 年非洲猪瘟对生猪市场供给造成严重冲击，猪肉价格迅速攀升，这一冲击在 2020 年持续，猪肉价格维持高位波动。得益于生猪市场行情向好，牧原股份

表 7 - 4　2018—2020 年牧原股份价值创造额分配及变动情况

分配主体	2020 年（亿元）	2019 年（亿元）	2018 年（亿元）	2020 年相对 2019 年		2019 年相对 2018 年	
				变动额（亿元）	变动率（％）	变动额（亿元）	变动率（％）
股东	303.75	63.36	5.28	240.38	379.37	58.08	1 099.91
政府	0.70	0.48	0.24	0.22	46.21	0.24	99.19
员工	80.25	31.77	18.29	48.48	152.61	13.47	73.64
债权人	6.88	5.28	5.38	1.60	30.38	−0.11	−1.99
合计	391.57	100.89	29.20	290.69	288.13	71.69	245.51

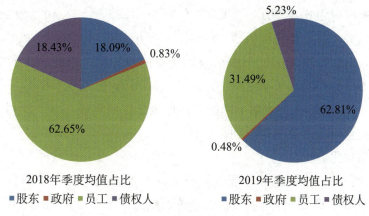

2018年季度均值占比
■股东 ■政府 ■员工 ■债权人

2019年季度均值占比
■股东 ■政府 ■员工 ■债权人

2020年季度均值占比
■股东 ■政府 ■员工 ■债权人

图 7 - 8　2018—2020 年牧原股份价值创造额构成占比

作为生猪养殖业龙头企业，积极扩大生产规模，主营业务收入显著增加，股东获利所得也随之增加。政府税收所得在 2018 年为 0.24 亿元，2019 年为 0.48 亿元，同比上升 99.19％；2020 年为 0.70 亿元，同比上升 46.21％，近年来一直呈上升趋势。员工薪酬所得在 2018 年为 18.29 亿元，2019 年为 31.77 亿元，同比上升 73.64％；2020 年达到 80.25 亿元，同比上升 152.61％，这与公司生产规模不断扩大，积极开拓多种招聘渠道引进人才有关。债权人利息所得在 2018 年为 5.38 亿元，2019 年为 5.28 亿元，同比下降 1.99%；2020 年达到 6.88 亿元，同比上升 30.38%，这是由于 2020 年公司有息负债大幅增加，同比增长 269.59%，带动当年公司利息支出增加。总体而言，牧原股份在 2019—2020 年得益于生猪市场行情向好，生猪养殖收入显著增长，价值创造额有所提升，特别是分配给股东的价值创造额明显增加。

从图 7-8 中我们可以看到，牧原股份的股东获利所得占比在 2018—2020 年分别为 18.09%、62.81% 和 77.57%，该占比连续提升，主要原因是非洲猪瘟冲击后整个生猪市场行情高涨，股东获利所得同步增长。政府税收所得占比在 2018—2020 年分别为 0.83%、0.48% 和 0.18%，呈连续下降趋势且一直保持在较低水平。员工薪酬所得占比在 2018—2020 年分别为 62.65%、31.49% 和 20.49%，呈明显的下降趋势，这主要是因为 2019 年和 2020 年公司创收良好，虽然员工薪酬所得连续上涨，但其增加额远低于股东获利所得的增加额，因此员工薪酬所得占比相对下降。债权人利息所得占比在 2018—2020 年分别为 18.43%、5.23% 和 1.76%。2019 年和 2020 年大幅下降的主要原因是这两年股东获利所得占比大幅升高，债权人利息所得占比相对受到挤压。

（2）横向对比分析。

为了揭示公司价值创造额分配去向在横向上的变化趋势，本部分分别计算了 2020 年牧原股份、畜牧业[①]、农林牧渔业价值创造额前 10 名上市公司[②]（简称农林牧渔业前 10）和农林牧渔业全体上市公司[③]（简称农林牧渔业全样本）的四类分配主体所获得的价值创造额的占比。图 7-9 描述了牧原股份、畜牧业、农林牧渔业前 10 和农林牧渔业全样本的四类分配主体所获得的价值创造额季度均值占比情况。

从图 7-9 中我们可以看到，2020 年，牧原股份的股东获利所得占比为 77.57%，明显高于畜牧业、农林牧渔业前 10 和农林牧渔业全样本的 44.53%、45.21% 和 32.95%，这表明相比同行业，牧原股份分配给股东的价值创造额相对较高，其绝大部分的价值创造额由股东享有。2020 年，牧原股份的政府税收所得占比为 0.18%，低于畜牧业、农林牧渔业前 10 和农林牧渔业全样本的 2.98%、2.34% 和 4.03%。2020 年，牧原股份的员工薪酬所得占比为 20.49%，明显低于畜牧业、农林牧渔业前 10 和农林牧渔业全样本的 49.79%、50.16% 和 57.53%，

---

① 畜牧业上市公司四类分配主体所获得的价值创造额的占比，是指选取畜牧业样本并剔除牧原股份后计算的四类分配主体所获得的价值创造额的平均占比。

② 农林牧渔业价值创造额前 10 名上市公司四类分配主体所获得的价值创造额的占比，是指将农林牧渔业样本按价值创造额由高到低排列，选取前 10 名上市公司并剔除牧原股份后计算的四类分配主体所获得的价值创造额的平均占比。

③ 农林牧渔业全体上市公司四类分配主体所获得的价值创造额的占比，是指选取农林牧渔业全样本并剔除牧原股份后计算的四类分配主体所获得的价值创造额的平均占比。

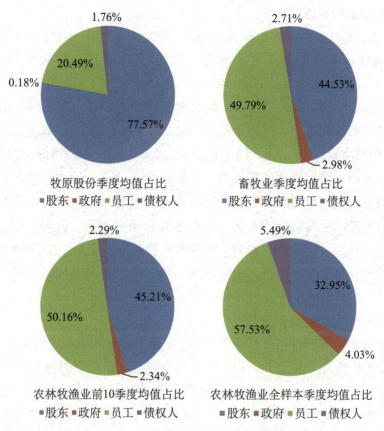

图 7 - 9　2020 年牧原股份、畜牧业、农林牧渔业前 10 和农林牧渔业全样本价值创造额构成占比

这是因为牧原股份作为 2020 年农林牧渔业价值创造额排名第一的公司，尽管员工人数多，员工薪酬总额也在农林牧渔业中领先，但股东获利所得占比很高，员工薪酬所得占比相应被挤压。2020 年，牧原股份的债权人利息所得占比为 1.76%，低于畜牧业、农林牧渔业前 10 和农林牧渔业全样本的 2.71%、2.29% 和 5.49%。

（二）海南橡胶

1. 公司基本情况介绍

海南天然橡胶产业集团股份有限公司（简称海南橡胶）成立于 2005 年 3 月 29日，2011 年 1 月 7 日在上交所上市，所属行业为农业（A01）。公司的主营业务包括天然橡胶研发、种植、加工，橡胶木加工与销售，贸易，金融，仓储物流，电子商务及现代农业业务。公司最主要的收入来源是销售天然橡胶的初加工产品。目前公司在胶园面积上保持全国第一，并对传统加工技术进行升级改造，建立了国内首条标准橡胶全自动生产线。公司在胶林资源、业务规模、生产组织、管理经验、技术积累、生产产能、市场营销等方面均具有明显的竞争优势，是我国天然橡胶生产的龙头企业。2020 年公司的资产规模为 177.37 亿元，员工人数为 17 626 人。

2. 价值创造额来源分析

海南橡胶 2020 年的价值创造额为 18.89 亿元，在 2020 年农林牧渔业上市公司价值创造额排名中位居第 4 名，相较 2019 年上升 3 名，与 2018 年排名相同。2018—2020 年公司排名存在小幅波动，但一直处于农林牧渔业前列。

从价值创造额的主要来源来看，海南橡胶 2020 年实现总收入 161.57 亿元，在农业上市公司中位列第一，同比增长 15.48%；总成本为 161.98 亿元，同比增长 13.38%；净利润为 0.66 亿元，同比减少 43.12%。2020 年公司价值创造额排名靠前主要源于公司在当年创收良好。第一，2020 年下半年，国内外橡胶产区受天气影响，割胶放缓，产量减少；同时，轮胎企业需求旺盛，医疗防护用品生产持续增长，供给与需求呈现结构性失衡，市场中胶价明显上升，公司橡胶主业的收入增长。第二，2020 年公司的橡胶智慧收购平台快速推广应用，"大浓乳"战略有效落地，乳胶寝具自主品牌销售额增幅显著。第三，2020 年公司的热带高效农业业务发展迅速，超额完成年度计划任务，拉动了总收入增长。

3. 价值创造额分配去向分析

海南橡胶 2020 年分配给股东的价值创造额为 0.66 亿元，占比为 3.49%；分配给政府的价值创造额为 0.56 亿元，占比为 2.99%；分配给员工的价值创造额为 16.12 亿元，占比为 85.34%；分配给债权人的价值创造额为 1.55 亿元，占比为 8.18%。总体而言，海南橡胶对股东、政府、员工和债权人四类主体实现了价值创造额的分配，且绝大部分价值创造额归属于员工。

为了充分揭示海南橡胶价值创造额分配去向的变化趋势以及与同行业上市公司相比所存在的差异，接下来我们从纵向和横向两个层面，对海南橡胶价值创造额分配去向进行分析。

（1）纵向对比分析。

本部分展现了 2018—2020 年海南橡胶的四类分配主体所获得的价值创造额、价值创造额变动以及价值创造额占比等情况。表 7-5 描述了海南橡胶的四类分配主体所获得的价值创造额及其变动趋势，图 7-10 则描述了海南橡胶的四类分配主体所获得的价值创造额占比。

表 7-5　2018—2020 年海南橡胶价值创造额分配及变动情况

分配主体	2020 年（亿元）	2019 年（亿元）	2018 年（亿元）	2020 年相对 2019 年		2019 年相对 2018 年	
				变动额（亿元）	变动率（%）	变动额（亿元）	变动率（%）
股东	0.66	1.16	2.21	−0.50	−43.12	−1.05	−47.61
政府	0.56	0.93	0.52	−0.37	−39.37	0.41	77.63
员工	16.12	16.71	16.07	−0.59	−3.54	0.65	4.04

续表

分配主体	2020 年 （亿元）	2019 年 （亿元）	2018 年 （亿元）	2020 年相对 2019 年		2019 年相对 2018 年	
				变动额 （亿元）	变动率 （%）	变动额 （亿元）	变动率 （%）
债权人	1.55	1.41	1.30	0.14	9.68	0.11	8.63
合计	18.89	20.21	20.10	−1.32	−6.54	0.11	0.56

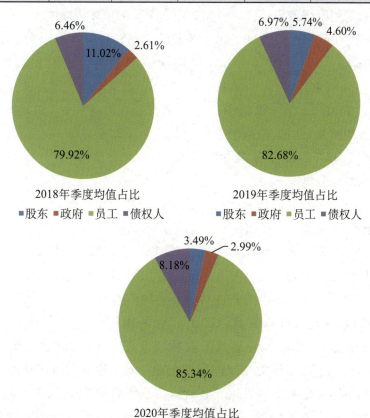

图 7 - 10　2018—2020 年海南橡胶价值创造额构成占比

从表 7 - 5 中我们可以看到，海南橡胶的股东获利所得在 2018 年为 2.21 亿元，2019 年为 1.16 亿元，同比下降 47.61%，这主要是 2019 年公司资产减值损失和公允价值变动损失严重，且投资收益较上年出现大幅下降，导致当年公司的净利润下降。2020 年股东获利所得为 0.66 亿元，同比下降 43.12%，这主要是由于 2020 年公司的营业成本较高，营业成本增长率超过了营业收入增长率。政府税收所得在 2018 年为 0.52 亿元，2019 年为 0.93 亿元，同比上升 77.63%；2020 年为 0.56 亿元，同比下降 39.37%，这是因为公司作为海南自由贸易港企业，自 2020 年开始享受减按 15% 的税率缴纳企业所得税的税收优惠政策。员工薪酬所得在 2018 年为 16.07 亿元，2019 年为 16.71 亿元，同比上升 4.04%；2020 年为 16.12 亿元，同比下降 3.54%。可以看出，2018—2020 年，公司分配给员工的价值创造额变化不大且一直处于较高的水平。债权人利息所得在 2018 年为 1.30 亿元，2019 年为 1.41 亿元，同比上升 8.63%，这是因为 2019 年公司的有息负债同比增加 88.39%，带动利息费用增长。2020 年债权人利息所得为 1.55 亿元，同比上升 9.68%，这是因为 2020 年公司继续扩大有息负债规模，有息负债同比上升 8.70%，利息费用继续增长，说明公司对债务融资的依赖程度增大。

从图 7-10 中我们可以看到，海南橡胶的股东获利所得占比在 2018—2020 年分别为 11.02%、5.74% 和 3.49%，呈连续下降趋势。政府税收所得占比在 2018—2020 年分别为 2.61%、4.60% 和 2.99%。员工薪酬所得占比在 2018—2020 年分别为 79.92%、82.68% 和 85.34%，一直维持在较高水平，这是由于尽管公司的员工人数逐年减少，但人均薪酬逐年上升，员工薪酬总额一直较大。债权人利息所得占比在 2018—2020 年分别为 6.46%、6.97% 和 8.18%。

（2）横向对比分析。

为了揭示公司价值创造额分配去向在横向上的变化趋势，本部分分别计算了 2020 年海南橡胶、农业①、农林牧渔业价值创造额前 10 名上市公司②（简称农林牧渔业前 10）和农林牧渔业全体上市公司③（简称农林牧渔业全样本）的四类分配主体所获得的价值创造额的占比。图 7-11 描述了海南橡胶、畜牧业、农林牧渔业前 10 和农林牧渔业全样本的四类分配主体所获得的价值创造额季度均值占比情况。

从图 7-11 中我们可以看到，2020 年，海南橡胶的股东获利所得占比为 3.49%，低于农业的 22.71%，远低于农林牧渔业前 10 和农林牧渔业全样本的 66.49% 和 59.53%。这是因为相比同行业企业，海南橡胶的员工薪酬总额明显偏高，员工薪酬所得占比大使得股东获利所得占比相对被挤压。2020 年，海南橡胶的政府税收所得占比为 2.99%，低于农业的 4.12%，这是因为海南橡胶作为海南自由贸易港企业，享受较大力度的政府税收优惠。2020 年 6 月 23 日财政部和国家税务总局下发《关于海南自由贸易港企业所得税税收优惠政策的通知》，规定对在海南自由贸易港注册并实质性运营的鼓励类产业企业，减按 15% 的税率征收企业所得税，海南橡胶符合该规定，因而从 2020 年 1 月 1 日起开始适用 15% 的企业所得税税率。但相较于农林牧渔业前 10 和农林牧渔业全样本，海南橡胶的纳税额较

---

① 农业上市公司四类分配主体所获得的价值创造额的占比，是指选取农业样本并剔除海南橡胶后计算的四类分配主体所获得的价值创造额的平均占比。

② 农林牧渔业价值创造额前 10 名上市公司四类分配主体所获得的价值创造额的占比，是指将农林牧渔业样本按价值创造额由高到低排列，选取前 10 名上市公司并剔除海南橡胶后计算的四类分配主体所获得的价值创造额的平均占比。

③ 农林牧渔业全体上市公司四类分配主体所获得的价值创造额的占比，是指选取农林牧渔业全样本并剔除海南橡胶后计算的四类分配主体所获得的价值创造额的平均占比。

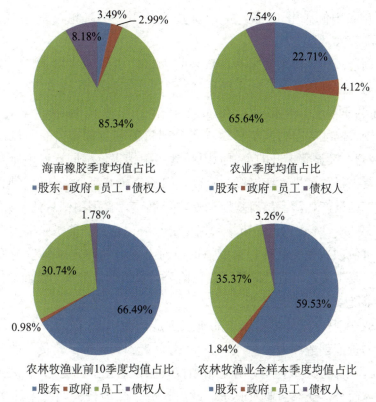

图 7-11　2020 年海南橡胶、农业、农林牧渔业前 10 和农林牧渔业全样本价值创造额构成占比

高使其政府税收所得占比更高。2020 年，海南橡胶的员工薪酬所得占比为 85.34%，高于农业的 65.64%，这是因为公司的员工人数多，员工薪酬总额在农业中排名第二；明显高于农林牧渔业前 10 和农林牧渔业全样本的 30.74% 和 35.37%。2020 年，海南橡胶的债权人利息所得占比为 8.18%，略高于农业的 7.54%，明显高于农林牧渔业前 10 和农林牧渔业全样本的 1.78% 和 3.26%。

（三）众兴菌业

1. 公司基本情况介绍

天水众兴菌业科技股份有限公司（简称众兴菌业）成立于 2005 年 11 月 18 日，2015 年 6 月 26 日在深交所上市，所属行业为农业（A01）。众兴菌业的主营业务包括食用菌、药用菌及其辅料的生产、销售，微生物技术、生物工程技术、农业新技术的研发、应用、研究、推广，农副土特产品的生产、加工及销售。众兴菌业是农业产业化国家重点龙头企业，在食用菌的生产上规模优势明显，产品已经覆盖全国主要市场，成为工厂化生产食用菌尤其是金针菇的全国领先企业。2020 年公司的资产规模为 55.82 亿元，员工人数为 5 198 人。

2. 价值创造额来源分析

众兴菌业 2020 年的价值创造额为 4.94 亿元，在 2020 年农林牧渔业上市公司价值创造额排名中位居第 11 名，相较 2019 年上升 8 名，相较 2018 年上升 9 名，排名上升幅度较大。

从价值创造额的主要来源来看，众兴菌业 2020 年实现总收入 14.84 亿元，在农业上市公司中位列第 8 名，同比增长 28.32%；总成本为 13.27 亿元，同比增长 22.08%；净利润为 1.89 亿元，在农业上市公司中位列第 4 名，同比增长 174.55%，较大幅度的净利润增长拉动了公司价值创造额排名的明显提升。公司在 2020 年经营业绩显著提升的主要原因是食用菌销售价格同比稳中有升，而同期公司多个投资项目陆续进入产能释放阶段，如子公司五河众兴基地一期陆续投产，安徽众兴基地已量产，新乡星河基地二期全年满产，食用菌销量达到 29.18 万吨，较上年增长 17.31%。主营产品市场价格上涨和公司自身产能扩张助力众兴菌业实现了较高的价值创造额。此外，在疫情的应对上，公司制定了科学的疫情防控方案，第一时间复工复产，有效降低了疫情给公司价值创造带来的负面冲击。

3. 价值创造额分配去向分析

众兴菌业在 2020 年分配给股东的价值创造额为 1.89 亿元，占比为 38.39%；分配给政府的价值创造额为 0.04 亿元，占比为 0.84%；分配给员工的价值创造额为 2.60 亿元，占比为 52.74%；分配给债权人的价值创造额为 0.40 亿元，占比为 8.03%。总体而言，众兴菌业向股东、政府、员工和债权人四类主体实现了价值创造额的分配。

为了充分揭示众兴菌业价值创造额分配去向的变化趋势以及与同行业上市公司相比所存在的差异，接下来我们从纵向和横向两个层面，对众兴菌业价值创造额分配去向进行分析。

（1）纵向对比分析。

本部分展现了 2018—2020 年众兴菌业四类分配主体所获得的价值创造额、价值创造额变动以及价值创造额占比等情况。表 7-5 描述了众兴菌业的四类分配主体所获得的价值创造额及其变动趋势，图 7-12 则描述了众兴菌业的四类分配主体所获得的价值创造额占比。

表 7-6　2018—2020 年众兴菌业价值创造额分配及变动情况

分配主体	2020 年（亿元）	2019 年（亿元）	2018 年（亿元）	2020 年相对 2019 年		2019 年相对 2018 年	
				变动额（亿元）	变动率（%）	变动额（亿元）	变动率（%）
股东	1.89	0.69	1.16	1.20	174.55	−0.47	−40.28
政府	0.04	0.02	0.03	0.02	114.63	−0.01	−23.21
员工	2.60	1.97	1.56	0.63	32.19	0.40	25.88
债权人	0.40	0.40	0.07	−0.01	−1.91	0.34	512.91
合计	4.94	3.08	2.81	1.85	60.10	0.27	9.67

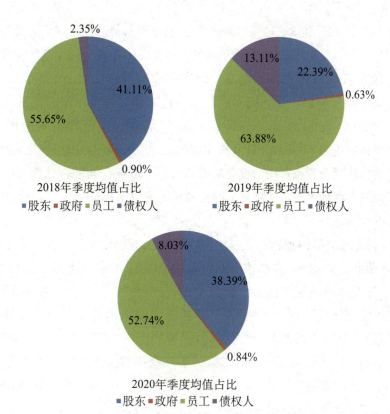

图 7-12　2018—2020 年众兴菌业价值创造额构成占比

从表 7-6 中我们可以看到，众兴菌业的股东获利所得在 2018 年为 1.16 亿元，2019 年为 0.69 亿元，同比下降 40.28%；2020 年为 1.89 亿元，同比上升 174.55%。这是因为 2019 年公司多个生产基地的在建项目完工及借款额增加，可转债利息费用化和长期借款利息费用化，减少了归属于股东的净利润。2020 年以后，前期建成的生产基地效益释放，公司以充足的产能供给抓住了其产品市场环境向好的机遇，实现了归属于股东的净利润的大幅增长。政府税收所得在 2018 为 0.03 亿元，2019 年为 0.02 亿元，同比下降 23.21%；2020 年为 0.04 亿元，同比上升 114.63%。整体而言，公司的税收负担较小，这是由于农业企业依法享受国家和地方的多种税收优惠政策，公司从事食用菌种植、生产和销售所得免征增值税及企业所得税。员工薪酬所得在 2018 年为 1.56 亿元，2019 年为 1.97 亿元，同比上升 25.88%；2020 年为 2.60 亿元，同比上升 32.91%。近几年员工薪酬所得连续上升与公司为提升产品质量而加大对优秀技术人才的引进有关。债权人利息所得在 2018 年为 0.07 亿元，2019 年为 0.40 亿元，同比上升 512.91%，这主要是由于 2019 年众兴菌业有息负债同比增长 138.88%。2020 年债权人利息所得为 0.40 亿元，同比下降 1.91%。总体而言，2020 年公司的主营业务发展良好，价值创造额大幅增长，股东获利所得明显增加。

从图 7-12 中我们可以看到，众兴菌业的股东获利所得占比在 2018—2020 年分别为 41.11％、22.39％和 38.39％。2019 年股东获利所得占比下降，主要是由于公司的净利润同比下降 38.78％；2020 年公司在主营食用菌业务上创收良好，净利润明显增加拉动了股东获利所得占比的提高。政府税收所得占比在 2018—2020 年分别为 0.90％、0.63％和 0.84％，变动较为平稳且一直保持在较低水平。员工薪酬所得占比在 2018—2020 年分别为 55.65％、63.88％和 52.74％。债权人利息所得占比在 2018—2020 年分别为 2.35％、13.11％和 8.03％。2019 年债权人所得占比提高明显，主要与当年公司借款额及利息费用的显著增加有关；2020 年公司的利息费用较 2019 年无明显变化，债权人利息所得占比略有下降主要是因为股东获利所得占比相对提高。

（2）横向对比分析。

为了揭示公司价值创造额分配去向在横向上的变化趋势，本部分分别计算了 2020 年众兴菌业、农业[1]、农林牧渔业价值创造额前 10 名上市公司[2]（简称农林牧渔业前 10）和农林牧渔业全体上市公司[3]（简称农林牧渔业全样本）的四类分配主体所获得的价值创造额的占比。图 7 - 13 描述了众兴菌业、农业、农林牧渔业前 10 和农林牧渔业全样本的四类分配主体所获得的价值创造额占比的变动趋势。

从图 7 - 13 中我们可以看到，2020 年，众兴菌业的股东获利所得占比为 38.39％，远高于农业的 15.12％，但远低于农林牧渔业前 10 和农林牧渔业全样本的 64.67％和 58.15％。这主要是因为 2020 年众兴菌业从主营业务食用菌的生产和销售中实现了较高的价值创造额，领先于其他农业企业，但农业的股东获利所得占比相比农林牧渔业内其他企业偏低。2020 年，众兴菌业的政府税收所得占比为 0.84％，略低于农林牧渔业前 10 和农林牧渔业全样本的 1.04％和 1.87％。与农业的 4.03％相比，众兴菌业的政府税收所得占比显著偏低，这主要是由于公司享有免征增值税和企业所得税的税收优惠，政府税收不会随着公司创收的增加而成比例增加。2020 年公司净利润大幅增长，股东获利所得占比明显上升，政府税收所得占比相对下降。2020 年，众兴菌业的员工薪酬所得占比为 52.74％，与农林牧渔业前 10 和农林牧渔业全样本的 32.32％和 36.61％相比明显偏高，但低于农业的 73.14％。2020 年，众兴菌业的债权人利息所得占比为 8.03％，略高于农业的 7.71％，明显高于农林牧渔业前 10 和农林牧渔业全样本的 1.97％和 3.36％。这是由于公司近年来为扩大产能、提高市场占有率，积极推进生产基地的建设，这些

---

[1] 农业上市公司四类分配主体所获得的价值创造额的占比，是指选取农业样本并剔除众兴菌业后计算的四类分配主体所获得的价值创造额的平均占比。

[2] 农林牧渔业价值创造额前 10 名上市公司四类分配主体所获得的价值创造额的占比，是指将农林牧渔业样本按价值创造额由高到低排列，选取前 10 名上市公司并剔除众兴菌业后计算的四类分配主体所获得的价值创造额的平均占比。

[3] 农林牧渔业全体上市公司四类分配主体所获得的价值创造额的占比，是指选取农林牧渔业全样本并剔除众兴菌业后计算的四类分配主体所获得的价值创造额的平均占比。

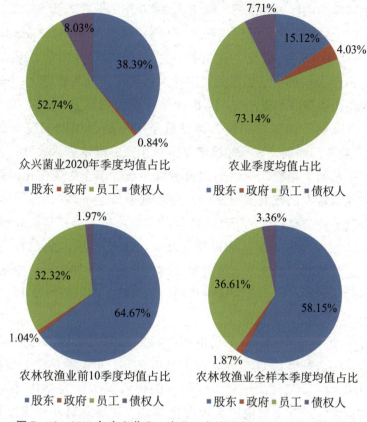

图 7 - 13 2020 年众兴菌业、农业、农林牧渔业前 10 和农林牧渔业全样本价值创造额构成占比

在建工程资金需求量大，公司有息负债提高，利息费用也相应增加。

（四）新五丰

1. 公司基本情况介绍

湖南新五丰股份有限公司（简称新五丰）成立于 2001 年 6 月 26 日，2004 年 6 月 9 日在上交所上市，所属行业为畜牧业（A03）。新五丰的主营业务为生猪养殖、肉品销售以及饲料加工。公司的主要产品包括生猪、肉品和饲料。经过多年的发展，公司已建立集饲料生产、种猪繁育、商品猪饲养、生猪屠宰及肉品加工、冷链物流、生猪交易于一体的生猪全产业链布局，并实现生猪产品在内地和港澳两个市场的优化配置。公司是农业产业化国家重点龙头企业，是湖南省大型的外向型农业产业化龙头企业，也是国内供港澳活大猪的主要出口商之一。新五丰在 2020 年的资产规模为 22.29 亿元，员工人数为 1 551 人。

2. 价值创造额来源分析

新五丰 2020 年的价值创造额为 4.30 亿元，在 2020 年农林牧渔业上市公司价值创造额排名中位居第 15 名，相比 2019 年和 2018 年分别上升 6 名和 17 名。

从价值创造额的主要来源来看，新五丰 2020 年的总收入为 27.28 亿元，在畜牧业上市公司中位列第 7 名，同比增长 27.69%；总成本为 24.61 亿元，同比增长 18.33%；净利润为 28.29 亿元，在畜牧业上市公司中位列第 5 名，同比增长 316.85%。2020 年公司的价值创造额实现较大幅度增长的主要原因：一是 2019 年非洲猪瘟对生猪产能造成严重冲击，猪肉价格一直居高不下；同时 2020 年中共中央、国务院印发《关于抓好"三农"领域重点工作确保如期实现全面小康的意见》，将生猪产业专门列项，要求加快恢复生猪生产。湖南省人民政府及相关主管部门也出台了一系列生猪稳产保供的政策措施。新五丰作为规模化养殖的国家重点龙头企业和湖南省人民政府国有资产监督管理委员会下辖的唯一以生猪产业为主业的国有控股上市公司，受惠于产业政策的支持，扩大养殖规模和出口业务量，销售收入明显增加。二是 2020 年面对新冠疫情，新五丰为市场保供肩负起国有企业的担当，于正月初六全面恢复生猪屠宰及鲜肉销售，并加强出口生猪安全管理，确保港澳市场的正常供应，实现生猪出口销售收入较上年同期增长 141.30%。

3. 价值创造额分配去向分析

新五丰在 2020 年分配给股东的价值创造额为 2.83 亿元，占比为 65.77%；分配给政府的价值创造额为 0.11 亿元，占比为 2.60%；分配给员工的价值创造额为 1.28 亿元，占比为 29.77%；分配给债权人的价值创造额为 0.08 亿元，占比为 1.86%。总体而言，新五丰加快扩大规模化养殖，积极应对非洲猪瘟和新冠疫情的叠加风险，向股东、政府、员工和债权人实现了价值创造额的分配。

为了充分揭示新五丰价值创造额分配去向的变化趋势以及与同行业上市公司相比所存在的差异，接下来我们从纵向和横向两个层面，对新五丰的价值创造额分配去向进行分析。

（1）纵向对比分析。

本部分展现了 2018—2020 年新五丰四类分配主体所获得的价值创造额、价值创造额变动以及价值创造额占比等情况。表 7-7 描述了新五丰的四类分配主体所获得的价值创造额及其变动趋势，图 7-14 则描述了新五丰的四类分配主体所获得的价值创造额占比。

表 7-7　2018—2020 年新五丰价值创造额分配及变动情况

分配主体	2020 年（亿元）	2019 年（亿元）	2018 年（亿元）	2020 年相对 2019 年		2019 年相对 2018 年	
				变动额（亿元）	变动率（%）	变动额（亿元）	变动率（%）
股东	2.83	0.68	−0.37	2.15	316.85	1.05	281.46
政府	0.11	0.07	0.04	0.04	55.84	0.03	61.57

续表

分配主体	2020 年（亿元）	2019 年（亿元）	2018 年（亿元）	2020 年相对 2019 年		2019 年相对 2018 年	
				变动额（亿元）	变动率（%）	变动额（亿元）	变动率（%）
员工	1.28	1.32	1.08	−0.04	−3.06	0.24	22.41
债权人	0.08	0.06	0.005	0.02	42.83	0.05	1 056.96
合计	4.30	2.13	0.75	2.17	102.19	1.37	182.02

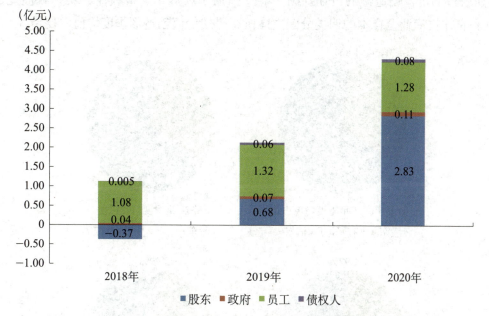

图 7－14　2018—2020 年新五丰价值创造额分配情况

从表 7－7 和图 7－14 中我们可以看到，新五丰的股东获利所得在 2018 年为−0.37 亿元，2019 年为 0.68 亿元，同比增长 281.46%；2020 年为 2.83 亿元，同比增长 316.85%。新五丰在 2019 年和 2020 年股东获利所得连续大幅提升主要是受到宏观环境和政策的影响。自 2019 年非洲猪瘟暴发后，猪肉供给持续偏紧，猪肉价格维持高位运行，公司主营业务生猪养殖的收入增加。同时，作为国有控股公司，得益于国家扩大生猪产能的产业政策支持，公司的生产规模迅速扩大，出口创汇大幅增长，其净利润在 2018—2019 年实现扭亏为盈并在 2020 年继续上升。政府税收所得在 2018 年为 0.04 亿元，2019 年为 0.07 亿元，同比增长 61.57%；2020 年为 0.11 亿元，同比增长 55.84%。员工薪酬所得在 2018 年为 1.08 亿元，2019 年为 1.32 亿元，同比增长 22.41%；2020 年略有下降，为 1.28 亿元。债权人利息所得在 2018 年为 0.005 亿元，2019 年为 0.06 亿元，同比增长 1 056.96%；2020 年为 0.08 亿元，同比增长 42.83%。这主要是由于公司在 2019 年大幅增加了银行借款，有息负债同比上升 122.60%，利息费用的大幅增加提高了债权人利息所得占比。总体而言，新五丰在 2019 年和 2020 年得益于产业政策向好和猪价上涨的机遇，价值创造额连续增加，分配给股东的价值创造额增加尤为明显。

（2）横向对比分析。

为了揭示公司价值创造额分配去向在横向上的变化趋势，本部分分别计算了 2020 年新五丰、畜牧业[①]、农林牧渔业价值创造额前 10 名上市公司[②]（简称农林牧渔业前 10）和农林牧渔业全体上市公司[③]（简称农林牧渔业全样本）的四类分配主体所获得的价值创造额的占比。图 7 - 15 描述了新五丰、畜牧业、农林牧渔业前 10 和农林牧渔业全样本的四类分配主体所获得的价值创造额季度均值占比情况。

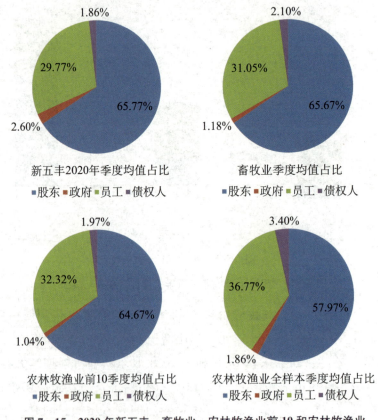

图 7 - 15　2020 年新五丰、畜牧业、农林牧渔业前 10 和农林牧渔业全样本价值创造额构成占比

①　畜牧业上市公司四类分配主体所获得的价值创造额的占比，是指选取畜牧业样本并剔除新五丰后计算的四类分配主体所获得的价值创造额的平均占比。

②　农林牧渔业价值创造额前 10 名上市公司四类分配主体所获得的价值创造额的占比，是指将农林牧渔业样本按价值创造额由高到低排列，选取前 10 名上市公司并剔除新五丰后计算的四类分配主体所获得的价值创造额的平均占比。

③　农林牧渔业全体上市公司四类分配主体所获得的价值创造额的占比，是指选取农林牧渔业全样本并剔除新五丰后计算的四类分配主体所获得的价值创造额的平均占比。

从图 7 - 15 中我们可以看到，2020 年，新五丰的股东获利所得占比为 65.77%，与畜牧业和农林牧渔业前 10 的 65.67% 和 64.67% 基本持平，略高于农林牧渔业全样本的 57.97%，说明新五丰分配给股东的价值创造额处于其所在畜牧业和整个农林牧渔业的平均水平。2020 年，新五丰的政府税收所得占比为 2.60%，高于畜牧业、农林牧渔业前 10 和农林牧渔业全样本的 1.18%、1.04% 和 1.86%。2020 年，新五丰的员工薪酬所得占比为 29.77%，与畜牧业、农林牧渔业前 10 和农林牧渔业全样本的 31.05%、32.32% 和 36.77% 相差不大，说明新五丰在用工成本上也基本处于同行业平均水平。2020 年，新五丰的债权人利息所得占比为 1.86%，低于农林牧渔业全样本的 3.40%，与畜牧业、农林牧渔业前 10 的 2.10% 和 1.97% 基本持平。2020 年新五丰的有息负债率为 19.50%，处于畜牧业有息负债率的行业均值附近，说明新五丰的外源融资需求处于行业平均水平。

（五）亚盛集团

1. 公司基本情况介绍

甘肃亚盛实业（集团）股份有限公司（简称亚盛集团）成立于 1995 年 12 月 6 日，1997 年 8 月 18 日在上交所上市，所属行业为农业（A01）。亚盛集团的主营业务是啤酒花、优质牧草、马铃薯、玉米、果品、食葵、辣椒、香辛料等农产品的生产与加工，农业滴灌设备等工业产品的生产与销售。亚盛集团是一家以丰富的土地资源和矿产储备为基础，以高科技农业、盐业化工及生物工程为主体的大型现代农业企业集团。2020 年亚盛集团的资产规模为 83.39 亿元，员工人数为 5 344 人。

2. 价值创造额来源分析

亚盛集团 2020 年的价值创造额为 -4.66 亿元，在 2020 年农林牧渔业上市公司价值创造额排名中位居第 40 名，相比 2019 年和 2018 年分别下降 27 名和 25 名，价值创造额排名下降明显。

从价值创造额的主要来源来看，亚盛集团 2020 年的总收入为 31.45 亿元，在农业上市公司中位列第 5 名，同比增长 14.50%；总成本为 36.82 亿元，在农业上市公司中位列第 2 名，同比增长 38.39%；净利润为 -8.83 亿元，亏损明显，在农业上市公司中位列第 15 名，同比下降 1 268.01%。公司在 2020 年价值创造额排名大幅下降主要源于其在 2020 年的总成本增加。亚盛集团业绩变动的主要原因：一是受 2020 年新冠疫情的影响，公司部分产品发生霉变无法销售或食用而需要报废及增加环境整治投入，导致计提的存货跌价准备和管理费用大幅增加。二是公司阿鲁科尔沁旗苜蓿草基地留床苜蓿遭受冻害，需要对消耗性生物资产进行报废，以及由于大条田建设推进、规模化种植程度提高，需要对部分不能满足精准化生产需要的农业设施进行报废，这两类资产报废导致公司营业外支出较上年增加 32 577.63 万元。总体来看，新冠疫情、自然灾害以及技术进步导致的存货损失和资产报废损失对公司 2020 年的价值创造额造成了严重的负面冲击。

3. 价值创造额分配去向分析

亚盛集团在 2020 年分配给股东的价值创造额为－8.83 亿元，分配给政府的价值创造额为 0.10 亿元，分配给员工的价值创造额为 2.78 亿元，分配给债权人的价值创造额为 1.30 亿元。总体而言，亚盛集团 2020 年经营业绩不佳，虽然对员工、政府和债权人实现了正的价值创造额分配，但未对股东实现正的价值创造额分配。

为了充分揭示亚盛集团价值创造额分配去向的变化趋势，接下来我们从纵向层面出发，对亚盛集团价值创造额分配去向进行分析。

本部分展现了 2018—2020 年亚盛集团四类分配主体所获得的价值创造额、价值创造额变动以及价值创造额占比等情况。表 7－8 和图 7－16 描述了亚盛集团的四类分配主体所获得的价值创造额及其变动趋势。

表 7－8　2018—2020 年亚盛集团价值创造额分配及变动情况　　　　　单位：亿元

分配主体	2020 年	2019 年	2018 年	2020 年相对 2019 年		2019 年相对 2018 年	
				变动额	变动率（％）	变动额	变动率（％）
股东	－8.83	0.76	0.83	－9.59	－1 268.01	－0.07	－8.43
政府	0.10	0.13	0.16	－0.02	－19.23	－0.03	－19.20
员工	2.78	2.81	2.90	－0.03	－1.23	－0.09	－3.07
债权人	1.30	1.36	1.30	－0.06	－4.73	0.07	5.24
合计	－4.66	5.06	5.18	－9.71	－192.02	－0.12	－2.34

图 7－16　2018—2020 年亚盛集团价值创造额分配情况

从表 7-8 和图 7-16 中我们可以看到，亚盛集团的股东获利所得在 2018 年为 0.83 亿元，2019 年为 0.76 亿元，同比下降 8.43%；2020 年为 -8.83 亿元，同比下降 1 268.01%，大幅下降的主要原因是 2020 年亏损严重。政府税收所得在 2018 年为 0.16 亿元，2019 年为 0.13 亿元，同比下降 19.20%；2020 年为 0.10 亿元，同比下降 19.23%。员工薪酬所得在 2018 年为 2.90 亿元，2019 年为 2.81 亿元，同比下降 3.07%；2020 年为 2.78 亿元，同比下降 1.23%。债权人利息所得在 2018 年为 1.30 亿元，2019 年为 1.36 亿元，同比上升 5.24%；2020 年为 1.30 亿元，同比下降 4.73%。总体而言，亚盛集团受不可抗力因素的影响而大幅亏损，其 2020 年的价值创造额下降明显。

（六）民和股份

1. 公司基本情况介绍

山东民和牧业股份有限公司（简称民和股份）成立于 1997 年 5 月 26 日，2008 年 5 月 16 日在深交所上市，所属行业为畜牧业（A03）。民和股份的主营业务包括：父母代肉种鸡的饲养；商品代肉鸡苗的生产与销售；商品代肉鸡的饲养与屠宰加工；饲料、鸡肉制品的生产与销售；利用鸡粪进行沼气发电，并利用沼气发电的副产品开展有机肥的生产与销售。民和股份是国内肉种鸡养殖行业首家上市公司和农业产业化国家重点龙头企业，也是亚洲最大的父母代肉种鸡生产企业。2020 年民和股份的资产规模为 33.23 亿元，员工人数为 4 531 人。

2. 价值创造额来源分析

民和股份 2020 年的价值创造额为 3.77 亿元，在 2020 年农林牧渔业上市公司价值创造额排名中位居第 16 名，相比 2019 年和 2018 年分别下降 10 名和 7 名。

从价值创造额的主要来源来看，民和股份 2020 年的总收入为 31.45 亿元，在畜牧业上市公司中位列第 11 名，同比下降 48.65%；总成本为 14.93 亿元，在畜牧业上市公司中位列第 11 名，同比下降 7.86%；净利润为 0.65 亿元，在畜牧业上市公司中位列第 12 名，同比下降 95.96%。公司在 2020 年净利润的大幅减少拉低了其价值创造额，导致价值创造额排名明显下降。民和股份业绩下滑的主要原因是受 2020 年疫情影响，一方面，餐饮业恢复缓慢，鸡肉消费断崖式下跌，鸡肉产品价格低迷；另一方面，疫情防控下鸡苗、饲料运输受阻，工人返程受限，公司正常的生产和销售受阻。这两方面因素导致公司的主营业务收入降低，盈利严重受损。

3. 价值创造额分配去向分析

民和股份在 2020 年分配给股东的价值创造额为 0.65 亿元，占比为 17.25%；分配给政府的价值创造额为 0.09 亿元，占比为 2.30%；分配给员工的价值创造额为 3.08 亿元，占比为 81.93%；分配给债权人的价值创造额为 -0.06 亿元，占比为 -1.48%。总体而言，民和股份在 2020 年对股东、政府和员工实现了正的价值创造额分配，但由于所获利息收入大于利息费用，未对债权人实现正的价值创造额分配。

为了充分揭示民和股份价值创造额分配去向的变化趋势，接下来我们从纵向层面出发，对民和股份价值创造额分配去向进行分析。

本部分展现了 2018—2020 年民和股份四类分配主体所获得的价值创造额、价值创造额变动以及价值创造额占比等情况。表 7-9 和图 7-17 描述了民和股份的四类分配主体所获得的价值创造额及其变动趋势。

表 7-9　2018—2020 年民和股份价值创造额分配及变动情况　　　　单位：亿元

分配主体	2020 年	2019 年	2018 年	2020 年相对 2019 年		2019 年相对 2018 年	
				变动额	变动率（%）	变动额	变动率（%）
股东	0.65	16.09	3.80	-15.44	-95.96	12.29	323.04
政府	0.09	0.08	0.05	0.004	4.53	0.03	69.91
员工	3.08	3.80	3.05	-0.72	-18.84	0.75	24.57
债权人	-0.06	0.37	0.69	-0.42	-115.15	-0.03	-46.99
合计	3.77	20.35	7.60	-16.58	-81.49	12.75	167.79

图 7-17　2018—2020 年民和股份价值创造额分配情况

　　从表 7-9 和图 7-17 中我们可以看到，民和股份的股东获利所得在 2018 年为 3.80 亿元，2019 年为 16.09 亿元，同比上升 323.04%；2020 年为 0.65 亿元，同比下降 95.96%。2019 年公司股东获利所得明显增长主要得益于白羽肉鸡行业行情向好，商品代鸡苗供给紧缺而同期鸡肉产品的需求不断增加，公司的主营业务收入出现爆发式增长，净利润也随之上升。但在 2020 年受新冠疫情的负面冲击，行业景气度低迷，公司盈利受挫，导致股东获利所得大幅下降。政府税收所得在 2018 年为 0.05 亿元，2019 年为 0.08 亿元，同比上升 69.91%；2020 年为 0.09 亿元，同比上升 4.53%。员工薪酬所得在 2018 年为 3.05 亿元，2019 年为 3.80 亿元，同比上升 24.57%；2020 年为 3.08 亿元，同比下降 18.84%。这是因为在 2018—2020 年，尽管公司的员工人数未出现明显变化，但受公司业绩变动的影响，员工薪酬总额呈现先上升后下降的趋势。债权人利息所得在 2018 年为 0.69 亿元，2019 年为 0.37 亿元，同比下降 46.99%；2020 年为 -0.06 亿元，同比下降 115.15%。这是因为 2019 年公司银行借款规模减小以及偿还股东借款，有息负债同比下降 65.41%，利息费用随之减少；2020 年尽管公司的有息负债增加，利息费用也有所增加，但利息收入大幅增长，并且超过了利息费用，使得公司分配给债权人的价值创造额为负，较上年显著下降。总体而言，民和股份受鸡肉市场行情的影响，其价值创造额在 2018—2020 年呈现先增加后减少的趋势。

7.4.3　按价值创造效率排名的整体公司情况分析

　　从整体排名情况来看，剔除部分 ST 及 * ST 公司以后，2020 年农林牧渔业共有 35 家上市公司。其中，32 家公司的价值创造效率为正，3 家公司的价值创造效率为负。农林牧渔业价值创造额前 10 名的公司从行业属性看，5 家属于畜牧业，3 家属于农业，2 家属于渔业。2020 年，牧原股份（002714）以 0.319 3 的价值创造效率位居第 1 名，圣农发展（002299）和北大荒（600598）分别以 0.251 1 和 0.213 4 的价值创造效率紧随其后。其他公司的价值创造效率均在 0.2 之下。平潭发展（000592）、亚盛集团（600108）和神农科技（300189）分别以 -0.025 2、-0.055 8 和 -0.090 9 的价值创造效率位居最后 3 名。

　　从排名变动情况来看，除部分公司如圣农发展（002299）、北大荒（600598）、温氏股份（300498）和仙坛股份（002746）稳居前 10 名外，2018—2020 年农林牧渔业上市公司的价值创造效率排名并不稳定。尤其是个别公司受宏观环境、行业环境或资产处置、并购重组、主营业务发展等因素的影响，价值创造效率排名发生了大幅变化。例如，牧原股份（002714）和新五丰（600975）的价值创造效率排名逐年稳步提升，分别从 2018 年的第 20 名和第 31 名上升至 2020 年的第 1 名和第 4 名。民和股份（002234）从 2018 年和 2019 年的榜首下跌至 2020 年的第 13 名。

益生股份（002458）从 2018 年和 2019 年的第 2 名下跌至 2020 年的第 18 名。

7.4.4 按价值创造效率排名的重点公司情况分析

对于重点公司排名情况，本报告选取价值创造效率排名稳居前列的圣农发展（002299）和北大荒（600598），排名上升最具代表性的雪榕生物（300511）和荃银高科（300087），以及排名下滑较为明显的中水渔业（000798）和益生股份（002458）共 6 家公司为对象，对公司价值创造效率情况展开深入分析。

（一）圣农发展

1. 公司基本情况介绍

福建圣农发展股份有限公司（简称圣农发展）成立于 1999 年 12 月 21 日，2009 年 10 月 21 日在深交所上市，所属行业为畜牧业（A03）。公司的主营业务是肉鸡饲养及初加工、鸡肉产品深加工，主要产品是分割的冰鲜、冷冻鸡肉及深加工肉制品。公司拥有全球最完整配套的白羽肉鸡全产业链，涵盖饲料加工，原种培育，祖代与父母代种鸡养殖、种蛋孵化，肉鸡饲养，屠宰加工与销售，熟食加工与销售等多个环节，实现了食品安全的可追溯性，并依靠优良的品质和稳定的供应成为肯德基的长期战略合作伙伴、麦当劳唯一中国本土鸡肉供应商，同时公司也是国内规模最大的白羽肉鸡食品企业。2020 年公司的资产规模为 149.29 亿元，员工人数为 23 447 人。

2. 价值创造效率变动情况分析

为了充分揭示圣农发展的价值创造效率的变化趋势以及变动原因，接下来我们首先列示 2018—2020 年圣农发展价值创造效率及其排名变动情况（见表 7 - 10），然后使用连环替代法分别从总资产和价值创造额的角度对价值创造效率进行分析。

表 7 - 10　2018—2020 年圣农发展价值创造效率变动原因分析

年份	价值创造额（亿元）	总资产（亿元）	价值创造效率	价值创造效率排名	价值创造效率变动总额	价值创造效率变动分解：总资产	价值创造效率变动分解：价值创造额
2018	31.963 0	146.557 9	0.218 1	4	—	—	—
2019	58.365 7	152.788 0	0.382 0	3	0.163 9	−0.008 9	0.172 8
2020	37.493 6	149.290 4	0.251 1	2	−0.130 9	0.008 9	−0.139 8

从表 7 - 10 中可以看出，2018 年圣农发展价值创造效率为 0.218 1，位列农林牧渔业上市公司价值创造效率排行榜的第 4 名；2019 年为 0.382 0，同比上升 0.163 9，位列农林牧渔业上市公司价值创造效率排行榜的第 3 名，较上年上升 1 名。从总资产规模的角度分析，总资产变动导致 2019 年价值创造效率下降

0.008 9。具体来看，2018 年公司的总资产规模为 146.557 9 亿元，2019 年为152.788 0 亿元，同比上升 4.25％。这主要是因为：第一，2019 年公司继续执行规模扩张战略，完成了对欧圣农牧与欧圣实业的收购，并与圣农集团、福建融诚德润股权投资管理有限公司等多方共同设立了产业并购基金德成农牧，完成了对甘肃中盛农牧的收购。同时，公司加大了对政和生产基地的投资建设以扩大生产规模。第二，2019 年白羽肉鸡行业景气度高，公司经营发展向好，生产和销售活动中产生的预付款项和应收账款明显增加。从价值创造额的角度分析，价值创造额变动导致 2019 年价值创造效率上升 0.172 8。具体来看，2018 年公司的价值创造额为 31.963 0 亿元，2019 年为 58.365 7 亿元，同比上升 82.60％，这主要得益于2019 年市场环境向好和公司自身经营的多方向突破。从市场环境看，2019 年白羽肉鸡市场供给持续紧缺，而鸡肉刚性需求强劲，在供给少和需求多的双重作用下，行业景气度持续攀升，公司鸡肉产品的销售价格明显提高，营业收入大幅增加。从公司自身经营看，一方面，2019 年公司在食品深加工业务上取得销售渠道、产品和生产的三重突破。在销售渠道上，子公司圣农食品新拓展了对韩国的出口渠道，在全国鸡肉出口同比下滑时实现了公司出口总收入的逆势增长；在产品上，圣农食品突破了牛羊肉制品和中餐食品，拉动了销售收入的提升；在生产上，公司采用管理输出的方式推动原始设备制造商（OEM）机制，建立战略合作工厂，提高了生产效率，降低了用工成本。另一方面，公司在白羽肉鸡的种源培养上取得历史性突破，实现种源全部自给自足，打破了对种源进口的依赖。总的来看，2019 年圣农发展抓住白羽肉鸡市场行情走高的机遇，通过并购等措施积极扩大公司产能，同时大力发展食品深加工板块，突破多个目标，实现公司业绩的大幅提升。尽管 2019 年公司总资产规模的扩大导致价值创造效率略有下降，但净利润攀升，公司价值创造额增加明显，有效拉动了 2019 年公司价值创造效率的提升。

2020 年圣农发展价值创造效率为 0.251 1，同比下降 0.130 9，位列农林牧渔业上市公司价值创造效率排行榜的第 2 名，较上年上升 1 名。从总资产规模的角度分析，总资产变动导致 2020 年价值创造效率上升 0.008 9。具体来看，2020 年公司的总资产规模为 149.290 4 亿元，2019 年为 152.788 0 亿元，同比下降 2.34％。这主要是因为：第一，2020 年公司派发现金股利 18.59 亿元，使得货币资金较上年大幅减少。第二，子公司圣农食品预付牛肉原料采购款减少，使得预付款项同比减少 1.87 亿元。从价值创造额的角度分析，价值创造额变动导致 2020 年价值创造效率下降 0.139 8。具体来看，2020 年公司的价值创造额是 37.493 6 亿元，2019年为 58.365 7 亿元，同比下降 35.76％。这主要是因为：一方面，受 2020 年新冠疫情的负面冲击，鸡肉产品的终端需求疲软，公司下游客户特别是线下餐饮企业严重受挫，鸡肉产品的销售价格持续走低，白羽肉鸡行业整体低迷，公司的主营业务收入减少。另一方面，2020 年玉米、豆粕等主要原料价格大幅上涨，全行业成本增加，公司的净利润明显下降。总的来看，2020 年尽管圣农发展的总资产规模有所下降导致价值创造效率略有上升，但由于公司面临较低的销售价格和高昂的生产成本，价值创造额大幅减少并严重拉低了价值创造效率，2020 年圣农发展价值创造效率下降。

（二）北大荒

1. 公司基本情况介绍

黑龙江北大荒农业股份有限公司（简称北大荒）成立于 1998 年 11 月 27 日，2002 年 3 月 29 日在上交所上市，所属行业为农业（A01）。公司的主营业务是耕地发包经营，谷物、豆类、油料等作物的种植及销售，农业技术开发、技术咨询、技术服务及技术转让，信息处理和存储支持服务，房地产开发经营和肥料制造及销售（仅限分支机构经营）。北大荒是我国目前规模大、现代化水平高的种植业上市公司和重要的商品粮生产基地，在自然资源、基础设施、农机装备、农业科技服务、组织管理等方面具有显著优势，处于同行业领先地位。2020 年公司的资产规模为 80.94 亿元，员工人数为 34 412 人。

2. 价值创造效率变动情况分析

为了充分揭示北大荒的价值创造效率的变化趋势以及变动原因，接下来我们首先列示 2018—2020 年北大荒价值创造效率及其排名变动情况（见表 7-11），然后使用连环替代法分别从总资产和价值创造额的角度对价值创造效率进行分析。

表 7-11　2018—2020 年北大荒价值创造效率变动原因分析

年份	价值创造额（亿元）	总资产（亿元）	价值创造效率	价值创造效率排名	价值创造效率变动总额	价值创造效率变动分解：总资产	价值创造效率变动分解：价值创造额
2018	18.656 1	79.734 7	0.234 0	3	—	—	—
2019	16.476 2	78.453 2	0.210 0	7	−0.024 0	0.003 8	−0.027 8
2020	17.271 2	80.937 7	0.213 4	3	0.003 4	−0.006 4	0.009 8

从表 7-11 中可以看出，2018 年北大荒价值创造效率为 0.234 0，位列农林牧渔业上市公司价值创造效率排行榜的第 3 名；2019 年为 0.210 0，同比下降 0.024 0，位列农林牧渔业上市公司价值创造效率排行榜的第 7 名，较上年下降 4 名。从总资产规模的角度分析，总资产变动导致 2019 年价值创造效率上升 0.003 8。具体来看，2018 年公司的总资产规模为 79.734 7 亿元，2019 年为 78.453 2 亿元，同比下降 1.61%。这主要是因为：第一，2019 年公司的其他应收款和预付款项分别同比减少 0.31 亿元和 0.15 亿元，存货同比减少 0.29 亿元。第

二，哈尔滨乔仕房地产开发有限公司因停业且主要管理人员涉诉，未来经营存在重大不确定性，公司对其长期股权投资全额计提减值准备，使得长期股权投资减少 0.346 7 亿元。从价值创造额的角度分析，价值创造额变动导致 2019 年价值创造效率下降 0.027 8。具体来看，2018 年公司的价值创造额为 18.656 1 亿元，2019 年 16.476 2 亿元，同比下降 11.68%。这主要是因为：第一，2019 年受"利奇马""罗莎""玲玲"三次强台风降雨影响，大部分地区发生了严重的洪涝灾害，公司抗洪抢险费用支出大幅增加，导致农业经营的利润总额同比减少 1.03 亿元。第二，公司丽水雅居项目的大部分商品房已于 2018 年销售完毕，使得 2019 年尾盘销量同比大幅减少，房地产业务收入明显下降，同比减少 1.18 亿元。总的来看，2019 年北大荒受到自然灾害冲击和商品房低库存的影响，在农业和房地产两个主营业务上的利润有所下降，公司的价值创造额下降明显，拉低了价值创造效率，且这一作用超过了总资产下降对价值创造效率的提升作用，因此 2019 年价值创造效率有所降低。

2020 年北大荒价值创造效率为 0.213 4，同比上升 0.003 4，位列农林牧渔业上市公司价值创造效率排行榜的第 3 名，较上年上升 4 名。从总资产规模的角度分析，总资产变动导致 2020 年价值创造效率下降 0.006 4。具体来看，2020 年公司的总资产规模为 80.937 7 亿元，2019 年为 78.453 2 亿元，同比上升 3.17%。这主要是因为：第一，2020 年公司利用闲置资金办理定期存款，使得货币资金同比增加 6.23 亿元。第二，2020 年公司持续加强农业基础设施建设，全年共完成农田水利、粮食管护、农机管护和生产服务等基本建设项目投资 3.11 亿元，引导种植户购置更新各类机械 1 万余台。由于新购置固定资产以及部分在建工程完工转入固定资产，当年固定资产数额明显增加。从价值创造额的角度分析，价值创造额变动导致 2020 年价值创造效率上升 0.009 8。具体来看，2020 年公司的价值创造额为 17.271 2 亿元，2019 年为 16.476 2 亿元，同比上升 4.83%。这主要是因为 2020 年公司农产品经营业务发展向好，营业收入同比增长 4.16%。一方面，面对疫情导致的春季雇工难、农资运抵难和秋季霜晚、早雪导致的秋收进度缓慢等问题，公司有序推进复工复产，超前谋划做好备耕生产各项准备工作，并充分发挥科技优势，推广农业生产新技术，赢得了全年粮食生产和农业丰收的主动权。另一方面，公司着力提升粮食产量和农产品质量，得益于国家的农机购置补贴政策，2020 年公司继续提升农机装备水平，并加速公司农业现代化建设，降低农业生产及管理成本，增强农业防灾减灾和生产能力，实现粮豆增产 66 万吨，支撑了农产品销售收入的增长。总的来看，2020 年尽管北大荒总资产规模扩大导致价值创造效率下降 0.006 4，但得益于农业经营业绩良好，价值创造额有所增加，因此 2020 年公司价值创造效率上升。

（三）雪榕生物

1. 公司基本情况介绍

上海雪榕生物科技股份有限公司（简称雪榕生物）成立于 1997 年 12 月 8 日，2016 年 5 月 4 日在深交所上市，所属行业为农业（A01）。公司的主营业务为鲜品食用菌的研发、工厂化食用菌的种植与销售。公司的主要产品包括金针菇、真姬菇（含蟹味菇、白玉菇和海鲜菇）、杏鲍菇、香菇、鹿茸菌等鲜品食用菌。公司是以现代生物技术为依托、以工厂化方式生产食用菌的现代农业企业，是农业产业化国家重点龙头企业，现已实现食用菌生产的机械化、标准化、周年化。2020 年公司的资产规模为 45.65 亿元，员工人数为 2 107 人。

2. 价值创造效率变动情况分析

为了充分揭示雪榕生物的价值创造效率的变化趋势以及变动原因，接下来我们首先列示 2018—2020 年雪榕生物价值创造效率及其排名变动情况（见表 7 - 12），然后使用连环替代法分别从总资产和价值创造额的角度对价值创造效率进行分析。

表 7 - 12　2018—2020 年雪榕生物价值创造效率变动原因分析

年份	价值创造额（亿元）	总资产（亿元）	价值创造效率	价值创造效率排名	价值创造效率变动总额	价值创造效率变动分解：总资产	价值创造效率变动分解：价值创造额
2018	5.990 6	38.925 0	0.153 9	10	—	—	—
2019	6.845 9	38.418 5	0.178 2	11	0.024 3	0.002 0	0.022 3
2020	7.241 6	45.646 1	0.158 6	7	−0.019 5	−0.028 2	0.008 7

从表 7 - 12 中可以看出，2018 年雪榕生物价值创造效率为 0.153 9，位列农林牧渔业上市公司价值创造效率排行榜的第 10 名；2019 年为 0.178 2，同比上升 0.024 3，位列农林牧渔业上市公司价值创造效率排行榜的第 11 名，较上年下降 1 名。从总资产规模的角度分析，总资产变动导致 2019 年价值创造效率上升 0.002 0。具体来看，2018 年公司的总资产规模为 38.925 0 亿元，2019 年为 38.418 5 亿元，同比下降 1.30%，这主要是因为公司在当年偿还了大量的短期借款和长期借款，货币资金同比减少 0.93 亿元。从价值创造额的角度分析，价值创造额变动导致 2019 年价值创造效率上升 0.022 3。具体来看，2018 年公司的价值创造额为 5.990 6 亿元，2019 年为 6.845 9 亿元，同比上升 14.28%，这主要得益于 2019 年公司所在行业的竞争环境和公司自身经营战略。从行业环境看，近年来食用菌行业工厂化企业产能急速扩张，经过充分的市场竞争，落后产能逐步被淘汰，优势龙头企业获得了更多的市场份额，同时竞争也更加有序，食用菌行业景气度提升，食用菌销售价格也有所上升。从公司自身经营战略看，第一，2019 年

公司切实执行年初制定的"抓质量、促品牌"的战略规划，公司产品质量稳定，主要产品单位成本下降，品牌溢价明显提升，营业利润同比增长 49.12%。第二，2019 年公司"多品种"布局战略稳步推进，贵州杏鲍菇和海鲜菇等小菇种的生产经营向好，盈利水平提高。此外，2019 年公司的规模效应进一步显现，原料采购成本下降。总的来看，2019 年由于雪榕生物货币资金减少和经营业绩提升，在总资产规模下降和价值创造额上升两方面因素的共同作用下，价值创造效率上升。

2020 年雪榕生物价值创造效率为 0.158 6，同比下降 0.019 5，位列农林牧渔业上市公司价值创造效率排行榜的第 7 名，较上年上升 4 名。从总资产规模的角度分析，总资产变动导致 2020 年价值创造效率下降 0.028 2。具体来看，2020 年公司的总资产规模为 45.646 1 亿元，2019 年为 38.418 5 亿元，同比上升 18.81%。这主要是因为：第一，2020 年公司收到可转债募集资金，货币资金增加 4.72 亿元。第二，2020 年公司产能进一步扩大，库存量同比增长 61.74%，使得存货总额同比增加 0.51 亿元。从价值创造额的角度分析，价值创造额变动导致 2020 年价值创造效率上升 0.008 7。具体来看，2020 年公司的价值创造额为 7.241 6 亿元，2019 年为 6.845 9 亿元，同比上升 5.78%，这主要是因为公司在 2020 年优化销售策略、调整产品结构和推进产能扩张，营业收入与利润总额显著提升。在销售策略上，公司一方面加大线上电商渠道开发力度，通过微信朋友圈、微博、抖音等渠道进行线上推广，强化线上品牌力，打造线上新业态，以应对疫情防控期间线下消费低迷的压力；另一方面通过精耕重点客户渠道，加大对大型连锁超市的铺货力度，并结合促销推广，强化线下品牌力，线上与线下相结合的销售策略助力了公司业务的发展。在产品结构上，增加小包装产品的铺货率，更好地适应消费者在疫情防控期间的居家消费需求。在产能上，公司积极推进食用菌生产车间项目建设，多个子公司的产能进一步释放，食用菌产销量增加。总的来看，2020 年尽管公司食用菌业务创收良好，价值创造额的增加导致价值创造效率上升 0.008 7，但公司价值创造效率受总资产规模扩大的影响下降 0.028 2，因此 2020 年公司价值创造效率下降。

（四）荃银高科

1. 公司基本情况介绍

安徽荃银高科种业股份有限公司（简称荃银高科）成立于 2002 年 7 月 24 日，2010 年 5 月 26 日在深交所上市，所属行业为农业（A01）。公司的主营业务是优良水稻、玉米、小麦等主要农作物种子的研发、繁育、推广、服务，以及利用公司优质特色品种带动的订单农业业务。公司的主要产品包括杂交水稻、杂交玉米、小麦、棉花、油菜、瓜菜等农作物种子。公司的销售区域覆盖华中、华东、华南、东北、华北、西南、西北等国内主要农作物种植区域及东南亚、南亚、非洲等境外地区，公司利用优质特色品种带动的订单农业产品主要供应国内用粮、养殖等企业。公司一直坚持走"以科研为源头、以市场为导向、产学研相结合、育繁推一体化"的种业创新之路，持续培育和推广了一系列优良农作物品种。荃银高科是首批获农业部颁证的农作物种子育繁推一体化企业、国家高新技术企业、国家企业技术中心、农业产业化国家重点龙头企业，并被中国种子协会认定为中国种业信用明星企业。2020年公司的资产规模为24.72亿元，员工人数为928人。

2. 价值创造效率变动情况分析

为了充分揭示荃银高科的价值创造效率的变化趋势以及变动原因，接下来我们首先列示2018—2020年荃银高科价值创造效率及其排名变动情况（见表7-13），然后使用连环替代法分别从总资产和价值创造额的角度对价值创造效率进行分析。

表7-13　2018—2020年荃银高科价值创造效率变动原因分析

年份	价值创造额（亿元）	总资产（亿元）	价值创造效率	价值创造效率排名	价值创造效率变动总额	价值创造效率变动分解：总资产	价值创造效率变动分解：价值创造额
2018	1.972 3	19.061 8	0.103 5	19	—	—	—
2019	1.958 5	17.296 9	0.113 2	16	0.009 8	0.010 6	−0.000 8
2020	3.191 4	24.724 5	0.129 1	8	0.015 8	−0.034 0	0.049 9

从表7-13中可以看出，2018年荃银高科价值创造效率为0.103 5，位列农林牧渔业上市公司价值创造效率排行榜的第19名；2019年为0.113 2，同比上升0.009 8，位列农林牧渔业上市公司价值创造效率排行榜的第16名，较上年上升3名。从总资产规模的角度分析，总资产变动导致2019年价值创造效率上升0.010 6。具体来看，2018年公司的总资产规模为19.061 8亿元，2019年为17.296 9亿元，同比下降9.26%，这主要是因为公司2019年回购股份、支付投资款导致货币资金同比减少1.79亿元。从价值创造额的角度分析，价值创造额变动导致2019年价值创造效率下降0.000 8。具体来看，2018年公司的价值创造额为1.972 3亿元，2019年为1.958 5亿元，同比下降0.70%，较上年变化不大，整体而言公司业绩良好，继续保持较高的价值创造额。这主要是因为2019年种子行业竞争激烈，公司在盈利空间不断被挤压的严峻形势下，加强研发和品种创新，加大市场营销力度，始终保持市场销售上升趋势；此外，公司整合农业产业链资源，开展订单农业新业务，推动营业收入增长。总的来看，2019年荃银高科尽管价值创造额略有减少，导致价值创造效率下降0.000 8，但总资产规模的减少导致价值创造效率上升0.010 6，因此2019年公司价值创造效率上升。

2020年荃银高科价值创造效率为0.129 1，同比上升0.015 8，位列农林牧渔业上市公司价值创造效率排行榜的第 8 名，较上年上升 8 名。从总资产规模的角度分析，总资产变动导致 2020 年价值创造效率下降 0.034 0。具体来看，2020 年公司的总资产规模为 24.724 5 亿元，2019 年为 17.296 9 亿元，同比上升 42.94%。这主要是因为 2020 年公司为开拓新市场积极实施兼并重组，合并范围扩大使得公司的固定资产同比增加 18.85%，无形资产同比增加 59.79%。第一，为落实荃银高科西南战略布局，公司合资设立荃银生物。第二，公司收购了新疆祥丰 70% 的股权，为开拓玉米市场提供支撑。第三，为了快速拓展西南区域玉米业务，公司收购了荃银天府 51% 的股权。从价值创造额的角度分析，价值创造额变动导致 2020 年价值创造效率上升 0.049 9。具体来看，2020 年公司的价值创造额为 3.191 4 亿元，2019 年为 1.958 5 亿元，同比上升 62.95%。这主要因为 2020 年在种业利好政策下，公司抓住发展机遇，围绕战略目标开展经营，业绩再创新高。2020 年中央经济工作会议聚焦发力种业，首次提出要解决好种子和耕地问题，行业发展向好，且同期公司经营取得以下成果，推动营业收入同比增长 4.48 亿元，净利润同比增长 0.60 亿元：第一，发挥科研创新优势，优化制种技术方案，实现种子产能供应基本充足，种子质量得到提升；第二，强化营销，加大国内外市场开拓力度，推动公司种子业务持续增长，主推杂交水稻品种国内外市场表现良好；第三，与产业链粮食加工企业等相关品牌公司深入合作，订单农业业务规模有所扩大；第四，启动再融资计划并积极实施兼并重组，发挥资本平台运作优势，为公司业务发展提供支撑，同时通过实施员工持股计划，全面调动员工的积极性。总的来看，2020 年荃银高科总资产规模增长明显导致价值创造效率下降 0.034 0，但得益于行业环境和公司自身经营向好，公司业绩提升拉动了价值创造额大幅增加，导致价值创造效率上升 0.049 9，因此 2020 年公司价值创造效率上升。

（五）中水渔业

1. 公司基本情况介绍

中水集团远洋股份有限公司（简称中水渔业）成立于 1998 年 1 月 19 日，1998 年 2 月 12 日在深交所上市，所属行业为渔业（A04）。公司的主营业务包括远洋渔业捕捞、产品加工和储运，水产品贸易，渔船、渔机等渔需物资的进出口，对外经济技术和劳务合作等。公司的主要产品包括各类金枪鱼、鱿鱼和其他贸易类海洋食品。目前，公司主营业务远洋渔业捕捞处于发展成熟阶段，金枪鱼延绳钓船队规模位居国内第一，是我国在中西部太平洋和大西洋地区最大的金枪鱼延绳钓捕捞企业。2020 年公司的资产规模为 11.41 亿元，员工人数为 1 315 人。

2. 价值创造效率变动情况分析

为了充分揭示中水渔业的价值创造效率的变化趋势以及变动原因，接下来我们首先列示 2018—2020 年中水渔业价值创造效率及其排名变动情况（见表 7 - 14），然后使用连环替代法分别从总资产和价值创造额的角度对价值创造效率进行分析。

表 7 - 14　2018—2020 年中水渔业价值创造效率变动原因分析

年份	价值创造额（亿元）	总资产（亿元）	价值创造效率	价值创造效率排名	价值创造效率变动总额	价值创造效率变动分解：总资产	价值创造效率变动分解：价值创造额
2018	2.087 8	10.461 8	0.199 6	6	—	—	—
2019	1.604 9	11.247 3	0.142 7	12	−0.056 9	−0.013 9	−0.042 9
2020	0.205 0	11.409 5	0.018 0	32	−0.124 7	−0.002 0	−0.122 7

从表 7 - 14 中可以看出，2018 年中水渔业价值创造效率为 0.199 6，位列农林牧渔业上市公司价值创造效率排行榜的第 6 名；2019 年为 0.142 7，同比下降 0.056 9，位列农林牧渔业上市公司价值创造效率排行榜的第 12 名，较上年下降 6 名。从总资产规模的角度分析，总资产变动导致 2019 年价值创造效率下降 0.013 9。具体来看，2018 年公司的总资产规模为 10.461 8 亿元，2019 年为 11.247 3 亿元，同比上升 7.51%。这主要是因为：第一，2019 年公司非同一控制下收购 100%控股的子公司浙江丰汇远洋渔业有限公司，导致固定资产同比增加 0.91 亿元。第二，2019 年公司开建了 3 艘低温金枪鱼船、4 艘超低温金枪鱼船以及瓦努阿图综合渔业基地，导致在建工程同比增加 0.70 亿元。第三，2019 年公司的超低温金枪鱼产量较上年有所增加，然而日本市场滞销导致存货同比增加 0.38 亿元。从价值创造额的角度分析，价值创造额变动导致 2019 年价值创造效率下降 0.042 9。具体来看，2018 年公司的价值创造额为 2.087 8 亿元，2019 年为 1.604 9 亿元，同比下降 23.13%。这主要是因为：一方面，公司生产经营面临的外部形势严峻。一是受国内补贴政策调整，超低温蓝鳍金枪鱼养殖规模扩大，而同期全球经济增长乏力，需求低迷，供给多和需求少两方面因素导致 2019 年超低温金枪鱼价格下跌。二是远洋渔业产能过剩，市场竞争激烈，公司超低温金枪鱼项目捕捞配额不足，无法满足作业需要，导致公司该业务收入下滑严重。三是 2019 年燃油补贴收入同比减少约 21%，导致公司营业成本上升。四是区域性国际组织管理日益严苛，公司发展空间受限。另一方面，从公司自身来看，新项目、新业务处于培育期，还不能立即为公司提供稳定的效益，且当年公司参股的华农保险公司出现亏损，进一步降低了公司的利润。以上因素共同导致 2019 年公司营业收入同比下降 7.59%，利润总额同比下降 62.44%，拉低了公司的价值创造额。总的来看，2019 年中水渔业业绩表现不佳，在收购以及库存积压导致总资产规模扩大和价值创造额减少这两方面因素的作用下，价值创造效率下降。

2020 年中水渔业价值创造效率为 0.018 0，同比下降 0.124 7，位列农林牧渔业上市公司价值创造效率排行榜的第 32 名，较上年下降 20 名。从总资产规模的角度分析，总资产变动导致 2020 年价值创造效率下降 0.002 0。具体来看，2020 年公司的总资产规模为 11.409 5 亿元，2019 年为 11.247 3 亿元，同比上升 1.44%。这主要是因为 2020 年公司渔船设备的增加：公司新增 3 艘低温金枪鱼钓船，改造 4 艘低温金枪鱼钓船，2019 年开建的 4 艘超低温金枪鱼船也继续投资建造。从价值创造额的角度分析，价值创造额变动导致 2020 年价值创造效率下降 0.122 7。具体来看，2020 年公司的价值创造额为 0.205 0 亿元，2019 年为 1.604 9 亿元，同比下降 87.23%。这主要是因为：一方面，2020 年公司面临的外部环境依旧严峻。第一，疫情防控下，公司生产作业压力大，且部分区域停止冷鲜鱼的加工出口，导致公司的正常销售受阻。第二，2020 年超低温金枪鱼市场消费降至冰点，价格大幅下降，公司产品滞销，营业收入大幅减少。第三，受国际贸易争端影响，公司以美国市场为主的部分产品和贸易业务出现停滞。另一方面，公司自身的业务结构单一，受资源市场影响波动大，风险抵御能力弱，且新业务新项目还在培育过程中，未能形成业务支撑。总的来看，2020 年中水渔业在总资产规模扩大和价值创造额持续走低的双重压力下，价值创造效率明显下降。

（六）益生股份

1. 公司基本情况介绍

山东益生种畜禽股份有限公司（简称益生股份）成立于 1997 年 4 月 22 日，2010 年 8 月 10 日在深交所上市，所属行业为畜牧业（A03）。公司的主营业务包括曾祖代肉种鸡的引进与饲养、祖代肉种鸡的引进与饲养、父母代肉种鸡雏鸡的生产与销售、商品代肉鸡雏鸡的生产与销售、种猪和商品猪的饲养和销售、农牧设备的生产与销售、饲料的生产、奶牛的饲养与牛奶销售、有机肥的生产与销售。益生股份是我国繁育祖代白羽肉种鸡规模最大的企业，作为以高代次畜禽种源供应为核心竞争力的公司，在行业内率先引入了曾祖代白羽肉种鸡，改变了国内祖代肉鸡种源供应完全依赖进口的局面。公司所从事的业务在国内处于该产业链的顶端环节，父母代肉种鸡规模也居全国前列，现已拥有大量一条龙企业及大型养殖企业等优质稳定的客户群体。2020 年公司的资产规模为 46.68 亿元，员工人数为 4 551 人。

2. 价值创造效率变动情况分析

为了充分揭示益生股份的价值创造效率的变化趋势以及变动原因，接下来我们首先列示 2018—2020 年益生股份价值创造效率及其排名变动情况（见表 7-15），然后使用连环替代法分别从总资产和价值创造额的角度对价值创造效率进行分析。

表 7 - 15　2018—2020 年益生股份价值创造效率变动原因分析

年份	价值创造额（亿元）	总资产（亿元）	价值创造效率	价值创造效率排名	价值创造效率变动总额	价值创造效率变动分解：总资产	价值创造效率变动分解：价值创造额
2018	6.076 7	23.106 2	0.263 0	2			
2019	25.342 2	41.408 6	0.612 0	2	0.349 0	−0.116 2	0.465 3
2020	4.772 8	46.684 8	0.102 2	18	−0.509 8	−0.069 2	−0.440 6

从表 7 - 15 中可以看出，2018 年益生股份价值创造效率为 0.263 0，位列农林牧渔业上市公司价值创造效率排行榜的第 2 名；2019 年为 0.612 0，同比上升 0.349 0，位列农林牧渔业上市公司价值创造效率排行榜的第 2 名。从总资产规模的角度分析，总资产变动导致 2019 年价值创造效率下降 0.116 2。具体来看，2018 年公司的总资产规模为 23.106 2 亿元，2019 年为 41.408 6 亿元，同比上升 79.21%。这主要是因为：第一，公司增加对大荒宝泉岭农牧发展有限公司的出资，长期股权投资增加明显。第二，公司增加对海阳鸡舍及畜禽养殖废弃物处理与综合利用三级网络建设试点项目的投入，以及增加子公司烟台益春的生产性生物资产，使得在建工程和生产性生物资产出现大幅增长。从价值创造额的角度分析，价值创造额变动导致 2019 年价值创造效率上升 0.465 3。具体来看，2018 年公司的价值创造额为 6.076 7 亿元，2019 年为 25.342 2 亿元，同比上升 317.04%。这主要是因为：一方面，2019 年白羽肉鸡行业总体表现为供给紧张、需求旺盛，行业景气度高，公司的主要产品父母代肉种雏鸡和商品代雏鸡价格较上年大幅提高。另一方面，公司抓住行情向好的机遇，并购烟台益春种禽来扩大规模，使得商品代雏鸡销量也有所增加。两方面因素带动了公司主营业务收入和利润的增长，拉升了 2019 年的价值创造额。总的来看，2019 年尽管益生股份扩大总资产规模导致价值创造效率下降 0.116 2，但得益于良好的业绩表现，价值创造额增加导致价值创造效率上升 0.465 3，因此 2019 年公司价值创造效率上升。

2020 年益生股份价值创造效率为 0.102 2，同比下降 0.509 8，位列农林牧渔业上市公司价值创造效率排行榜的第 18 名，较上年下降 16 名，下降幅度较大。从总资产规模的角度分析，总资产变动导致 2020 年价值创造效率下降 0.069 2。具体来看，2020 年公司的总资产规模为 46.684 8 亿元，2019 年为 41.408 6 亿元，同比上升 12.74%。这主要是因为 2020 年公司为扩大生产规模，通过新购土地、增加建设项目等使无形资产、在建工程和固定资产以及存货大幅增加。从价值创造额的角度分析，价值创造额变动导致 2020 年价值创造效率下降 0.440 6。具体来看，2020 年公司的价值创造额为 4.772 8 亿元，2019 年为 25.342 2 亿元，同比下降 81.17%。这主要是因为 2020 年白羽肉鸡行业总体产能较上年有所增加，而受疫情影响，终端消费低迷，对白羽鸡肉的需求下降，在供给增加和需求不足的双重影响下，公司主营产品父母代肉种鸡雏鸡和商品代肉雏鸡价格明显回落，这对公司的营业收入和利润造成较大冲击，营业收入同比下降 51.14％，净利润同比下降 95.56％，导致公司的价值创造额急剧下降。总的来看，2020 年益生股份总资产规模扩大和价值创造额下滑共同拉低了价值创造效率，因此 2020 年公司价值创造效率大幅下降。

7.5　本章小结

为了深入分析农林牧渔业的经济运行规律，同时揭示其对宏观经济的影响，本章从总体测算结果、分配主体、产权性质和公司层面排名等角度，对农林牧渔业会计宏观价值指数的相关结果进行了深入分析。主要研究结论如下：

（1）我国农林牧渔业受宏观经济运行和国家政策影响明显，如 2008 年的金融危机和 2020 年年初暴发的新冠疫情均导致农林牧渔业价值创造额指数和价值创造效率指数明显下降。2019 年为应对非洲猪瘟的冲击，我国出台稳定生猪供给的政策和"2021 年中央一号文件"，带动了农林牧渔业价值创造额指数和价值创造效率指数的明显上升。

（2）从四类分配主体价值创造额指数的总体变动趋势来看，2007 年第 1 季度至 2021 年第 1 季度农林牧渔业的股东获利指数在 100 点上下波动，政府税收指数、员工薪酬指数和债权人利息指数均呈波动上升趋势。从四类分配主体的价值创造额占比情况来看，2020 年股东获利所得占比明显增长，债权人利息所得占比和政府税收所得占比变化不大，员工薪酬所得占比则因股东获利所得占比增长而受到挤压降低。

（3）分产权性质来看，农林牧渔业国有控股公司在大多数季度的价值创造额指数和价值创造效率指数均高于非国有控股公司。在价值创造额指数上，2019 年第 3 季度至 2021 年第 1 季度，一些养殖业的非国有控股公司利润增长较快，价值创造额指数迅速上升，明显超过国有控股公司。在价值创造效率指数上，2020 年第 1 季度受疫情冲击，两类公司的价值创造效率指数都明显下降，至 2021 年第 1 季度，国有控股公司价值创造效率指数有所回升，而非国有控股公司价值创造效率指数继续下降，两类指数的差距有扩大趋势。

（4）从 2018—2020 年农林牧渔业上市公司价值创造额的排名变化情况来看，除了前三名公司的位次较为稳定，其他公司的位次均有一定变化，部分公司的位次变动幅度很大，说明该期间农林牧渔业上市公司的价值创造额具有一定的波动性。

（5）从 2018—2020 年农林牧渔业上市公司价值创造效率的排名变化情况来看，除部分公司稳居前 10 名外，农林牧渔业上市公司的价值创造效率排名不稳定，说明该期间农林牧渔业上市公司的价值创造效率具有较大的波动性。

第 8 章 金融业会计宏观价值指数编制结果及分析

金融业是第三产业中的重要行业，也是国民经济发展的"晴雨表"，在国民经济中处于牵一发而动全身的地位。该行业的运行状况直接关系到整个国家的经济发展和社会稳定。金融业的数据指标从各个角度反映了国民经济的整体状态，经常被用作宏观经济决策的参考指标。本章将对金融业上市公司的价值创造额及价值创造效率进行深入分析。需要指出的是，由于我国金融业上市公司数量较少[①]，且许多规模较大的金融业公司在沪深两市上市时间较晚[②]，因此根据样本选择方法，每季度有不同数量的金融业上市公司纳入计算样本。

8.1 总体编制结果分析

以金融业为基础编制的会计宏观价值指数总体结果见表 8-1。表 8-1 分别列示了各季度金融业的价值创造额指数和价值创造效率指数。为了检验价值创造额指数和价值创造效率指数对宏观经济运行情况的反映效果，我们以单季度的第三产业 GDP 为基础，运用定基指数计算法构建第三产业 GDP 指数。金融业价值创造额指数、价值创造效率指数和第三产业 GDP 指数的变化趋势见图 8-1。

表 8-1 金融业价值创造额指数、价值创造效率指数的总体编制结果

季度	价值创造额指数	价值创造效率指数	第三产业 GDP 指数
200701	100	100	100
200702	110	102	102

---

① 金融业包括的上市公司较少，截至 2021 年第 1 季度，金融业共有 123 家上市公司，其中银行 40 家，证券、信托公司 55 家，保险公司 7 家，其他金融业公司 21 家。

② 例如，交通银行（601328）上市时间为 2007 年 5 月，建设银行（601939）上市时间为 2007 年 9 月，农业银行（601288）上市时间为 2010 年 7 月。

续表

季度	价值创造额指数	价值创造效率指数	第三产业 GDP 指数
200703	109	96	103
200704	104	90	114
200801	120	99	121
200802	126	101	121
200803	108	84	122
200804	75	56	130
200901	108	71	134
200902	130	82	136
200903	133	81	139
200904	135	79	150
201001	147	81	156
201002	154	82	159
201003	141	72	164
201004	148	74	178
201101	171	81	187
201102	179	81	191
201103	175	78	195
201104	169	72	207
201201	202	80	211
201202	204	78	216
201203	197	75	221
201204	187	68	235
201301	226	79	241
201302	236	80	245
201303	228	77	251
201304	214	71	266
201401	258	81	267
201402	261	78	272
201403	258	77	278
201404	250	73	296
201501	293	82	298

续表

季度	价值创造额指数	价值创造效率指数	第三产业 GDP 指数
201502	324	85	306
201503	270	71	314
201504	241	62	331
201601	282	70	330
201602	285	69	339
201603	269	64	348
201604	242	55	370
201701	293	65	367
201702	292	64	376
201703	291	63	387
201704	261	56	412
201801	312	65	406
201802	300	62	417
201803	285	58	428
201804	266	54	451
201901	363	70	443
201902	333	63	474
201903	337	63	488
201904	279	51	512
202001	362	63	445
202002	302	51	491
202003	347	58	518
202004	328	54	554
202101	384	61	527

　　金融业作为现代经济的核心及国民经济发展的润滑剂，与宏观经济的运行密切相关。结合表 8-1 与图 8-1 可以看到，金融业价值创造额指数整体呈上升趋势。2008 年第 4 季度，金融业价值创造额指数显著下降，主要是因为受到了金融危机的冲击。2015 年第 3 季度金融业价值创造额指数下降，主要是因为中国人寿（601628）和中信证券（600030）2015 年第 3 季度较第 2 季度业绩下滑超过 50%。2015 年第 4 季度价值创造额指数显著下降，原因主要有三点：第一，新华保险（601336）2015 年第 4 季度亏损 4 300 万元；第二，北京银行（601169）和农业银行（601288）2015

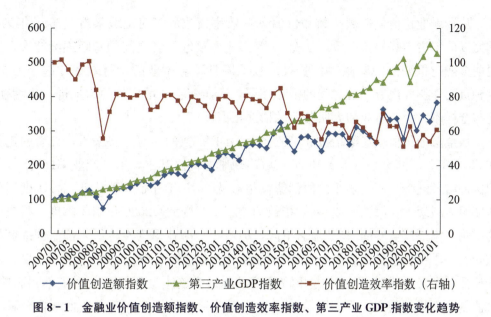

图 8-1　金融业价值创造额指数、价值创造效率指数、第三产业 GDP 指数变化趋势

年第 4 季度较第 3 季度业绩下滑均超过 40%；第三，"股灾"对金融机构和第三产业的冲击。从 2016 年第 1 季度开始价值创造额指数有所上升，说明 2015 年"股灾"对金融业的影响有所缓解。此外，从 2010 年第 4 季度起，金融业价值创造额指数呈现比较明显的季度性特征，即每年的第 1 季度大幅上升，第 2—4 季度缓慢回调。2019 年第 1 季度价值创造额指数较上年第 4 季度上升较大，达到 363 点。2020 年第 1 季度，尽管新冠疫情的暴发严重影响企业经济活动的开展，但由于金融业主要进行跨期资金融通，因此公司的价值创造活动未受太大影响。2020 年第 2 季度，疫情明显使企业降低了对金融资产的需求，加之金融机构向企业让利，第 2 季度的价值创造额指数大幅下降。随着疫情得到有效控制，企业的金融需求迅速恢复至正常水平，价值创造额指数自 2020 年第 3 季度有所回升，于 2021 年第 1 季度达到历史新高 384 点。

在价值创造效率方面，2010 年第 1 季度到 2014 年第 4 季度，金融业价值创造效率指数基本稳定在 80~90 点，2015 年第 3—4 季度有所下降，这主要是 2015 年下半年的"股灾"导致的。2019 年第 1 季度，价值创造效率指数较 2017 年第 1 季度和 2018 年第 1 季度上升幅度较大，但第 2 季度和第 4 季度回落也较大，并在 50~70 点的区间内波动。尽管受到疫情冲击，2020 年价值创造效率指数在 51~63 点的区间内波动，但并未发生较大幅度的下滑。截至 2021 年第 1 季度，价值创造效率指数为 61 点，与 2007 年第 1 季度相比，下降 39 个点。这表明从长期来看，我国金融业价值创造效率指数呈逐渐下降趋势，但是总体变化不大，在疫情的影响下仍然处于较为稳定的状态。

从金融业价值创造额指数和价值创造效率指数的相对走势来看，2008年第4季度以前二者走势保持一致，从2009年第1季度起二者之间的差距逐渐拉大，这说明金融危机期间的刺激性信贷投放投资降低了金融业的运行效率。迄今为止，这种负面作用并没有随着时间的推移减弱，反而随着新增贷款的增加进一步增强。这与全样本、大制造业和大服务业的情况相似。

从金融业价值创造额指数和第三产业GDP指数的相对走势来看，二者的走势在2015年之前基本一致，2015年之后出现了分离。其中，第三产业GDP指数依旧保持增长趋势，而金融业价值创造额指数从2015年开始显著波动，各年度增长速度明显减缓，与第三产业GDP指数的差距逐渐变大。2020年第1季度，受疫情的影响，第三产业GDP指数显著下降，但由于金融业季度性特征，价值创造额指数较上一季度仍有显著增长，与上年同期相比有略微下降。2020年第2季度，由于疫情对金融需求造成的冲击开始显现，金融业整体盈利能力受到了不利影响，价值创造额指数随之下降。随着各项生产经营活动与投资活动迅速回暖，金融业价值创造额指数继续增长，于2021年第1季度上升至384点。

8.2 行业层面分类分析

对金融业价值创造额指数及价值创造效率指数进行深入考察，我们发现银行业、保险业和证券业在价值创造额及价值创造效率方面存在显著差异。

从图8-2中可以看到，银行业与保险业价值创造额指数在2014年第4季度之前基本保持一致的变化趋势。由于受2008年金融危机的影响，二者在2008年第4季度出现下降凹点。2015年第1季度，保险业价值创造额指数急速增长，这是因为受到上市公司西水股份（600291）净利润同比增长108%的影响，此外，平安银行（000001）的净利润同比增长84.7%。由于受到2015年"股灾"的影响，在第3—4季度保险业和银行业价值创造额指数都出现了下滑。但是，随着经济的回暖，2016年二者的价值创造额指数开始上升，价值创造额均值也在增加。总体而言，银行业价值创造额指数保持持续缓慢周期性的增长，并呈现第1季度上升、第4季度下降的季度性特征。2021年第2季度银行业价值创造额指数下降至267点，但随后逐渐回升，于2021年第1季度达到历史新高331点。2016年第1季度至2018年第1季度，保险业价值创造额指数出现大幅上升。2018年3月，银监会和保监会合并，在面临转型、扩大对外开放以及从严监管的局势下，保险业价值创造额指数呈持续下降趋势。但随着银保监会合并后的平稳过渡以及资本市场的回暖，保险业价值创造额指数于2019年第1季度大幅回升至602点，此后几个季度波动较大，于2021年第1季度达到历史新高609点。证券业价值创造额指数在样本期间内波动较为剧烈，2012 年第 1 季度前整体高于银行业和保险业，2012 年第 2 季度至 2014 年第 2 季度被银行业和保险业反超，但自 2014 年第 3 季度起再次高于银行业和保险业且波动较为剧烈，并于 2015 年第 2 季度达到峰值 1 330 点。

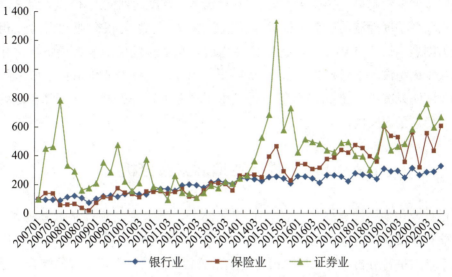

图 8 - 2　银行业、保险业和证券业价值创造额指数趋势比较

从图 8 - 3 中可以看到，银行业价值创造效率指数在 2008 年金融危机后变动相对平稳，但在 2015—2017 年缓慢下降。该指数在经历 2020 年第 1 季度的增长和第 2 季度的回降后，第 3 季度又再次回升。由于保险业样本量比较少，因此单个保险公司价值创造额大幅上升或者下降，就会对保险业价值创造效率指数产生较大影响。例如，2007 年第 4 季度，中国人寿（601628）净利润的降低引起保险业价值

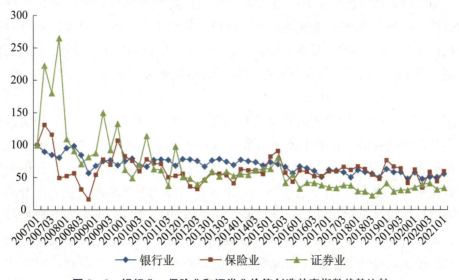

图 8 - 3　银行业、保险业和证券业价值创造效率指数趋势比较

创造额指数与价值创造效率指数急剧下降，因此保险业价值创造效率指数一直以来波动较为剧烈。其中，2008 年和 2015 受到金融危机和"股灾"的影响，当年的保险业价值创造效率指数大幅下降。保险业价值创造效率指数呈现了与资本市场较为同步的变动趋势，受疫情影响于 2020 年第 2 季度达到低点 35 点，第 3 季度回升，仍呈现季度性波动趋势。证券业价值创造效率指数与银行业和保险业相比波动较为剧烈，2007 年第 1 季度达到顶峰之后，受金融危机影响大幅下降，并在之后的数年内呈波动下降趋势。自 2012 年第 1 季度起，证券业价值创造效率指数的波动程度明显减小，在 2015 年第 3 季度由于"股灾"等因素出现下降，之后则处于较为稳定的区间内。

8.3 银行业编制结果分析

银行业作为一国金融体系的核心组成部分，受国家宏观经济政策影响较大，同时能直接反映宏观经济状况的变化。因此，对银行业价值创造额指数、价值创造效率指数进行分析，可以反映银行业上市公司的经营对宏观经济的综合贡献。

图 8-4 为银行业价值创造额指数变化趋势图。总体来看，银行业价值创造额指数逐年上升，至 2021 年第 1 季度达到 331 点，这得益于我国宏观经济的持续快速增长。银行业价值创造额指数的季度性特征比较明显，即第 1 季度上升、第 4 季度下降，但始终保持逐年增长的态势。银行业价值创造额指数受 2008 年金融危机的影响较小，尽管 2008 年第 4 季度价值创造额略有下降，但这主要是银行不良贷款拨备的增加导致的。从 2009 年第 1 季度开始，银行对贷款利率的议价能力逐渐提升，加之通货膨胀预期上升，银行信贷规模保持快速增长，银行业价值创造额指数也相应提高。新冠疫情增大了投资活动面临的不确定性，使银行业价值创造额指数在 2020 年第 2 季度显著下降，并且 2020 年下半年的价值创造额指数相比上年同期有所下降。随后疫情得到有效控制，该指数继续回归上升趋势，在 2021 年第 1 季度达到历史新高 331 点。

图 8-5 为银行业价值创造效率指数变化趋势图。尽管银行业价值创造额指数逐年上升，但随着银行业上市公司的资产规模快速增长，价值创造效率指数并未随之提高，并且呈逐渐下降趋势。受 2008 年金融危机的影响，银行业价值创造效率指数在第 4 季度下降至 57 点。2009—2014 年价值创造效率指数呈先上升后稳定的发展趋势，2014 年后呈明显下降趋势。特别是 2020 年，价值创造效率指数处于低位。2021 年第 1 季度与 2007 年第 1 季度相比下降了 44 点，这意味着当前银行业虽然发展迅速，但仍未摆脱注重规模扩张的粗放型经营模式，因此，银行业在拓宽业务范围时应注重提高单位资产的价值创造效率。

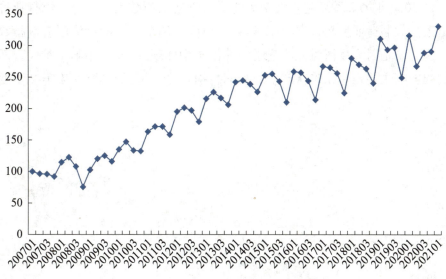

图 8-4　银行业价值创造额指数变化趋势

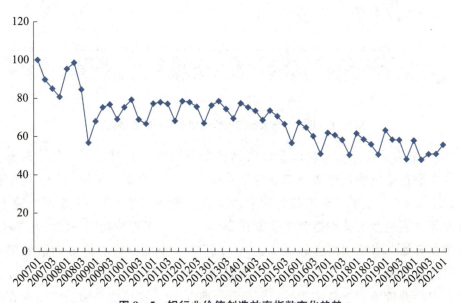

图 8-5　银行业价值创造效率指数变化趋势

　　图 8-6 为银行业与大制造业价值创造额指数趋势对比图。由图可知，虽然银行业上市公司数量较少，但价值创造额指数在 2011 年之前与大制造业基本一致。2012 年第 1 季度至 2016 年第 3 季度，银行业价值创造额指数领先于大制造业，这表明在这段时间内银行业的发展速度快于大制造业的发展速度。随着国家开始重视实体经济的发展，鼓励发展高端制造业，同时出台一系列降低公司融资成本的相关政策，2017 年后大制造业价值创造额指数逐渐追赶上并反超银行业价值创造额指数，这反映出我国制造业发展迅速，降低公司融资成本的相关政策取得一定

成效。自 2020 年第 2 季度起，大制造业价值创造额指数大幅上升，银行业价值创造额指数被大制造业反超，但 2021 年第 1 季度这两个行业的价值创造额指数再次趋近。这主要是因为疫情对大制造业的冲击集中体现在 2020 年第 1 季度，而银行业受到的影响主要是坏账确认产生的利润减损，这一情况在 2020 年第 2 季度较为突出。

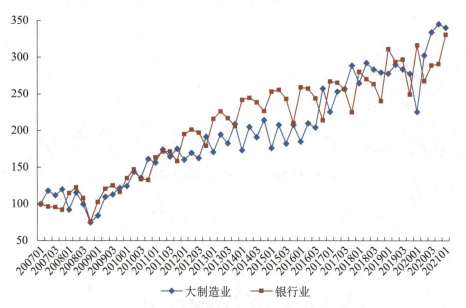

图 8-6　银行业与大制造业价值创造额指数趋势比较

图 8-7 为银行业与大制造业价值创造效率指数趋势对比图。总体来看，银行业与大制造业价值创造效率指数均呈季度性波动，有缓慢下降趋势。两个行业都受到了 2008 年金融危机的显著影响，价值创造效率指数在第 4 季度急速下降。银行业与大制造业价值创造效率指数在 2008—2011 年走势趋于一致，从 2012 年第 1 季度开始二者之间的差距变大。2016 年第 4 季度银行业价值创造效率指数被大制造业反超，但随后再次高于大制造业价值创造效率指数。2020 年第 2—4 季度，银行业价值创造效率指数短暂低于大制造业，这可能是因为银行业在这一期间确认的坏账准备有所增加，对盈利水平造成了负面影响，而制造业的生产经营活动在此期间迅速恢复正常，价值创造效率实现反弹。由于季度性特征，银行业在第 1 季度的价值创造能力较强，2021 年第 1 季度银行业价值创造效率指数再次实现反超。

从前面对大制造业的分析可知，债权人利息所得的过快增长是大制造业股东获利所得在价值创造额占比中下降的重要原因。为了进一步验证这一论断，我们绘制了 2007 年第 1 季度至 2020 年第 1 季度银行业股东获利指数和大制造业股东获利指数趋势对比图，如图 8-8 所示。

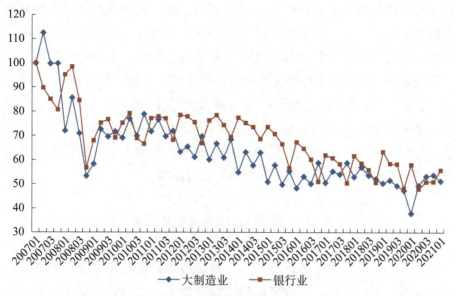

图 8-7　银行业与大制造业价值创造效率指数趋势比较

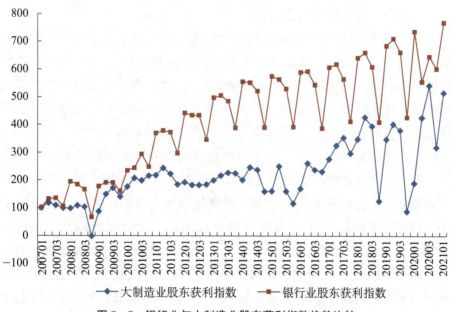

图 8-8　银行业与大制造业股东获利指数趋势比较

可以看到，2008 年第 4 季度，受金融危机的影响，银行业股东获利指数和大制造业股东获利指数同时达到历史低点，此后二者均出现回升。大制造业股东获利指数在 2011 年第 2 季度达到高点，此后一段时间走势平稳，但从 2014 年第 4 季度开始波动较大，2014—2015 年整体呈下降趋势，2016 年第 1 季度起逐渐上升，但在 2018 年第 4 季度又骤降到 126 点。这些波动是 2018 年 2 月开始的汽车行业、石油化工行业等政策调整，以及中美贸易摩擦等因素导致的，这些因素的叠加使大制造业股东获利指数在原有的季度性特征的基础上出现大幅波动。2019 年第 4 季度大制造业股东获利指数降至低点 88 点，2020 年第 1—3 季度大幅回升且在第 3 季度趋近于银行业股东获利指数。银行业股东获利指数在金融危机后整体呈上升趋势，同时表现出比较明显的季度性特征，即每年第 1 季度大幅上升，第 2 季度微幅上升或下降，第 3 季度小幅下降，第 4 季度大幅下降回调。2020 年第 2 季度银行业股东获利指数大幅下降，这不仅是因为受到了疫情对金融活动冲击的影响，也与疫情期间国家出台相关的减税降费政策有关。整体来看，银行业股东获利指数上升速度显著快于大制造业股东获利指数上升速度。

8.4　保险业编制结果分析

保险是社会生产发展必不可少的一个保障因素，保险业作为一国金融体系的重要组成部分，为社会生产的发展提供了可靠的动力支撑，保证了国民经济平稳发展。所以，对保险业价值创造额、价值创造效率进行分析，可以反映保险业上市公司的经营对宏观经济的综合贡献。

图 8-9 为保险业价值创造额指数变化趋势图。总体来看，保险业价值创造额指数呈上升趋势，这主要得益于我国经济的持续快速增长。2008 年保险业价值创造额指数降幅明显，并于第 4 季度达到历史低点，主要原因是受金融危机影响，保险公司投资收益大幅下降。从 2009 年第 1 季度开始，随着宏观经济好转、资本市场回暖，保险公司投资收益上升，保险业价值创造额指数也相应上升。2012 年，由于保险业会计政策的调整，保险公司计提了大量的资产减值准备，并在当期确认损益，保险业价值创造额指数明显下降。2015 年第 3—4 季度保险业价值创造额指数大幅下降，一方面是由于"股灾"对金融市场的冲击，另一方面是由于中国人寿（601628）在 2015 年第 3 季度业绩下滑超过 50％，新华保险（601336）在 2015 年第 4 季度出现业绩反转，亏损 4 300 万元。保险业上市公司的数量有限，所以单个公司业绩的变化对价值创造额指数变动趋势影响较大。随着经济的恢复，2016 年第 1 季度保险业价值创造额指数开始上升，但从 2018 年第 2 季度起又有所下降，下降的原因主要有两个：一是 2018 年 3 月银监会与保监会合并，保险业面临转型与开放的抉择，政府加大了对保险业的监管力度，风险控制逐渐趋严；二是资本市场自 1 月冲高之后，A 股市场出现大幅调整，三大股指全部下跌，保险业创造价值额指数随着资本市场的低迷呈现下降趋势。2019 年第 1 季度，受金融业回暖和保险业税收政策调整等因素的影响，保险业价值创造额指数因行业整体盈利水平的提高而有所上升，达到了 602 点。自 2019 年第 4 季度起，保险业价值创造额指数波动幅度较大，这与近年来高度不确定的市场环境以及新冠疫情对行业

造成的冲击有关。尽管受到较多外部因素的影响，保险业价值创造额指数仍呈波动增长趋势，于 2021 年第 1 季度回升至 609 点并创历史新高。

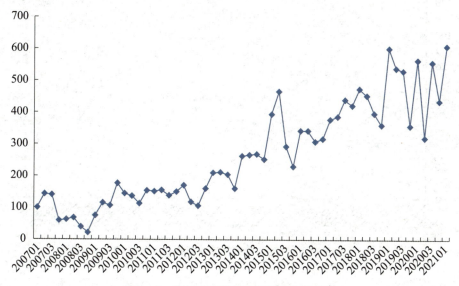

图 8-9　保险业价值创造额指数变化趋势

图 8-10 为保险业价值创造效率指数变化趋势图。整体来看，保险业价值创造效率指数呈波动状态。具体来看，受 2008 年金融危机的影响，保险业价值创造效率指数明显下降，并于第 4 季度达到最低点。从 2009 年起，保险业价值创造效率指数开始反弹，并于第 4 季度恢复到金融危机爆发前的水平。这主要得益于三点：一是宏观经济形势好转；二是中国平安（601318）在 2009 年 8 月完成对深发展 A（000001）的收购；三是保险公司在 2009 年采用会计新规，利润在 2009—2010 年提前释放。2011—2012 年，由于保险公司大量计提资产减值准备，并在当期确认损益，保险业价值创造效率指数明显下降。从 2012 年第 4 季度开始，保险业价值创造效率指数整体呈上升趋势。2015 年第 3—4 季度，保险业价值创造效率指数下降主要是由于中国人寿（601628）、新华保险（601336）业绩的变化和"股灾"对保险市场的冲击。2016 年，保险业价值创造效率指数开始上升，且四个季度都高于 2015 年第 4 季度，说明随着宏观经济增长，2015 年"股灾"对保险业的影响有所缓解。从 2017 年第 1 季度开始，价值创造效率指数逐步上升，且至 2018 年第 1 季度一直处于上升状态。由于保险机构转型变革与资本市场影响的双重作用，从 2018 年第 2 季度开始，价值创造效率指数呈现下降趋势，且一直持续到 2018 年年底，与价值创造额指数变化趋势一致。2019 年第 1 季度，因税收政策调整等价值创造效率指数有较大幅度回升，然后在 35～70 点之间呈震荡波动趋势，并且在疫情发生后仍保持在该区间内波动。

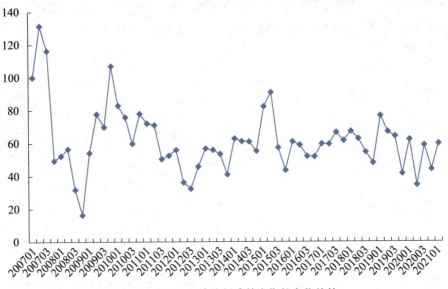

图 8 - 10 　保险业价值创造效率指数变化趋势

8.5 　证券业编制结果分析

　　证券业可以为公司发展筹集巨额资金并进行资源分配，促进众多公司以重组方式发展壮大，为市场提供不同的投资工具，也为外资在我国的投资提供渠道，为社会生产力的发展提供活力，从而支持国民经济稳定健康发展。因此，对证券业价值创造额、价值创造效率进行分析，可以反映证券业上市公司的经营对宏观经济的综合贡献。

　　图 8 - 11 为证券业价值创造额指数变化趋势图。总体来看，证券业价值创造额指数波动较大。证券业价值创造额指数在 2012 年第 3 季度后呈上升趋势，这主要得益于我国国民经济的持续快速增长。2008 年证券业价值创造额指数降幅明显，这主要是由于金融危机导致资本市场低迷，证券公司营业收入大幅下降。从 2012 年第 3 季度开始，随着宏观经济好转，资本市场回暖，证券公司营业收入增加，证券业价值创造额指数也相应上升。证券业价值创造额指数从 2014 年第 3 季度开始攀升，并于 2015 年第 2 季度大幅攀升至历史峰值 1 330 点，这是因为自 2014 年 6 月起，我国资本市场 A 股吹响 "牛市" 号角，在券商板块的带领下一路上扬，2015 年 6 月 12 日达到最高点 5 178.19 点。证券公司作为资本市场中的重要参与者，必然推动证券业价值创造额指数快速增长。比如，2015 年第 2 季度证券业总资产规模激增到 82 700 亿元，成为历史最高点。2015 年第 3 季度之后，证券业价值创造额指数又逐渐回落至常规水平，2018 年第 4 季度开始上升，2019 年第 1 季

度较近几年同期有所提高。虽然 2019 年第 2 季度有所回落，但随着资本市场的回暖，证券业上市公司的经纪业务收入和金融产品销售收入等显著增长，并且各项业务活动受疫情的影响相对较小，在此情况下，证券业价值创造额指数逐渐回升，并于 2020 年第 3 季度达到 763 点，为自 2015 年第 3 季度以来的最高点，随后在 2020 年第 4 季度小幅下降至 599 点，又于 2021 年第 1 季度回升至 671 点。

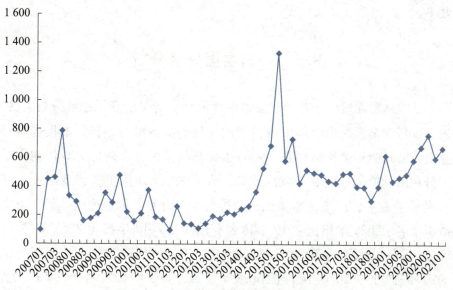

图 8 - 11　证券业价值创造额指数变化趋势

图 8 - 12 为证券业价值创造效率指数变化趋势图。尽管证券业价值创造额指数近年来呈波动上升趋势，但随着证券业资产规模快速扩大，价值创造效率指数并

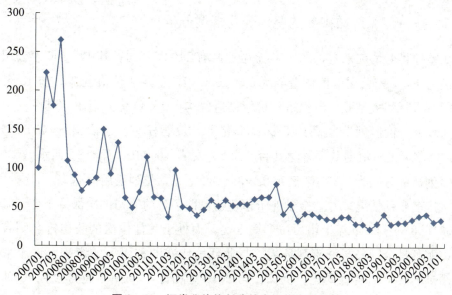

图 8 - 12　证券业价值创造效率指数变化趋势

未随之上升，反而呈逐渐下降趋势。由于受 2008 年金融危机的影响，该指数在 2008 年第 1 季度大幅下降，于 2009 年第 2 季度回升，在此期间呈波动下降趋势。2012 年第 1 季度至 2021 年第 1 季度，证券业价值创造效率指数波动不大，整体也呈下降趋势，说明当前证券业虽然发展迅速，但单位资产价值创造效率不高。因此，证券业在拓宽业务范围时应注重提高经营效率和质量，提升单位资产的价值创造效率。

8.6　公司层面排名分析

以上从整体层面对金融业上市公司的价值创造情况展开了系统分析。接下来，为了进一步考察金融业中个体上市公司的价值创造情况与差异，本报告对每一家金融业上市公司的年度价值创造额进行了计算与排名，以期更为具体地揭示金融业上市公司的价值创造现状与发展规律。附录表 A9 列示了全体金融业上市公司 2020 年价值创造额、2020 年价值创造额排名、2019 年价值创造额排名、2018 年价值创造额排名、2020 年相比 2019 年排名变化以及 2019 年相比 2018 年排名变化。附录表 A10 列示了全体金融业上市公司 2020 年价值创造效率、2020 年价值创造额、2020 年总资产、2020 年价值创造效率排名、2019 年价值创造效率排名、2018 年价值创造效率排名、2020 年相比 2019 年排名变化以及 2019 年相比 2018 年排名变化。根据附录表 A9 和表 A10，本报告分别从整体公司情况与重点公司情况两方面展开分析。

8.6.1　按价值创造额排名的整体公司情况分析

从整体排名情况来看，2020 年金融业共有 110 家公司。其中，106 家公司价值创造额为正，4 家公司价值创造额为负。2020 年，金融业价值创造额前 10 名多为大型国有银行和大型股份制银行，价值创造额均在 1 000 亿元以上。其中，工商银行（601398）价值创造额高达 5 862.08 亿元，位居榜首。建设银行（601939）以 5 050.74 亿元的价值创造额紧随其后。而 ST 安信（600816）和 *ST 西水（600291）的价值创造额分别为 −66.02 亿元和 −391.86 亿元，位列最后两名。

从排名变动情况来看，金融业价值创造额前 7 名的公司位次保持不变，邮储银行（601658）于 2020 年上市后位列第 8 名，而处于其他位次的公司排名则有一定波动，尤其是个别公司受宏观环境、行业环境或并购重组等的影响，近年来价值创造额排名发生了显著变化。例如，与 2019 年相比，2020 年越秀金控（000987）的价值创造额排名上升了 3 名，天茂集团（000627）则下降了 37 名。

8.6.2　按价值创造额排名的重点公司情况分析

对于重点公司排名情况，本报告选取了价值创造额排名稳居前列的工商银行（601398）、招商银行（600036）和中国平安（601318）（分别为价值创造额最大的国有银行、股份制银行和保险公司），排名上升具有代表性的兴业证券（601377），以及排名下滑较为明显的新华保险（601336）和中国银河（601881）共 6 家公司为对象，从价值创造额的来源与分配两个视角对公司价值创造情况展开深入分析。

（一）工商银行

1. 公司基本情况介绍

中国工商银行（简称工商银行）成立于 1984 年 1 月 1 日；2005 年 10 月 28 日，整体改制为股份有限公司；2006 年 10 月 27 日，成功在上交所和港交所同日挂牌上市。工商银行所属行业为货币金融服务（J66），经过持续努力和稳健发展，其已迈入世界领先大银行之列，拥有优质的客户基础、多元的业务结构、强劲的创新能力和市场竞争力。公司将服务作为立行之本，坚持以服务创造价值，向全球超过 860 万公司客户和 6.8 亿个人客户提供全面的金融产品和服务。2020 年，工商银行以 8 826.65 亿元的营业收入，位居中国商业银行第 1 位，以及中国沪深上市公司第 7 位。

2. 价值创造额来源分析

工商银行 2020 年的价值创造额为 5 862.08 亿元，在 2020 年金融业上市公司价值创造额排名中位居第 1 名，在 2019 年和 2018 年的排名中也均位居第 1 名。

从公司价值创造额的主要来源来看，工商银行 2020 年实现营业收入 8 826.65 亿元，同比增长 3.2%。其中，利息净收入 6 467.65 亿元，比上年增加 145.48 亿元，增长 2.3%；客户贷款及垫款利息收入 7 664.07 亿元，比上年增加 337.16 亿元，增长 4.6%，主要是客户贷款及垫款规模增加所致；投资利息收入 2 435.45 亿元，比上年增加 223.61 亿元，增长 10.1%，主要是投资规模增加所致。非利息收入为 2 359.00 亿元，比上年增加 126.89 亿元，增长 5.7%，手续费及佣金净收入为 1 312.15 亿元，比上年增加 6.42 亿元，增长 0.5%；其他非利息收益为 1 046.85 亿元，比上年增加 120.47 亿元，增长 13.0%。从收入的具体表现来看，工商银行在 2020 年坚持稳中求进总基调，全力提升经营质态，持续完善经营布局，纵深推进改革攻坚和创新转型，全面加强风险治理和风险管理效能，提高企业的营业收入和价值创造水平。

3. 价值创造额分配去向分析

工商银行 2020 年分配给股东的价值创造额为 3 176.85 亿元，占比为 54.19％；分配给政府的价值创造额为 1 419.52 亿元，占比为 24.22％；分配给员工的价值创造额为 1 265.71 亿元，占比为 21.59％。总体而言，工商银行向股东、政府、员工三类主体实现了价值创造额的分配，履行了对三类主体的社会责任。

为了充分揭示工商银行价值创造额分配去向的变化趋势以及与同行业上市公司相比所存在的差异，接下来我们从纵向和横向两个层面，对工商银行价值创造额分配去向进行分析。

（1）纵向对比分析。

为了揭示公司价值创造额分配去向在纵向上的变化趋势，本部分计算了2018—2020 年工商银行的三类分配主体所获得的价值创造额的占比。表 8-2 和图 8-13 描述了工商银行的三类分配主体所获得的价值创造额、变动趋势以及占比。

表 8-2　2018—2020 年工商银行价值创造额分配及变动情况

分配主体	2020 年（亿元）	2019 年（亿元）	2018 年（亿元）	2020 年相对 2019 年		2019 年相对 2018 年	
				变动额（亿元）	变动率（％）	变动额（亿元）	变动率（％）
股东	3 176.85	3 133.61	2 987.23	43.24	1.38	146.38	4.90
政府	1 419.52	1 448.50	1 338.34	−28.98	−2.00	110.16	8.23
员工	1 265.71	1 269.51	1 210.75	−3.80	−0.30	58.76	4.85
合计	5 862.08	5 851.62	5 536.32	10.46	0.18	315.30	5.70

从表 8-2 中我们可以看到，工商银行的股东获利所得 2018 年为 2 987.23 亿元，2019 年上升至 3 133.61 亿元，同比上升 4.90％；2020 年上升至 3 176.85 亿元，同比上升 1.38％。政府税收所得 2018 年为 1 338.34 亿元，2019 年上升至 1 448.50 亿元，同比上升 8.23％；2020 年为 1 419.52 亿元，同比下降 2.00％。员工薪酬所得 2018 年为 1 210.75 亿元，2019 年上升至 1 269.51 亿元，同比上升 4.85％；2020 年为 1 265.71 亿元，同比下降 0.30％。

从图 8-13 中我们可以看到，工商银行的股东获利所得占比在 2018—2020 年分别为 53.96％、53.55％和 54.19％，位居三类分配主体所得占比之首，说明工商银行为股东创造价值的能力较强。具体来看，股东获利所得占比由 2018 年的53.96％微降至 2019 年的 53.55％，2020 年又回升至 54.19％，整体变动幅度不大，占比较为稳定，说明近年来在国际环境复杂多变的情况下，工商银行依然顶住了市场压力，取得了较为稳定的良好业绩。政府税收所得占比这三年分别为24.17％、24.75％和 24.22％，较为稳定。员工薪酬所得占比这三年分别为21.87％、21.70％和 21.59％，整体上也较为稳定。

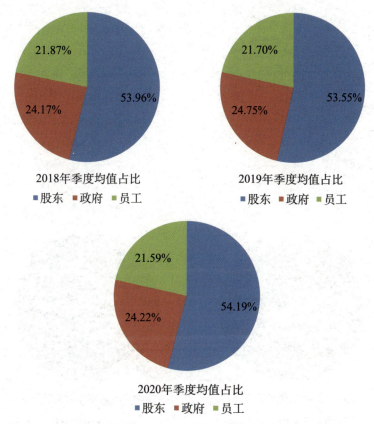

图 8-13　2018—2020 年工商银行价值创造额构成占比

（2）横向对比分析。

为了揭示公司价值创造额分配去向在横向上的变化趋势，本部分分别计算了 2020 年工商银行、银行业①、金融业价值创造额前 40 名上市公司②（简称金融业前 40）和剔除综合类金融公司的其他金融业上市公司③（简称金融业全样本）的三类分配主体所获得的价值创造额的占比。图 8-14 描述了工商银行、银行业、金融业前 40 和金融业全样本的三类分配主体所获得的价值创造额季度均值占比情况。

从图 8-14 中我们可以看到，2020 年，工商银行的股东获利所得占比为 54.19%，高于银行业的 50.02%，高于金融业前 40 的 49.26% 和金融业全样本的

---

① 银行业上市公司三类分配主体所获得的价值创造额的占比，是指选取银行业样本并剔除工商银行后计算的三类分配主体所获得的价值创造额的平均占比。

② 金融业价值创造额前 40 名上市公司三类分配主体所获得的价值创造额的占比，是指将金融业样本按价值创造额由高到低排列，选取前 40 名上市公司并剔除工商银行后计算的三类分配主体所获得的价值创造额的平均占比。

③ 剔除综合类金融公司的其他金融业上市公司三类分配主体所获得的价值创造额的占比，是指选取金融业全样本并剔除工商银行后计算的三类分配主体所获得的价值创造额的平均占比。从金融业样本中剔除综合类金融公司，是因为这类公司的业务比较复杂，存在财务费用科目且不为零，而一般金融公司财务费用为零且只有三类分配主体。余同。

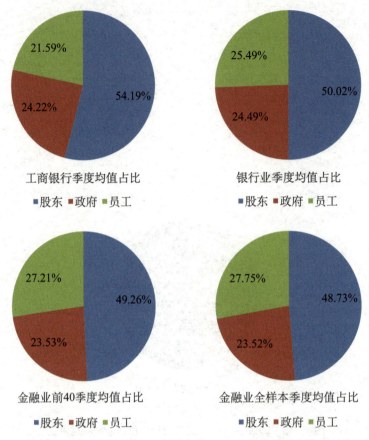

工商银行季度均值占比
■股东 ■政府 ■员工

银行业季度均值占比
■股东 ■政府 ■员工

金融业前40季度均值占比
■股东 ■政府 ■员工

金融业全样本季度均值占比
■股东 ■政府 ■员工

图 8-14　2020 年工商银行、银行业、金融业前 40 和金融业全样本价值创造额构成占比

48.73％。由此可知，与行业整体相比，工商银行作为金融业的领头羊企业，其营收和盈利能力较强，为股东创造价值的能力领先于行业平均水平。2020 年，工商银行的政府税收所得占比为 24.22％，与银行业的 24.49％基本持平，高于金融业前 40 和金融业全样本的 23.53％和 23.52％。2020 年，工商银行的员工薪酬所得占比为 21.59％，低于银行业、金融业前 40 和金融业全样本的 25.49％、27.21％和 27.75％，这说明与行业整体相比，工商银行将人工成本控制得相对合理。

（二）招商银行

1. 公司基本情况介绍

招商银行股份有限公司（简称招商银行）于 1987 年在深圳蛇口成立，是中国第一家完全由企业法人持股的股份制商业银行，也是国家从体制外推动银行业改革的第一家试点银行。2002 年 4 月 9 日，招商银行在上交所挂牌上市；2006 年 9 月 8 日，又在香港公开招股，发行约 22 亿股 H 股股票，集资 200 亿港元，并在 9 月 22 日于港交所上市。招商银行所属行业为货币金融服务（J66），有境内外分支机构逾 1 800 家，在 130 多个城市设立了服务网点，拥有 6 家境外分行和 3 家境外代表处，员工8万余人。此外，招商银行还在内地全资拥有招银金融租赁有限公司、控股招商基金管理有限公司，持有招商信诺人寿保险有限公司和招联消费金融有限公司各50%的股权，在香港全资控股永隆银行有限公司和招银国际金融控股有限公司，是一家拥有商业银行、金融租赁、基金管理、人寿保险、境外投行等金融牌照的银行集团。截至2020年年末，招商银行总市值达11 084.12亿元，位列中国银行业前三和全球银行业前十，市净率、市盈率继续领先于同行业金融企业。

2. 价值创造额来源分析

招商银行2020年的价值创造额为1 956.84亿元，在2020年金融业上市公司价值创造额排名中位居第6名，在2019年和2018年的排名中也均位居第6名。

从价值创造额的主要来源来看，招商银行2020年实现营业收入2 904.82亿元，同比增长7.70%。其中，实现净利息收入1 850.31亿元，比上年增加119.41亿元，同比增长6.90%，主要是生息资产规模扩张所致，贷款和垫款利息收入仍然是招商银行利息收入的最大组成部分。实现非利息净收入1 054.51亿元，比上年增加88.38亿元，同比增长9.15%；净手续费及佣金收入794.86亿元，同比增长11.18%；其他净收入259.65亿元，同比增长3.36%。2020年，招商银行稳步推进"轻型银行"战略转型，坚持"一体两翼"定位，围绕"客户＋科技"主线，以开放融合为方法论，围绕核心客群构建生态圈，全面打造金融科技银行，深化组织文化变革，探索商业银行发展的3.0模式，发展成效显著，市场地位、品牌影响力、核心竞争力进一步提升，提高了企业的营业收入和价值创造水平。

3. 价值创造额分配去向分析

招商银行2020年分配给股东的价值创造额为979.59亿元，占比为50.06%；分配给员工的价值创造额为498.85亿元，占比为25.49%；分配给员工的价值创造额为478.40亿元，占比为24.45%。总体而言，招商银行向股东、政府和员工三类主体实现了价值创造额的分配，履行了对三类主体的社会责任。

为了充分揭示招商银行价值创造额分配去向的变化趋势以及与同行业上市公司相比所存在的差异，接下来我们从纵向和横向两个层面，对招商银行价值创造额分配去向进行分析。

（1）纵向对比分析。

为了揭示公司价值创造额分配去向在纵向上的变化趋势，本部分计算了2018—2020年招商银行三类分配主体所获得的价值创造额的占比。表8-3和图8-15描述了招商银行的三类分配主体所获得的价值创造额、变动趋势以及占比。

表 8 - 3 2018—2020 年招商银行价值创造额分配及变动情况

分配主体	2020 年（亿元）	2019 年（亿元）	2018 年（亿元）	2020 年相对 2019 年		2019 年相对 2018 年	
				变动额（亿元）	变动率（％）	变动额（亿元）	变动率（％）
股东	979.59	934.23	808.19	45.36	4.86	126.04	15.60
政府	498.85	495.23	536.60	3.62	0.73	−41.37	−7.71
员工	478.40	454.39	430.25	24.01	5.28	24.14	5.61
合计	1 956.84	1 883.85	1 775.04	72.99	3.87	108.81	6.13

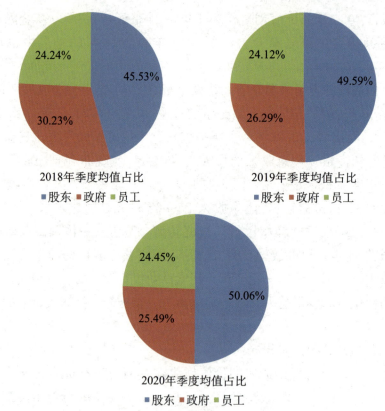

图 8 - 15 2018—2020 年招商银行价值创造额构成占比

从表 8 - 3 中我们可以看到，招商银行的股东获利所得 2018 年为 808.19 亿元，2019 年上升至 934.23 亿元，同比上升 15.60％，上升幅度较大；2020 年为 979.59 亿元，同比上升 4.86％。政府税收所得 2018 年为 536.60 亿元，2019 年下降至 495.23 亿元，同比下降 7.71％；2020 年上升至 498.85 亿元，同比上升 0.73％。员工薪酬所得 2018 年为 430.25 亿元，2019 年上升至 454.39 亿元，同比上升 5.61％；2020 年继续上升至 478.40 亿元，同比上升 5.28％。

从图 8 - 15 中我们可以看到，招商银行的股东获利所得占比在 2018—2020 年分别为 45.53％、49.59％和 50.06％，位居三类分配主体所得占比之首，且呈逐年上升趋势，在 2019 年和 2020 年分别上升 4.06 个百分点和 0.47 个百分点，主要原因在于招商银行的业务发展良好，营业收入和利润均有较大幅度提升。政府税收所得占比在 2018—2020 年分别为 30.23％、26.29％和 25.49％，2019 年占比下降是由于地方债等免税资产投资增加。员工薪酬所得占比在 2018—2020 年分别为 24.24％、24.12％和 24.45％，虽然 2019 年相比 2018 年占比下降了 0.12 个百分点，但 2019 年招商银行的员工薪酬所得额比 2018 年增加了 24.14 亿元，这主要是因为公司业绩良好；2020 年招商银行的员工薪酬所得额和员工薪酬所得占比均有所上升。

（2）横向对比分析。

为了揭示公司价值创造额分配去向在横向上的变化趋势，本部分分别计算了 2020 年招商银行、银行业[①]、金融业价值创造额前 40 名上市公司[②]和剔除综合类金融公司的其他金融业上市公司[③]（简称金融业全样本）的三类分配主体所获得的价值创造额的占比。图 8－16 描述了招商银行、银行业、金融业前 40 和金融业全样本的三类分配主体所获得的价值创造额季度均值占比情况。

从图 8－16 中我们可以看到，2020 年，招商银行的股东获利所得占比为 50.06％，略低于银行业的 50.79％，略高于金融业前 40 的 49.95％和金融业全样本的 49.45％，这说明招商银行实现了较为稳定的股东财富创造。2020 年，招商银行的政府税收所得占比为 25.49％，高于银行业的 24.38％、金融业前 40 的 23.54％和金融业全样本的 23.52％。2020 年，招商银行的员工薪酬所得占比为 24.45％，略低于银行业的 24.83％，低于金融业前 40 的 26.51％和金融业全样本的 27.03％，这说明与行业整体相比，招商银行的人工成本相对较低。

（三）中国平安

1. 公司基本情况介绍

中国平安保险（集团）股份有限公司（简称中国平安）于 1988 年在深圳蛇口成立，是中国第一家股份制保险企业，为港交所及上交所两地上市公司，所属行业为保险业（J67），至今已经发展成集金融保险、银行、投资等金融业务为一体的整合、紧密、多元的综合金融服务集团。中国平安致力于成为国际领先的科技型个人金融生活服务集团，截至 2020 年年末，中国平安员工人数为 362 035 人，总

---

①　银行业上市公司三类分配主体所获得的价值创造额的占比，是指选取银行业样本并剔除招商银行后计算的三类分配主体所获得的价值创造额的平均占比。

②　金融业价值创造额前 40 名上市公司三类分配主体所获得的价值创造额的占比，是指将金融业样本按价值创造额由高到低排列，选取前 40 名上市公司并剔除招商银行后计算的三类分配主体所获得的价值创造额的平均占比。

③　剔除综合类金融公司的其他金融业上市公司三类分配主体所获得的价值创造额的占比，是指选取金融业全样本并剔除招商银行后计算的三类分配主体所获得的价值创造额的平均占比。

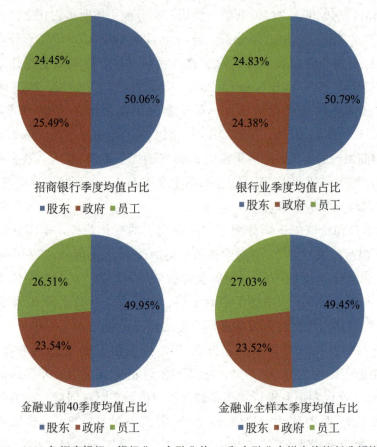

图 8-16　2020 年招商银行、银行业、金融业前 40 和金融业全样本价值创造额构成占比

资产达 9.52 万亿元，为超过 2.18 亿个人客户和 5.98 亿互联网用户提供金融生活产品及服务。2020 年，中国平安在《财富》世界 500 强中位居第 21 名；在《福布斯》全球上市公司 2 000 强中位居第 7 名，蝉联全球多元保险企业第一、中国保险企业第一。

2. 价值创造额指标分析

中国平安 2020 年的价值创造额为 3 060.48 亿元，在 2020 年金融业上市公司价值创造额排名中位居第 5 名，在 2019 年和 2018 年的排名中也均位居第 5 名。

从价值创造额的主要来源来看，中国平安 2020 年实现总收入 12 183.15 亿元，同比增长 4.1%，营业收入在保险业上市公司中排名第一；归属于母公司股东的净利润为 1 430.99 亿元，同比下降 4.2%。从具体业务来看，客户经营业绩持续提升，截至 2020 年年末，个人客户数超过 2.18 亿，较年初增长 9.0%，团体业务综合金融融资规模同比增长 69.7%；保险业务经营稳健，面对疫情的冲击，公司积极应对，建立行业领先的线上化经营模式，寿险及健康险业务实现营业利润 936.66 亿元，同比增长 5.3%；银行业务整体经营保持稳定，风险抵御能力进一步增强，2020 年实现营业收入 1 535.42 亿元，同比增长 11.3%。2020 年，中国平安聚焦大金融资产与大医疗健康，持续推动智能化、数据化经营转型，运用科技助力金融业务提升服务效率、获客能力和风控水平，并在降低运营成本的同时，大力鼓励金融科技、医疗科技创新，将创新科技深度应用于金融服务、医疗健康、汽车服务、智慧城市生态圈，实现科技赋能金融、科技赋能生态、生态赋能金融，提高了企业的营业收入和价值创造水平。

3. 价值创造额分配去向分析

中国平安 2020 年分配给股东的价值创造额为 1 593.59 亿元，占比为 52.07%；分配给政府的价值创造额为 710.04 亿元，占比为 23.20%；分配给员工的价值创造额为 756.85 亿元，占比为 24.73%。总体而言，中国平安作为保险行业龙头公司，向股东、政府和员工三类主体分配价值创造额，履行了对三类主体的社会责任。

为了充分揭示中国平安价值创造额分配去向的变化趋势以及与同行业上市公司相比所存在的差异，接下来我们从纵向和横向两个层面，对中国平安价值创造额分配去向进行分析。

（1）纵向对比分析。

为了揭示公司价值创造额分配去向在纵向上的变化趋势，本部分计算了2018—2020 年中国平安的三类分配主体所获得的价值创造额的占比。表 8-4 和图8-17 描述了中国平安的三类分配主体所获得的价值创造额、变动趋势以及占比。`

从表 8-4 中我们可以看到，中国平安的股东获利所得 2018 年为 1 204.52 亿元，2019 年上升至 1 643.65 亿元，同比大幅上升 36.46%；2020 年受疫情影响，股东获利所得小幅下降至 1 593.59 亿元，同比下降 3.05%。政府税收所得 2018 年为 742.25亿元，2019 年下降至 582.22 亿元，同比下降 21.56%；2020 年回升至 710.04 亿元，同比上升 21.95%。员工薪酬所得 2018 年为 668.83 亿元，2019 年上升至 781.74 亿元，同比上升 16.88%；2020 年小幅下降至 756.85 亿元，同比下降 3.18%。

表 8-4　2018—2020 年中国平安价值创造额分配及变动情况

分配主体	2020 年（亿元）	2019 年（亿元）	2018 年（亿元）	2020 年相对 2019 年		2019 年相对 2018 年	
				变动额（亿元）	变动率（%）	变动额（亿元）	变动率（%）
股东	1 593.59	1 643.65	1 204.52	−50.06	−3.05	439.13	36.46
政府	710.04	582.22	742.25	127.82	21.95	−160.03	−21.56
员工	756.85	781.74	668.83	−24.89	−3.18	112.91	16.88
合计	3 060.48	3 007.61	2 615.60	52.87	1.76	392.01	14.99

从图 8-17 中我们可以看到，中国平安的股东获利所得在 2018—2020 年分别

为 46.05％、54.65％和 52.07％，这表明近年来中国平安将"金融＋科技"定义为核心主业，在确保金融主业稳健增长的基础上，紧密围绕主业进行转型升级，取得了良好的成效，同时也受税负下降利好，股东获利所得和股东获利所得占比于2019 年大幅上升；2020 年受疫情影响，股东获利所得和股东获利所得占比均有所回落。政府税收所得占比在 2018—2020 年分别为 28.38％、19.36％和 23.20％，受国家保险业降税政策利好，政府税收所得占比在 2019 年大幅下降，于 2020 年有所回升。员工薪酬所得占比在 2018—2020 年分别为 25.57％、25.99％和 24.73％，虽然在 2020 年有所下降，但整体较为稳定。

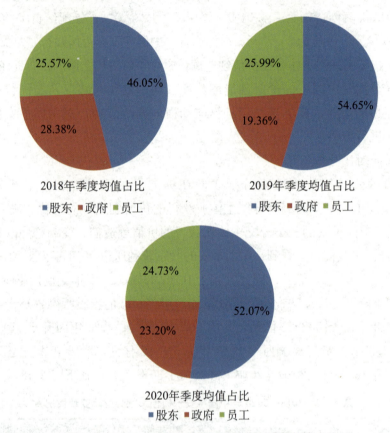

图 8-17　2018—2020 年中国平安价值创造额构成占比

（2）横向对比分析。

为了揭示公司价值创造额分配去向在横向上的变化趋势，本部分分别计算了2020 年中国平安、保险业①、金融业价值创造额前 40 名上市公司②和剔除综合类金

---

① 保险业上市公司三类分配主体所获得的价值创造额的占比，是指选取保险业样本并剔除中国平安后计算的三类分配主体所获得的价值创造额的平均占比。

② 金融业价值创造额前 40 名上市公司三类分配主体所获得的价值创造额的占比，是指将金融业样本按价值创造额由高到低排列，选取前 40 名上市公司并剔除中国平安后计算的三类分配主体所获得的价值创造额的平均占比。

融公司的其他金融业上市公司[①]（简称金融业全样本）的三类分配主体所获得的价值创造额的占比。图8-18描述了中国平安、保险业、金融业前40和金融业全样本的三类分配主体所获得的价值创造额季度均值占比情况。

从图8-18中我们可以看到，2020年，中国平安的股东获利所得占比为52.07%，高于保险业的44.62%、金融业前40的49.79%和金融业全样本的49.28%，这与近年来中国平安的保险业务收入稳健增长密不可分。2020年，中国平安的政府税收所得占比为23.20%，高于保险业的15.07%，略低于金融业前40和金融业全样本的23.66%和23.65%。2020年，中国平安的员工薪酬所得占比为24.73%，远低于保险业的40.31%，说明中国平安与其他保险业上市公司相比，人工成本相对较低，控制得相对合理。

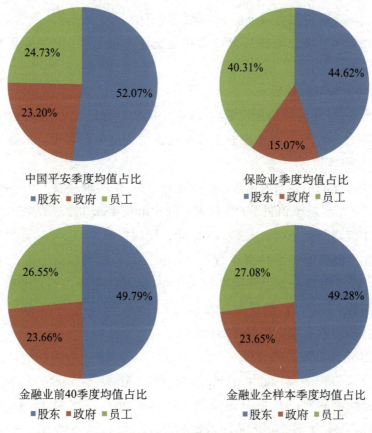

图8-18 2020年中国平安、保险业、金融业前40和金融业全样本价值创造额构成占比分

[①] 剔除综合类金融公司的其他金融业上市公司三类分配主体所获得的价值创造额的占比，是指选取金融业全样本并剔除中国平安后计算的三类分配主体所获得的价值创造额的平均占比。

（四）兴业证券

1. 公司基本情况介绍

兴业证券股份有限公司（简称兴业证券）是中国证监会核准的全国性、综合类、创新型证券公司，成立于 1991 年 10 月 29 日，2010 年 10 月 13 日在上交所上市。公司所属行业为资本市场服务（J67），注册地为福建省福州市，主要股东包括福建省财政厅、福建省投资开发集团有限责任公司、上海申新（集团）有限公司、中国证券金融股份有限公司等。兴业证券主营业务包括证券经纪、承销与保荐、投资咨询、证券自营、财务顾问、融资融券、基金与金融产品代销、基金托管、期货介绍等。截至 2021 年第 1 季度，兴业证券在全国 31 个省区共设有 238 个分支机构，其中，分公司 93 家、证券营业部 145 家，并且控股兴证全球基金管理有限公司、兴证国际金融集团有限公司、兴证期货有限公司、兴证风险管理有限公司；兴证国际金融集团有限公司 2019 年 1 月在港交所主板上市，是兴业证券集团国际化和全球化发展的平台。

2. 价值创造额来源分析

兴业证券 2020 年的价值创造额为 156.32 亿元，相比 2019 年，价值创造额同比上升 63.46％。在 2020 年金融业上市公司价值创造额排名中，兴业证券位居第 38 名，相比 2019 年上升了 2 名。

从价值创造额的主要来源来看，兴业证券 2020 年实现总收入 17 580 亿元，同比增长 23.37％；实现净利润 45.84 亿元，同比增长 139.33％。从收入的具体表现来看，实现手续费及佣金净收入 77.78 亿元，同比增长 77.02％，是营业收入增长的关键，其中，经济业务手续费净收入 27.78 亿元，投资银行业务手续费净收入 13.79 亿元，资产管理业务手续费净收入 1.40 亿元。此外，利息净收入为 11.67 亿元，同比增长 23.37％；投资收益为 51.19 亿元，同比增长 96.86％。可见，集团多个业务板块的营业收入均保持增长势头。

3. 价值创造额分配去向分析

兴业证券 2020 年分配给股东的价值创造额为 45.84 亿元，占比为 29.32％；分配给政府的价值创造额为 58.58 亿元，占比为 37.47％；分配给员工的价值创造额为 51.90 亿元，占比为 33.20％。总体而言，兴业证券向股东、政府和员工三类主体较为平衡地实现了价值创造额的分配，履行了对三类主体的社会责任。

为了充分揭示兴业证券价值创造额分配去向的变化趋势以及与同行业上市公司相比所存在的差异，接下来我们从纵向和横向两个层面，对兴业证券价值创造额分配去向进行分析。

（1）纵向对比分析。

为了揭示公司价值创造额分配去向在纵向上的变化趋势，本部分计算了2018—2020 年兴业证券的三类分配主体所获得的价值创造额的占比。表 8-5 和图8-19 描述了兴业证券的三类分配主体所获得的价值创造额、变动趋势以及占比。

表 8-5　2018—2020 兴业证券价值创造额分配及变动情况

分配主体	2020 年（亿元）	2019 年（亿元）	2018 年（亿元）	2020 年相对 2019 年		2019 年相对 2018 年	
				变动额（亿元）	变动率（%）	变动额（亿元）	变动率（%）
股东	45.84	19.15	5.75	26.69	139.37	13.40	233.04
政府	58.58	31.78	19.85	26.79	84.30	11.93	60.10
员工	51.90	44.69	31.84	7.21	16.13	12.85	40.36
合计	156.32	95.63	57.44	60.69	63.46	38.19	66.49

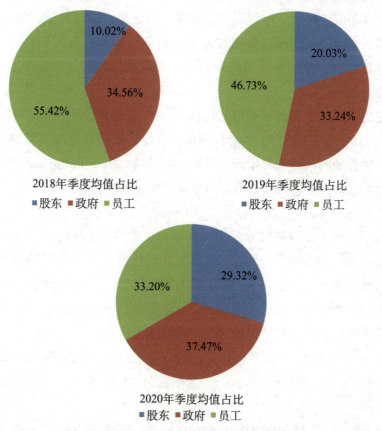

图 8-19　2018—2020 年兴业证券价值创造额构成占比

从表 8-5 中我们可以看到，兴业证券的股东获利所得 2018 年为 5.75 亿元，2019 年为 19.15 亿元，同比增长 233.04%，这主要是由于兴业证券 2019 年营业收入和净利润大幅增长；2020 年，兴业证券延续业绩强势增长的势头，各主要业务板块营业收入持续增长，股东获利所得也继续提升至 45.84 亿元，同比增长 139.37％。2020 年兴业证券的财富管理与大机构业务"双轮驱动"格局初步形成，财富管理转型稳步推进，客户规模持续增长，机构服务领域取得突出成绩，研究服务业务创收创誉水平稳定在行业第一梯队。同时，公司继续保持投资业务的传统优势，自营投资业务取得良好收益，债券投资收益为行业领先。政府税收所得 2018 年为 19.85 亿元，2019 年为 31.78 亿元，同比增长 60.10％；2020 年为 58.58 亿元，同比增长 84.30％，继续保持高速增长势头。员工薪酬所得 2018 年为 31.84 亿元，2019 年为 44.69 亿元，同比上升 40.36％；2020 年为 51.90 亿元，同比小幅上升 16.13％。

从图 8-19 中我们可以看到，兴业证券的股东获利所得占比在 2018—2020 年分别为 10.02％、20.03％和 29.32％，这是因为 2018 年证券业受到显著冲击，兴业证券各项业务收入降低，净利润大幅下降，致使 2018 年股东获利所得占比明显偏低。随着资本市场的回暖，集团加速推进财务管理，机构服务和自营投资等业务扩张，2019—2020 年兴业证券的净利润大幅增长，股东获利所得显著上升。政府税收所得占比在 2018—2020 年分别为 34.56％、33.24％和 37.47％，占比保持在较为稳定的区间。员工薪酬所得占比在 2018—2020 年分别为 55.42％、46.73％和 33.20％，这主要是因为 2018 年股东获利所得占比偏低导致员工薪酬所得占比相对较高。随着净利润的大幅增长，尽管 2019 年和 2020 年的员工薪酬所得有一定的增长，但相比股东获利所得而言，增长速度明显较慢。

（2）横向对比分析。

为了揭示公司价值创造额分配去向在横向上的变化趋势，本部分分别计算了 2019 年兴业证券、证券业①、金融业价值创造额前 40 名上市公司②和剔除综合类金融公司的其他金融业上市公司③（简称金融全样本）的三类分配主体所获得的价值创造额的占比。图 8-20 描述了兴业证券、证券业、金融业前 40 和金融业全样本的三类分配主体所获得的价值创造额季度均值占比情况。

从图 8-20 中我们可以看到，2020 年，兴业证券的股东获利所得占比为 29.32％，明显低于证券业的 40.30％、金融业前 40 的 50.03％和金融业全样本的

---

① 证券业上市公司三类分配主体所获得的价值创造额的占比，是指选取证券业样本并剔除兴业证券后计算的三类分配主体所获得的价值创造额的平均占比。

② 金融业价值创造额前 40 名上市公司三类分配主体所获得的价值创造额的占比，是指将金融业样本按价值创造额由高到低排列，选取前 40 名上市公司并剔除兴业证券后计算的三类分配主体所获得的价值创造额的平均占比。

③ 剔除综合类金融公司的其他金融业上市公司三类分配主体所获得的价值创造额的占比，是指选取金融业全样本并剔除兴业证券后计算的三类分配主体所获得的价值创造额的平均占比。

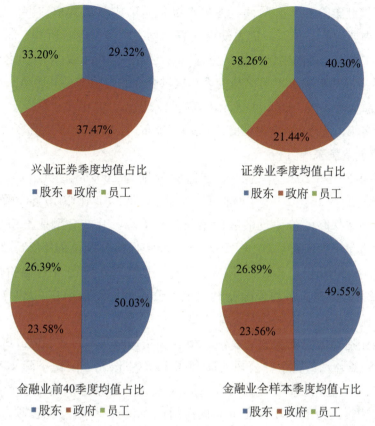

图 8 - 20　2020 年兴业证券、证券业、金融业前 40 和金融业全样本价值创造额构成占比

49.55％，主要原因可能是 2020 年兴业证券的价值创造额排在第 37 名，并不处于靠前位置，公司业绩仍具有一定的增长空间。2020 年，兴业证券的政府税收所得占比为 37.47％，高于证券业的 21.44％、金融业前 40 的 23.58％和金融业全样本的 23.56％，说明兴业证券的政府税收所得占比相对较高。2020 年，兴业证券的员工薪酬所得占比为 33.20％，略低于证券业的 38.26％，高于金融业前 40 的 26.39％和金融业全样本的 26.89％，这说明兴业证券与其他证券业上市公司相比，人工成本相对较低，但由于证券业的员工薪酬特点，员工薪酬所得占比依然高于金融业平均水平。

（五）新华保险

1. 公司基本情况介绍

新华人寿保险股份有限公司（简称新华保险）成立于 1996 年 9 月，2011 年在上交所和港交所同步上市，总部位于北京市，是一家全国性专业化大型上市寿险企业，所属行业为保险业（J68）。公司主要股东为中央汇金投资有限责任公司、中国宝武钢铁集团有限公司。新华保险以客户需求为中心，针对客户健康与财富两个方面，凭借健康险和年金险两类主要产品线，形成覆盖客户"生、老、病、死、残"全生命周期的产品体系，助力幼有所育、病有所医、老有所养、弱有所扶。新华保险建立了覆盖全国的销售网络，拥有 36 309 名内勤员工及 60.6 万名营销员，为 3 320.5 万名个人客户及 8.8 万名机构客户提供全面的寿险产品和服务。2020 年，新华保险实现总保费收入 1 595.11 亿元，营业收入 2 065.38 亿元，总资产达 10 043.76 亿元，连续多年入围《财富》中国 500 强和《福布斯》全球上市公司 2 000 强。

2. 价值创造额来源分析

新华保险 2018—2020 年的价值创造额分别为 200.38 亿元、249.33 亿元和 243.54 亿元；2019 年比 2018 年增长了 24.43%，2020 年比 2019 年下降了 2.32%。由于近年来新华保险的价值创造额由增长转为下降，其在金融业上市公司价值创造额排名中也呈下滑态势。2018—2020 年，新华保险分别位列第 23、23 和 30 名。相比 2018 年和 2019 年，2020 年下降了 7 名。虽然 2020 年新华保险价值创造额降幅仅为 2.32%，但是大多数金融业其他上市公司价值创造额在 2020 年显著增长，因此新华保险的价值创造额排名下降明显。

从价值创造额的主要来源来看，2020 年新华保险实现营业收入 2 065.38 亿元，同比增长 18.32%；归属于母公司的净利润 142.94 亿元，同比下降 1.82%。保费总收入 1 595.11 亿元，同比增长 15.5%。从收入来源渠道的构成来看，新华保险个险渠道保费收入为 1 173.99 亿元，同比增长约 8.3%，占总保费收入的 73.6%，同比减少 4.9 个百分点；银保渠道保费收入为 397.29 亿元，同比增长 45.6%，占总保费收入的 24.9%，同比增加约 5.1 个百分点。从长期险和续期保险业务来看，长期险首年保费为 390.22 亿元，同比增长 53.7%；续期业务保费为 1 129.64 亿元，同比增长 6.8%。可见，新华保险的营业收入整体仍然保持增长趋势，但受到保险业税收扣除政策以及公司公允价值变动损益的影响，净利润略有下降。

3. 价值创造额分配去向分析

新华保险 2020 年分配给股东的价值创造额为 142.97 亿元，占比为 58.70%；分配给政府的价值创造额为 10.42 亿元，占比为 4.28%；分配给员工的价值创造额为 90.15 亿元，占比为 37.02%。总体而言，新华保险向股东、政府、员工三类主体分配了价值创造额，各类主体的分配占比存在明显差异。

为了充分揭示新华保险价值创造额分配去向的变化趋势以及与同行业上市公司相比所存在的差异，接下来我们从纵向和横向两个层面，对新华保险价值创造额分配去向进行分析。

（1）纵向对比分析。

为了揭示公司价值创造额分配去向在纵向上的变化趋势，本部分计算了 2018—2020 年新华保险的三类主体所获得的价值创造额占比。表 8 - 6 和图 8 - 21

描述了新华保险的三类分配主体所获得的价值创造额、变动趋势以及占比。

表 8 - 6　2018—2020 年新华保险价值创造额分配及变动情况　　　　单位：亿元

分配主体	2020 年	2019 年	2018 年	2020 年相对 2019 年		2019 年相对 2018 年	
				变动额	变动率（%）	变动额	变动率（%）
股东	142.97	145.60	79.23	−2.63	−1.80	66.37	83.77
政府	10.42	4.12	32.94	6.30	152.91	−28.82	−84.49
员工	90.15	99.61	88.21	−9.46	−9.50	11.40	12.92
合计	243.54	249.33	200.38	−5.79	−2.32	48.95	24.43

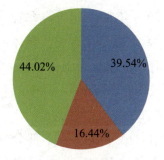
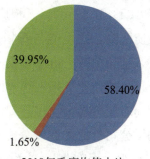

图 8 - 21　2018—2020 年新华保险价值创造额构成占比

从表 8 - 6 中我们可以看到，新华保险的股东获利所得 2018 年为 79.23 亿元，2019 年上升至 145.60 亿元，同比增长 83.77%，这主要与保险业的政策红利相关；2020 为 142.97 亿元，同比下降 2.32%，原因是受到税收扣除政策的影响，2019 年新华保险的所得税支出是 −13.39 亿元，而 2020 年为 11.94 亿元，这种政策调整导致其净利润减少 25 亿元。政府税收所得 2018 年为 32.94 亿元，2019 年下降至 4.12 亿元，同比下降 84.49%；2020 年回升至 10.42 亿元，同比上升 152.91%，这也主要是由于保险业税收扣除政策的变化。员工薪酬所得 2018 年为 88.21 亿元，2019 年上升至 99.61 亿元，同比上升 12.92%；2020 年下降至 90.15 亿元，同比下降 9.50%。

从图 8-21 中我们可以看到，新华保险的股东获利所得占比在 2018—2020 年分别为 39.54%、58.40% 和 58.70%，在 2019 年显著上升。政府税收所得占比在 2018—2020 年分别为 16.44%、1.65% 和 4.28%，在 2019 年显著下降。2019 年出现明显变化是受 2019 年保险业税收扣除政策的影响，政府税收所得大幅下降，这一趋势特征同样也存在于其他保险业上市公司中，这也是新华保险的股东获利所得占比在 2019 年提高的主要原因之一。员工薪酬所得占比在 2018—2020 年分别为 44.02%、39.95% 和 37.02%。相比 2018 年，2019 年和 2020 年新华保险的员工薪酬水平都有所下降，这可能与新华保险收入来源渠道变化有关。具体而言，个险渠道保费收入增长放缓，占保费收入的比例下降，而银保渠道保费收入增长迅速，占比上升，这可能使业务拓展环节所需的人力成本有所降低。

（2）横向对比分析。

为了揭示公司价值创造额分配去向在横向上的变化趋势，本部分分别计算了 2020 年新华保险、保险业[①]、金融业价值创造额前 40 名上市公司[②]和剔除综合类金融公司的其他金融业上市公司[③]（简称金融业全样本）的三类分配主体所获得的价值创造额的占比。图 8-22 描述了新华保险、保险业、金融业前 40 和金融业全样本的三类分配主体所获得的价值创造额季度均值占比情况。

从图 8-22 中我们可以看到，2020 年，新华保险的股东获利所得占比为 58.70%，高于保险业的 48.13%、金融业前 40 的 49.90% 和金融业全样本的 49.42%。这说明与同行业相比，新华保险为股东创造价值的能力较强，但与其他金融业上市公司相比则较低。2020 年，新华保险的政府税收所得占比为 4.28%，明显低于保险业的 20.06%，低于金融业前 40 的 23.74% 和金融业全样本的 23.72%。2020 年，新华保险的员工薪酬所得占比为 37.02%，高于保险业的 31.81%、金融业前 40 的 26.35% 和金融业全样本的 26.85%，说明保险业的员工薪酬水平比其他金融业上市公司高，并且新华保险的人工成本与同行业相比相对较高。

[①] 保险业上市公司三类分配主体所获得的价值创造额的占比，是指选取保险业样本并剔除新华保险后计算的三类分配主体所获得的价值创造额的平均占比。

[②] 金融业价值创造额前 40 名上市公司三类分配主体所获得的价值创造额的占比，是指将金融业样本按价值创造额由高到低排列，选取前 40 名上市公司并剔除新华保险后计算的三类分配主体所获得的价值创造额的平均占比。

[③] 剔除综合类金融公司的其他金融业上市公司三类分配主体所获得的价值创造额的占比，是指选取金融业全样本并剔除新华保险后计算的三类分配主体所获得的价值创造额的平均占比。

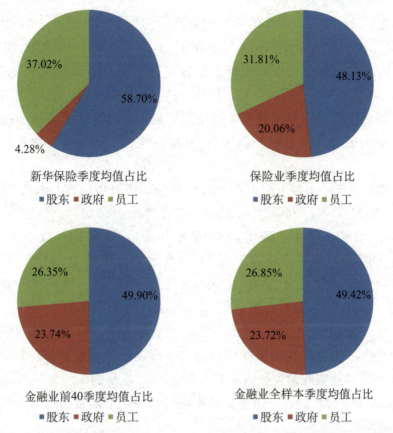

新华保险季度均值占比
■股东 ■政府 ■员工

保险业季度均值占比
■股东 ■政府 ■员工

金融业前40季度均值占比
■股东 ■政府 ■员工

金融业全样本季度均值占比
■股东 ■政府 ■员工

图 8-22 2020 年新华保险、保险业、金融业前 40 和金融业全样本价值创造额构成占比

（六）中国银河

1. 公司基本情况介绍

中国银河证券股份有限公司（简称中国银河）是经国务院批准，在收购原中国银河证券有限责任公司的证券经纪业务、投行业务及相关资产的基础上，由中国银河金融控股有限责任公司作为主发起人，于 2007 年 1 月 26 日共同发起设立的全国性综合类证券公司，中央汇金投资有限责任公司为公司的实际控制人。公司所属行业为资本市场服务（J67），本部设在北京市，在 31 个省区的 179 个地级以上城市设有 36 家分公司、5 家子公司以及近 500 家营业部，共有员工 11 500 余人。公司的经营范围包括证券经纪、证券投资咨询、与证券交易和证券投资活动有关的财务顾问、证券承销与保荐、证券自营、证券资产管理、融资融券以及中国证监会批准的其他业务。2016 年 8 月，中国银河在"2016 中国企业 500 强"中排名第 481 位；2020 年 1 月 4 日，获得 2020 年《财经》长青奖"可持续发展风控奖"；2021 年 5 月 28 日，被列入首批证券公司"白名单"。

2. 价值创造额来源分析

中国银河 2018—2020 年的价值创造额分别为 77.58 亿元、125.44 亿元和 153.37 亿元；2020 年相比 2019 年增长了 22.27%，2019 年相比 2018 年增长了 61.79%。在金融业上市公司价值创造额排名中，中国银河在 2020 年位于第 39 名，相比 2019 年下降 6 名，相比 2018 年下降 3 名。由于我国资本市场改革、市场回暖等，证券业经营业绩增幅明显，并且新增了多家金融业上市公司，虽然中国银河的价值创造额在 2020 年实现了 22.27% 的增长，但是排名依然下降。

从价值创造额的主要来源来看，2020 年中国银河实现营业收入 37.49 亿元，同比增长 39.37%；净利润 72.44 亿元，同比增长 38.54%，营业收入和净利润实现了同步增长。其中，证券经纪业务营业收入为 107.47 亿元，占比为 45.25%；期货经纪业务营业收入为 72.29 亿元，占比为 30.44%；自营及其他证券交易业务营业收入为 27.60 亿元，占比为 11.62%；投资银行业务收入为 7.97 亿元，占比为 3.36%；资产管理业务收入为 6.04 亿元，占比为 2.55%；海外业务收入为 16.18 亿元，占比为 6.81%。证券业的经营业绩对资本市场的变化较为敏感，2020 年我国证券市场迎来了回暖行情，证券业经营业绩出现增长。2020 年证券业实现营业收入 4 484.71 亿元、净利润 1 575.29 亿元，分别同比增长 24.41% 和 27.98%。由于整体市场的回暖，中国银河的营业收入实现了一定程度的增长。

3. 价值创造额分配去向分析

中国银河 2020 年分配给股东的价值创造额为 73.12 亿元，占比为 47.68%；分配给政府的价值创造额为 26.95 亿元，占比为 17.57%；分配给员工的价值创造额为 53.30 亿元，占比为 34.75%。总体而言，中国银河向股东、政府、员工三类主体分配价值创造额，履行了对三类主体的社会责任。

为了充分揭示中国银河价值创造额分配去向的变化趋势以及与同行业上市公司相比所存在的差异，接下来我们从纵向和横向两个层面，对中国银河价值创造额分配去向进行分析。

（1）纵向对比分析。

为了揭示公司价值创造分配去向在纵向上的变化趋势，本部分计算了 2018—2020 年中国银河三类分配主体所获得的价值创造额的占比。表 8-7 和图 8-23 描述了中国银河的三类分配主体所获得的价值创造额、变动趋势以及占比。

表 8 - 7　2018—2020 年中国银河价值创造额分配及变动情况

分配主体	2020 年（亿元）	2019 年（亿元）	2018 年（亿元）	2020 年相对 2019 年		2019 年相对 2018 年	
				变动额（亿元）	变动率（％）	变动额（亿元）	变动率（％）
股东	73.12	52.50	29.32	20.62	39.28	23.18	79.06
政府	26.95	25.11	11.48	1.84	7.33	13.63	118.73
员工	53.30	47.83	36.78	5.47	11.47	11.05	30.04
合计	153.37	125.44	77.58	27.93	22.27	47.94	61.79

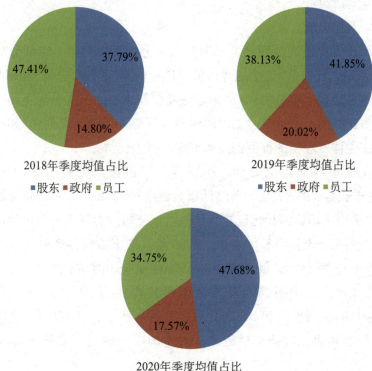

图 8 - 23　2018—2020 年中国银河价值创造额构成占比

从表 8 - 7 中我们可以看到，中国银河的股东获利所得 2018 年为 29.32 亿元，2019 年增长至 52.50 亿元，同比上升 79.06％；2020 年增长至 73.12 亿元，同比上升 39.28％。政府税收所得 2018 年为 11.48 亿元，2019 年增长至 25.11 亿元，同比上升 118.73％；2020 年增长至 26.95 亿元，同比小幅上升 7.33％。员工薪酬所得 2018 年为 36.78 亿元，2019 年增长至 47.83 亿元，同比上升 30.04％；2020 年增长至 53.30 亿元，同比上升 11.47％。可见，随着 2019 年证券业行情整体回暖，中国银河的股东获利所得、政府税收所得和员工薪酬所得均明显增长。中国银河 2020 年三类价值创造额指数仍然延续了此前的增长趋势，但增长速度有所减缓。

从图 8-23 中我们可以看到，中国银河的股东获利所得占比在 2018—2020 年分别为 37.79%、41.85% 和 47.68%，这主要是由于公司营业收入和净利润均呈现明显的增长态势，股东获利所得占比逐渐上升。政府税收所得占比在 2018—2020 年分别为 14.80%、20.02% 和 17.57%，呈先上升后下降的趋势。员工薪酬所得占比在 2018—2020 年分别为 47.41%、38.13% 和 34.75%，呈下降趋势。从三类分配主体的所得占比来看，中国银河的政府税收所得占比低于股东获利所得占比和员工薪酬所得占比，员工薪酬所得占比与股东获利所得占比相差不大，股东获利所得占比近年有所提升。

（2）横向对比分析。

为了揭示公司价值创造额分配去向在横向上的变化趋势，本部分分别计算了 2020 年中国银河、证券业[①]、金融业价值创造额前 40 名上市公司[②]和剔除综合类金融公司的其他金融业上市公司[③]（简称金融业全样本）的三类分配主体所获得的价值创造额的占比。图 8-24 描述了中国银河、证券业、金融业前 40 和金融业全样本的三类分配主体所获得的价值创造额季度均值占比情况。

从图 8-24 中我们可以看到，2020 年，中国银河的股东获利所得占比为 47.68%，高于证券业的 39.45%，略低于金融业前 40 的 49.96% 和金融业全样本的 49.48%，说明中国银河相比证券业其他上市公司，为股东创造价值的能力相对较强，接近金融业上市公司整体水平。2020 年，中国银河的政府税收所得占比为 17.57%，低于证券业、金融业前 40 和金融业全样本的 22.36%、23.65% 和 23.64%。2020 年，中国银河的员工薪酬所得占比为 34.75%，低于证券业的 38.18%，高于金融业前 40 的 26.39% 和金融业全样本的 26.88%，说明证券业的员工薪酬水平较其他金融业相对较高，但中国银河的员工薪酬成本控制得较为合理。

8.6.3 按价值创造效率排名的整体公司情况分析

从整体排名情况来看，剔除 ST 公司之后，2020 年金融业共有 105 家上市公司。其中，103 家公司的价值创造效率为正，2 家公司的价值创造效率为负。2020 年，金融业价值创造效率前 10 名包含各种类型的金融企业。其中，经纬纺机

---

① 证券业上市公司三类分配主体所获得的价值创造额的占比，是指选取证券业样本并剔除中国银河后计算的三类分配主体所获得的价值创造额的平均占比。

② 金融业价值创造额前 40 名上市公司三类分配主体所获得的价值创造额的占比，是指将金融业样本按价值创造额由高到低排列，选取前 40 名上市公司并剔除中国银河后计算的三类分配主体所获得的价值创造额的平均占比。

③ 剔除综合类金融公司的其他金融业上市公司三类分配主体所获得的价值创造额的占比，是指选取金融业全样本并剔除中国银河后计算的三类分配主体所获得的价值创造额的平均占比。

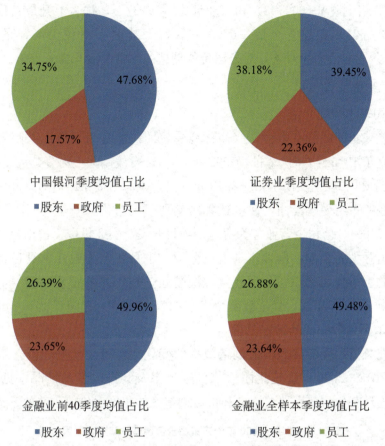

图 8 - 24　2020 年中国银河、证券业、金融业前 40 和金融业全样本价值创造额构成占比

（000666）的所属行业类型在 2020 年由制造业变更为金融业，价值创造效率高达
0.202 1，位居榜首；爱建集团（600643）以 0.126 7 的价值创造效率排名第二；而
仁东控股（002647）和吉艾科技（300309）的价值创造效率分别为－0.032 8 和
－0.084 7，位列最后两名。

从排名变动情况来看，2018—2020 年，爱建集团（600643）、陕国投 A
（000563）、国金证券（600109）和民生控股（000416）稳居前 10 名，兴业证券则
从第 21 名跃升至第 5 名，而前 10 名的其他公司既包括 2018 年及之后上市的公司，
也包含从其他行业变更至金融业的公司。处于其他位次的公司排名具有较为明显
的波动性，特别是个别公司受宏观环境、行业环境、并购重组等的影响，价值创
造效率排名发生了大幅变化。其中，仁东控股（002647）的变化最为明显，从
2019 年的第 9 名下降至 2020 年的第 104 名。

8.6.4　按价值创造效率排名的重点公司情况分析

对于重点公司排名情况，本报告选取价值创造效率排名稳居前列的爱建集团

（600643）、陕国投 A（000563）和兴业证券（601377），排名上升最具代表性的华鑫股份（600621）和越秀金控（000987），以及排名下滑较为明显的仁东控股（002647）共 6 家公司为对象，对公司价值创造效率情况展开深入分析。

（一）爱建集团

1. 公司基本情况介绍

上海爱建集团股份有限公司（简称爱建集团）前身为上海市工商界爱国建设公司，成立于 1979 年 9 月 22 日，1992 年 9 月 22 日改制为上海爱建股份有限公司，1993 年 4 月 26 日在上交所上市。2015 年 6 月，上海市委市政府启动新一轮金融国资改革，战略重组爱建集团，使爱建集团实现了民营化。爱建集团所属行业为其他金融业（J69），公司主营业务为房地产项目开发、实业投资、进出口业务等，是上海市实力强大的金融、房地产类上市公司，也是我国少数几家具备证券、信托金融牌照的上市公司之一。公司直接控股爱建信托，并参股爱建证券，金融实力较强。截至 2020 年年末，爱建集团净资产 117.17 亿元，总资产 270.74 亿元。

2. 价值创造效率变动情况分析

为了充分揭示爱建集团价值创造效率的变化趋势以及变动原因，接下来我们首先列示 2018—2020 年爱建集团价值创造效率及其排名变动情况（见表 8-8），然后使用连环替代法分别从总资产和价值创造额的角度对价值创造效率进行分析。

表 8-8　2018—2020 年爱建集团价值创造效率变动原因分析

年份	价值创造额（亿元）	总资产（亿元）	价值创造效率	价值创造效率排名	价值创造效率变动总额	价值创造效率变动分解：总资产	价值创造效率变动分解：价值创造额
2018	27.890 4	261.033 8	0.106 8	1	—	—	—
2019	35.819 5	267.469 0	0.133 9	2	0.027 1	−0.002 6	0.029 6
2020	34.302 3	270.740 3	0.126 7	2	−0.007 2	−0.001 6	−0.005 6

从表 8-6 中可以看出，2018 年爱建集团价值创造效率为 0.106 8，位列金融业上市公司价值创造效率排行榜的第 1 名；2019 年为 0.133 9，位列金融业上市公司价值创造效率排行榜的第 2 名。值得注意的是，尽管 2019 年的价值创造效率相比 2018 年明显上升，但爱建集团仍被同行业的九鼎投资超越，因此排名从 2018 年的第 1 名下降到 2019 年的第 2 名。从价值创造额的角度分析，价值创造额变动导致 2019 年价值创造效率上升 0.029 6。2019 年，爱建集团延续了近年来业绩规模持续增长的趋势，继续稳中求进，全年实现净利润 13.19 亿元，同比增加 13.88%；营业总收入 38.02 亿元，同比增加 43.27%，其中营业收入 16.98 亿元、利息收入 1.17 亿元、手续费及佣金收入 19.87 亿元。具体而言，第一，爱建集团

融资租赁业务高速增长，成为公司业绩的新增长点。2019 年公司融资租赁业务总收入为 8.81 亿元，同比增长 124.31％。同时，子公司爱建融资租赁（盈利 7 959 万元）、华瑞融资租赁（盈利 10 528 万元）都实现了较好的盈利。第二，信托业的资产规模保持稳步下降趋势，但行业盈利水平稳步提升，2019 年全国信托业的营业收入与净利润较上年均出现小幅上涨，爱建集团的信托业务受益于行业因素，收入有所提升，同比增长约 27％。第三，爱建集团从财富能力建设、做好做精传统业务、实质推动业务转型、强化全面风险管理、深耕精细化管理、加强企业文化建设等方面入手，业务规模实现扩张，转型发展有了新动能，资产资金"双轮驱动"有了新活力，提质增效有了新进步，创新领先有了新突破。在业绩增长的背景下，公司的价值创造额由 2018 年的 27.89 亿元上升至 2019 年的 35.82 亿元，同比增长 28.43％。从总资产规模的角度分析，2019 年爱信集团资产规模有小幅增长，达到 267.47 亿元，同比增长 2.47％；净资产达到 107.79 亿元，同比增长 11.88％，总资产的增加使公司价值创造效率有所下降。总体而言，在价值创造额明显增加和总资产规模略微扩大的双重作用下，2019 年公司价值创造效率显著上升。

　　2020 年爱建集团价值创造效率为 0.126 7，位列金融业上市公司价值创造效率排行榜的第 2 名；与 2019 年相比，尽管排名未发生变化，但 2020 年价值创造效率相比上年下降 0.007 2，同比小幅下降 5.38％。这主要是因为公司价值创造额变动导致 2020 年价值创造效率下降 0.005 6，总资产变动则导致价值创造效率下降 0.001 6。从价值创造额的角度分析，2020 年爱建集团全年实现净利润 13.52 亿元，同比增长 2.51％；营业总收入 43.77 亿元，同比增长 15.11％；总资产 270.74 亿元，同比增长 1.22％；净资产 117.17 亿元，同比增长 8.71％。按集团收入所属的行业分类来看，2020 年爱建集团在金融业实现营业利润 24.2 亿元，毛利率为 95.30％；融资租赁业实现营业利润 2.5 亿元，毛利率为 28.31％；商业实现营业利润 0.08 亿元，毛利率为 1.38％。在信托业务上，新冠疫情对经济发展所造成的负面影响也给信托公司的展业以及资产质量带来了严峻的挑战。但在监管的导向下，信托业有效应对困难并积极谋求转型，成功经受住了考验，在市场规模收缩的情况下，通过提质增效实现了经营收入和信托业务收入的稳定增长，主营业务收入占比也进一步提升。从总资产规模的角度分析，一方面，疫情对融资租赁业务的开展造成了影响，加之融资租赁监管体制调整后具体政策仍不明朗，企业数量、注册资金只在个别时间和个别地区少量增加，业务总量下降。但是从 2020 年第 3 季度，融资租赁行业开始出现企稳向好迹象。在资产管理与财富管理业务上，净值型产品的绝对规模及相对占比都显著提升，资产管理行业的参与主体也日渐多元化，推进资本市场发展及服务实体经济的能力也逐步提升。另一方面，在私募股权投资业务上，尽管 2020 年上半年疫情导致投资进度大幅放缓，但疫情稳定后，投资活跃度回暖，围绕"科技兴国""进口替代""消费刚需""医药健康""企业服务"等主题的投资热度高涨。因此，尽管公司业务规模在2020年上半年有所收缩，但在下半年出现回暖迹象，公司全年总资产仍出现了小幅增长，进而促使公司2020年价值创造效率有所下降。

（二）陕国投 A

1. 公司基本情况介绍

陕西省国际信托股份有限公司（简称陕国投 A）前身为陕西省金融联合投资公司，在 1984 年成立。1994 年 1 月 10 日，陕国投 A 在深交所上市，标志着我国首家非银行金融上市机构的诞生。陕国投 A 的所属行业为其他金融业（J69），是中西部地区唯一的上市信托公司、陕西省首家上市的省属金融机构。2020 年，陕国投 A 员工人数达 670 人，总股本为 39.64 亿股，净资产为 117.95 亿元。"十三五"以来，陕国投 A 年均管理信托资产超过 3 000 亿元；年均税利近 10 亿元；营业收入连续 5 年突破 10 亿元。2020 年，公司实现营业收入 21.26 亿元，实现净利润 6.86 亿元，为广大信托客户创造理财收益 174.67 亿元，为陕西省提供投融资 368.53 亿元，服务实体经济的能力和为客户理财创富的能力不断提升。近年来，陕国投 A 连续多年被陕西省政府评为优秀金融机构，被陕西省国资委考核评比为 A 级省属企业。

2. 价值创造效率变动情况分析

为了充分揭示陕国投 A 价值创造效率的变化趋势以及变动原因，接下来我们首先列示 2018—2020 年陕国投价值创造效率及其排名变动情况（见表 8-9），然后使用连环替代法分别从总资产和价值创造额的角度对价值创造效率进行分析。

表 8-9　2018—2020 年陕国投 A 价值创造效率变动原因分析

年份	价值创造额（亿元）	总资产（亿元）	价值创造效率	价值创造效率排名	价值创造效率变动总额	价值创造效率变动分解：总资产	价值创造效率变动分解：价值创造额
2018	8.176 0	122.793 5	0.066 6	6	—	—	—
2019	11.933 3	146.667 4	0.081 4	5	0.014 8	−0.010 8	0.025 6
2020	15.988 5	165.170 6	0.096 8	3	0.015 4	−0.009 1	0.024 6

从表 8-9 中可以看出，2018 年陕国投 A 价值创造效率为 0.066 6，位列金融业上市公司价值创造效率排行榜的第 6 名；2019 年为 0.081 4，位列金融业上市公司价值创造效率排行榜的第 5 名，价值创造效率和排名均实现了提升。从价值创造额的角度分析，价值创造额变动导致 2019 年价值创造效率上升 0.025 6。陕国投 A 2019 年实现营业收入 17.56 亿元，同比增长 70.89%；实现净利润 5.82 亿元，同

比增长 82.03%。值得注意的是，营业收入和净利润均创公司自上市以来的历史新高。陕国投 A 2019 年业绩增长的主要原因是公司深耕信托传统业务，积极拓展创新业务。从总资产规模的角度分析，总资产变动导致 2019 年价值创造效率下降 0.010 8。2019 年，公司新增信托项目 266 个，新增项目规模 994.43 亿元，同比增长 27.48%，到期安全兑付 1 172.87 亿元。截至 2019 年年末，公司信托资产规模达 2 887.13 亿元，信托主业手续费及佣金净收入为 9.27 亿元。可见，公司信托主业规模保持相对稳定，在此基础上，公司重点业务精准突破，强化服务创新，拓展证券投资信托业务，精研细耕工商企业融资类业务，聚力做强股权信托，开展上市公司并购、投贷联动、私募股权投资、债转股等新型业务，助推公司业务高品质又快又好发展。此外，2019 年公司大力延揽创新引领型金融高端人才，积极拓展业务，严控经营风险，优化业务结构，提升主动管理能力，在强化信托主业、推动市场化改革等方面取得了较好成效。尽管总资产变动导致价值创造效率下降 0.010 8，但价值创造额变动导致价值创造效率上升 0.025 6，所以公司 2019 年价值创造效率有所上升。

2020 年陕国投 A 价值创造效率为 0.096 8，位列金融业上市公司价值创造效率排行榜的第 3 名；与 2019 年相比，价值创造效率进一步提升了 0.015 4，并且在行业内的排名也有所上升。从价值创造额的角度分析，价值创造额变动导致 2020 年价值创造效率上升 0.024 6。价值创造额显著增长是因为公司 2020 年实现营业收入 21.26 亿元，同比增长 21.08%；归属于上市公司股东的净利润 6.86 亿元，同比增长 17.91%；信托主业手续费及佣金净收入 12.13 亿元，同比增长 30.81%。营业收入、净利润再创历史新高。从总资产规模的角度分析，总资产变动导致 2020 年价值创造效率下降 0.009 1。作为公司的核心业务，信托业务的占比发生了变化。从信托规模变化来看，公司新增信托项目 213 个，新增项目规模 937.36 亿元，同比减少 5.73%，到期安全兑付 1 442.22 亿元。截至 2020 年 12 月底，公司信托资产规模为 2 570.32 亿元，同比减少 10.97%。其中，主动管理型信托资产为 1 860.35 亿元，同比增长 18.07%，占比为 72.38%；被动管理型信托资产为 709.97 亿元，同比减少 45.87%。在信托资产下降和资产结构转变的背景下，公司的信托主业仍然呈现业绩增长趋势，信托业务手续费及佣金净收入达 12.13 亿元，同比增长约 31%，是公司营业利润增长的主要来源。在业务活动方面，公司逆势突进续增后劲，财富革命持续升级。一是财富管理条线以高质量服务为导向，全年募集资金 647 亿元，较上年增长 37.66%，财富管理团队日益强大。二是同业合作持续发力，财富条线和业务部门协同发展，积极拓展代销渠道和直投业务，突破 376 亿元。三是服务能力有效增强，开拓了更多类型的线上服务业务。此外，公司大力延揽创新引领型金融高端人才，积极拓展创新型业务，完善全面风险管理、内部控制，持续优化业务结构，提升主动管理能力，在强化信托主业、推动市场化改革等方面取得了较好成效。综上，在公司业务规模扩张之下，尽管总资产变动导致价值创造效率有所下降，但价值创造额变动导致价值创造效率增长较为明显，所以公司 2020 年价值创造效率有所上升。

（三）兴业证券

1. 公司基本情况介绍

兴业证券股份有限公司（简称兴业证券）成立于 1991 年 10 月 29 日，2010 年 10 月 13 日在上交所上市，是中国证监会核准的全国性、综合类、创新型证券公司。公司所属行业为资本市场服务（J67）。前面的"按价值创造额排名的整体公司情况分析"部分已经对兴业证券的基本情况进行了详细介绍，此处不再赘述。

2. 价值创造效率变动情况分析

为了充分揭示兴业证券价值创造效率的变化趋势以及变动原因，接下来我们首先列示 2018—2020 年兴业证券价值创造效率及其排名变动情况（见表 8－10），然后使用连环替代法分别从总资产和价值创造额的角度对价值创造效率进行分析。

表 8－10　2018—2020 年兴业证券价值创造效率变动原因分析

年份	价值创造额（亿元）	总资产（亿元）	价值创造效率	价值创造效率排名	价值创造效率变动总额	价值创造效率变动分解：总资产	价值创造效率变动分解：价值创造额
2018	57.443 1	1 551.378 2	0.037 0	21	—	—	—
2019	95.625 6	1 705.749 6	0.056 1	12	0.019 0	−0.003 4	0.022 4
2020	156.315 2	1 810.197 0	0.086 4	5	0.030 3	−0.003 2	0.033 5

从表 8－10 中可以看出，2018 年兴业证券价值创造效率为 0.037 0，位列金融业上市公司价值创造效率排行榜的第 21 名；2019 年为 0.056 1，位列金融业上市公司价值创造效率排行榜的第 12 名，价值创造效率和排名均实现了提升。从价值创造额的角度分析，价值创造额变动导致 2019 年价值创造效率上升 0.022 4。价值创造额显著增长是因为 2019 年兴业证券的证券及期货经纪业务实现收入 20.22 亿元，同比增长 6.32%；资产管理业务实现收入 21.81 亿元，同比减少 7.88%；机构服务业务实现收入 58.93 亿元，同比增长 233.86%；自营投资业务实现收入 39.07 亿元，同比增长 540.50%；海外业务实现收入 4.31 亿元，同比减少 16.11%。可见，公司经营业绩大幅增长主要归因于 2019 年证券市场行情回暖，证券业在推动产业转型升级、服务实体经济高质量发展、支撑大国崛起国家战略中发挥着更加深远的作用，并面临重大的发展机遇。与此同时，监管层循序渐进推动资本市场变革，随着科创板正式启动、新证券法顺利通过、重组办法修订优化、

新三板改革陆续落地等政策利好持续释放，行业未来发展空间进一步拓宽。兴业证券积极把握市场机遇，坚持价值投资，证券投资业务取得良好收益。此外，各地区分公司转型成效逐步显现，经纪业务收入实现恢复性增长。随着业务扩张，公司总资产规模持续增长，使公司价值创造效率下降了 0.003 4，小于公司价值创造额变动对价值创造效率上升的影响。因此，公司 2019 年的价值创造效率显著上升。

2020 年兴业证券的价值创造效率延续了之前的增长趋势，达到 0.086 4，位列金融业上市公司价值创造效率排行榜的第 5 名。从价值创造额的角度分析，价值创造额变动导致 2019 年价值创造效率增长 0.033 5。价值创造额显著增长是因为兴业证券在 2020 年实现营业总收入 175.80 亿元，同比增长 23.37%；净利润 45.84 亿元，同比增长 139.33%。从收入的具体表现来看，实现手续费及佣金净收入 77.78 亿元，同比增长 77.02%，它是营业收入增长的关键；其中，经济业务手续费净收入 27.78 亿元，投资银行业务手续费净收入 13.79 亿元，资产管理业务手续费净收入 1.40 亿元。此外，实现利息净收入 11.67 亿元，同比增长 23.37%；实现投资收益 51.19 亿元，同比增长 96.86%。具体来看，在财富管理业务方面，财富管理转型稳步推进，产品业务优势进一步巩固，客户规模持续增长，兴业证券财富品牌影响力有效提升。2020 年公司股票基金交易总金额达 7.54 万亿元，同比增长 48%；实现代理金融产品销售净收入 5.39 亿元，同比增长 170%，排名持续稳定在行业前十。在基金管理方面，截至 2020 年 12 月末，控股子公司兴证全球基金管理有限公司资产管理总规模为 5 316 亿元，较年初增长 40%，其中公募基金规模 4 548 亿元，较年初增长 48%。在机构服务业务方面，2020 年全年公司完成主承销 13 单首次公开上市（IPO）项目和 14 单再融资项目，主承销金额 195 亿元；完成主承销 7 单企业债、136 单公司债，主承销金额 754 亿元。此外，证券研究服务业务创收创誉水平稳定在行业第一梯队，托管外包业务继续保持强劲的增长势头。总体而言，财富管理与大机构业务"双轮驱动"取得发展新成效，集团经营规模、质量、效益迈上新台阶，虽然总资产规模的增大使价值创造效率下降了 0.003 2，但价值创造额增长幅度较大使价值创造效率上升更大，因此公司价值创造效率依然明显上升。

（四）华鑫股份

1. 公司基本情况介绍

上海华鑫股份有限公司（简称华鑫股份）由上海金陵股份有限公司更名而来。公司创立于 1952 年，1992 年在上交所上市，所属行业为资本市场服务（J67）。公司的经济指标曾 8 次刷新历史纪录，公司连续 12 届被评为上海市文明单位，并从

2014年起连续3年获得上海市诚信创建企业称号。根据公司的整体部署和发展战略，公司从2009年开始从制造业向商务不动产转型；2014年9月，全面实现了制造业的退出；2015年8月，控股股东华鑫置业（集团）有限公司将相关业务委托公司进行管理和实施，公司规模更为壮大，资产再创新高。2017年5月，华鑫证券变身华鑫股份的全资子公司，实现房地产业向金融服务业的转型。华鑫股份致力于深化产融结合，以高品质金融服务助力中国智造，助推中国创造，力争成为一流的智慧城市建设综合金融解决方案提供商和服务商。

2. 价值创造效率变动情况分析

为了充分揭示华鑫股份价值创造效率的变化趋势以及变动原因，接下来我们首先列示2018—2020年华鑫股份价值创造效率及其排名变动情况（见表8-11），然后使用连环替代法分别从总资产和价值创造额的角度对价值创造效率进行分析。

表8-11 2018—2020年华鑫股份价值创造效率变动原因分析

年份	价值创造额（亿元）	总资产（亿元）	价值创造效率	价值创造效率排名	价值创造效率变动总额	价值创造效率变动分解：总资产	价值创造效率变动分解：价值创造额
2018	5.884 1	198.541 8	0.029 6	32	—	—	—
2019	7.404 7	226.826 7	0.032 6	51	0.003 0	−0.003 7	0.006 7
2020	16.375 7	272.669 3	0.060 1	16	0.027 4	−0.005 5	0.032 9

从表8-11中可以看出，2018年华鑫股份价值创造效率为0.029 6，位列金融业上市公司价值创造效率排行榜的第32名；2019年为0.032 6，同比上升0.003 0，位列金融业上市公司价值创造效率排行榜的第51名。从价值创造额的角度分析，价值创造额变动使价值创造效率上升0.006 7。具体来看，2019年公司实现营业总收入12.8亿元，同比增长8.2%；归属于母公司所有者的净利润6 423万元，同比增长194%；每股收益为0.06元。报告期内，公司毛利率为41.6%，较上年提升3.8个百分点；净利率为10.5%，较上年提升30.9个百分点。值得注意的是，华鑫股份2019年营业成本为8 572万元，同比增长20.2%，低于营业收入28.1%的增速，因此毛利率上升。期间费用率为710.9%，同比下降97.2%，说明费用管控效果显著。经营性现金流由−14.3亿元增加至9.3亿元，同比上升165.0%。虽然总资产规模增长使价值创造效率下降了0.003 7，但公司价值创造额增加使价值创造效率上升更大，因此，公司2019年价值创造效率仍然上升。

2020年华鑫股份价值创造效率为0.060 1，位列金融业上市公司价值创造效率排行榜的第16名，同比上升0.027 4，比上年上升35名。从价值创造额的角度分析，价值创造额变动导致2020年价值创造效率上升0.032 9。价值创造额显著增长是因为2020年面对复杂多变的外部形势和波动较大的经营环境，华鑫股份肩负起国有企业的社会责任，全力推进复工复产，坚持以金融科技引领业务发展，通过科技赋能全面促进传统业务的转型升级，积极布局潜力业务，全面加强风控建设，在证券业务上保持良好的增长势头。2020 年公司实现营业总收入 17.92 亿元，同比增长 39.86%；归属于上市公司股东的净利润 7.08 亿元，同比增长 1 002.60%。从总资产规模的角度分析，总资产规模变动使价值创造效率下降 0.005 5。公司积极拓展金融领域业务，主动布局金融科技，2020 年总资产增至 272.67 亿元，同比增长 20.21%，但影响相对较小。总的来看，2020 年价值创造额大幅上升使价值创造效率大幅上升，总资产规模增大使价值创造效率略有下降，因此 2020 年公司价值创造效率明显上升。

（五）越秀金控

1. 公司基本情况介绍

广州越秀金融控股集团股份有限公司（简称越秀金控）成立于 1992 年 12 月 24 日，2000 年 7 月 18 日在深交所上市，所属行业为资本市场服务（J67）。2016 年 4 月，上市公司广州友谊集团股份有限公司非公开发行股票募集 100 亿元，收购广州越秀金融控股集团有限公司 100% 股权顺利完成。2016 年 8 月 1 日，公司证券简称变更为"越秀金控"，公司成为国内首个地方金融控股上市平台。越秀金控自 2018 年起连续获得中诚信"AAA"评级。目前公司控股广州资产、越秀租赁、越秀产业基金、越秀金控资本、广州期货、广州担保、越秀金科等多个金融业务平台，是中信证券股份有限公司的第二大股东。

2. 价值创造效率变动情况分析

为了充分揭示越秀金控价值创造效率的变化趋势以及变动原因，接下来我们首先列示 2018—2020 年越秀金控价值创造效率及其排名变动情况（见表 8－12），然后使用连环替代法分别从总资产和价值创造额的角度对价值创造效率进行分析。

表 8－12　2018—2020 年越秀金控价值创造效率变动原因分析

年份	价值创造额（亿元）	总资产（亿元）	价值创造效率	价值创造效率排名	价值创造效率变动总额	价值创造效率变动分解：总资产	价值创造效率变动分解：价值创造额
2018	28.678 7	969.013 9	0.029 6	33	—	—	—
2019	37.802 2	1 145.338 0	0.033 0	48	0.003 4	−0.004 7	0.008 0
2020	69.290 2	1 240.461 0	0.055 9	18	0.022 9	−0.002 5	0.025 4

从表 8－12 中可以看出，2018 年越秀金控价值创造效率为 0.029 6，位列金融业上市公司价值创造效率排行榜的第 33 名；2019 年为 0.033 0，同比上升 0.003 4，位

列金融业上市公司价值创造效率排行榜的第 48 名。价值创造效率出现变化的原因在于：价值创造额的增长使价值创造效率上升 0.008 0，而总资产规模的增大仅使价值创造效率下降 0.004 7。从价值创造额的角度分析，公司实现营业总收入 83.72 亿元，同比增长 25.50%；归属于上市公司股东的净利润 11.79 亿元，同比增长 161.98%。其中，不良资产管理业务实现的营业总收入和净利润分别为 16.18 亿元和 4.63 亿元，分别同比增长 124.47% 和 72.08%；融资租赁业务实现的营业总收入和净利润分别为 27.99 亿元和 7.85 亿元，分别同比增长 40.00% 和 26.16%；产业基金管理业务实现的营业总收入和净利润分别为 1.85 亿元和 0.84 亿元，分别同比下降 22.55% 和 35.88%。整体而言，公司业绩向好使价值创造额显著增长，并且超过了总资产规模增大而导致的价值创造效率的下降程度，因此 2019 年公司价值创造效率上升。

2020 年越秀金控价值创造效率为 0.055 9，位列金融业上市公司价值创造效率排行榜的第 18 名，同比上升 0.022 9，比上年上升 30 名。从价值创造额的角度分析，2019 年公司的价值创造额为 37.80 亿元，2020 年为 69.29 亿元，同比上升 83.31%。2020 年，越秀金控营业收入虽然略微下降至 96.87 亿元，同比下降 2.44%，但归属于上市公司股东的净利润达到 46.15 亿元，同比增长 291.45%，扣除非经常性损益后归属于上市公司股东的净利润达到 15.97 亿元，同比增长 576.18%。从具体业务来看，越秀金控不良资产管理业务、融资租赁业务和投资管理业务均表现优异。公司旗下负责不良资产管理业务的广州资产管理有限公司，2020 年实现营业收入 19.83 亿元和净利润 7.02 亿元，分别同比增长 22.55% 和 51.67%；负责融资租赁业务的广州越秀融资租赁有限公司，2020 年实现营业收入 34.60 亿元和净利润 10.49 亿元，分别同比增长 23.59% 和 33.70%；负责投资管理业务的广州越秀产业投资基金管理股份有限公司、广州越秀金控资本管理有限公司上年完成整合，两家公司合计实现营业收入 2.71 亿元、投资收益 1.17 亿元和净利润 2.09 亿元，分别同比增长 19.55%、394.03% 和 55.27%。从总资产规模的角度分析，由于业务扩张，公司总资产规模增加至 1 240.46 亿元，对公司价值创造效率带来了一定的负面影响，但影响相对较小。总体而言，越秀金控 2020 年价值创造额的大幅上升使价值创造效率大幅上升，总资产规模增加使价值创造效率略有下降，因此 2020 年公司价值创造效率明显上升。

（六）仁东控股

1. 公司基本情况介绍

仁东控股股份有限公司（简称仁东控股）成立于 1998 年 7 月 24 日，2011 年 12 月 28 日在深交所上市，所属行业为其他金融业（J69）。公司自成立至今致力于专业引领产业发展，主营业务涵盖第三方支付、商业保理、供应链管理、融资租赁、互联网小贷等五大板块，同时以全方位视角积极搭建满足用户需求的金融科技体系。公司总部设立在北京市，在北京、上海、广州、深圳、香港等多个城市投资并设立分子公司，截至2020年年末公司有员工350余人。

2. 价值创造效率变动情况分析

为了充分揭示仁东控股价值创造效率的变化趋势以及变动原因，接下来我们首先列示2018—2020年仁东控股价值创造效率及其排名变动情况（见表8-13），然后使用连环替代法分别从总资产和价值创造额的角度对价值创造效率进行分析。

表8-13　2018—2020年仁东控股价值创造效率变动原因分析

年份	价值创造额（亿元）	总资产（亿元）	价值创造效率	价值创造效率排名	价值创造效率变动总额	价值创造效率变动分解：总资产	价值创造效率变动分解：价值创造额
2018	2.483 7	50.157 3	0.049 5	10	—	—	—
2019	2.367 1	35.791 6	0.066 1	9	0.016 6	0.019 9	−0.003 3
2020	−1.221 8	37.302 0	−0.032 8	104	−0.098 9	−0.002 7	−0.096 2

从表8-13中可以看出，2018年仁东控股价值创造效率为0.049 5，位列金融业上市公司价值创造效率排行榜的第10名；2019年为0.066 1，同比上升0.016 6，位列金融业上市公司价值创造效率排行榜的第9名，比上年上升1名。2019年仁东控股在价值创造额略有下降的情况下，价值创造效率仍然上升，主要是其总资产规模减小所致。一方面，仁东控股2018年总资产为50.16亿元，2019年下降为35.79亿元，使价值创造效率上升0.019 9，这与其积极转型布局金融科技领域、出售大量传统资产有关。另一方面，公司价值创造额的下降给价值创造效率带来了负面影响，使价值创造效率下降0.003 3，但影响相对较小。整体来看，公司价值创造效率主要由于总资产规模减小而上升。

2020年仁东控股价值创造效率为−0.032 8，位列金融业上市公司价值创造效率排行榜的第104名，同比下降0.098 9，比上年下降95名。公司价值创造额从2.367 1亿元下降至−1.221 8亿元，同比下降151.62%，导致价值创造效率下降0.096 2。这主要是因为仁东控股2020年归属于上市公司股东的净利润由正转负，亏损约3.74亿元，2019年同期净利润约为2 990万元，同比下降1 349.46%。从具体业务来看，受经济环境及行业政策的影响，仁东控股的资金紧张，保理、供应链业务较上年同期大幅收缩，同时报告期内管理费用、财务费用等增加导致整体经营业绩出现亏损。此外，公司2020年总资产规模小幅增长，使公司价值创造效率下降0.002 7，这主要是由于公司为了应对潜在的流动性需求，持有的货币资金规模较上年有所扩大。总体而言，公司价值创造效率下降的主要原因仍是价值创造额的大幅减少。

8.7 本章小结

本章研究了金融业上市公司的价值创造额及价值创造效率，并对细分行业银行业、保险业和证券业进行了深入分析。主要研究结论如下：

（1）金融业价值创造额指数与第三产业 GDP 指数总体变化趋势一致。2008 年席卷全球的金融危机使得金融业价值创造额指数在 2008 年第 4 季度降至最低点，此后保持上升趋势，且自 2010 年第 4 季度起呈现较明显的季度性特征。2018 年，金融业价值创造额指数受金融市场波动和行业监管等因素的影响有所下降，但随后又显著回升。

（2）与大制造业及大服务业相比，金融业价值创造效率指数在新冠疫情期间受到的冲击相对较小。这主要是由于金融业的价值创造方式并不依赖于劳动力的集中，并且能够借助信息技术的支持，使大多数业务活动照常开展。

（3）银行业价值创造额指数逐年上升，并且由于受外部因素的影响较小，价值创造额指数的增长较为稳定。然而由于银行业资产规模同步快速增长，因此其价值创造效率指数并未显著上升。

（4）保险业价值创造额指数在样本期间内整体呈上升趋势，尤其是在近年上升趋势明显，但是受资本市场波动、保险业会计新规以及税收政策调整的影响，价值创造效率指数波动较大，政府税收所得在 2019 年之后明显下降。保险业上市公司数量较少，个别公司业绩变化会对保险业价值创造额指数和价值创造效率指数产生较大影响。

（5）证券业价值创造额指数从整体来看波动较大，并且与我国股票市场指数存在相似性，特别是在 2015 年，创历史新高，之后则显著下滑，并在 2019 年和 2020 年逐渐回暖。随着证券业上市公司业绩的回升，证券业价值创造能力逐渐提升。

（6）从整体排名情况来看，2020 年金融业价值创造额前 10 名多为大型国有银行和大型股份制银行，价值创造额均在 1 000 亿元以上。从排名变动情况来看，金融业上市公司价值创造额排名位次较为稳定，工商银行（601398）近年来稳居第一，而处于其他位次公司的排名则有一定波动，尤其是个别公司受宏观环境、行业环境或并购重组等因素的影响，价值创造额排名出现了显著变化。

（7）从整体排名情况来看，2020 年金融业价值创造效率前 10 名不再包含银行，而是除银行以外的其他各类金融企业。从排名变动情况来看，金融业上市公司价值创造效率排名的变化较为明显，部分公司排名大幅上升，如兴业证券（601377）从 2018 年的第 21 名前进至 2020 年的第 5 名；也有排名靠前的公司在 2020 年退后至接近垫底的位次，如仁东控股（002647）从 2018 年的第 10 名后退至 2020 年的第 104 名。

第 9 章　总结与展望

9.1　研究总结

在过去的一年，公共卫生事件骤然暴发，经济结构不断变革，供给侧结构性改革深入推进，资本市场制度不断落地等，给我国的宏观经济发展和微观企业运行带来了深远影响，如何利用会计信息准确、及时地反映宏观经济走势，辅助相关部门有效决策，推动经济高质量发展日趋急迫。

在这一现实背景的要求下，课题组沿用《中国会计指数研究报告（2020）》的做法，对 2020 年第 2 季度至 2021 年第 1 季度的会计宏观价值指数进行编制与分析，系统考察了 2020 年以来我国的宏观经济形势。

结果显示，2020 年以来，会计宏观价值指数呈现出一些新的变化趋势和特点，具体如下：

（1）2020 年第 1 季度，新冠疫情暴发，这一重大公共卫生事件给我国的经济发展带来多重严峻挑战，企业生产经营受阻，价值创造额指数和价值创造效率指数出现一定程度的下滑。2020 年第 2 季度以来，随着我国对疫情的全面有效管控，企业实现阶段性复工复产，生产经营逐渐恢复，价值创造额指数和价值创造效率稳步回升，甚至超过疫情前的水平。

（2）2020 年季均员工薪酬所得占比最高，政府税收所得占比次之，然后是股东获利所得占比，最后是债权人利息所得占比。近十年来，政府不断推行的减税降费政策使得政府税收所得占比持续下降，该比例在 2020 年更是下降到 29.23%，这表明在疫情期间，政府出台的减税降费政策有效减轻了企业的税负压力，使企业得以良好发展。

（3）国有控股公司的价值创造额相比非国有控股公司占有绝对优势，说明国有控股公司在国民经济发展中发挥了主导作用。但非国有控股公司的单位资产价值创造额更大，资源利用效率相对更高。在应对疫情冲击上，国有控股公司承担较大的社会责任，因此其价值创造效率下滑程度更大。

（4）2020 年第 1 季度，受疫情影响，除西北和东北地区外，其他地区的价值创造能力均明显下降。2020 年第 2 季度以来，各地区价值创造能力不断攀升。其中，西北和西南地区经济总体增幅最快；华南地区在恢复至疫情前水平后略有下滑；华东地区的增长态势较为平稳；华中地区表现出一定程度的波动；东北和华北地区增长则相对平缓，十年来价值创造额指数基本只在 300 点以下徘徊。

（5）2020 年第 1 季度，受疫情影响，大制造业价值创造额指数和价值创造效率指数均呈现较大幅度的下降。随着疫情得到有效控制，我国经济迅速复苏，大制造业价值创造额指数和价值创造效率指数稳步上升。大制造业非国有控股公司价值创造额指数和价值创造效率指数均高于国有控股公司价值创造额指数和价值创造效率指数。

（6）从大制造业各细分行业的分析结果来看，大制造业内各细分行业的价值创造实力分布不均。就价值创造额指数来看，2020 年第 1 季度受疫情影响，各行业价值创造额指数均大幅下跌，随后由于疫情得到有效控制，截至 2021 年第 1 季度，除建筑业的价值创造额指数相比疫情前有所下降之外，其他三类行业的价值创造额指数均回升至超过疫情前的水平。

（7）2020 年第 1 季度，受疫情影响，大服务业价值创造额指数和价值创造效率指数均出现下滑，随着疫情得到控制，价值创造额指数和价值创造效率指数触底反弹。大服务业的地区发展不平衡状态较为明显，华东、华南及华北地区大服务业上市公司的价值创造额远高于其他地区。

（8）大服务业内各细分行业的价值创造实力分布不均。就价值创造额指数来看，文化、体育和娱乐业以及房地产业增长最快。就价值创造效率指数来看，文化、体育和娱乐业远超其他行业，但在 2020 年受疫情影响，两类指数均大幅下跌。2021 年第 1 季度，疫情得到有力控制，价值创造额指数与价值创造效率指数均大幅上升。

（9）2020 年第 1 季度，受疫情影响，农林牧渔业价值创造额指数和价值创造效率指数明显下滑，随着农林牧渔业产品的生产加工和销售流通逐步恢复，两类指数出现反弹。2020 年第 4 季度，随着国内生猪存栏量由降转升，在供给端持续恢复的情况下，猪价由涨转跌，生猪养殖企业利润缩水，农林牧渔业价值创造额指数下降。2021 年第 1 季度，价值创造额指数和价值创造效率指数均有所恢复。

（10）2020 年第 1 季度，尽管疫情严重影响了企业经济活动的开展，但由于银行业主要进行跨期资金融通，因此价值创造活动未受明显影响。2020 年第 2 季度，受疫情影响企业明显降低了对金融资产的需求，加之金融机构向企业让利，因此价值创造额指数大幅下降。随着疫情得到有效控制，企业的金融需求迅速恢复至正常水平，金融业价值创造额指数自 2020 年第 3 季度有所回升，2021 年第 1 季度达到历史新高。

（11）从单个公司价值创造额排名情况来看，2020 年全样本价值创造额前 19 名上市公司的年度价值创造额高达千亿元，第 20～100 名上市公司的年度价值创造额也达到百亿元；前 100 名上市公司的价值创造额占比高达 61.65%，为上市公司贡献了高额的价值创造额。从行业分布来看，金融业和大制造业在前 100 名上市公司中，无论是公司数量还是价值创造额占比都较高。从产权性质来看，国有控股公司规模大，在前 100 名上市公司中数量占比较高，贡献了较多的价值创造额。从地区分布来看，由于金融企业和大型国有企业多数位于北京和上海，因此华北和华东地区在前 100 名上市公司中，无论是数量还是价值创造额占比都较大，而其他地区单个公司价值创造额相对较低。

（12）从单个公司价值创造效率排名情况来看，2020 年全样本价值创造效率排名第一的公司价值创造效率大于 1，前 24 名上市公司的价值创造效率均达 0.5 以上，且价值创造额基本都高达十亿元，第 25～100 名上市公司的价值创造效率都高于 0.35，且价值创造额都达到亿元。从行业分布来看，在前 100 名上市公司中，大制造业和大服务业的上市公司共有 99 家，占据绝对优势。从产权性质来看，价值创造效率前 100 名上市公司中，非国有控股公司样本量与国有控股公司样本量之比约为 6∶1，而在全样本中，二者的样本量之比约为 2∶1，表明非国有控股公司不仅整体样本量占据优势，而且价值创造效率表现突出。从地区分布来看，价值创造效率前 100 名上市公司数量的地区分布情况同样呈现不均衡的特点，华东和华南地区数量最多，华北和华中地区数量居中，东北和西南地区数量相对较少。

随着会计指数研究的深入，课题组对会计宏观价值指数的编制理念和编制方法进行了细化，以求能更准确地把握各行业的运行状况和发展趋势。基于上述认识，课题组从总体编制结果、分配主体、行业分类、产权性质和地区分布等角度，对全样本、大制造业、大服务业、农林牧渔业和金融业的价值创造额、价值创造效率等进行了细致的分析和思考，得出了一系列富有启发性的结论。此外，本报告从微观企业价值创造额排名和价值创造效率排名的角度进行了分析，分析体系日趋完善，反映微观企业价值创造发展规律的能力得以加强。可以说，会计宏观价值指数的编制工作愈发成熟，初步做到从不同角度解释不同行业的发展趋势，能为各类利益主体（股东、政府、员工和债权人）制定合理且富有成效的经济决策提供有益的建议。

9.2　研究不足

在过去的一年，会计指数的研究范围和研究目标进一步明晰，研究方法日臻成熟，分析体系日益完善，理论和实践意义日渐凸显。但是，课题组的工作依然存在一些有待完善的地方，具体表现在以下两个方面：

第一，会计宏观价值指数的理论基础依然不够坚实，且未能反映宏观经济运行的全貌，在实践中的应用也有待进一步推广。

第二，近年来我国会计准则发生了重大变更，涉及会计政策、会计调整、会计估计、会计差错、报告日后事项等多方面内容。由于公司会计信息是会计指数研究的基础，因此，会计准则的变更将会对会计指数研究工作产生重大影响。例如，新会计准则下会计科目所包含的会计信息可能与变更前完全不同，导致原有的会计指数编制方法不再适用。

展望未来，课题组将在已有研究成果的基础上，着力做好以下几方面的工作：

第一，以马克思劳动价值论为指导，致力于构建宏观视角下的会计理论体系，夯实会计宏观价值指数编制的理论基础。

第二，成立会计准则学习小组，尽快明确会计准则变更对会计指数研究工作产生的具体影响，合理调整会计指数的编制方法。

第三，进一步拓宽会计宏观价值指数的数据来源，加快推进指数编制样本对上市公司与非上市公司的全面覆盖，实现以月度数据为基础的指数编制与分析，提升会计宏观价值指数反映我国宏观经济运行的全面性与及时性。

第四，着力推动与实务界和相关部门的合作，进一步提升会计指数在宏观、中观和微观等各个层面的现实经济活动中的应用价值。

附　录

表 A1　2020 年全样本价值
创造额前 100 名上市公司

表 A2　2020 年全样本价值
创造效率前 100 名上市公司

表 A3　2020 年大制造业
价值创造额排名

表 A4　2020 年大制造业
价值创造效率排名

表 A5　2020 年大服务业
价值创造额排名

表 A6　2020 年大服务业
价值创造效率排名

表 A7　2020 年农林牧渔业
价值创造额排名

表 A8　2020 年农林牧渔业
价值创造效率排名

表 A9　2020 年金融业
价值创造额排名

表 A10　2020 年金融业
价值创造效率排名

图书在版编目（CIP）数据

中国会计指数研究报告 . 2021/王化成主编 . --北
京：中国人民大学出版社，2023.4
　（中国人民大学研究报告系列）
　ISBN 978-7-300-31479-2

　Ⅰ．①中… Ⅱ．①王… Ⅲ．①会计-指数-研究报告
-中国-2021 Ⅳ．①F23

　中国国家版本馆 CIP 数据核字（2023）第 036080 号

中国人民大学研究报告系列
中国会计指数研究报告（2021）
主　编　王化成
副主编　卿小权　刘桂香　许少山　王芃芃　薛　菲
Zhongguo Kuaiji Zhishu Yanjiu Baogao（2021）

出版发行	中国人民大学出版社			
社　　址	北京中关村大街 31 号		邮政编码	100080
电　　话	010－62511242（总编室）		010－62511770（质管部）	
	010－82501766（邮购部）		010－62514148（门市部）	
	010－62515195（发行公司）		010－62515275（盗版举报）	
网　　址	http://www.crup.com.cn			
经　　销	新华书店			
印　　刷	唐山玺诚印务有限公司			
规　　格	185 mm×260 mm　16 开本		版　次	2023 年 4 月第 1 版
印　　张	22.5 插页 1		印　次	2023 年 4 月第 1 次印刷
字　　数	420 000		定　价	128.00 元